U0506825

王阳明文献的刊刻研究

邹建锋 著

上海古籍出版社

国家社科基金一般项目（19BZS007）
2022年度宁波大学哲学社会科学精品著作资助

目　录

引论　王阳明文献版本学的兴起

1988年，钱明先生在《浙江学刊》第5期发表《〈阳明全书〉的成书经过和版本源流》，通过查访北京、上海、南京、杭州、宁波、余姚的图书馆和藏书楼，以及日本的九州大学、京都大学人文科学研究所、筑波大学图书馆、名古屋市蓬左文库，对王阳明的著作作了初步调查，并就《阳明全书》的形成过程作出开创性研究。四年后，即1992年，在充分吸收民国时期上海商务印书馆、中华书局等排印本《王文成公全书》众多优秀成果基础上，吴光、钱明、董平、姚延福共同编校的《王阳明全集》出版（上海古籍出版社，1992），随后上古社《王阳明全集》系列在接下来的三十多年时间里，与时俱进，形成不同系列的简体本、繁体本，已经成为目前学术界阳明文献引用研究的通行版本。

自20世纪90年代初，钱先生利用其优越的日本海外访学便利条件，搭构起沟通海外与内地阳明学研究的重要桥梁，潜心埋头于阳明文献史料收集工作，整理阳明散佚诗文，经过近二十年辛勤劳作，蔚为大观。2010年浙江古籍出版社出版钱先生等编校整理的《王阳明全集（新编本）》，增收三百多条王阳明论学语录，增补一百余篇明、清与民国学者论阳明的传记、序跋、祭文等资料，在当时，实为收录最全、考辨最精的王阳明文献全集，大幅扩增上古社《王阳明全集》未收的大量史料，尤其是永富青地先生编校整理的142篇公移（见该书第6册卷四十八至卷五十），文献史料价值意义巨大，对推进王阳明文献版本与学术思想研究具有重大作用。

永富青地是日本阳明学著名文献学专家，他遍访查阅日本、欧美与我国内地多所图书馆稀见王阳明存世珍本文献，经过多年的刻苦努力，所获甚多，于2007年在日本出版《王守仁著作之文献学的研究》（东京汲古书院），已经成为目前阳明文献研究里程碑式的著作。他在上海图书馆（以下简称“上图”）发现《新刊阳明先生文录续编》，撰写了研究论文，考证其成书刊刻过程并表彰其价值，为学术界所称赞。

多年来，笔者利用《中华古籍总目》、CALIS中国高校古籍数据库目录、国家图书馆（以下简称“国图”）“中华古籍资源库”全文数据库、国家珍贵古籍目录，对王阳明单刻本稀见珍本文献展开系统调查，并在一大批优秀的阳明学文献研究学者的帮助下，获得近三十种王阳明稀见善本全文。还在成都采薇阁捐资下公开影印出版《王阳明稀见版本辑存》《阳明心学文献丛刊》《阳明心学书院文献丛刊》等多种大型丛书，以完善与丰富阳明心学文献资料库。

在王阳明文献版本学的调研和研究中，最难的研究领域莫过于对嘉靖时期王阳明著作单刻本的收集与发现，主要原因是相隔太久，毕竟是五百年后的我们去重新寻找王阳明孤本文献，且受制于国内各个馆藏的特殊性规定以及与国外图书馆的地域之隔。王阳明孤本文献寻找之难，更缘于五百年前王阳明本人在嘉靖时被“雪藏”与“打压”的历史时代与政治社会背景，这造成了王阳明文献刊刻与流传保存之难。与之同时，王阳明思想本身具有的前瞻性与新奇性，尤其是王阳明良知学的超前性与自由价值的日益彰显，又让一些先行者勇于传刻阳明心学及相关文献。当时明朝的政局，无论是进士、举人等官员选拔，还是国家意识形态传播，均是以程朱理学为宗，而对于掌权者及以正统自居的理学人士而言，王阳明心学所提倡的对传统宗法秩序的冲击、削弱及其对中央权威的巨大解构力、消解力，相当于洪水猛兽，阳明心学被视为“伪学”。但王阳明卓越的军事功勋与其多年对国家、地方公共事务的奉献所带有的巨大光环与光明效应，可以缓解程朱理学保守派读书人与各级官员对阳明文献刊刻的阻挡。王阳明学术的通透性和愉悦身心的精神功能，又推动了当时读书人和部分地方官员振兴乡邦，积极踊跃刊刻阳明文献，创建书院，讲学争鸣。即便是以程朱理学为宗的清王朝，官方禁止传播阳明学的苛刻不利的时代背景与政治约束下，还是有数以千计的地方乡绅与饱读诗书的学者们默默传播阳明心学，刊刻阳明文献。

第一节　王阳明所处不同政治环境的变动

对于27岁（弘治十二年，1499）考中进士的王阳明而言，其官宦之途的开启，还算是比较正常。但由于其状元父亲王华（1446—1522）先后主持顺天、应天府乡试，弟子门生遍天下，本身又官至礼部左侍郎、南京吏部尚书，可为儿子带来丰富的政治资源，王阳明的为官之旅应该远远顺达于普通人。但或许是其天生所具的独特的敢于求真与求善的精神，加之多年浸染道家与佛学“异端”，王阳明选择了与时代“逆行”，官运坎坷。

> （正德元年丙寅十二月乙丑）降兵部主事王守仁为贵州龙场驿驿丞。时南京科道戴铣等以谏忤旨，方命锦衣卫官校拿解，未至，守仁具奏救之，下镇抚司考讯，狱具，命于午门前杖三十，仍降远方杂职。①

入仕七年，已升为正六品主事的王阳明本有大好的前程，因为卷入刘瑾试图全面控制朝堂的政治斗争，不得不外放于千里之外的西部山区荒凉小镇（修文县龙场驿），是心灵的挫折，也是巨大的磨难历练。历经四年时光，他在长时期的体认与反复感悟中，获得万事万物之外在天理居于内心信念与信仰的独特理解，这不仅是吴康斋读书涵养良心的崇仁学派“养良心”理学思想的巨大实践，更是对陈白沙主静“养善端”、湛甘泉江门学派宗旨“随时随处体认天理”的直接消化，融合禅宗心性论与道教内丹心学，进而形成其崭新的主静补小学一段工夫的教法，在全国范围兴起一股白沙心学修炼和传播的学术思潮。

总体而言，在升任都察院左佥都御史、南赣汀漳巡抚（正德十一年，1516）之前的王阳明，处于“而立”与“知天命”之间，其学术宗旨刻意定位于消化、继承、实践与创新江门心学的“白沙后

① 《明武宗实录》卷二十。

学”时期，属于涵养心学而非事功心学时期[①]，偏于心体与物体的互动时期，处于中国古代读书人所谓的涵养之学时期，尚未有明显的超越与转化，与良知心学的事功实践之学与万物一体之学还有很大的距离。但随后王阳明征战于江西、广东与福建三省交界，面向“武功”的权谋与权变，作为需要平定地方乱序的地方要员与封疆大吏，他深刻地意识到社会之所以会乱其实取决于人心之变恶或无为，而要转化与改善社会唯有兴起风化、发展地方教育与转化人心，即化“心术”为“仁德”。“武功”大成之后，社会环境趋于安宁，需要文治提高每个人的道德认知和社会实践能力，即开发良心、提升良知、践行良能。每个人内心的良知需要被唤醒，以化成改进社会的执行力、实践力与生活力。在这样的提升社会道德的思考指引下，王阳明做了很多老百姓所赞誉的事情，新建书院，重视乡贤，启蒙童子，培育士子，讲学争鸣，刊刻并传播心学文献，让更多落后地区的读书人走进仕途，形成心学与利益共同体，改善人心，鼓舞社会。文治而不是武治，依靠说服、共鸣而不是强制、交换，这其实也是个人前进与社会向善成本最少的一种进阶方式，也就是中国公共管理的精神。

正德七年十二月，阳明由吏部郎中升为南京太仆寺少卿，九年二月，继升为南京鸿胪寺卿。当时兵部尚书王琼面试王阳明之后，给予王阳明较大的支持，准备擢用他。十一年八月，由南京鸿胪寺卿任为都察院左佥都御史，巡抚南赣汀漳等处。十二年秋七月，再命巡抚南赣汀漳等处地方、左佥都御史提督军务。先是江西鲞贼作

---

① 邹建锋：《从崇仁心学到阳明心学》，《现代哲学》2010 年第 3 期。

乱，阳明奏盗贼日滋，由于招抚之太滥，招抚太滥由于兵力之不足，兵力不足由于赏罚之不行，乞假以令旗令牌，得便宜行事。① 兵部许之。正是由于王琼的用人不疑、知人善任，王阳明获得完全的地方军权，拥有极大的自由裁量权，可以摆脱太监的监督，放手清理危害赣州地区数十年的匪患。

王阳明为人豪迈，喜论学术，不拘小节。在正德王朝后期，王阳明在江西任劳任怨，无论是平定地方暴动还是应对藩王造反，应该说是挽救大明王朝于危难之际。虽然兵部给予王阳明以全力支持，武宗、监察部门和宦官集团对王阳明却保持高度警惕，因为审判刘养正案件而牵连到王阳明“勾连”宁王，如王阳明与刘养正关系密切，安排庐陵逆臣刘养正母丧，尤其是以学术交心，因此被一批小人抓住把柄，“相尚为矫，饰盗名之习”，也成为王阳明在武宗后期名声不好的重要原因，被嘉靖皇帝认为是“立异为名”的“伪学”小人。

嘉靖四年七月己卯，应天巡抚都御史吴廷举荐：“新建伯王守仁文武全才，宜暂掌南京都督府事。”兵部覆议：“以文臣掌府事未便，俟别缺推用之。”② 五年十月乙卯，礼部尚书席书言：“新建伯王守仁服阕年余，尚未拜封，请差官催取。”“从之”③。在白沙好友吴廷举、阳明好友席书等人举荐下，朝廷还是有一批优秀的官员希望王阳明出山主持朝廷政事。嘉靖六年，王阳明不顾年迈体弱、嫡子幼小，扶病踏上思、田、八寨与断藤峡的最后一段伟大而又辉煌

① 《明武宗实录》卷一五一。
② 《明世宗实录》卷五十三。
③ 《明世宗实录》卷六十九。

的新“战场”。实际上说明，尚未大权在握的新晋皇帝还是愿意给一些有为之才一些机会，即便是阳明未能公开支持其“大礼议”，在惜才、用才与爱才这一点，他也是毫不犹豫的。一方面固然是在朝官员还有一些王阳明的“铁粉”，如嘉靖七年六月甲辰，御史胡明善言：“新建伯王守仁性与道合，思若有神，抚绥广寇，兵不血刃。大学士杨一清有济险应变之才，折冲御侮之略，盖天所授，以佐中兴。幸早召守仁入，与一清同心辅政。”① 御史胡明善之流，就是王阳明的坚定支持者。又如广东籍礼部尚书方献夫、詹事霍韬，赞誉王阳明平思、田、八寨、断藤峡之乱，“一举荡平，如拉枯朽”，广西之功有“八善”，“劳苦而功高”，颇如周亚夫、范仲淹，且指明王阳明平宁王乱巨大事功“为忌者所抑”，“当时大臣杨廷和、乔宇从中饰成其事，至今未白”，“兵部功赏未见施行，户部覆题又行查勘”。上批答曰：“所言已有旨处分。修建城邑防患事宜，其令守仁会官条画便宜上之，务在一劳永逸，勿贻后艰。”②

> 嘉靖七年三月己卯，提督两广军务、新建伯、南京兵部尚书兼都察院左都御史王守仁疏辞兼理巡抚两广，因荐致仕副都御史伍文定、刑部左侍郎梁材、南赣副都御史汪鋐皆堪选任。上优诏慰答，不允辞。③
>
> 七月丁亥，锦衣卫指挥佥事聂能迁有罪谪戍。迁初附太监钱宁，冒功滥升。后以例裁免，复因缘议礼，且交关太监崔文

① 《明世宗实录》卷八十九。
② 《明世宗实录》卷九十四。
③ 《明世宗实录》卷八十六。

冒复故秩。比见《明伦大典》书成，不得升职，怨望不平，属闲住工部主事翁洪草疏诬论新建伯王守仁贿通礼部尚书席书，得见举用，词连詹事黄绾及大学士张璁。于是绾上章自明，言迁“议礼奏疏，文义心迹，非出真诚，故尽黜之，积恨肆诬，无怪其然。意在倾排善类，动摇国是”，因乞引避以谢之。上曰：“黄绾学行才识，众所共之。王守仁功高望隆，舆论推重。聂迁乃捏词妄奏，伤害正类，令法司严加审问，并追究帮助之人。黄绾安心供职，不必引嫌辞避。”已而审其事无左证，尽出诬罔，乃谪戍。能迁、翁洪者，福建莆田人，以褫职匿居京城。至是，令发原籍为民。①

九月甲戌，新建伯王守仁督兵讨广西诸寨叛贼，悉平之。……病甚，乃上书请告。……上曰：“卿才望素著，公议推服。近又身入瘴乡，荡平剧寇，安靖地方。方切倚任，有疾宜在任调治，不准辞。”②

当朝廷有人弹劾、批评王阳明，如锦衣卫指挥佥事聂能迁、工部主事翁洪诬论阳明贿通礼部尚书席书案，最后导致聂能迁谪戍、翁洪发原籍为民，这时的嘉靖皇帝考虑到用人之际，尤其是牵连到其“大礼议”爱臣黄绾、张璁，还是给予王阳明以支持，赞誉阳明“才望素著，公议推服”，并未继续深入追究下去。或许在嘉靖的眼里，王阳明只是一个边疆安定的重要“棋子”，希望王阳明别折腾，

① 《明世宗实录》卷九十。
② 《明世宗实录》卷九十二。

充当“工具人”，安心守职，“方切倚任，有疾宜在任调治，不准辞”。其实，纵观嘉靖主持朝局长达四十五年的漫长时间里，所有臣子都是“工具人”，从桂萼、黄绾、张璁到夏言、严嵩，所有的大臣被他玩弄于股掌之上。这期间，郭勋案可以看出嘉靖破坏了法制，打击一批正直的官员，这一点与正德皇帝毫无区别。嘉靖以一己之私，重视面子、“亲情”，客观上破坏明太祖祖制，为后来朝局的政治体系衰败埋下种子。

由藩王入继大统的嘉靖性格敏感、多疑，醉心于长生不老，几乎对所有科举官员都不信任，甚至出现很长的时间里，他都没有立储君，太子长期缺位，显然与祖制相背。之所以这样做，仅仅是因为一个道士的一句话，“二龙不相见”。一方面，他确实重用一批大臣，但这些大臣都是他的工具，他从未真心托付过。应该来说，嘉靖皇帝是很有主见的能干帝王，执行力很强，且特别固执，性格上不愿意妥协。因此，当王阳明病重要求归家时，他残忍地拒绝这样的诉求。阳明旅途中去世后，嘉靖更是顽固地认为王阳明擅离职守，有违大臣事君之道，“恐人皆效，尤有误国事”，便开始了报复王阳明的计划。他这种不通人情的固执做法，是令人寒心的。

> 嘉靖七年闰十月戊子，新建伯王守仁以讨平断藤峡诸寨捷闻……兵部覆奏，上曰：“此捷音近于夸诈，有失信义，恩威倒置，恐伤大体。但各洞猺贼习乱日久，劳亦不可泯。王守仁姑赐敕奖谕有功人员，下巡按御史核实以闻。宣慰彭明辅等远调瘴乡，身亲陷阵，优加赏赉。官男彭宗舜、彭荩臣就彼冠带袭替；卢苏、王受既改过立功，先行军门犒赏，待始终无过，

方与冠带。奏捷人赐新钞千贯，余赏不行。今后宜务实行事，以副委托。"①

嘉靖八年正月乙巳，升巡抚郧阳、都察院右副都御史林富为兵部右侍郎兼右佥都御史，代王守仁巡抚两广地方提督军务。时守仁以病笃乞骸骨，因举富自代，不候命即归。上怒其专擅，且疑有诈。谕吏部曰："守仁受国重托，故设漫辞求去，不候进止，非大臣事君之道。卿等不言，恐人皆效，尤有误国事，其亟具状以闻。"无何，而守仁卒于南安。②

二月戊辰，吏部奏故新建伯王守仁因病笃离任，道死南安。方困剧时，不暇奏请，情固可原，愿从宽宥。上意未解，曰："守仁擅离重任，甚非大臣事君之道。况其学术、事功多有可议，卿等仍会官详定是非及封拜宜否以闻，不得回护姑息。"给事中周延上疏言："守仁竖直节于逆瑾构乱之时，纠义旅于先帝南巡之日，且倡道东南，四方慕义，建牙闽广，八寨底平。今陛下以一眚欲尽弃平生，非所以存国体而昭公论也。"得旨："守仁功罪，朝廷自有定议。延朋党妄言，本当论治，但念方求言之际，姑对品调外任。"于是，吏部奏谪延太仓州判官。③

甲戌，吏部会廷臣议故新建伯王守仁功罪，言"守仁事不师古，言不称师，欲立异以为名，则非朱熹格物致知之论；知众论之不与，则著《朱熹晚年定论》之书，号召门徒，互相唱和。才美者乐其任意，或流于清谈；庸鄙者借其虚声，遂敢于

① 《明世宗实录》卷九十四。
② 《明世宗实录》卷九十七。
③ 《明世宗实录》卷九十八。

放肆，传习转讹，悖谬日甚。其门人为之辩谤，至谓杖之不死，投之江不死，以上渎天听，几于无忌惮矣。若夫剿輋贼，擒除逆濠，据事论功，诚有可录。是以当陛下御极之初，即拜伯爵。虽出于杨廷和预为己地之私，亦缘有黄榜封侯拜伯之令。夫功过不相掩，今宜免夺封爵以彰国家之大信，申禁邪说以正天下之人心”。上曰：“卿等议是。守仁放言自肆，抵毁先儒，号召门徒，声附虚和，用诈任情，坏人心术。近年，士子传习邪说，皆其倡导。至于宸濠之变，与伍文定移檄举兵，仗义讨贼，元恶就擒，功固可录，但兵无节制，奏捷夸张。近日，掩袭寨夷，恩威倒置。所封伯爵本当追夺，但系先朝信令，姑与终身。其殁后恤典，俱不准给。都察院仍榜谕天下，敢有踵袭邪说、果于非圣者，重治不饶。”①

嘉靖十年十二月戊子，御史喻希礼言：“……新建伯王守仁首擒逆濠，进封伯爵，嗣抚两广，赖之耆定。后因疑谤，泯其遗功……陛下录守仁之劳，重颁恤典；宥诸臣之罪，宽假生还，则远迩胥悦。”……上曰：“希礼今仇君怨上，意在报复，词语奸巧，欺悖为甚，锦衣卫逮送镇抚司严刑鞫治。”②

嘉靖十四年八月乙巳，上御无逸殿东室，召大学士费宏……因言：“辽东事定，湖广贼平，天下亦无事。”上曰：“辽东本抚臣行事不当，以致扰乱。”宏曰：“例推巡抚，内地者吏部止会户部，边广会兵部，恐不尽得人。臣欲会九卿，推

① 《明世宗实录》卷九十八。

② 《明世宗实录》卷一三三。喻希礼被下诏狱后，谪戍边卫，后赦还。隆庆初，赠光禄少卿。

如京堂例。”上曰：“善。其语吏部著为令。”宏曰：“三边今缺总制，臣敢荐一人。”上问：“为谁？”曰：“姚谟。往在延绥，甚得志心，时言镆处两广亦是。后来王守仁却未是。”上曰：“守仁，徒虚名耳！”因令宏等语吏部推镆。语未卒，曰：“既可用，安事推？”即传谕行。①

嘉靖十六年四月壬申，御史游居敬论劾南京吏部尚书湛若水“学术偏诐，志行邪伪，乞赐罢黜；仍禁约故兵部尚书王守仁及若水所著书，并毁门人所创书院，戒在学生徒毋远出从游，致妨本业”。疏下吏部。覆言：“若水尝潜心经学，希迹古人，其学未可尽非。诸所论著，容有意见不同，然于经传多所发明。但从游者日众，间有不类，因而为奸，故居敬以为言，惟书院名额似乖典制，相应毁改。”上曰：“若水已有旨谕留。书院不奉明旨，私自创建，令有司改毁。自今再有私创者，巡按御史参奏。”②

羽翼丰满、朝权在握的嘉靖皇帝展现对官员治理的“狰狞”一面，尤其是不依附、不听话与敢于创新的王阳明，更是无所不用其极。嘉靖对王阳明奇袭八寨、断藤峡的军功视而不见，而是说“近于夸诈，有失信义，恩威倒置，恐伤大体”。在嘉靖皇帝眼里，由于王阳明等一大批正德旧臣未能“站位”，甚至公开与其作对，他视之为奸诈。而平叛、奇袭八寨断藤峡这样重大有效的作战计划，嘉靖“怒其专擅”，故而对王阳明请求离职归家养老的奏疏“且疑

① 《明世宗实录》卷一七八。
② 《明世宗实录》卷一九九。

有诈”，一直拖延不批，这不正是嘉靖皇帝自身矛盾性格的真实写照吗？俗语说，将在外，君命有所不受，对于王阳明这样一个赤胆忠心的封疆大吏而言，利用隔壁省份借调大部队回军修整之机出其不意剿灭几十年的匪患，这是《孙子兵法》所说的“出其不意”，用最少的成本干最多的事，这对于任何一个开明的君王而言，都是好事。但在嘉靖眼里，王阳明显然是“专擅”了。从嘉靖之“怒”，我们可以看出，嘉靖绝对不是一位明君，其醉心于把一切权力掌握在手，他需要的是听话与绝对服从的官员。通过“大礼议”、惩罚王阳明等重要事件，嘉靖皇帝对官员的控制初见成效。

当嘉靖说出他对王阳明的评价：“守仁，徒虚名耳!”可见其对王阳明的军事才能与良知心学是如何的轻视。他甚至对姚谟、费宏这样的无能、昏庸之辈表示出很大的欣赏，仅仅是因为这些权臣喜欢说好话，甜言蜜语。他早期重用的权臣，如桂萼、张璁之流，都是一些“怀才不遇”、性格乖张、得罪上司而长期不得升迁、心怀压抑的职位很低的基层官员。一旦这些人得势，他们长期被压抑的内心，势必会爆发，而对那些名声在外的封疆大吏给予压制打击。后期则是严嵩之流，溜须拍马，仅仅因为他们会写嘉靖喜欢的青词。有学者指出，嘉靖是一个昏君，是有一定合理性的。而他自己的遗诏，也说明这一点。故而，终于在嘉靖十六年，当御史提出“禁约故兵部尚书王守仁及若水所著书，并毁门人所创书院，戒在学生徒毋远出从游，致妨本业”，朝廷做出“书院不奉明旨，私自创建，令有司改毁”，湛甘泉创建的白沙书院全被毁掉，这是社会资本的巨大损失。嘉靖的这些作为，与秦朝“焚书”之举并无二致。

从正德、嘉靖、隆庆与万历四位皇帝比较而言，正德后期对大臣还有信任的，嘉靖则是提防，隆庆则是善恶不分，万历则是甩手掌柜。不同皇帝对大臣的态度，往往决定以后吏治的格局。嘉靖一朝，王阳明一直被打压，导致王阳明文献刊刻一路坎坷，全集一直不全，无法被正式刊刻过。隆庆依赖大臣，早期大臣还算自觉，恢复王阳明的待遇；但高拱专权后，朝局变化，决定王阳明在隆庆后期不被正式从祀孔庙。而万历在张居正死后则对首辅申时行言听计从，王阳明终于于万历十二年配享孔子庙庭。

青山遮不住，毕竟东流去。先是，早在嘉靖六年至嘉靖九年间，阳明心学名臣有意为后世栽培具有担任首辅的潜在优秀人才，尤其以培养徐阶为最。在明朝依赖外貌品相确定翰林院人选上，徐阶并不出众，身材短小，但其面目清秀，聪明有智慧，甚至连严嵩都自愧不如，故而当时杨廷和曾公开赞誉其有未来首辅之相，并刻意栽培之。嘉靖三年，杨廷和辞任首辅，而徐阶此年也因父丧丁忧。嘉靖六年，欧阳德服阕，复任翰林院编修，以学术立身，徐阶得以向多位阳明心学名臣求学，周游于众多阳明心学巨子席书、方献夫、黄绾、黄宗明、夏良胜、陈九川、薛侃、聂豹、程文德、应典、陆澄等人之间，以学术声誉赢得很高的政治信任与从政资源，并最终十二年后在福建、浙江、江西三省的地方事务历练载誉归来，于嘉靖十八年任司经局洗马兼翰林院侍读，开启其跻身朝政核心的政治生涯。

第二节　阳明后学人物群的成长、分化与壮大

因嘉靖三年“大礼议”事件，阳明弟子开始分化，其在官场的

命运各不相同，极少数弟子依附“大礼议”、官运亨通，先后升至礼部尚书、大学士，但大多数阳明弟子官场不顺，或被杖伤早逝，或早早被贬为庶民。大部分在朝阳明弟子因反对“大礼议”，引发嘉靖大怒，或被贬，或系狱。少数得势之人，如黄绾积极捐资刊刻《阳明先生存稿》，方献夫之流在京团结同志、公开讲学。总体而言，嘉靖二十二年之前，阳明心学尚在蓄势之中。

首先，嘉靖三年至六年，礼部尚书席书举荐阳明、保护同门陈九川等人。

嘉靖三年春正月丙戌，南京刑部主事桂萼上正大礼疏：“臣久欲以请，乃者复得见席书、方献夫二臣之疏，以为皇上必为之惕然更改，有无待于臣之言者。至今未奉宸断，岂皇上偶未详览耶？抑二臣将上而中止耶？臣故不敢爱死，再申其说，并录二臣之疏以闻。”① 三月丙戌，礼部尚书汪俊再乞休致，上以俊职司邦礼，近奉议尊室未成，故引疾求退，责以违悖正典、肆慢朕躬，令其回籍。特旨用南京兵部右侍郎席书为礼部尚书。② 五月癸未，席书进大礼考议，奏入留中。③ 七月己巳，试监察御史王时柯（阳明弟子）言桂萼辈以议礼迎合，博升美官，上以时珂玩法奏扰，切责而宥之。八月癸巳朔，降南京太仆寺少卿夏良胜（阳明弟子）三级，调外任茶陵州知州。④ 九月丙寅，席书与张璁、桂萼、方献夫大集廷臣于阙左门，辨议既定，始定大礼。⑤

---

① 《明世宗实录》卷三十五。
② 《明世宗实录》卷三十七。
③ 《明世宗实录》卷三十九。
④ 《明世宗实录》卷四十二。
⑤ 《明世宗实录》卷四十三。

嘉靖四年二月辛卯，礼部尚书席书奏荐南京兵部尚书王守仁文武兼资，堪任将相，当处之内阁，秉枢机，无为忌者所抑。且云今诸大臣多中材，无足与计天下事者。定乱济时，非守仁不可。上不许，曰："近日边方多事，已命廷臣集议。席书身为大臣，果有谋略，宜即悉心敷奏，共济时艰，何必自委中材者负委任。"①

嘉靖五年三月乙未，上怒，下陈九川（阳明弟子）锦衣卫逮讯。礼部尚书席书等言："九川等行事乖方，不能抚顺夷人，致生怨谤，罪诚有之。然以进上之物不得不辨验精详，而拘泥旧规，严禁夷人出入，至待通事人等礼貌过倨，遂使胡士绅挟夷情以快私忿，所属小吏蔑视部官。二臣固不足惜，恐夷人效尤，愈肆桀骜。"上曰："九川等恣肆妄为，堂官不行举奏，反为论救，岂大臣事君之道?"上命逮九川等，照前旨拷问。刑科给事中等言，"独将九川等拷掠，势必诬服。治狱之道，恐不当如此"。② 十月乙卯，席书言新建伯王守仁服阕年余，尚未拜封，请差官催取，从之。③

六年二月壬子，席书以疾屡疏求退不允，至是疾笃固请，上怜其恳切，诏加武英殿大学士致仕，赐第宅京师调理，仍降敕慰谕之。④

自嘉靖三年至六年，阳明心学爱护者席书在任礼部尚书，多次积极举荐阳明，保护陈九川、王时柯、夏良胜等人，其爱护阳明心学人物之行为，历历可见。

---

①《明世宗实录》卷四十八。
②《明世宗实录》卷六十二。
③《明世宗实录》卷六十九。
④《明世宗实录》卷七十三。

嘉靖六年至十三年，阳明著名弟子、翰林院学士方献夫举荐王阳明，保护同门欧阳德等人。

嘉靖六年七月癸卯，方献夫言“思、恩、田州比岁称乱，皆由统御非人、制服无术所致，乞专以属之王守仁，而罢镇守太监郑润，且乞特设一都御史与总兵官共驻田州，悉听守仁节制”。上以其言关系地方大计，即令郑润回京，都御史添设可否属守仁议之。①

嘉靖八年三月丁未，廷试天下贡士，太子太保方献夫与杨一清、张璁、桂萼、穆孔晖（阳明弟子）等充读卷官。② 四月己巳，考选庶吉士，以唐顺之（后为阳明心学名臣）廷试策为冠。③

嘉靖八年九月，吏部尚书方献夫等奉旨详核科道官所论劾，如南京礼部侍郎黄绾、顺天巡抚汪玉、翰林院编修欧阳德、给事中魏良弼、按察使萧璆俱素行无玷。上如拟，俱供职如故。④

嘉靖十一年九月，方献夫举吏部文选司郎中王道学行纯正，堪补宫僚之缺，令充经筵讲官，仍乞将见任讲读、修撰、编修，年深者拔置宫僚。上从之。⑤

十三年四月己酉，因冯恩等上奏攻击方献夫，以身疾三乞休，上以其情词恳切，许之。⑥

自嘉靖三年六月至十三年四月，除去三年居家养病，方献夫在朝约七年，从侍读学士至武英殿大学士掌吏部事，积极举荐恩师王

---

① 《明世宗实录》卷八十。
② 《明世宗实录》卷九十九。
③ 《明世宗实录》卷一〇〇。
④ 《明世宗实录》卷一〇九。
⑤ 《明世宗实录》卷一四二。
⑥ 《明世宗实录》卷一六二。

阳明出任广西等四省巡抚，还在嘉靖八年九月党争激烈时保护黄绾、汪玉、欧阳德、魏良弼、萧璆等阳明知名弟子，是阳明门人中重要的保护力量。在阳明捐馆后，方献夫任命同门王臣外任浙江佥事，处理王阳明家事，保护王阳明后裔免受乡里纨绔倾轧。在学术上，自嘉靖十一年后，方献夫主动承担在京传承阳明心学的重任，团结徐樾、欧阳德、程文德、黄宗明、黄绾、钱德洪、王畿、戚贤、魏良弼、沈谧、朱衡、林春、林大钦、王惟贤、傅颐等人，定期在庆寿山房小范围、非公开地论学争鸣，为后来阳明心学的传播与阳明文献的刊刻蓄势蓄力。其中，沈谧、朱衡、林春、林大钦、王惟贤、傅颐等人均非阳明亲传弟子，而是私淑弟子或再传弟子。方献夫在嘉靖八年至十三年时期为阳明心学的发展，孕育不少学术的种子，功劳甚大。而嘉靖十三年方献夫的退野，是阳明心学的巨大损失，京城失去一位阳明心学的重要保护人。

嘉靖七年阳明去世后，阳明弟子本就存在早、中、晚三期，亲传弟子众多，彼此之间亦有未曾见面者，故而似乎未能形成一完美和谐团体，少数弟子间彼此内讧，成为朝廷权力斗争之工具。如冯恩为王阳明最后一年在广西所收弟子，求学时未曾见过前辈方献夫，致其攻击方献夫，导致其以尚书致仕，令人可惜。

最后，嘉靖初期阳明弟子如王思、王时柯、陈九川、马明衡、舒芬、夏良胜、万潮、薛侃、黄直、朱得之、黄省曾、王修易①、黄绾、黄宗明、冯恩、汪玉、王应鹏、魏良弼、钱德洪、王畿等人，

① 王修易，号西山，衢州府江山县人，选编王阳明语录，入选《传习录》下卷，后世多种版本误刻作黄修易，通行本亦误刻。今改正之。

或性格耿直官场不顺，或早逝，或退居山野，未能打开阳明心学传播新格局。真正让阳明心学广为流传，则需要阳明心学四大名臣欧阳德、聂豹、徐阶、程文德等人在朝廷官位的显赫及其接力。

王思（1481—1524），字宜学，号改斋，江西泰和人。正德六年进士，授翰林院编修。充经筵讲官。嘉靖三年七月，争“大礼”，偕廷臣伏左顺门哭谏。帝大怒，系之诏狱，杖三十。逾旬，再杖之。凡十七人，皆病创，先后卒。

王时柯，字敷英，江西万安人。与马明衡、朱淛一样，在嘉靖三年告别政坛。王时柯为正德十二年进士，历任行人、监察御史。嘉靖三年大礼议，上疏反对，随尚书何孟春等二百二十人跪伏左顺门，且聚众金水桥南号哭，被两次杖打，贬戍编伍，永不得续用。嘉靖十五年大赦天下，放归。在边疆戍所十三年，备受折磨、煎熬，其悲惨程度仅次于王思。家贫，至卒无以为殓。

陈九川（1494—1562），字惟濬，号竹亭、明水，江西临川人。正德九年进士，授太常博士。谏止武宗南巡，下狱，贬为民。嘉靖初，升礼部郎中。会天方国贡玉石，所求蟒衣，九川为国家节省开支，不为奏覆，天方国大怒，骂通事，通事怨恨九川，在张璁、桂萼授意下，诬告九川，嘉靖大怒，下其诏狱。嘉靖五年谪戍福建漳州镇海卫，早早告别政坛。颇受阳明欣赏的著名弟子陈九川早早退野，对阳明心学的发展是巨大损失。

汪玉（1481—1529），字汝成，号雷峰，浙江鄞县人。正德三年进士，授刑部主事、员外郎、湖广按察佥事（摄辰沅兵备）。构明山书院于沅，日聚生徒讲诵，传播阳明心学，士多兴起。会逆濠反，玉独沿流入蕲，论戎日夜，修城增陴，募民集兵，境安声起。后升山东按察使，以卓异升佥都御史（巡抚顺天）。嘉靖八年病卒。

黄直（1489—1559），字以方，号卓峰，江西金溪人。正德十一年举人，嘉靖二年进士。三年，除漳州府推官，先后署漳浦县、长泰县事，日与诸生讲学，大兴教化，民不劳而惠。因上疏论储议事贬为沔阳州判官，寻以忧去。嘉靖十一年十一月谪戍雷州卫，次年赦还。家居二十余年，卒。

夏良胜（1480—1533），字于中，号东洲，江西南城人。正德三年进士。嘉靖初任吏部员外、文选郎中。大礼议起，得罪权臣。迁南京太常少卿，未赴。嘉靖四年，给事中、同门陈洸亦疏斥良胜与尚书乔宇等结党，遂谪茶陵知州。与乡贤张治（号龙湖，茶陵人）重建集贤书院于衡山。嘉靖七年六月《明伦大典》成，良胜所著《铨司存稿》存其中，为仇家所发，两下狱，凡三年不决。嘉靖十年八月谪戍辽东。嘉靖十二年卒于宁远邸舍。

王应鹏（1475—1536），字天宇，浙江鄞县人。正德三年进士，出宰嘉定。正德九年拜监察御史，出按福建（兼理盐政）、山东。嘉靖元年督学畿内，擢河南副使（督学政），嘉靖六年观察山东，擢佥都御史（巡抚畿内），改山西巡抚。嘉靖十年八月起副都御史，协理院事。嘉靖十二年正月失书职名，送镇抚司拷讯。魏良弼、陈邦敷先后疏救，亦受牵连。落职归，嘉靖十五年丙申卒。汪玉与王应鹏同为阳明弟子，结为儿女亲家。

魏良弼（1492—1575），字师说、师悦，号水洲，江西新建人。嘉靖二年进士，历任松阳知县、刑科给事中、礼科都给事中。隆庆初，与同门冯恩俱升官而致仕。居家，在丹阳书院讲良知学四十余年，联络江西、浙江阳明同门，心学涵养工夫极深。享高寿，八十四岁卒。

王臣（1493—1552），字公弼，号瑶湖，南昌人。嘉靖二年进士。官泰州太守，建安定书院，聘王心斋讲学。升刑部员外，转浙江按察佥事，与黄绾、薛侃、黄弘纲、黄宗明、陈九川、钱德洪、王畿等同门抚恤阳明后裔。后升广东参议，嘉靖十三年罢归。居家，与邹东廓、钱绪山等弘扬阳明心学。其学精思默证，一洗支离，见悟益明。

黄宗明，浙江鄞县人。正德九年进士，授南京兵部主事，升员外。从学阳明，论说良知之学。宁王之乱，上《江防三策》，为大司马乔宇所重。复疏谏南巡。以疾归。嘉靖二年，补为南京刑部郎中。会议大礼，与张、桂意合，遂连名署上，升吉安知府。嘉靖五年正月，由江西吉安府知府迁福建盐运司运使，以大礼书成也。六年正月，升翰林院修撰。八年七月，升光禄寺卿。十年秋七月，逮行人司正薛侃，及少詹兼翰林学士夏言、编修欧阳德、光禄卿黄宗明、给事中主事薛侨于诏狱。① 十一年四月，升为兵部右侍郎。十二年九月，转礼部右侍郎。十四年五月，升礼部左侍郎。嘉靖十五年闰十二月卒。

黄绾于嘉靖五年正月大礼书成，由南京都察院经历升南京工部员外郎，时年四十七岁。六年六月升光禄寺少卿，入史馆修书。九月升为大理寺左少卿。十月改为詹事府少詹事，兼翰林院侍讲学士。七年六月《明伦大典》书成，升詹事。十月升为南京礼部右侍郎。

① ［明］雷礼：《皇明大政纪》卷二十二，万历三十年刻本，第76—77页。

嘉靖十八年闰七月，黄绾以礼部尚书兼翰林院学士充正使，往谕安南，未行，被罢。①

戚贤（1492—1553），字秀夫，安徽全椒人。嘉靖五年进士，历任归安知县、都给事中。嘉靖二十年四月，上疏言“南京兵部郎中王畿、主事程文德、福建参议徐樾，皆清修积学，可备馆院”。上以为行私妄言，谪一级，调山东布政司都事外任。寻以父老自免。归十余年，卒。

嘉靖三年“大礼议”，是阳明众多弟子在新皇时代被打压的第一次高潮。嘉靖二十二年后，则是阳明众多弟子被打压的又一次高潮。先是王畿因得罪夏言，被诬以“伪学”，由南京兵部郎中谢归；而季本长沙知府被罢，钱德洪则自狱中归家。“江有何、黄，浙有钱、王”，即指黄洛村、何善山、钱绪山与王龙溪。浙中钱、王的仕途，自嘉靖二十二年后，便升迁无望了。而嘉靖二十九年后，阳明江西籍弟子多已年迈，大多接近致仕年龄，已无力捐资刊刻王阳明文献。嘉靖二十九年后，捐资刊刻王阳明文献多为阳明私淑弟子与再传弟子。

何廷仁（1486—1551），字性之，号善山，江西雩都人。嘉靖元年举人，久不第。嘉靖二十年谒选新会知县，二十四年迁南京工部主事，二十八年致仕。善山以诸生事阳明甚勤，在赣趋赣，在南浦趋南浦，在越趋越，一不以举业为念。善治生，家故丰，而自奉极吝。至越，接引后学，一如南、赣，盖其善诱。与同志大会于南都，诸生往来者恒数百人。

---

① 《明世宗实录》卷二二七。

黄弘纲（1492—1561），字正之，号洛村，亦雩都人。正德十一年举人。十四年六月，阳明仓猝军旅，洛村行间，承担参谋重任，凡张疑设间，必相与谋之。阳明归越，洛村不离者四五年。阳明殁，居越，计二年，以身同旋，以礼自卫，用情于人，内外大小咸信服，莫可指诽。护恩师嫡子正亿，携龙溪、绪山走台州请命而纳聘。士人出阳明之门者，无问远近，莫不知有洛村也。故阳明之传，独归洛村。嘉靖二十三年举为汀州推官，二十七年升刑部云南清吏司主事。嘉靖三十年致仕。居家，与东廓、双江、念庵讲学，会于青原、玄潭、石莲洞之间，嘉靖四十年卒。

《传习录》其他知名弟子，如王修易、朱得之、黄省曾辈，未能考中进士，为地方乡绅，影响不广。王修易，字勉叔，浙江江山人。至嘉靖三十三年方以贡士任阳明训导。朱得之，字本思，号近斋，江苏靖江人。至嘉靖二十九年始任新城县丞，逾月挂冠而归；三十三年，再任桐庐县丞。黄省曾（1490—1540），字勉之，号五岳，江苏吴县人。嘉靖十年举人，居家授学。

嘉靖二十九年后，欧阳德、聂豹、徐阶、程文德先后得势，嘉靖自己似乎被权臣反复折腾后，注意到“国难思将”、人才难得，精疲力竭，有些事似乎也看开了，顺便给能尽心办事的阳明心学权臣一丝颜面，对王阳明的态度似乎有所松动，先后在嘉靖三十年补录阳明嫡子王正亿为国子生，在三十九年补王正亿为锦衣卫左所副千户，录阳明嫡孙王承学为国子生。这些补救做法，分别发生在王阳明去世二三十年后。伴随朝局环境的松动，王阳明文录的编辑和刊刻工作也正式启动了。嘉靖二十九年后，王阳明文录重新被地方官员大规模公开印刷出版。

但是，真正恢复王阳明身份，还需要朝局变更，期待另外一个新皇。隆庆二年十月，王正亿终于袭爵，并获得岁给禄米千石的物质待遇。至少在最高中央层面，王阳明的合法身份、地位此时是被高度承认的。但历史总是会开玩笑。前进一大步，就会后退几小步。以高拱为代表的一批官员，不希望看到王阳明身份恢复带来的阳明心学的过分发展，开始抑制阳明文献的进一步传播。

一年后，有两个人提出反对意见，一个反对世袭，一个反对从祀。隆庆三年，南京监察御史傅宠反对阳明后人世袭爵位，理由居然是“人心未服”。既木已成舟，无法反对世袭爵位，但反对从祀应该是可以的。万历元年，兵科给事中赵思诚罢从祀之请，理由是“欺取所收金宝，半输其家”，“党众立异，非圣毁朱”，“其徒籍有余党，说事关通，无所不至”，语言夸张、荒诞，这就是历史上著名的王阳明“四大罪证”，涉及贪取物资、生活作风、学术立场、后学立党四事。半个多世纪后，保守派依靠上述似是而非的“举报”材料，很多相关者多已谢世，无法考证其真伪，以定阳明“罪案”。由此可见，朝廷保守派对王阳明从祀是坚决反对的。

历经隆庆、万历二朝，经过近二十年数十位阳明心学名臣的努力，终于在万历十二年的最后一个月，朝廷似乎默认新建伯王守仁可以从祀，就中以江西籍官员谢廷杰、邹德涵、萧廪保举贡献最大①。当时刊刻的一个阳明文献版本，对王阳明及其心学思想给予极高的评价，称其“以良知为宗，经文纬武”，“身膺患难，磨砺沉思之久，忽

① 据史料记载，早在万历元年，巡按浙江的欧阳南野与邹东廓著名亲传弟子萧廪就祀王守仁于杭州的文庙，这是阳明祭祀地方化的重大案例。

若有悟。究极天人微妙、心性渊源”，“与先圣相传宗旨无有差别”，“历来从祀诸贤，无有出其右者”，可谓空前绝后的美誉了。不难理解，王阳明事功以江西地区最著，故而江西籍官员刊刻王阳明文献也最积极，出力最多，版本最多，存世善本也最多。

明末小冰期，农作物连续失收，瘟疫横行，藩王土地兼并，地方政府毫无作为，民不聊生，社会动荡，农民起义风起云涌，尤其是后金强势崛起，多年的战争消耗明朝人力、物力和财力，曾经一度强盛的大明王朝走向了末路。清王朝入主中原，社会重新恢复了秩序，并重新确立了朱子学的中央权威，阳明心学彻底被边缘化。乾隆十六年下江南体察民情，赐王守仁祠匾，并给予王阳明“名世真才”的高度评价，对于沉寂近百年的阳明心学不啻为一剂“强心针”。但五十八年，乾隆却给予阳明后学“空虚而无实用”新的定位，尤其是在策试天下贡士这样的重大场合，这无疑给了阳明心学发展的“断头刀”，阳明心学成为一种新的“忌讳”。迟至光绪十六年，为了活跃社会风气，当局对阳明心学的态度才有所松动。纵观整个清朝，阳明心学处于边缘化、碎片化与被打压的状态，一直到洋务变法之后，阳明心学才全新崛起，自明朝灭亡已经过去两个多世纪了。清朝对王阳明文献的刊刻，多为地方乡绅、学者组织，或级别低的县令捐资刊刻，版本之精美远不如嘉靖、万历朝，且版本数量极少。

第三节　王阳明著述的刊刻与修订

无论是杭州天真书院还是赣州刊刻的《阳明先生年谱》均明确

记载，正德十三年七月，47 岁的王阳明在赣州先后捐资刊刻古本《大学》、《朱子晚年定论》，均有自序；一个月后，再捐资刊刻徐爱、薛侃、陆澄等人编辑的三卷本《传习录》，为九月份即将修建完成的濂溪书院讲学作教材使用。

嘉靖三年（1524）四月，王阳明居越服阕，福建籍弟子、时任余姚知县的丘养浩捐资刊刻由同门韩柱、徐珊编辑的三卷本《居夷集》，收录王阳明正德初年停留湖南、贵州地区所创作的诗文，为阳明最早的诗文单刻本，该书每半页十行，每行二十字。

同年十月十八日，陕西籍弟子、时任绍兴知府的南大吉则捐资刊刻由其弟弟南逢吉编辑的七卷本《传习录》，大字每半页八行，每行十五字。

嘉靖六年四月，江西籍弟子、时任安徽广德州判官的邹守益捐资刊刻由王阳明本人及其弟子钱德洪按时间顺序选编的四卷本《阳明先生文录》（正录三卷、附录一卷）。该书原本散佚，但据后来两个不同时期的重刻本（岑庄、岑初、徐学余姚校刻四卷本，王世隆嘉靖十八年重编三卷本）可以基本复原散佚的广德版目录和正文内容。

嘉靖七年夏秋间，时巡按福建的阳明弟子聂豹与谪戍弟子陈九川重新编辑整理南大吉七卷本《传习录》，删减为六卷，刻于福州，颁给养正书院诸生。聂豹有详细记载：

> 《传习录》者，门人录阳明先生之所传者而习之，盖取孔门“传不习乎”之义也。匪师弗传，匪传弗觉，先生之所以觉天下者，其于孔门何以异哉？夫传不习孔，犹弗传也。孔门之

传，求仁而已矣。孟子曰：“仁，人心也。”孟子之求心，即孔门之求心也。然心无形而有知也。知外无心，惟知为心；物外无知，何知非物？

予尝闻先生之教矣。学本良知，致知为学。格物者，致知之功也。学致良知，万物皆备，神而明之，广矣，大矣。故曰：“知皆扩而充之，足以保四海，无他，达之天下也。”孟子之学孔子者，其在兹乎？祖述孔、孟，宪章周、程，先生之所得亦深矣。而或者犹异之，云其殆于仁、心、知、物之义，有未达欤！盖仁即心也，心即知也，知即物也。外物以求知者，为虚寂；外知以求心者，为枯槁；外心以求仁者，为袭取；外仁以求学者，为泛滥灭裂，此二氏、五伯、百家之学所以毒天下。如以文辞而已者，今之陋也，去益远矣，毒滋甚焉。良知者，通天地万物为一体也。忍其毒而弗之觉，犹弗知也。此先生之传，殆有不容已焉者耳。

是录也，答述异时，杂记于门人之手，故亦有屡见而复出者。间尝与陈友惟濬，重加校正，删复纂要，总为六卷，刻之于闽，以广先生之觉焉。①

又据罗洪先《跋阳明先生与双江公书》：

阳明先生与双江公书，在嘉靖丙戌。又二年，先生遂有南

① 吴光、钱明、董平等编校：《王阳明全集（新编本）》，第6册，浙江古籍出版社，2011年，第2100—2101页。

> 康之变。是时公犹未执弟子礼，而先生尽以近日所独得者，切切语之，惟恐不尽吐露，斯其付托责望之重，可知矣。夫万物一体之义，自孔门仁字发之，至宋明道始为敷绎，其后《西铭》一篇，程门极其称美。自是，止以文义视之，微先生，则孔门一脉几于绝矣。故尝以为先生一体之说，虽谓之发千古之秘亦可也。公珍重是书，既勒诸石，乃以原稿付谢生经，以其责望，岂无意乎？①

嘉靖四年，聂豹为福建道监察御史，五年丙戌春，巡按应天，得以往赴绍兴亲自问学于阳明，颇得赞誉。六年，复命未几，遂巡按福建。七年春，正式入闽，建养正书院，捐资增定、编刻《传习录》。一般而言，聂豹于嘉靖七年福州刊刻的六卷本新版《传习录》可能会增入嘉靖五年阳明写给他的两封书信，因为夫子详细探明"万物一体之义"。此两封书信，即便在罗洪先看来，"切切语之，惟恐不尽吐露，斯其付托责望之重"，"发千古之秘"，以为"微先生，则孔门一脉几于绝矣"，其重要由此可见。既然连罗念庵都能注意到的嘉靖五年二书如此关键，钱德洪与王畿又该如何地看重呢？今嘉兴图书馆藏后世重刻南大吉七卷本《传习录》残本与台北图书馆藏残本下册四卷篇目、正文内容一致，可以复原嘉靖三年绍兴版《传习录》。存世两个本子均未曾收录阳明与聂豹书，自然是因为南大吉嘉靖三年本不可能收录嘉靖五年阳明写给聂豹的二书。

---

① 吴光、钱明、董平等编校：《王阳明全集（新编本）》，第6册，卷五十三《附录三》，第2234页。

嘉靖九年五月十六日，广东籍弟子、时任行人司司正的薛侃在杭州捐资刊刻由钱德洪于胜果寺编辑整理的四卷本《阳明先生诗录》，分为正稿、附稿，每半页十行，每行十八字。而同月，供同门论学、讲学与休憩联络之所的天真书院也正好建成，由此，阳明心学传播、发展的大本营和主阵地得以形成。虽然，四卷本《阳明先生诗录》不以时间先后为次序编排阳明诗歌，诗歌收录也不全，但作为王阳明去世后最早大规模收录阳明诗歌的单行本，无疑具有重要的文献版本学意义。

先生既没，吾友宽也，检诸笥，得诗数卷焉；畿也裒诸录，得诗数卷焉。侃受而读之，付侄铠锓梓。①

四卷本《阳明先生诗录》规模宏大，收录了《居夷集》，且以阳明先生滁州讲学之后至去世这段时间诗歌为正稿，滁州之前的诗歌则为附稿，未收《上国游》诗作。该书全本现仅见藏于日本九州大学图书馆，残本则见于尊经阁文库（前身为浅草文库），可供阅读复制，但不允许内地出版社公开影印出版，故而我国的一般研究者很难阅读到此版本。

阳明去世后，接力阳明文献刊刻者当首推薛侃。其实，三十三岁的薛侃就曾经在赣州主持编辑三卷本《传习录》。在阳明去世后初期，年长钱德洪十岁的薛侃主持过王阳明文集的整理与编辑工作，处于“中心”地位，而钱德洪此时还处于“边缘”地位。薛侃可算

① 《阳明先生诗集后序》，见日本九州大学图书馆藏四卷本《阳明先生诗录》。

是同门中除黄绾、邹守益之后，另外一位著名的前辈师兄了。据年谱，嘉靖八年十一月，薛侃（时年44岁）到达绍兴，经理阳明殁后家事。得益方献夫的提携，次年，升右司副而去。故而，薛侃在杭州居住的这段时间里，得与钱德洪一起编辑并协调时任建阳知县的侄子薛宗铠捐资刊刻《阳明先生诗录》事宜。

嘉靖十二年左右，广西舒柏捐资刊刻两卷本《阳明寓广录》(《遗稿》)。后胡宗宪亦曾在浙江重刻此书。遗憾的是，此两种刊本今皆散佚。

> 天不以地多草木而废发生，君子不以时多诗书而废言论；废发生则大化息，废言论则大道湮。辞不可废也。孔子曰：辞达而已矣。辞也，取载道焉耳矣。布帛惟温，菽粟惟饫，固有终身用之而不能尽者。恶之、学之、勋之，在海内也孰不抑之，而不能废辞，而其辞亦未始一涉于废。是故闻之者悦，传之者弥广。嘉靖戊子，先生以新建伯奉上命，提四省重兵，经略思田，虽鞠瘁弗遑，而问书、纪别、答问、祭告、题咏数章，率皆载道之文也。石龙一书，其绝笔焉。柏日侍门下，习而录，录而珍，恐久而或逸，梓之以贻同志，庶领略之余，得先生之所以为先生者。岂敢阿所好，亦岂敢以言论观先生耶？①

舒柏约正德十三年从学阳明于赣州军旅中。曾陪侍王阳明讲学

① 吴光、钱明、董平等编校：《王阳明全集（新编本）》，第6册，卷五十三附录三，第2191—2192页。

于县西云峰寺（书堂庵）。嘉靖七年被阳明夫子取赴，升梧州府同知。从阳明平田州，有赞画功。十六年丁酉转两浙盐运司。出知南宁府，未之任而卒。其自视欿然，佩服良知之训，根究心性之学，无少懈也。其名字事迹入选《传习录》，为世人所知，两广之士多从之游。

嘉靖十二年九月，台州籍弟子、时任礼部右侍郎的黄绾利用其与嘉靖密切的私人关系主持刊刻由同门欧阳德、钱德洪、黄弘纲等人整理的《阳明先生存稿》，全书二十八卷，惜今散佚无存。当时钱德洪仅参与其中的一部分，其主要工作或得益于居住在南京的欧阳德、黄弘纲。

> 天不慭遗，不获尽见行事大被斯世，其仅存者唯《文录》《传习录》《居夷集》而已，其余或散亡及传写讹错。抚卷泫然，岂胜斯文之慨！乃与欧阳崇一、钱洪甫、黄正之，率一二子侄，检粹而编订之，曰《阳明先生存稿》……庶传之四方，垂之来世，使有志之士知所用心，则先生之学、之道为不亡矣。嘉靖癸巳秋九月望日，通议大夫、礼部右侍郎、前詹事府詹事兼翰林院侍读学士、同修国典、经筵讲官、门生赤城黄绾识。[①]

黄绾在主持编订过程中，根据他对阳明文集的理解，尤其是他

① 陆永胜主编:《王阳明珍本文献丛刊》，第 4 册，序言，社会科学文献出版社，2018 年，第 3 页。

对老师宏伟事功的崇拜，认为“先生之道无粗精”“随所发言，莫非至教”，故而“不必择其可否”，“概以年月体类编次”，几乎是对收集到的阳明遗稿照单全收，并未如两年后钱德洪那样大刀阔斧的选编精择，从而成为收录阳明文稿最全的阳明先生文录。

范庆在嘉靖二十六年序阳明《文录》云：

> 阳明先生遗集传于世者，有《存稿》《居夷集》《文录》《传习录》，门人绪山钱子乃并之曰《文录》，复取先生之《奏疏》《公移》，厘为《别录》，合刻于吴郡，惟《传习录》别存焉。①

如果范庆听闻的阳明亲传弟子张良才所述王阳明文献刊刻情况属实的话，“有《存稿》《居夷集》《文录》《传习录》”，《存稿》应是与《居夷集》《文录》《传习录》并行的刻本，不包括《居夷集》《文录》《传习录》等相关文献，且未收二十卷《别录》。

嘉靖十四年官任贵州的阳明后学名臣王杏捐资刊刻的三卷本《新刊阳明先生文录续编》，收录十多篇此后二十八卷本《文录》、二十四卷本文录散佚的十九篇诗文书信，我们有理由相信，嘉靖十四年贵州三卷本续编文录应该来源于黄绾的存稿本。如此数量众多的阳明散佚诗文，如果不是王阳明最亲近的门人（钱德洪）或亲戚（黄绾），一般人是很难接触到的。

---

① 吴光、钱明、董平等编校：《王阳明全集（新编本）》，第6册，卷五十三《附录三》，第2154页。

此后，阳明文录的全新编辑与增刻本主要由钱德洪主持，始于嘉靖十一年，迟至嘉靖十四年冬。时钱德洪任职于苏州府学，时间充裕，范庆说“门人绪山钱子乃并之曰《文录》，复取先生之《奏疏》《公移》厘为《别录》，合刻于吴郡”，是可能符合历史真实情况的。钱德洪因丁忧而去职，打乱其继续编纂增订《传习录》的计划，故而未能在嘉靖十四年八月后刊刻《传习录》，新版《传习录》则留待嘉靖十九年后了。① 钱德洪和居住在苏州的阳明弟子黄省曾对《阳明先生存稿》进行全面系统的编辑整理，不仅对《阳明先生诗录》进行重新编排，而且对新收集到的阳明奏疏、公移进行系统的分类整理，并于此年八月请阳明弟子闻人诠刊刻于苏州，这就是著名的存世姑苏二十八卷合并本。由于钱德洪刻意隐瞒，试图体现自己与阳明另外一位江西籍弟子邹守益主张的“切讲学明道”的精选原则，所谓“凡不切讲学明道者，不录可也”，后世馆藏人员多误题“苏州本”。

根据我们对王阳明文献版本的研究，姑苏本为二十八卷，是存稿本与二十卷《别录》本的合并、精简与修订。

> 德洪昔裒次师文，尝先刻奏疏、公移凡二十卷，名曰《别录》，为师征濠之功未明于天下也。既后刻《文录》，志在删繁，取公移三之二而去其一。②
>
> 至草萍驿，戒记书箧，故诸稿幸免散逸。自后同门各以所

① 钱明编：《徐爱　钱德洪　董沄集》，附录，凤凰出版社，2007 年，第 417 页。
② 吴光、钱明、董平等编校：《王阳明全集（新编本）》，卷三十《续编五》，第 1129 页。

录见遗，既七年①，壬辰，德洪居吴，始较定篇类。复为购遗文一疏，遣安成王生自闽、粤由洪都入岭表，抵苍梧，取道荆湘，还自金陵，又获所未备，然后谋诸提学侍御闻人邦正，入梓以行。《文录》之有《外集》《别录》，遵《附录》例也。②

钱德洪为何对黄绾版进行大规模修订，主要原因就是自阳明去世四年后，他在嘉靖十一年获得比阳明遗稿本更多的文本，故而得以在苏州“始较定篇类”。为了更好编辑恩师遗文和散佚稿件，他特意辞去京职，安心于苏州府学教授。

嘉靖七年阳明先生捐馆后，“同门各以所录见遗”，钱德洪获得文稿逐渐增多。四年后，至嘉靖十一年，文稿陆续增多，遂有黄绾嘉靖十二年刻本。七年后，文稿基本收集完毕，而二十卷《别录》亦公开刻成，可以“合并”。尤其是八月后，他绕道江西，面见龙光，收集到同门龙光讲述恩师反间宁王的长文秘辛，立刻誊写抄录，最后交于提学、同门闻人诠付印。

钱德洪早在嘉靖十四年正月，就写好了二十八卷本《阳明文录》新版序言《阳明先生文录叙说》，新序目前笔者仅见保存于赣州版重刻二十八卷本序言中，与后世二十四卷本钱德洪修改版系列序言存在着多处不一致。为了更好地传播王阳明文献，钱德洪两次邀请黄绾作序，黄绾嘉靖十四年新版序言，与嘉靖十二年序言亦存在着多处的不一致。嘉靖十四年春，黄绾以礼部左侍郎身份参与天

---

① “七”，赣州本作“四”。

② 吴光、钱明、董平等编校:《王阳明全集（新编本）》，第6册，卷五十二《附录二》，第2088页。

下会试，事关千万士子的前程。黄绾升为座主，钱德洪请其作序，显然有利于二十八卷本《文录》的流行。但黄绾写于嘉靖十四年的第二篇序言，身份变更为“礼部左侍郎”，且更称为“门人黄绾”，与第一序的“礼部右侍郎”“门生赤城黄绾”不同，且并不见于国图藏二十八卷本（姑苏本），而是见于后世所谓“苏州本”序言中，且与邹守益嘉靖十五年丙申序、钱德洪嘉靖十四年正月《刻文录叙说》并列，让人百思不得其解。相反，今存世嘉靖十四年八月增刻二十八卷本，仅收黄绾嘉靖十二年九月序言，更是令人匪夷所思。这说明，我们看到的存世版本，早已不是原刻本，而是后世重刻本，后人根据需要随意增删序言，早已失去嘉靖十二年、十四年两种原刻本的原貌了。

钱德洪为何短短两年后，要如此着急重新修订增刻前辈黄绾存稿本，一个重大利好是阳明亲戚闻人诠恰好担任提学御史，出版经费有了着落；另外一个更重要的原因是钱德洪不同意黄绾、欧阳德等人对恩师文章“无所不收”的编辑原则，总担忧《存稿》本很不利于阳明心学的传播，而他精选编订的阳明文集。除奏疏、公移外，对黄绾存稿本进行精心优化，分门别类，体系更加合理。

恰恰是黄绾、欧阳德“凡所发言，无非至教”一派与钱德洪、邹守益“切讲学明道”一派的长期分野，尤其是作为不同时期的捐资人和提议刊刻者，黄绾、邹守益、欧阳德、程文德等人的官职变动又加剧多种不同版本的公开印刷，导致后世多种阳明文集不同卷数的刊刻版本，形成颇为壮观的王阳明文献版本学的世界。由于嘉靖皇帝为了国家秩序安全的需要，不喜欢阳明学，故而他是不愿意看到阳明文献的公开出版。而唯有与嘉靖皇帝关系密切的官员保驾护航，捐资推进，至少不让嘉靖反对，王阳明文献方能顺利出版。

这也就不难理解，今日本九州大学藏四卷本《阳明先生文录》孤本，没有捐资人，只在书末出现“岑庄、岑初、徐学校刻”一行字。岑庄、岑初、徐学三人均无信息资料，我们猜测，他们三人或许为化名，又或者是余姚县乐善好施的无名之辈。嘉靖二十三年二月德安府八卷版《传习录》，不仅没有捐资人，甚至连校对者都没有，也是只在书末最后一页出现“嘉靖二十三年二月德安府重刊”寥寥数字。上述两本“无主”之书的出现，说明黄绾退出政坛后，后来的捐资人不再敢亮明身份，以免自己政治前途受影响。

嘉靖朝王阳明文献的刊刻是有挑战的难题，除了阳明文献体量颇大、阳明及阳明学受打压之外，捐资人也不易获得。阳明文献不断被发现，阳明文献的刊刻出版就像是阳明众多弟子门人的“接力赛”，不断接“棒”，由此推动一个又一个不同版本阳明文录的印刷和出版。对阳明弟子而言，弘扬师说比自己的生存更重要，阳明之学、之道的传播和发扬光大才可以为社会发展提供更好的智力支持。欧阳德、钱德洪等阳明弟子除了要决定是刊印全本还是选本外，还要在不同时期寻找适合的捐资人确保王阳明文录得以顺利面世，这其实是一件很不容易的事情。①

即便是王阳明心学被朝廷定义为“伪学”而遭禁的困局下，但得益于薛侃家族、余姚乡贤、嘉靖宠臣黄绾、阳明亲戚闻人诠、贵州监察御史王杏、贵州提学副使王世隆的捐资，嘉靖八年后的十年

① 向辉：《学术赞助与版本之谜：以天真书院刻〈阳明先生年谱〉为例》，《版本目录学研究》，第十三辑。

内，当时就已经出版六种文录（诗录）单刻本，惜今日仅有孤本存世。阳明亲家黄绾嘉靖十八年闰七月因为担心自身安全而不愿意去域外安南公干被免职；阳明著名弟子、博学醇雅的邹守益嘉靖十八年后获得嘉靖的亲近与信任，无论是经筵讲官，还是侍读学士、祭酒，官位颇尊，但因其性格耿直，故短短三年后就失势，永久地离开政坛。黄、邹二人的失势，对阳明文献的刊刻影响甚大。

图书馆错误题录的“苏州本”，应为后来邹守益、钱德洪对二十八卷本的再次精选，主要是增加《文录》目录，删除阳明批答公移四卷，缩减七卷本公移到三卷，且三卷本公移均作了题名更改，钱德洪称之为“条揭提纲”。故此二十八卷缩减到二十四卷。清华大学藏此文录重刻本收有黄绾嘉靖十四年序、邹守益序言、钱德洪《刻文录叙说》。此“苏州本”可能是邹守益捐资刊刻，刊刻时间大约为其在南京国子监担任祭酒时。序言标注为嘉靖十三年丙申三月，实际刊刻印刷大约在嘉靖十六年至二十一年间，邹守益先后担任南京吏部郎中、洗马（经筵讲官）、太常少卿、南京国子监祭酒，可谓盛极一时。[1]

与此同时，约在嘉靖十七年春，钱德洪服阕补国子监丞，寻升刑部湖广司主事，嘉靖二十年转刑部陕西司员外，九月十二日因不愿意与嘉靖妥协，执意要依法问罪武定侯郭勋，嘉靖暴怒，钱德洪因此被打入诏狱，在狱中饱受折磨，系狱将近两年，二十二年才被放回归农，革除冠带。[2] 故而，嘉靖十七年春至二十年九月长达三

① 董平编：《邹守益集》，下册，凤凰出版社，2007 年，第 1384—1385 页。

② 钱明编：《徐爱　钱德洪　董沄集》，附录，第 409—410 页。

年多的时间里，邹守益和钱德洪对嘉靖十四年刻姑苏二十八卷本进行长时期反复修订，切合讲学明道的原则，缩减为二十四卷。现在看来，或许因为邹、钱二人公务繁忙，没有安静的时间精心校对，或许因为嘉靖二十年钱德洪系狱而邹守益独自主持精力不济，存世“苏州本”正文文字存在大量错刻。

“苏州本”亦有新增者，与二十八卷本所收四卷诗歌相比，增加了邹守益在江西与王阳明外出旅游时的相关诗歌四首。

“苏州本”后世重刻本、翻刻本特别多，各本序言呈现多种不同的组合，且于嘉靖三十六年前，被全国各地阳明心学人物积极重刻，二十四卷本所收文章大同小异，其中，以国图藏“苏州本”（善本书号 09116，14 册本）最早。中华古籍资源库网站近年来新上传云南省图书馆藏二十四卷本文录的全文扫描本，为接续“苏州本”的重刻本，首次新增杭州去世权臣洪钟（1443—1523，字宣之，号两峰，官至刑部尚书）的祭文、墓志铭，增入外集卷九。该书前无序言，无目录，每半页十行，每行二十字。

洪澄，字静夫，号西溪、太保，洪钟子。少有文誉，正德五年丙戌举人，官内阁，制敕中书，兼修玉牒。归，筑别业于孤山。晚年，徜徉湖上，足迹不入城市。继父志，藏书于两峰书院。墓在西溪阮家山。其弟洪涛，因恩荫任督察院督事。

洪楩，字子美，号美荫，洪钟孙。因恩荫，任詹事府主簿。喜藏书，筑清平山堂刻书坊于城南仁孝坊（清平巷）。除编印《洪子美书目》《清平山堂话本》，另刻《医药摄生类八种》《唐诗纪事》《蓉塘诗话》《六臣注文选》《六十家小说》《新编分类夷坚志》《路史》《绘事指蒙》。所刻之书，“校印颇佳，深于嗜古”，“校雠精致，逾于他刻”，“既精且多”，公认为精刻本。

洪楩刊刻各类书籍，大致时间为嘉靖二十四年至二十八年。我们认为，云南省图书馆藏二十四卷本文录刻于杭州，捐资人应该为洪钟后裔，大概率为刻书家洪楩。与随后邹守益手序二十四卷本收录2篇洪钟祭文、墓志铭相比，云南省图书馆藏本尚未精校，存在文字重复和多处错字的问题。而邹守益手序二十四卷本最全，校对精良。该书前收嘉靖十五年邹守益手写序言、钱德洪《刻文录叙说》（乙未年正月），有目录，每半页十行，每行二十一字。该本是嘉靖三十七年胡宗宪杭州刻二十四卷本的底本，故邹守益手序二十四卷本所收最全，刻于最晚，颇有这些系列版本的最终定稿版意味。另外，嘉靖二十八年，时任绍兴府同知的俞宪获得王阳明嫡子正亿赠予的阳明本人诗文墨迹，并说“《阳明文录》二十四卷行世”。① 俞宪嘉靖四十四年冬编刻《王阳明集》，所用文献底本就是嘉靖二十八年刊刻的二十四卷本阳明文录。我们可以进一步推测，洪楩捐资刊刻增录洪钟祭文的二十四卷本文录，大约是在嘉靖二十八年。

由此，现在看来，可以确信，自嘉靖十四年刻姑苏二十八卷本之后，至嘉靖三十六年以前，这二十二年时间里，至少存在“苏州本”（可能刻于南京，国图有藏本，即影印甲库文录本）、首次增刻洪钟文2篇的杭州文录本（云南省图书馆有藏本，中华古籍资源库全文收录）、精校洪钟文2篇文录本（国图藏）。

阳明心学人物黄绾、邹守益等人的陆续失势，极大地打击全国

---

① （日）永富青地：《王守仁著作の文献学的研究》，东京汲古书院，2007年，第711页。

各地王阳明文献的刊刻热情。嘉靖二十二年至二十八年，近七年时间里，刊刻《阳明先生文录》多是默默与低调进行，多种版本都未见明确的捐资说明序言，可窥当时独特的时局，阳明心学人物对于刊刻阳明文录冠名持谨慎态度。

不过，嘉靖二十一年十二月，阳明心学四大名臣之一的徐阶由司经局洗马兼翰林院侍讲升为国子监祭酒，这是一个值得注意的朝廷人事变化。二十三年十一月甲辰升为礼部右侍郎，二十四年闰正月丙子升为吏部右侍郎，二十四年十二月丁巳升吏部左侍郎改刑部右侍郎。二十六年四月己酉，吏部左侍郎徐阶兼学士，教翰林院庶吉士读书；二十七年二月戊辰掌翰林院事，二十八年二月乙卯升礼部尚书，兼官如旧，六月壬戌入直无逸殿，二十九年六月癸卯掌锦衣卫事。后掌詹事府事，辅导诸王子。嘉靖三十一年三月辛卯，徐阶以少保兼太子太保、礼部尚书身份兼东阁大学士，入阁办事，仍掌部事。

嘉靖二十九年，出任绍兴通判的萧彦、出任甘肃御史的闾东、出任福建御史的沈宠，嘉靖三十二年及以后，出任河南御史的宋仪望、出任江苏江阴知县的钱錞、出任安徽泾县知县的丘时雍、出任陕西御史的孙昭、出任湖北黄梅知县的张九一，或自觉承担捐资人，或在钱德洪、王畿等人的鼓舞下捐资，均纷纷捐资刊刻王阳明文录、语录（《传习录》）。至嘉靖三十五年，王阳明文献的主体部分全部刊刻完毕，不仅有定稿《传习录》，还有定稿二十四卷本阳明文录，更有全录二十八卷本。

嘉靖十六年至嘉靖二十八年间，出现一些阳明文录的节选本，方便阳明后学人物快速了解阳明学。首先是嘉靖十七年六月刊刻的两卷本《阳明先生则言》，由巡按浙江御史周文规、临海令刘岷川共同捐资，阳明弟子应良作序，薛侃与王畿于十六年十二月选编完成。钱明先生甚至认为，该书可以媲美《传习录》简明“教材流行一时”，后于嘉靖四十四年乙丑秋被谷中虚重刻，徐大壮与谷中虚分别作序。① 阳明文录节选本的出现，据当时薛侃与同门闻人诠的书信，是考虑到《文录》《奏疏》篇幅过大，史料过多，“士友不易得”，故“采摘诸友杂记”而成。② 因触怒嘉靖皇帝，年仅四十六岁的薛侃，与另一位江西籍阳明著名弟子陈九川（嘉靖五年谪戍，八年放还归田）一样，早早地告别政坛。而后，同样的事，亦发生于钱德洪身上。依靠薛氏家族庞大的资源，薛侃有充裕的时间，一方面担当起连接浙江与江西阳明心学人物的重要纽带，另一方面则是系统研读阳明老师著作，节选《阳明先生则言》。其中，嘉靖十五年丙申，前往江西吉安，访学阳明著名弟子邹守益、罗洪先等人，留青原书院旬月，与数百同志讲学。这是民间自发跨省交游、长期宣讲阳明心学的重要案例，令人动容。③

《阳明先生则言》今有宁波天一阁藏嘉靖十七年初刻本（善本书号 2207）残本一卷一册，该版本正文字体与薛侃序言字体一样。复有国图藏《阳明先生则言》四册,有应良、薛侃 2 篇序言，序言字体不同于正文字体。

嘉靖二十六年丁未，时任江西抚州临川知县应云鸑捐资刊刻

---

① 《阳明先生则言》，薛侃嘉靖十七年刻本，续修四库全书子部第 937 册，序言，第 357 页；吴光、钱明、董平等编校：《王阳明全集（新编本）》，第 6 册，第 2196—2200 页。

② ［明］薛侃撰，陈椰编校：《薛侃集》，附录五《薛中离年谱》，上海古籍出版社，2014 年，第 538 页。

③ ［明］薛侃撰，陈椰编校：《薛侃集》，附录五《薛中离年谱》，第 540 页。

《阳明先生集略》，因该书已散佚，具体卷数不得而知，但根据陈九川的序言，我们可以透视嘉靖二十六年全国阳明文献刊刻的一些情况。

圣人之学，尽性而已矣。性也者，道心也。其本体寂然而无倚也，谓之中；粹然而不二也，谓之一；炯然而不昧也，谓之知。故虞廷之执中，孔门之致知，一也。本体无纤毫之翳，则知几其神，知之至也，是谓允执厥中，是谓一以贯之。夫子自谓无不知而作，又非多学而识之，则致知之教，跃如也。

颜氏有不善未尝不知，知之未尝复行。复其性也，此致知之传也。曾、思慎独、知微之显，其源一也，而时固有倚闻见以为知者。孟子始发良知之训，指其发见于孩提者，为天下之达道，而曰"大人者，不失其赤子之心者也"。孔门之统，其不在兹乎？及其没，而斯学不传，道术遂为天下裂。

千有余年，濂溪、明道始明无欲大公之学，庶几致中之绪矣。象山、慈湖寻继其微而未粹，其后日以支离横溃，以义外之裔，篡一贯之宗，遂涂天下之耳目而人丧其心矣。间有稍觉其非者，而力莫之能挽也。

垂四百年，而先师阳明先生出，始慨然有兴起之志。披群言，历二氏，炼于艰险，而后反之洞然，直悟致知之宗，乃表章之而不作。天下之毒于积习，盖已沦肌肤而浃骨髓。方群怪而力攻之，而先生开物善世之诚，谆谆不容已者，固忘其身之危而莫之救也。于是寖以薰蒸，鼓动有志之士稍稍云集而河饮，若鼓镛钟于百仞之阁，而群悟方警也，若脱其桁杨接槢而得周还揖让于其庭也。其于诐邪之习，盖未尝深辟而自不能为祟。圣门良知之学，久而灿然复著于天下，而人始知有其心，若长风卷阴曀而共睹天日也。昔人推尊孟子，以为功不在禹下，若先生汛扫廓清之功，岂直不下于孟子哉？非夫精神气魄迴盖千古，其孰能至于此。其文章勋业，皆从此出，辟之风雨霜露，庶物露生，无非教也。

全集近已行矣，学者从其所爱慕感触，皆可因而入焉。故先生虽往矣，闻而兴者未艾也，固益可念良知之玄同，施诸后世而无朝夕，而先生之神，流行于天地之间者，岂非真与风霆同其鼓舞，有不可得而测者哉？

邑侯应君象川，以意摘其要略，请梓之以传。谓川也尝亲炙于先生者，过而使序之。顾惟不类，未之有得也，曷足以发哉？惟及门以来，窃见先生之学，虽已夙悟天端，其精诣默成，盖有日新而岁盛者。读其书者，以其年考之，亦可以见其进德之迹矣。至于本体之莹彻圆融，渊微精睿，所以通神明之德，观天地之化，立生民之极，而会群圣之楷者，则浩浩乎莫得而窥其际也。世之君子，未尝灼见先生之道，乃欲以私智悬断其所至，不亦远乎？

夫良知之无圣凡夫入于孩提，信之矣，而卒与圣悬隔者，岂有他哉？卑者昏于嗜欲，高者蔽于见闻，而莫之致焉耳。先师夫既已开之矣，犹有疑良知不足以尽天下之变，而必外求以裨之者，是不信其目而自障之，伥伥然索险夷于杖也，是意见之重为蔽也，则集中指点，虽灿若日星，其能入乎？苟无先横意见，易气以观之，固宜不待更端而跃然开悟矣，则若兹摘刻者，不既多矣乎？

应侯名云鸑，象山人。①

此文作于嘉靖二十六年丁未，名儒陈九川乡居多年，时年已五十四岁，涵养良知学多年，学问深厚细密。其对王阳明的良知学理解颇深，但其观点不太为当今学术界所知。这篇序言归纳陈九川良知学思想，并成为五年后与聂豹论辩良知学的观点来源。②

该序言透露一个重要信息，就是嘉靖二十六年左右，当时学术界刊刻一个"全集"本，恰恰是当时新刻全集本延伸出应云鸑的《集略》本。这个全集本，会是谁捐资刊刻的呢？

阳明先生文录，旧尝梓行，然多讹缪，间编帙有错置者，欧阳子崇一厘正之。太学生嘉兴吴子堂盖慕先生而私淑焉者，欣然请复梓焉。③

考之程文德年谱，嘉靖二十四年十四日至二十六年十一月初七

① 中山大学藏明刻本《明水陈先生文集》，卷六，《阳明先生集略序》（丁未）；吴光、钱明、董平等编校：《王阳明全集（新编本）》，第6册，卷五十三附录三，第2155—2156页。

② 参见中山大学藏明刻本《明水陈先生文集》，卷六，《答聂双江司马》（壬子）。

③ 吴光、钱明、董平等编校：《王阳明全集（新编本）》，第6册，卷五十三附录三，程文德《阳明文录跋》，第2153—2154页。

日，程文德正担任南京国子监祭酒。[①] 而嘉靖二十年左右至嘉靖二十四年间，欧阳德在泰和老家丁父忧，且因其母将近八十岁，“依依不复出”，常与邹守益、罗洪先讲学交游。嘉靖二十五年，方以荐起复任南京旧官鸿胪寺卿。我们猜测，十余年南京留都清闲官职，早已磨去欧阳德进取之心，他一意在老家安心读书讲学，修订王阳明文录二十八卷本，同时照顾老母起居。而四年后，嘉靖二十九年春，欧阳德主持全国会试，炙手可热，权倾朝野，这给阳明文献的各地刊刻巨大“赋能”。是年夏，其母高龄去世，他再次归家丁母忧，居家尽孝，迟至嘉靖三十一年秋方赴京任礼部尚书。[②] 嘉靖二十五年，欧阳德赴南京鸿胪寺任，且带着修订好的二十八卷本文录，而同门程文德任南京国子监祭酒，二人共同主持捐资刊刻此“全集”本。序言中说“多讹缪，间编帙有错置”，说明需要重刻的必要，故而“欧阳子崇一厘正之”；“太学生嘉兴吴子堂”“欣然请复梓”，未明确说明是捐资刊刻，只说是南京太学生、嘉兴籍后学吴子堂捐资刊刻，这完全是为了避免刊刻阳明文献带来的后遗症、麻烦。

比照嘉靖三十六年赣州府知府王春复的序言，也是说当地学生董聪捐资刊刻，情形类似。我们推测，已经散佚的嘉靖二十六年南京刻本，应该是欧阳德、程文德二人共同出资刊刻的。程文德隐含未言，大概也是担忧当时朝廷的反感、压制。无论是今整理本《欧阳德集》，还是《王阳明全集（新编本）》，均未收录欧阳德序王阳

---

① ［明］程文德著，程朱昌、程育全编：《程文德集》，附录二，上海古籍出版社，2012年，第600—601页。

② 陈永革编校整理：《欧阳德集》，附录，凤凰出版社，2007年，第849页。

明文集相关文章。事实上，欧阳德特别醉心于王阳明文集的刊刻，不仅积极汇校，还为多种阳明文献的刊刻积极帮忙寻找捐资人，只是表现得比较隐秘而已。

最后，则是嘉靖二十六年九月苏州知府范庆与阳明弟子张良才等地方教育官员捐资重刻文录二十卷本，增收《传习录》，附于书后，为世人所知。

嘉靖二十八年二月，徐阶升礼部尚书兼掌翰林院，六月入直西苑无逸殿，得以举荐阳明众多弟子担任要职，由此也担负起护航刊刻阳明文献的重要旗手。嘉靖二十九年后，正是在徐阶的举荐下，阳明心学名臣欧阳德（主持会试）、聂豹（右佥都御史）与程文德（补国子监祭酒）等人得以强势崛起。而次年九月，阳明嫡子正亿得以补国子生。嘉靖二十九年，是王阳明文献获得非官方大规模刊刻的年份，至少可以公开署名捐资人了。

嘉靖十四年闻人诠刊刻姑苏二十八卷本，十五年之后，间东在嘉靖二十九年八月甘肃天水刊刻文录二十八卷本，亲自作序。两个月后，十月，王畿重新编辑整理的七卷本《传习录》在绍兴通判萧彦的捐资下公开出版。次年九月初一日，王畿版《传习录》即被其安徽籍弟子沈宠在福建重刻，捐资人是江西籍阳明后学朱衡。①

欧阳德弟子间东刊刻二十八卷本的三年后，温州永嘉后学孙昭于嘉靖三十二年六月任陕西监察御史时重刻间东本。学术界所说的

① 沈宠序言，见上海图书馆藏万历重刻水西精舍本《传习录三卷　续录二卷》残本三卷，索书号 795270—33，4 册；朱衡序言，见吴光、钱明、董平等编校《王阳明全集（新编本）》，第 6 册，卷五十三附录三，第 2200—2202 页。

“闾东本”似乎散佚，存世的“闾东本”并非闾东初刻本。众所周知，闾东原刻本，《传习录》《传习则言》均被收录，且作为附录，但目前可以获得全文的“闾东本”均未收《传习录》《传习则言》，故而不是原刻本，而是孙昭重刻闾东本（永富青地所引本），删除了《传习录》《传习则言》。孙昭刻二十八卷本文录，每半页十行，每行二十字。令人欣喜的是，一个月后，邹守益弟子宋仪望在山西运城河东书院重刻“苏州本”二十四卷本。同一年，六月与七月先后两个月时间，当时学术界出现两个不同的文录重刻本，分别是陕西本、山西本，可见当时全国出现重刻阳明文录的热潮：这些足以证明自嘉靖二十九年开始，到嘉靖三十二年，全国各地兴起了推进阳明学的新动向。孙昭刊刻陕西本后，注意到同年宋仪望山西本，亦曾注意到同年秋宋仪望、姚良弼（杭州人）河东书院刊刻的十一卷文录节本。[①] 孙昭官任河南监察御史后，为了更快地推进阳明心学传播，他于嘉靖三十六年六月在洛阳大梁书院再次捐资重刻宋仪望十一卷文录节本，且邀请时任河南按察副使的亢思谦作后叙。[②] 宋仪望发现其选编的阳明文录十一卷节本在嘉靖后期颇受欢迎，故而官任福建后于隆庆六年闰二月捐资重刻，这已经至少是其第三次刊刻阳明文录了。[③]

从嘉靖四年到嘉靖二十八年长达二十五年的时间里，仅在浙江地区，我们保守认为，《传习录》至少还存在过两个全新的重刻本，且内容与嘉靖三年本有所不同。经过对嘉靖三年台湾地区藏《传习

① （日）永富青地：《王守仁著作の文献学的研究》，第681—682页。
② （日）永富青地：《王守仁著作の文献学的研究》，第684页。
③ （日）永富青地：《王守仁著作の文献学的研究》，第680页。

录》下册、嘉兴图书馆藏残本四卷与嘉靖二十九年王畿增刻修缮本比较，我们发现，王畿本文本正文存在三种字体，刀法不一，且体现出正德时期字体向嘉靖二十九年刻本字体过渡的倾向。可以说，王畿本可算是浙江地区四刻本，期间存在一个散佚的三刻本，四刻本是在三刻本之上的增补修缮，而三刻本是在嘉兴藏二刻本基础上的全新重刻。

也就是说，嘉靖三年至嘉靖二十九年的二十七年时间里，浙江地区，至少存在四种刻本。至嘉靖二十九年，江西籍学者、时任绍兴通判萧彦捐资刻新本，阳明与欧阳德一书、聂豹书被再次确认增录。而王畿所依据的原来的刻本就已经增刻了二书，这是阳明弟子持续二十七年对王阳明语录编刻的“接力赛”，与时俱进，“切于讲学明道”，使阳明学传播“教材”“归一”。《传习录》中卷书信部分，至此得以定稿。

其实，早在嘉靖二十三年，湖北德安府匿名捐资人刊刻八卷本《传习录》，字体秀美。德安府本每半页十行，每行十七字，分上下卷，比较早增刻欧阳德一书、聂豹三书（嘉靖七年的第二书、第三书后来被合并成一书）。应该来说，绍兴王畿八卷本《传习录》注意到德安府本的优势，有助于传播王阳明晚年思想，但仅收录王阳明与聂豹嘉靖五年一书，未收德安府本第二书、第三书。王畿本亦是每半页十行，每行十七字，分上下卷。阳明知名弟子管州编辑整理的江阴八卷本《传习录》，每半页九行，每行十七字，按照卷一至卷八的次序排列章节篇目，未分上、下卷，由江阴知县钱錞于嘉靖三十三年捐资刊刻，薛甲作序。管州注意到王畿本《传习录》的优势，亦增收二书（与欧阳德一书、聂豹一书），少收聂豹第二书、第三书，并未如德安府本一样增收四书（欧阳德一书、聂豹三书），体现出较为谨慎的增刻原则。

王畿新本《传习录》的横空出世，引发很多在地方身居要职的阳明弟子的担忧。他们发现王畿本篡改了嘉靖三年本原貌，与嘉靖三年南大吉本相去甚远，大为不解。于是，王畿本刊刻后的第二年五月，王阳明著名弟子、余姚籍孙应奎联合阳明私淑弟子蔡汝南在湖南石鼓书院捐资刊刻王阳明亲自赠给他的七卷本《传习录》（王阳明手授本），湖南重刻本保持南大吉本原貌，主张不收欧阳德、聂豹书信。孙应奎重刻本每半页九行，每行十七字，亦分上下卷。嘉靖三十年左右，学术界热心人士似乎重刻陈九川嘉靖七年整理、聂豹于福州捐资刊刻的六卷本《传习录》，该书未分上下卷，印刷精美，今日本有藏本。令人惊讶的是，六卷本《传习录》书信部分仅收录王阳明与罗整庵书、顾东桥二书。确如聂豹所言，删减得厉害。

注意到当时学术界刊刻大量不同版本的《传习录》，掌握大量王阳明一手语录文献的钱德洪，终于坐不住了，他感受到了传播阳明语录的潜在分裂危险，阳明思想传播未能“归一”，对后学误导很大。钱德洪先后在嘉靖三十三年、三十五年、三十七年主持编辑、增录并发动阳明心学人物捐资刊刻三种全新版《传习录》，分别刊刻于安徽水西精舍、湖北崇正书院、浙江天真书院，而今水西精舍本（五卷本，全语录本，藏于台湾、北大图书馆）、天真书院本（十一卷本，残本藏于复旦大学图书馆，善本藏于日本国士馆大学图书馆）均得以存世，惟有崇正书院本《传习录》散佚无存。

我于 2019 年 3 月 8 日在北京大学图书馆特藏部阅读到嘉靖三十

三年六月水西精舍钱德洪编选的初刻五卷本《传习录　续录》，一函四册，每半页十行，每行二十字。可惜未能全文复制。幸运的是，2022 年，在林月惠教授及其弟子的帮助下，幸运地获得傅斯年图书馆藏嘉靖三十三年全文，通过比较后发现，水西精舍本黄勉叔录条比胡宗宪刻本多出语录 2 条（“良知犹主人翁”与“合着本体的是功夫”），且钱德洪序言也与通行本略有不同。而国图、上图、东北师范大学图书馆等所藏署名《传习录　续录》同出一源，均为后世重刻本，大约刻于万历时期。胡宗宪、唐尧臣捐资刊刻的天真书院本后成为通行本底本，广泛流行。嘉靖三十七年的天真书院本书信部分，将王阳明与聂豹的第二书、第三书整合为一书。胡宗宪本《传习录》，一直以来不为学者所知。笔者幸运地在复旦大学图书馆特藏部得以阅览残本，最后几页脱落，为俞嶙毛笔字抄录。但由于俞嶙当时未能获得其他胡宗宪《传习录》藏本，以己意增录胡宗宪《传习录》原刻本没有的王阳明散佚语录。数年后，2021 年 3 月 13 日，在采薇阁书院王强老师的帮助下，得到日本国士馆大学图书馆藏唯一的全本胡宗宪《传习录》，笔者终于发现俞嶙抄录最后几页其实并不是原刻本正文内容，而是他抄录张问达所辑佚的王阳明散佚语录。

嘉靖三十三年安徽水西精舍五卷本《传习录　续录》与嘉靖三十五年湖北崇正书院本《传习录》相隔不到两年，为何钱德洪要在短短两年时间里连续主持编辑两个不同的王阳明语录版本呢？主要是因为，其同门曾才汉于嘉靖三十四年在湖北荆州地区刊刻二卷本《遗言录》，上下两卷，主要收录黄直（号卓峰，抚州金溪县人）、钱德洪记录的阳明语录。

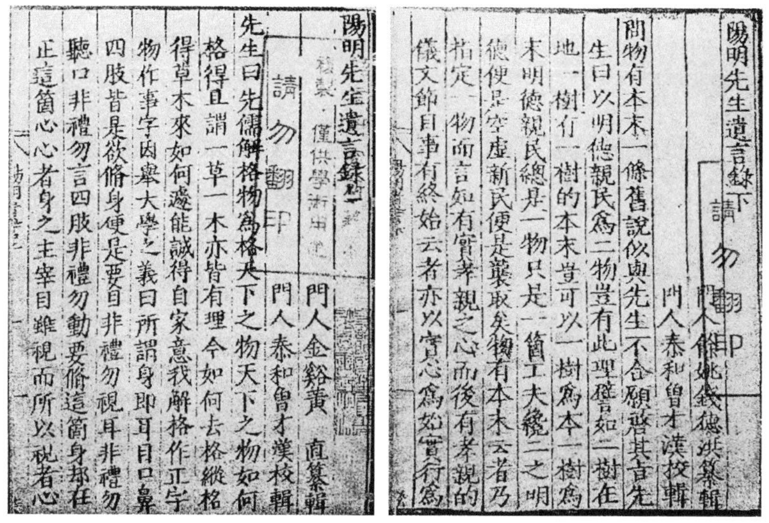

陽明先生遺言錄上

門人金谿黃　直纂輯

門人泰和曾才漢校輯

先生曰先儒解格物爲格天下之物天下之物如何格得且謂一草一木亦皆有理今如何去格縱格得草木來如何遽能誠得自家意我解格作正字物作事字因舉大學之義曰所謂身即耳目口鼻四肢皆是欲脩身便是要目非禮勿視耳非禮勿聽口非禮勿言四肢非禮勿動要脩這箇身却在正這箇心心者身之主宰目雖視而所以視者心

陽明先生遺言錄下

門人餘姚錢德洪纂輯

門人泰和曾才漢校輯

問物有本末一條舊說似與先生不合願聞其旨先生曰以明德親民爲二物豈有此理譬如二樹在地一樹有一樹的本末豈可以一樹爲本一樹爲末明德親民總是一物只是一箇工夫纔二之明德便是空虛新民便是襲取矣物有本末云者乃指定一物而言如有實孝親之心而後有孝親的儀文節目事有終始云者亦以實心爲始實行爲

图序 1：中国台湾傅斯年图书馆藏《遗言录》卷上、卷下首页书影①

在阅读完《遗言录》后，钱德洪很不满意，认为曾才汉所刻语录不精，且其举未能使阳明心学传播“归一”，故而精选改编《遗言录》，同时吸收其他同门收录的王阳明语录，增刻于《传习录　续录》一书的《续录》后，汇编为下卷，使得下卷为三卷，全书总计十一卷。应该来说，卷下语录部分，崇正书院版体量上超过两年后杭州胡宗宪《传习录》本，同样也超过通行本《传习录》下卷。利用黄州府蕲州县二顾兄弟创建的崇正书院讲学之机，钱德洪得以于嘉靖三十五

① 《遗言录》，傅斯年图书馆藏，见嘉靖三十四年陈效古重刊二十八卷本文录，附《传习录　续录》《遗言录二卷》《稽山承语一卷》《附录一卷》。中日两国学者努力，钟彩钧先生推动，终于将《遗言录》《稽山承语》全文整理并公开出版，见《中国文哲研究通讯》，1998 年第 8 卷第 3 期，第 1—67 页。前辈吉田公平、陈来对二书的收集、影印和整理亦作出重要的贡献。

年刻《传习录》，当时由黄梅知县张九一捐资刊刻。嘉靖时期《传习录》的具体而又独特的漫长形成过程，值得我们深入研究。

第四节　从嘉靖三十六年胡宗宪刻本到万历初《王文成公全书》的最终定稿

嘉靖十二年九月，黄绾主持的《阳明先生存稿》（此本散佚）公开出版后，当时社会上已经有了比较大规模的王阳明文录稿源。但由于阳明存稿规模宏大，不利于收藏、接受、阅读和传播，故其后整个社会对文录的再版和选本需求比较大，出现了薛侃、王畿选编、在浙江刊刻的二卷本《阳明先生则言》，应云鸑选编、在江西刊刻的《阳明先生集略》，查铎选编、在安徽刊刻的六卷本文录[①]，宋仪望节选的十一卷本《阳明先生文粹》[②]，等等，可谓繁荣。邹守益、钱德洪等阳明弟子中重讲学的一派一直不同意前辈黄绾编辑阳明文集无所不录的做法，故而自嘉靖十四年八月姑苏本刊刻（国图藏黄绾嘉靖十二年独序本）后，钱德洪、邹守益等先后主持编辑并推进刊刻了后世多种阳明文录的刊刻。简而言之，现存世国图藏"苏州二十四卷本"（影印北图藏甲库残本二十二卷，原二十四卷）、云南省图书馆藏二十四卷本、国图藏邹守益手写序本三种不同的文录本，呈现出前后相继、不断修缮的特点，他们虽远发源于二十八

---

① 宁波天一阁藏《新刊精选阳明先生文粹六卷》，索书号 01015，六册，每半页十行，每行二十二字，嘉靖四十五年刻唐龙泉印本。

② 《阳明先生文粹十一卷》，天津图书馆藏，隆庆六年刊本。其序言参阅吴光、钱明、董平等编校：《王阳明全集（新编本）》，卷五十三附录三，第 6 册，第 2158—2160 页。

卷本，但其实均为二十四卷选本。

与原北图藏甲库二十四卷本相比，云南省图书馆藏二十四卷本与国图藏邹守益手写序本，诗文均略有增加，且加以精校，邹守益手序本因其错误较少而被众多阳明心学人物接受，而嘉靖三十七年胡宗宪浙江重刻邹守益手序二十四卷本（正文字未再改动），标志二十四卷本权威地位的确立。钱德洪所说“姑苏本”为底本，实际上是以邹守益手写序本为底本，直接翻刻，正文未作任何变动，仅仅收录以前诸版本的序言。嘉靖三十七年胡宗宪刻本，又成为隆庆晚期郭朝宾捐资刊刻全书本底本，正文字句亦未作任何变动，基本照单全收，仅对收录其中的诗歌四卷合并为二卷，二十四卷本文录合并为二十二卷文录。

令人遗憾的是，至今为止，我们尚不知国图藏邹守益手写序本为何人捐资重刻，其刊刻时间应在嘉靖三十五年前，但具体刊刻年份无法得知。原北图藏甲库二十四卷本当为邹守益捐资刊刻，具体刊刻年份亦不详，或在嘉靖二十一年前后。云南省图书馆藏二十四卷本，应在嘉靖二十二年后，或在杭州刊刻，当为洪钟后人捐资刊刻，具体年份不详。总体而言，云南省图书馆藏二十四卷本、邹守益手写序本大约在嘉靖二十二年至三十五年之间，即1543年至1556年这十四年间。根据钱德洪对阳明文录三年一次刊刻的惯例，二十三年、二十六年、二十九年与三十二年这四个时间点刊刻，可能性较大。

下面，我们说说上述三个“无主”版本可能“有主”的捐资人情况，所谓“貌似无主实有主”。

一方面，钱德洪嘉靖二十二年后终于出狱，至此，他会更用心去精校王阳明文录，故而，我们在校对云南省图书馆藏本、邹守益手序本过程中，发现这两个版本在很多地方修缮甲库藏文录本错刻字。另一方面，安福县另一著名弟子王学益（1495—1561）开始在政坛上崛起，但由于后来他与严世藩（1513—1565）结为儿女亲家，被认为依附严党，历史声名不佳，以致被淹没于历史中，不为人所知。事实上，王阳明颇为欣赏王学益。王学益为正德八年举人，时年仅十九岁，少年得志。正德十三年，从学阳明于赣州，阳明为其蒙冈书屋作铭。正德十五年八月八日，王学益陪同同门学友夏良胜、邹守益、黄弘纲等一起游览通天岩，信宿而别，邹守益等题记于赣县东岩。

束景南先生甚至大胆推测，以王学益为首，形成一个庞大的安福弟子群。[①] 嘉靖八年，王学益中进士，历任都水主事、武库主事、职方员外、郎中、福建按察副使。二十二年擢应天府丞（主管学政），二十四年七月升右佥都御史（巡抚贵州），二十九年起任南京都察院右佥都御史，三十年升督察院左副都御史，三十一年升刑部右侍郎，三十二年升刑部左侍郎，三十三年升南京督察院右都御史（掌院事），三十四年九月疾引去，三十六年起右都御史（总理河道），九月升南京工部尚书，十二月引疾去。官运亨通的王学益早年颇得王阳明器重，他是很有可能作为王阳明文集的捐资人的。无论是居家还是在野，王学益比较热心宣讲阳明心学，创建阳明书院。如居家时，多与刘邦采、刘阳等阳明弟子聚讲于家乡浮山。而在贵

① 束景南：《王阳明佚文辑考编年》（增订本），《蒙冈书屋铭（为学益作）》（正德十三年，1518年），上海古籍出版社，2015年，第568—569页。

州任职期间，于都察院内正堂后建上帝临汝堂，公余，集诸生课业；并在二十五年改建原嘉靖十四年巡按王杏立阳明书院于司学右，因设为府学。而从其履历看来，无论是嘉靖二十二年至二十四年七月期间，还是嘉靖二十九年至三十四年九月期间，多年在南京为官，而且曾在南京担任三个月南京户部尚书，他是很有可能作为南京刻阳明文录本的。王学益为人低调严谨，捐资刊刻时多不愿意署名，尤其是由于他依附严党，为同门所耻，故而后世重刻本不说其事，致使后世学者难以知晓其中的刊刻事由。由于阳明弟子众多，一些弟子失势，退出政坛，但另外一些弟子利用与权臣的密切关系，热心捐资刊刻王阳明文录，方使后世文录刊刻不至中断。

今傅斯年图书馆收藏的嘉靖三十四年由贵州监察御史陈效古（河南息县人）捐资刻二十八卷本阳明文录，附录《传习录　续录》《遗言录》《稽山承语》，特别具有重大文献史料价值。尤其是《遗言录》《稽山承语》，均为难得一见的珍本文献。

嘉靖三十六年是继嘉靖二十九年、三十二年后又一次王阳明文献单刻本大规模涌现的重要一年，出现了数量众多的各类文录单刻本，且明确署名，不少版本至今具有重要的文献史料价值。

先是嘉靖三十五年正月，赣州知府王春复应恩师欧阳德遗命与诸生董聪捐资刊刻二十八卷本文录。此书后在赣州被多次增刻，其底本就是约十年前南京国子监祭酒程文德序本，经欧阳德本人亲自校正，后经诸生胡直、俞献可再次校正，不仅变动数百字正文字，且《赣州诗》《江西诗》先后次序与十四年二十八卷本大不一样。董聪嘉靖三十五年刻本具有特殊的校对价值，且保存钱德洪《阳明先生文录叙说》初刻本原文，对于汇校胡宗宪刻本、郭朝宾刻本

《刻文录叙说》具有独特文献学价值，序中有通行本不曾收录王阳明散佚语录多句。

嘉靖三十六年五月，时任黄冈知县的阳明知名弟子孟津刊刻二卷本《良知同然录》，选收阳明论学书信与奏疏，增收阳明散佚诗《寄滁阳诸生》（二首）、《忆滁阳诸生》（一首）总计三首，为今学术界所共知。① 同年，永嘉后学孙昭继三十四年重刻闾东本二十八卷本文录之后②；后又捐资刊刻宋仪望选编的十一卷本《阳明先生文粹》（藏于天津图书馆、无锡图书馆），亢思谦作序，该序言今被永富青地先生整理，极其珍贵。

嘉靖三十六年阳明文献刊刻最著者，就是胡宗宪刻阳明文录二十四卷本、《传习录》十一卷本，均为精校定稿本，标志着历时二十三年后王阳明语录、正录、外集和别录的最终确立，全部被收录于郭朝宾本全书中。但由于众所周知的朝局变动，胡宗宪冤死于狱中，以至于郭朝宾全书本删除胡宗宪多篇序言，致使后世学者数百年不知胡宗宪热心捐资王阳明单刻本光辉事迹。其实，胡宗宪不仅捐资重刻舒柏《阳明两广遗稿》，还曾于嘉靖二十二年癸卯担任余姚知县时捐资刊刻王阳明评点的《武经七书》（藏于江西省图书馆）。③

---

① 《阳明先生则言二卷》，初刻本，《续修四库全书》，上海古籍出版社，2002 年，子部第 937 册；《阳明先生则言二卷》，重刻本，载方勇主编《子部珍本丛刊》，线装书局，2012 年，第 48 册。

② 《阳明先生文录》，二十八卷本，三函 14 册，嘉靖三十四年重刻闾东本，中国科学院图书馆藏。

③ 七卷本《新镌武经七书》，胡宗宪参评，茅震东天启元年套刻本，今藏于贵州省图书馆。

胡宗宪《阳明先生批武经序》

余诸生时，辄艳慕阳明先生理学勋名，前无古，后无今，恨不得生先生之乡，游先生之门，执鞭弭以相从也。通籍来，幸承乏姚邑，邑故先生桑梓地，因得先生之遗像。与其门下士及子若侄辈游，而夙念少偿，可知也。

一日，购求先生遗书，犹二千石。龙川公出《武经》一编相示，以为此先生手泽存焉。启而视之，丹铅若新，在先生不过一时涉猎以为游艺之资，在我辈可想见先生矣。退食丙夜读之，觉先生之教我者不啻面命而耳提也。敬为什袭，以识不忘。

时嘉靖二十有二年岁在癸卯暮春之初，新安梅林山人胡宗宪漫识于舜江公署。①

嘉靖二十二年春，时年三十二岁的胡宗宪，得益于邹守益的热情教诲，故而特别崇拜王阳明，“得先生之遗像”，日夜朝拜，留心王阳明文献的收集与刊刻。在余姚，他得以认识才从狱中释放回家的著名乡贤钱德洪，“与其门下士及子若侄辈游”。正是在钱德洪的亲自指导下，胡宗宪“退食丙夜读之”，醉心于王阳明别录、奏疏的阅读，留心王阳明兵法和军事思想，汲取王阳明的治国理政智慧，为其后来成为民族英雄打下很好的基础。后来胡宗宪再次来浙江剿倭寇，亲临前线，钱德洪举荐门人戚继光等众多阳明后学人物，胡宗宪巨大军功的实现得益于钱德洪与浙江乡贤。胡宗宪刊刻王阳明

① 吴光、钱明、董平等编校:《王阳明全集（新编本）》，第6册，卷五十三附录三，第2122—2123页。

文献之多，刊刻持续时间之久，其巨大的刊刻功绩，不可抹杀，可以说是仅次于谢廷杰先后于杭州、南京刊刻《王文成公全书》巨大功劳的。历史虽会被暂时遮蔽，但随着新的孤本史料的慢慢公开，尤其是日本、美国等藏王阳明单刻本孤本文献的面世，胡宗宪刊刻王阳明文献的重要成绩，慢慢被世人所知。

另外一位不被世人所知的王阳明文献的重要刊刻者与捐资人则为台州的王宗沐。除了推动刊刻《与晋溪书》十五通、《王阳明先生图谱》王阳明文献外，他还捐资刊刻《传习录》十一卷本，均作有序言存世。

> 《传习录》，录阳明先生语也。四方之刻颇多，而江右实先生提戈讲道处，独缺焉。沐乃请于两台，合续本凡十一卷，刻置学宫。①
>
> 余少慕先生，十四岁游会稽，而先生已没。两官先生旧游之地，凡事先生者，皆问而得概焉，然不若披图而遡之为尤详也。以余之尤有待于是，则后世可知，而邹公之意远矣。公遣金生应祥来请余序，为道曾子之未尽者，以明公旨焉。嘉靖丁巳冬十有一月长至，赐进士出身、中顺大夫、江西按察司副使、奉敕再提督学政、临海后学王宗沐书。
>
> 余舟行次湘江，于箧中检尝手录阳明先生与晋溪公柬一帙，秉烛读之，因废书而叹。……余尝从缙绅后，见道晋溪

① 吴光、钱明、董平等编校：《王阳明全集（新编本）》，第6册，卷五十二附录二，第2105—2107页。

公者，不及其实。过晋中，颇揽镜其平生行事奏疏，固已倾心焉。今观其虚心专己，用一人以安国家，可谓社稷之臣，既阳明先生亦称其有王佐之才。余惧其泯没，因寄友人王宗敬于婺州，使刻以传同好。后世其无有闻晋溪公而兴者耶？则是稿似微而不可忽也。王公名琼，晋之太原人。阳明先生名守仁，越之余姚人云。时嘉靖癸亥三月，临海王宗沐书于湘江舟中。[①]

嘉靖三十五年，王宗沐转江西提学副使。葺阳明夫子祠，建正学、怀玉两书院，集诸生讲学，躬自督课。修白鹿洞书院，与给事中吴国伦会讲。三十八年升本省江西参政，三十九年转本省按察使，四十年升本省江西右布政。旋升山西左布政而去。[②] 可见，王宗沐刊刻《传习录》十一卷本可能的时间周期约为嘉靖三十五年至四十年之间。今据万历时期重刻白鹿洞书院《传习录》本与胡宗宪刻本语录多有不同，则王宗沐本所依据底本当为嘉靖三十五年湖北崇正书院刻本，崇正书院本所收王阳明语录最多最全，今散佚语录多见于明末张问达（字德允，万历十一年进士，曾官任湖广巡抚、吏部尚书等）、陆问礼（字仲谋，号衷虚，万历三十二年进士，曾任浙江永嘉知县、湖广右参政、浙江按察使等）[③]、清初俞嶙（字仲高，号嵩庵，余姚人，康熙间曾官任广东

① 吴光、钱明、董平等编校:《王阳明全集（新编本）》，第 6 册，卷五十三附录三，第 2237 页。

② 《康熙临海县志》，卷七《人物》，第 46—50 页。

③ 邓艾民先生曾录张问达本散佚阳明语录 28 条，去其重复，得 18 条，参阅邓艾民:《传习录注疏》，上海古籍出版社，2015 年，第 286—289 页。

从化知县)[①]、王贻乐（阳明五世孙)[②] 四人所重刻阳明文录相关文献中。[③] 遗憾的是，今存世白鹿洞书院《传习录》本亦为残本，尚不能复原崇正书院本《传习录》。[④] 王宗沐刻《传习录》十一卷本在嘉靖三十六年左右。

隆庆改元，王阳明的权威地位终于被恢复，而刊刻王阳明全集的使命也成为当时阳明心学人物的共同渴望。在全书正式刊刻前，嘉靖四十五年，嘉兴知府徐必进捐资刊刻王阳明珍本文献八卷本《阳明先生文录续编》（藏于首都师范大学图书馆）。幸运的是，2019 年，余得以入馆阅读。2022 年广西师范大学出版社影印该书。该书收录王阳明遗文五卷（卷一至卷四，卷五附录)、《家乘》三卷，总体上相当于今通行本卷二十六《续编一》、卷二十七《续编二》、卷二十八《续编三》、卷二十九《续编四》（前半部分为嘉靖四十年钱德洪编定，阳明自题为《上国游》)、卷三十七《附录四·世德纪》、卷三十八《世德纪附录》。其中，次序略有变化，通行本对原卷五附录内容增加隆庆元年至二年有关王阳明恢复爵位相关奏疏，且挪移至全书最后一卷即卷三十八《世德纪附录》。这项工作则由钱德洪诸暨籍著名弟子郦琥执笔完成。另外一个变动，通行本

---

① 邓艾民先生曾录俞嶙录散佚阳明语录 6 条，参阅邓艾民:《传习录注疏》，第 284—285 页。

② 邓艾民先生曾录王贻乐录散佚阳明语录 5 条，参阅邓艾民:《传习录注疏》，第 285—286 页。

③ 陈荣捷先生亦对阳明散佚语录进行辑佚，得阳明散佚语录 51 条，参阅陈荣捷:《王阳明〈传习录〉详注集评》，重庆出版社，2017 年，第 315—338 页。

④ 佐藤一斋先生较早地对白鹿洞本《传习录》增刻的王阳明散佚语录进行辑佚，得 36 条，大抵与张问达本同，参阅佐藤一斋撰，黎业明整理:《〈传习录〉栏外书》，上海古籍出版社，2017 年，第 252—262 页。

将原《家乘》三卷合并为一卷，相当于目录数减少两卷，这样使得原八卷本《续编》变成六卷本《续编》，且因增刻奏疏十多篇，正文字数得以增加不少。可见，通行本对原嘉兴版《文录续编》不仅存在章节次序和具体卷数变动，且篇数内容上也有增加，奏疏截止时间至隆庆二年。全书本阳明文录续编六卷，定稿于隆庆二年底，此后未再变动。

同样的，全书本也对嘉靖四十二年七卷本杭州版、嘉靖四十四年罗洪先修订三卷本赣州版《阳明先生年谱》进行重新撰写与增订，请绍兴府新昌同年好友吕光洵重修增订《阳明先生年谱》（卷三十二至三十四）；同时让钱德洪嘉兴弟子沈启原增录阳明去世后阳明心学传播情况，其中增写有关讲学、祭祀之类阳明学发展一卷（卷三十五，嘉靖九年庚寅至隆庆元年丁卯时期全国各地新建王阳明祠堂、新建阳明书院与讲学交游情况），增写修订年谱的缘起与过程一卷（卷三十六，钱德洪与同仁撰写阳明年谱书信、刊刻年谱序言），形成五卷本新版《阳明先生年谱》，由此与罗洪先赣州嘉靖四十三年考订本、杭州嘉靖十二年刻本内容迥异。全书本首次增写修缮并定稿阳明年谱五卷，约完成于隆庆元年底，此后未再变动。

隆庆四年八月，还是在钱德洪嘉兴籍著名亲传弟子沈启原的努力下，完成辑佚王阳明散佚公移四卷，在全书将刻之际，合并为两卷，且不以时间先后为次序，而是以篇目规模为次序，依次为卷三十（南赣公移、思田公移）、卷三十一（征藩公移上下卷）。全书本首次增录阳明公移二卷，完成于隆庆四年，此后未再变动。

嘉靖三十七年，胡宗宪杭州刻十一卷《传习录》，被合并为三卷，更名为《语录》，置于全书之首。全书本首次合并增录阳明语录三卷，卷一至卷三，置于全书前。

总之，全书本收录胡宗宪杭州刻二十四卷《阳明先生文录》，其中，四卷诗录合并为二卷，二十二卷本文录置于语录三卷之后，置于卷四至卷二十五之间。其中章节次序有很大改动，全书原文录外集挪移于奏疏、公移后，别录挪移至外集前，试图凸显王阳明的军功伟绩，与一般的明朝大臣全集编排次序不一样。

全书本全文收录胡宗宪刻阳明文录二十四卷，合并为二十二卷。

至此，全书总计三十八卷，依次为语录三卷、文录五卷、奏疏七卷、公移三卷、外集七卷、续编六卷、年谱五卷、世德纪二卷。其中，全书本语录取自嘉靖三十七年胡宗宪刻《传习录》，全书本文录、奏疏、公移与外集取自嘉靖三十七年胡宗宪刻《阳明先生文录》，续编四卷、世德纪二卷取嘉靖四十五年徐必进刻《阳明先生文录续编》，续编另外二卷则取自沈启原未刊稿《三征公移逸稿》，年谱五卷为隆庆时期全新修订增编未刊稿（郦琥增写部分文稿，与杭州本、赣州本正文内容不一样）。可见，钱德洪与其同门吕光洵、亲传弟子郦琥、沈启原等人为了让王阳明全书最大程度体现王阳明巨大军功与不朽的事功，在隆庆时期，做了多年的持续努力，在众多单刻本刊刻之后仍然全新撰写近七卷的新内容，这些内容都是胡宗宪刻本所缺失的文录。但由于谢廷杰召集全书本的刊刻，王阳明早期和中期弟子早已谢世，过分信赖德高望重的钱德洪、王畿，忽视嘉靖时期二十八卷本比二十四卷本多四卷公移与部分书信的事实，忽视贵州版《新编阳明先生文录续编》比二十八卷本、二十四卷本多出十多篇阳明散佚诗文，还有众多单刻本收录的数量可观的王阳明散佚诗文，客观上导致全书收录“不全”的现实，不可谓值为全书。事实是，全书刊刻后，很多人想当然地以为，钱德洪版“全书”收录阳明文录应该很全，忽视对王阳明单刻本的保存，使得我国著名的思想家王阳明的单刻本过早消失，不能不说是一件很遗憾的事情。

日本国立公文书馆、普林斯顿大学图书馆均藏有隆庆末年郭朝宾本，而今通行本刊刻时所依据底本为万历三年后所刻本。历史岁月沧桑，已经多处漫漶，重刻时有关数字和个别字多辨认不清，故而通行本存在多处误刻。后世重刻谢廷杰南京重刻本，增收王阳明《山东乡试录》，应该在万历三年后。朱鸿林先生准确区别隆庆本、万历本，其文有可观之处，但其限于稀见方志文献，没有对万历重刻本三位督刻全书的周恪、林大黼、李爵南京任职时间进行系统考辨。① 这些史料的深入研究，有助于确定万历重刻隆庆本的时间，当完成于万历四年后。

周恪（字有之，号少峰，周怡弟，安徽太平人）为嘉靖三十四年举人，隆庆二年任遂安知县，隆庆五年升任应天府推官。后任顺天府推官、滨州知州。但由于万历二年四月，被人弹劾受贿，受到南京刑部提问，万历三年离任。② 可见，他担任应天府推官在隆庆五年至万历三年之间。林大黼（字朝介，福建莆田人）为贡士，隆庆四年任河源知县。一说其由贡士万历元年任上元知县。去，民感其德立生祠祭祀之。③ 一说其万历五年迁京县尹，转南京督察院经

① 参阅朱鸿林《〈王文成公全书〉刊行与王阳明从祀争议的意义》。

② 《乾隆顺德县志》卷七。

③ 《康熙上元县志》卷十七。

历，后为户部主事、铜仁太守。[①] 李爵（字子修，湖北长阳人），隆庆元年丁卯乡荐，万历四年任江宁知县。后为户部江西清吏司主事、南京户部主事。[②] 上述三人史料综合起来看，周恪、林大黼万历二年、三年均在南京地区任职，李爵则是万历四年后在南京地区任职，但周恪万历三年离去，而李爵正好补了周恪的空缺。如果史料未误，根据督刻者任职时间，则万历初期谢廷杰刻本，当至少刊刻于万历四年之后。

再从全书汇集者而言，一说谢廷杰隆庆五年任浙江巡按监察御史；一说隆庆六年巡按浙江。可见，地方志多自相矛盾，史料未能自洽，多不可尽信。总而言之，方志史料以隆庆六年说居多，《明穆宗实录》说其隆庆六年九月就离任。但隆庆六年九月前，《明穆宗实录》又有巡按直隶御史有关谢廷杰两则史料；隆庆六年九月后至万历二年三月间，《明神宗实录》又有不少关于巡按浙江御史、浙江道监察御史、浙江按臣等谢廷杰相关史料，则《明穆宗实录》与《明神宗实录》记载似有自相矛盾，未能自洽。

隆庆元年十一月癸酉，谢廷杰由工科主事升为浙江道监察御史。[③] 隆庆二年五月辛未，御史谢廷杰复言轮流折征，上从之。[④] 隆庆三年三月乙卯，巡按直隶御史谢廷杰上言马政八事。[⑤] 隆庆四年二月戊午，直隶巡按御史谢廷杰奏畿内屯政钱粮逋负数事。[⑥] 隆庆

---

① 《康熙上元县志》卷四。
② 《万历江宁县志》卷六。
③ 《明穆宗实录》卷十四。
④ 《明穆宗实录》卷二十。
⑤ 《明穆宗实录》卷三十。
⑥ 《明穆宗实录》卷四十二。

五年十二月壬辰，巡按浙江御史谢廷杰请赐表扬旌表烈妇李氏（余姚县人）。隆庆六年二月庚子，巡按浙江御史谢廷杰请罢客兵以恤疲，省练主兵以济实用。① 闰二月丙子，巡按浙江御史谢廷杰勘报嘉靖三十四年以来御倭失事指挥张大本等义士沈宏、沈惟明及死贼节妇章氏等八人功罪死事状。②

隆庆六年九月辛亥，差浙江道御史谢廷杰提调南直隶学政。③ 十一月乙未，浙江巡按御史谢廷杰请复故刑部尚书毛恺官职。④ 十二月丁卯，浙江按臣谢廷杰奏查陆炳遗产。壬申，浙江按臣谢廷杰荐境内人才都御史吴时来、布政使陈善等凡十人。癸酉，巡按浙江御史谢廷杰请祀前礼部尚书、赠太子太保章懋于金华府。己卯，按臣谢廷杰劾浙江台金严参将何自然柔懦，革其任。庚辰，按臣谢廷杰论降调外任，吏部以已升太仆寺卿姚世熙奸贪无忌、速化有迹，降调未尽其辜，覆令冠带闲住；其余所论右布政使郭斗及府州县官调改闲住、降革有差。⑤ 可见，恰恰由于谢廷杰巡按正直，导致浙江地方官员姚世熙闲住，郭斗调改。

万历元年三月乙酉，巡按浙江御史谢廷杰请崇祀礼部故尚书金华章懋。下礼部覆议，从之。⑥ 五月丁酉，浙江道监察御史谢廷杰言："学圣人之学者，其所表树不过学术事功两端，如新建伯王守仁者，良知之说妙契真诠，格致之论超悟本旨，其学

① 《明穆宗实录》卷六十六。
② 《明穆宗实录》卷六十七。
③ 《明神宗实录》卷五。
④ 《明神宗实录》卷七。
⑤ 《明神宗实录》卷八。
⑥ 《明神宗实录》卷十一。

术之醇，安可以不祀也?”① 二年三月甲申，升南直隶提督学政、浙江道御史谢廷杰为大理寺右寺丞。② 六月，降调外任，担任沂州判官。

而隆庆二年七月，时年六十六岁的辅臣徐阶在水火不容的政敌高拱多次授意攻击和排挤下，终于获准致仕。后高拱隆庆三年再入执政，徐阶三子皆被系。拱罢事，乃解。万历十一年四月己巳，徐阶家居十五载而卒。③ 自隆庆五年五月后，阳明后学权臣赵贞吉、李春芳相继离去，而隆庆六年六月高拱被徐阶门人张居正驱逐离任，大权渐归张居正。万历十年六月张居正病逝，但其掌权十年，不喜讲学，刻意打压讲阳明心学正直之士，阳明心学繁荣暂时受挫。直到张居正逝世后二年，即万历十二年，王阳明从祀孔庙才真正被执行。在权臣高、张二人互相倾轧且相继执掌政权近十五年背景下，大多数阳明心学名臣官运不顺，如罗汝芳、许孚远、谢廷杰等人。直至万历十一年后，性格和平的申时行掌权，阳明心学的发展方有助力。

从《明实录》来看，谢廷杰自隆庆元年十一月就升任浙江道监察御史，直到万历二年三月升任大理寺右寺丞而去。期间，自隆庆六年九月后，谢廷杰提调南直隶提督学政，但他似乎还兼任浙江道监察御史的职位。也就是说，无论在北京、杭州或南京，

---

① 《明神宗实录》卷十三。

② 《明神宗实录》卷二十三。此条后又增一条：癸卯，升浙江道御史谢廷杰为大理寺右寺丞。一个月前后两条均是升谢廷杰为大理寺右寺丞记载，但两次记录时间不一致，不知谁是。癸卯日此条后，《明实录》似再无谢廷杰相关记载。

③ 《明神宗实录》卷一三六。高、徐之争是嘉靖朝严、徐之争在隆庆朝的继续，因隆庆性格不如嘉靖暴戾，故争权夺利程度不如严、徐之残酷。

谢廷杰有将近八年的时间，负责浙江事务。隆庆六年十二月，谢廷杰弹劾捐资刊刻杭州版《王文成公全书》的有功之臣、原浙江左布政郭斗、姚世熙等府州县官，或调改闲住，或降革有差。尤其是徐阶、赵贞吉、李春芳等阳明心学名臣在隆庆五年后均已退位，朝中无人难做官，势必要引起郭斗、姚世熙等封疆大吏门人、弟子们的报复，故而，仅仅两年后，谢廷杰就被贬官，最后自己也消失于历史的时空长河里。隆庆六年十二月，谢廷杰如此大规模纠察弹劾浙江多位政府高官，导致郭斗、姚世熙等捐资人被“污名化”，客观上导致隆庆版《王文成公全书》原本难以大规模流通，直接导致杭州版《王文成公全书》不得不在南京进行第二次捐资重刻，且不得不删去署名郭斗、姚世熙等贪污被治官员相关的五个页面。其实，这也是后世王阳明孤本文献为何很难界定具体刊刻年份的一个主要原因，就是因为当时捐资人在后来因腐败或人品差等问题被“污名化”后，不利于王阳明文献的传播，故而，后世在重刻王阳明文献时，不得不删除其原先版本相关序言、跋或有关捐资人情况页。如黄绾序言虽不少见于嘉靖三十七年前刻本，而杭州版、南京版全书本却均不收黄绾序言，直接否定了这位后世“倾狡善变”的“倾危之士”（俞汝辑语），“锄所憎恶”，甚至“憾大学士杨一清”，尤其是“侵盗（阳明）家财事”（王世贞语），颇获“君子羞称”“公论恶之”的差风评，就是明证，因为重刻捐资人要确保新刻本公开流通，“政治问题”是必须竭力避免的。事实上，最早的阳明存稿本就是黄绾捐资的，但隆庆朝以后，因为新的朝局变更，黄绾已经确定被“污名化”，故而后世刊刻者不再说起黄绾捐资刊刻的事情，导致版本原刻本捐资人身份信息缺失。阳明文录很多捐资人中，如胡宗宪的情况亦是如此。胡宗宪撰写的文录序言，亦未被收录全书中，其捐资的精校优良的文录、《传习录》善本，后世重刻本也很少。

比较日本国立公文书馆藏本、普林斯顿藏本、四部丛刊影印本（今通行本）《王文成公全书》，通行本当刻于万历时期，实以普林斯顿藏刻本为底本，缺刻处同，且通行本公移部分“三”“二”与“二”“一”等数字多有错刻，“因”“囗”等形近字错刻，因为底本漫漶脱落之故，且通行本增录《山东乡试录》，或刻于万历二十四年，或刻于万历三十五年。①

《王文成公全书》在万历初年被重刻之后，后世有万历二十四年重刻本（广西壮族自治区图书馆均有收藏，但读者查阅不便）、万历三十五年重修本（山西师范大学图书馆，读者查阅不便；武汉大学图书馆亦有收藏，余得以查阅）两种存世，清朝则有四库全书抄录本、光绪二十一年刻本等多种后世重刻本，但万历二十四年与三十五年两种重刻本版本价值更大。②

其中，万历三十五年刻本，为罗近溪著名弟子、晚明时期阳明心学名臣左宗郢捐资补修刊刻。

---

① 日本国立公文书馆藏本，广陵书社 2020 年影印出版；普林斯顿大学图书馆藏本，巴蜀书社 2021 年影印出版，读者可参阅对比。普林斯顿大学图书馆藏本多有残页，清晰度亦不如日本国立公文书馆藏本。据成都采薇阁书院编者介绍，如钱德洪《刻文录叙说》“德洪辈在侍者”一语，公文书馆藏本“在”字清晰可见，普林斯顿藏本残损不可辨，而通行本皆脱“在”字。参阅贵州大学张清教授主持的中国文化书院网站、采薇阁微信公众号对普林斯顿大学图书馆藏本的介绍。

② 《中国古籍总目》，集部第 2 册，《别集类・明代之属》，第 637 页。

左宗郢，字景贤，号心源，原江西抚州府南城县人。从罗近溪、邓潜谷学。万历七年举人，十七年进士。三十四年任两浙巡盐御史，三十五年与方大镇（1560—1629，字君静，号鲁岳，安徽桐城人）立崇文、正学两书院，买置学田以资膏火，订期会课，训盐业子弟。同年，在杭州补修并捐资刊刻《王文成公全书》于书院。① 七月，改四川道御史为顺天提学。② 万历三十九年五月罢南京太仆寺少卿。③

第五节 《传习录》与阳明文录未定之版本考辨

通过对孙应奎、蔡汝楠嘉靖三十年在湖南刊刻的王阳明手授本，我们可以复原嘉靖三年南大吉七卷本《传习录》的具体篇目、排列次序与正文大致内容。当然，二十七年后，孙应奎、蔡汝楠重刻南大吉本，确实存在字、词的改动，但不影响我们对嘉靖三年南大吉绍兴府刻本篇目的复原。

比较日本京都大学藏孙应奎本、嘉兴图书馆藏本、中国台湾“国家图书馆”藏本书影，三个本子同源，中国台湾“国家图书馆”藏本“三”漫漶成“一”。再结合三个本子的上下卷语录句段内容与书信篇目均相同，而孙应奎自序说其版本源自王阳明手授，三个

① 《重修两浙盐法志》，清同治刻本，卷二十一、卷二十四。

② 《明神宗实录》卷四三六。

③ 《明神宗实录》卷四八三。

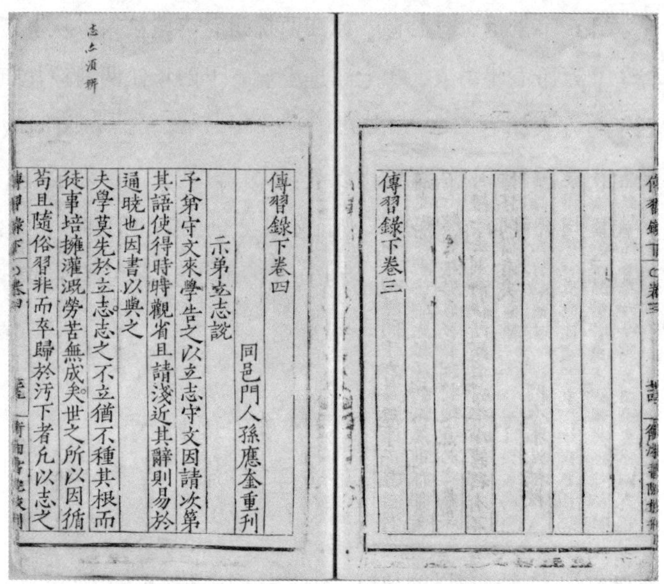

志立須辨

傳習錄下卷三

傳習錄下卷四

示弟立志說

同邑門人孫應奎重刊

予弟守文來學告之以立志守文因請次第其語使得時時觀省且請淺近其辭則易於通曉也因書以與之

夫學莫先於立志志之不立猶不種其根而徒事培擁灌溉勞苦無成矣世之所以因循苟且隨俗習非而卒歸於污下者凡以志之

图序 2：日本京都大学藏嘉靖三十年孙应奎、蔡汝楠湖南重刻南大吉嘉靖三年绍兴府本《传习录》下卷三尾页、下卷四首页书影

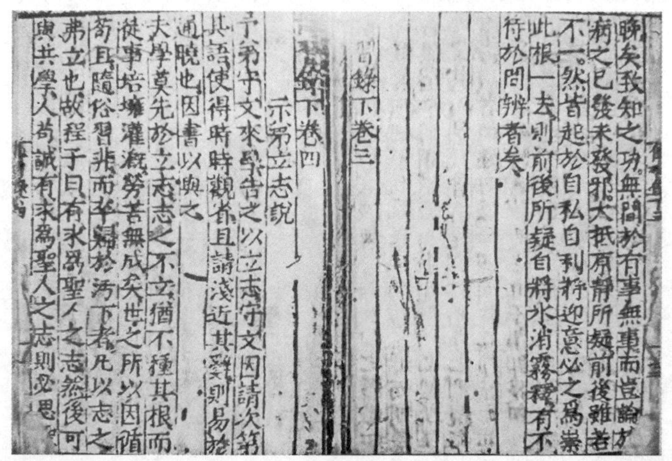

晰矣致知之功無間於有事無事而豈論於病之已發未發邪大抵原靜所疑前後雖若不一然皆起於自私自利將迎意必之爲祟此根一去則前後所疑自將冰消霧釋有不待於問辨者矣

傳習錄下卷三

傳習錄下卷四

示弟立志說

予弟守文來學告之以立志守文因請次第其語使得時時觀省且請淺近其辭則易於通曉也因書以與之

夫學莫先於立志志之不立猶不種其根而徒事培擁灌溉勞苦無成矣世之所以因循苟且隨俗習非而卒歸於污下者凡以志之弗立也故程子曰有求爲聖人之志然後可與共學人苟誠有求爲聖人之志則必思

图序 3：嘉兴图书馆藏重刻南大吉嘉靖三年绍兴府本下卷三尾页、下卷四首页书影

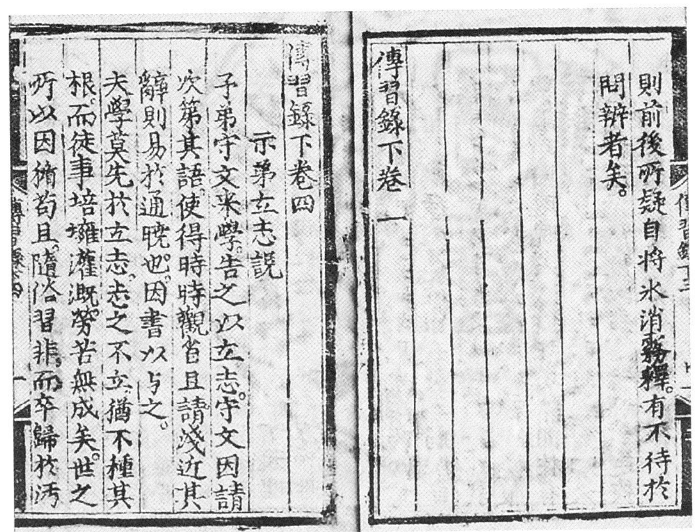
則前後所疑自將氷消霧釋有不待於
問辨者矣。
傳習錄下卷三

傳習錄下卷四
示弟立志說
予弟守文來學告之以立志守文因請
次第其語使得時時觀省且請淺近其
辭則易於通曉也因書以與之
夫學莫先於立志志之不立猶不種其
根而徒事培擁灌溉勞苦無成矣世之
所以因循苟且隨俗習非而卒歸於污

图序4：台北“国家图书馆”藏重刻南大吉嘉靖三年
绍兴府本下卷三尾页、下卷四首页书影

傳習錄下卷五
示弟立志說
予弟守文來學告之以立志守文因請次第
其語使得時時觀省且請淺近其辭則易於
通曉也因書以與之
夫學莫先於立志志之不立猶不種其根而
徒事培擁灌溉勞苦無成矣世之所以因循
苟且隨俗習非而卒歸於汚下者凡以志之
弗立也故程子曰有求爲聖人之志然後可
與共學人苟誠有求爲聖人之志則必思聖

图序5：国图藏嘉靖二十九年王畿、萧彦绍兴重刻南大吉嘉靖
三年绍兴府本下卷四尾页、下卷五首页书影

本子互证，逻辑自洽，充分说明，南大吉嘉靖三年原刻本可能丧失，但其后世重刻本、翻刻本可以复原南大吉原刻本的具体篇目和正文内容。那为何嘉靖二十九年重刻本书信部分篇目比上述三个版本多出王阳明与欧阳德、聂豹书信两封呢？嘉靖二十九年重刻本所依据底本何人、何时所增刻呢？

再比较四个本子的书影版式风格，《示弟立志说》正文均顶格刊刻，唯独中国台湾“国家图书馆”藏本正文每行空一格，且每半页八行；而嘉兴图书馆藏本与嘉靖二十九年王畿、萧彦刻本均为每半页十行，每行十七字，且字体形状一致。据嘉靖二十九年绍兴重刻本书末萧彦《后跋》，他所刻书源自王畿，且“缺失者几半”；而王畿《重刻传习录序》则说，“漶阙至不可读”，令江涌“检勒，得其漶且阙者若干篇”，“补刻，而二册复完”。

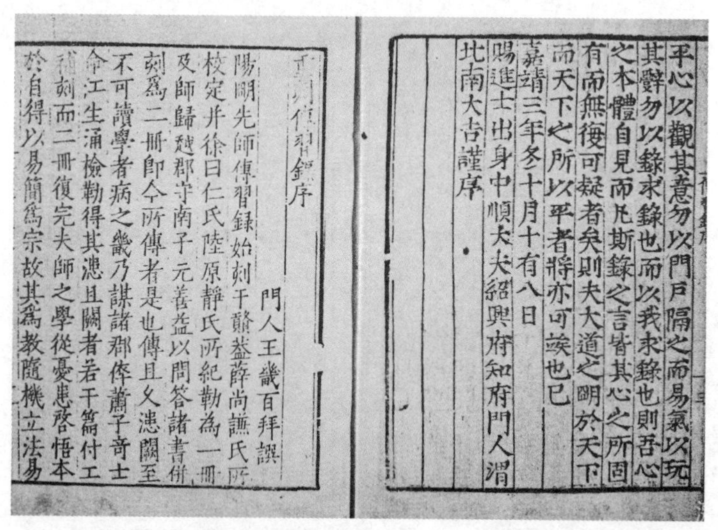
平心以觀其意勿以門戶隔之而易氣以玩其辭勿以錄求錄也而以我求錄也則吾心之本體自見而凡斯錄之言皆其心之所固有而無俟可疑者矣則夫大道之明於天下而天下之所以平者將亦可俟也已

嘉靖三年冬十月十有八日

賜進士出身中順大夫紹興府知府門人渭北南大吉謹序

重刻傳習錄序

門人王畿百拜譔

陽明先師傳習錄始刻于贛薛尚謙氏所校定并徐日仁氏陸原靜氏所紀勒為一冊及師歸越郡守南子元善益以問答諸書併刻為二冊即今所傳者是也傳且久漶闕至不可讀學者病之畿乃謀諸郡倅蕭子奇士令江生涌檢勒得其漶且闕者若干篇付工補刻而二冊復完夫師之學從憂患啓悟本於自得以易簡為宗故其為教隨機立法易

图序 6：嘉靖二十九年王畿重刻南大吉嘉靖三年绍兴府本《重刻传习录序》书影

曉矣致知之功無間於有事無事而豈論於
病之已發未發邪大抵原静所疑前後雖若
不一然皆起於自私自利將迎意必之為祟
此根一去則前後所疑自將氷消霧釋有不
待於問辨者矣

傳習錄下卷三

傳習錄下卷四
答歐陽崇一
崇一來書云師云德性之良知非由於聞
見若曰多聞擇其善者而從之多見而識
之則是專求之見聞之末而已落在第二
義竊意良知雖不由見聞而有然學者之
知未嘗不因見聞而發滞於見聞固非而
見聞亦良知之用也今曰落在第二義恐
為專以見聞為學者而言若致其良知而
求之見聞似亦知行合一之功矣如何

图序7：嘉靖二十九年王畿重刻本下卷三末页、下卷四《答欧阳崇一》首页书影

自蔽其良知矣此背覺合詐之所以未免也
君子學以為己未嘗虞人之欺己也恒不自
欺其良知而已未嘗虞人之不信己也恒自
信其良知而已未嘗求先覺人之詐與不信
也恒務自覺其良知而已是故不欺則良知
無所僞而誠誠則明矣自信則良知無所惑
而明明則誠矣明誠相生是故良知常覺常
照常覺常照則如明鏡之懸而物之來者自
不能遁其妍媸矣何者不欺而誠則無所容
其欺苟有欺焉而覺矣自信而明則無所容

其不信苟不信焉而覺矣是謂易以知險
以知阻子思所謂至誠如神可以前知者也
然子思謂如神謂可以前知猶二而言之是
蓋推言思誠者之功效是猶為不能先覺者
說也若就至誠而言則至誠之妙用即謂之
神不必言如神至誠則無知而無不知不必
言可以前知矣
答聶文蔚書
春間遠勞迂途枉顧此情何可當也甚欲扳
留旬日少效其鄙見以求切劘之益而公期

图序8：嘉靖二十九年王畿重刻本下卷四第二封书信《答聂文蔚书》首页书影

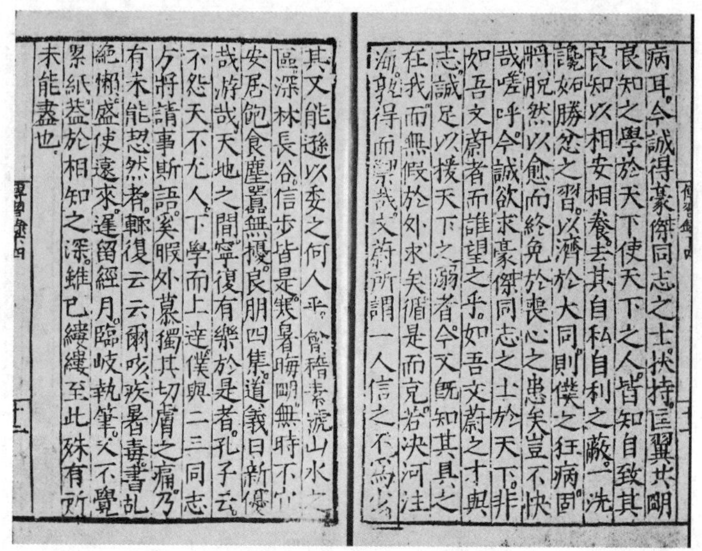

病耳今誠得豪傑同志之士扶持匡翼共明
良知之學於天下使天下之人皆知自致其
良知以相安相養去其自私自利之蔽一洗
讒妬勝忿之習以濟於大同則僕之狂病固
將脫然以愈而終免於喪心之患矣豈不快
哉嗟呼今誠欲求豪傑同志之士於天下非
如吾文蔚者而誰望之乎如吾文蔚之才與
志誠足以援天下之溺者今又既知其具之
在我而無假於外求矣循是而充若決河注
海孰得而禦哉文蔚所謂一人信之不為少

其又能遜以委之何人乎會稽素號山水之
區深林長谷信步皆是寒暑晦明無時不宜
安居飽食塵囂無擾良朋四集道義日新優
哉游哉天地之間寧復有樂於是者孔子云
不怨天不尤人下學而上達僕與二三同志
方將請事斯語奚暇外慕獨其切膚之痛乃
有未能恝然者輒復云云爾咳疾暑毒書札
絕懶盛使遠來遲留經月臨岐執筆又不覺
累紙蓋於相知之深雖已縷縷至此殊有所
未能盡也

图序 9：嘉靖二十九年王畿重刻本下卷四第二封书信《答聂文蔚书》末页书影

再由王畿重刻本《重刻传习录序》书影左、右两页的刀工和版式比较，尤其是王畿本增刻的阳明与南野、双江两封书信，说明嘉靖二十九年重刻本是重修本，是对原王龙溪家藏刻板基础上的修缮，同一书影中左右页面的字体形状明显不一样，或体现出嘉靖中期当时流行刻本的刀工，或体现出嘉靖早期的刀工。

嘉靖二十九年本比嘉靖二十三年德安府重刻《传习录》本（日本日比谷图书馆藏）少收阳明与双江的两封书信，且二十三年刻本阳明与南野、双江书信放置在上卷四。而南大吉三年本上卷为语录，下卷为书信。德安府刻本在重刊《传习录》时增刻阳明与南野、双江三封书信（胡宗宪本将德安府本阳明与双江第二封、第三封合并为一封），为了不打乱原南大吉嘉靖三年刻本下卷书信次序，故而在上册卷三后增刻卷四。

从内容上看，至少在嘉靖二十三年至三十三年之间，不少阳明亲传弟子们认同增收阳明与南野、双江书信，除了孙应奎之外。孙应奎在重刻《传习录》似乎坚持南大吉嘉靖三年本全本照刻，不应该增录，他反对王畿对南大吉本的修缮，这也是孙应奎执意要在湖南重新捐资刊刻南大吉本的原因。但南大吉嘉靖三年本书信部分，未能反映王阳明晚期思想，尤其是万物一体思想，而阳明与双江嘉靖五年至七年的三封书信更能体现阳明晚年良知学圆融包容的一面。

阳明知名弟子、孙应奎余姚籍好友管州收到孙应奎赠送的手授本，三年后在江阴县编辑新本《传习录》，亦增收阳明与南野、双江书信二封，且为了不改变南大吉本篇目次序，置于最后一卷卷八。增收阳明与南野、双江书信二封可以弥补南大吉本未能反映王阳明嘉靖四年至七年期间对良知学的深入思考，更能全面地体现王阳明思想的体系。

从刀工上看，比较嘉靖二十九年王畿本南大吉序与《答聂文蔚书》，南大吉原序刀工更显圆融一些，而《答聂文蔚书》则显得更尖利，其实是两种刀工，刊刻于不同时期。故而，嘉靖二十九年刻本存在三种刀工，字体出现三种不同的形态，可以推测，嘉靖三年至嘉靖二十九年的二十七年间，绍兴地区至少有三个《传习录》版本。如果再加上字体更粗些的中国台湾“国家图书馆”藏本，嘉靖三年至嘉靖二十九年之间，绍兴地区重刻南大吉本，总计刻过四次，这也是有可能的。换句话说，嘉靖四年至嘉靖二十八年之间，南大吉版本至少被重刻过二次以上。比较中国台湾“国家图书馆”藏本与嘉兴藏本，如果根据刀工和字体现状而言，相对来说，中国台湾

“国家图书馆”藏本刊刻时间更早一些，或为初刻本，而嘉兴藏本字体很接近嘉靖二十九年底版，可能为后世初刻本。二十九年刻本，应该源自嘉兴藏本增刻本。但目前我们没有发现存世的嘉兴藏本的增刻本，这给我们进一步对王阳明版本文献源流的研究带来挑战。

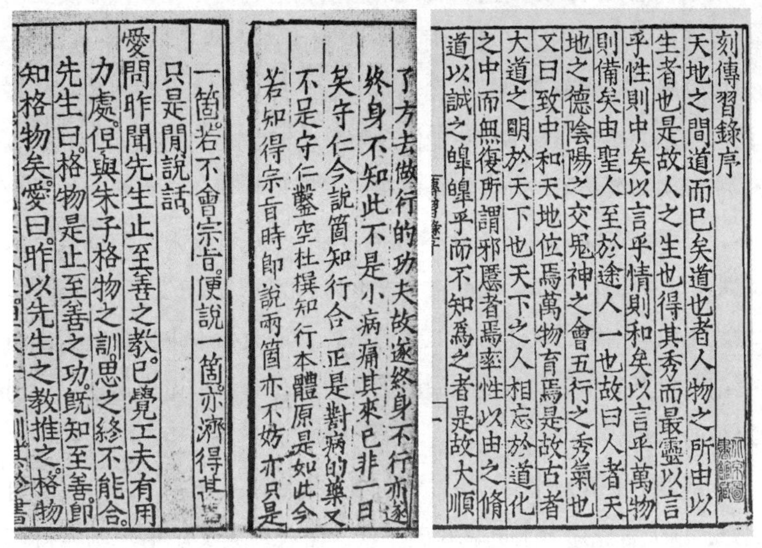
一箇若不會宗旨便說一箇亦濟得甚
只是閒說話
愛問昨聞先生止至善之教已覺工夫有用
力處但與朱子格物之訓思之終不能合
先生曰格物是止至善之功既知至善即
知格物矣愛曰昨以先生之教推之格物

了方去做行的功夫故遂終身不行亦遂
終身不知此不是小病痛其來已非一日
矣守仁今說箇知行合一正是對病的藥又
不是守仁鑿空杜撰知行本體原是如此今
若知得宗旨時即說兩箇亦不妨亦只是

刻傳習錄序
天地之間道而已矣道也者人物之所由以
生者也是故人之生也得其秀而最靈以言
乎性則中矣以言乎情則和矣以言乎萬物
則備矣由聖人至於途人一也故曰人者天
地之德陰陽之交鬼神之會五行之秀氣也
又曰致中和天地位焉萬物育焉是故古者
大道之明於天下也天下之人相忘於道化
之中而無復所謂邪慝者焉率性以由之脩
道以誠之皡皡乎而不知爲之者是故大順

图序 10：嘉靖二十九年王畿本收录不同刀工刻法的比较

总之，通过对中国台湾“国家图书馆”藏本、嘉兴藏本、日本日比谷图书馆藏德安府嘉靖二十三年本、国图藏嘉靖二十九年本、日本京都大学藏孙应奎本五个新发现版本的反复比较，我们认为，在嘉靖八年至嘉靖二十二年之间，存在一个未发现的南大吉增刻本，增收阳明与南野、双江各一封书信的新版本，而王畿二十九年重刻本就是在这个增刻新本基础上的修缮递修而成的。

嘉靖八年至嘉靖二十二年之间，王畿未曾明言的《传习录》增刻本系何人捐资所刻？具体刻于何时、何地？留待新一代学者们去研究和发现。

一个可能的线索，这或许与捐资人欧阳德、聂豹、徐阶三人有关。众所周知，欧阳德、聂豹均是嘉靖二十九年前冉冉升起的政治明星，聂豹曾是徐阶的早年恩师，施教良多，且徐阶颇重视这段师生情缘，铭记终生。而徐阶也因为与欧阳德为同年，多次向欧阳德请教良知学，确立诚意良知学体系，也正因为与黄绾、黄宗明、方献夫、程文德等阳明心学著名学者交往而获得良好的政治声誉，为其从地方到中央铺垫很好的政治口碑。嘉靖十三年至十五年，徐阶担任浙江提学佥事，主管学政，其主要任务之一就是刊刻重要的儒学文献，是很有可能作为捐资人在浙江刊刻增刻《传习录》的。他在嘉靖十二年福建任推官时，就对欧阳德赠予的未刊稿《正录》表示出很大的兴趣，他是有可能推动增刻阳明与其恩师聂豹与学界前辈欧阳德二人书信的。或许出于对自己政治前程的担忧，徐阶增刻《传习录》时，有意隐瞒自己作为捐资人的身份，以免未来仕途遇到不必要的麻烦。

除了《传习录》文献版本学研究的定论、未定论之外，就是《阳明先生文录》文献版本"无主"捐资人与刊刻时间和地点的猜测。由于嘉靖十五年至嘉靖二十八年之间特殊的政治环境，与《传习录》文献存在不少"无主"外，《阳明先生文录》文献版本存在很多未定论，值得我们深入调研和比对。

通过对《阳明先生文录》不同版本的考校，我们确定嘉靖十二年癸未《阳明先生存稿》、嘉靖十四年乙未姑苏本的基本情况，但还存在三种《阳明先生文录》的"无主"版本，对其捐资人、刊刻时间和地点，尚未有定论。

国图藏嘉靖十四年乙未刻二十八卷本（姑苏本）文录外集卷三未收录《忘言岩次谦之韵二首》等四首诗，外集卷九亦未收录杭州籍洪钟墓志铭、祭文。

日本国立公文书馆藏二十四卷本（“苏州本”）文录外集卷三首次增刻《忘言岩次谦之韵二首》等四首诗，但外集卷九未收录杭州籍洪钟墓志铭、祭文两文。

云南省图书馆藏二十四卷本文录外集卷三再次增刻《忘言岩次谦之韵二首》等四首诗，且外集卷九首次增刻杭州籍洪钟墓志铭、祭文两文。

国图藏邹守益手序二十四卷本外集卷三第三次增刻《忘言岩次谦之韵二首》等四首诗，外集卷九再次增刻并修缮杭州籍洪钟墓志铭、祭文两文。

日本国立公文书馆藏胡宗宪嘉靖三十七年重刻二十四卷本外集卷三第四次增刻《忘言岩次谦之韵二首》等四首诗，外集卷九第三次增刻杭州籍洪钟墓志铭、祭文两文。

从《忘言岩次谦之韵二首》等四首诗、杭州籍洪钟墓志铭、祭文不断增刻与递修的情况可见，从嘉靖十四年至嘉靖三十七年阳明弟子邹守益、钱德洪“不断接力”，对阳明文录不断优化和精校递修，时间长达二十四年之久。令人遗憾的是，日本国立公文书馆藏二十四卷本（所谓“苏州本”）、云南省省图书馆藏二十四卷本、国图藏邹守益手序二十四卷本均为“无主”刻本，刊刻时间起始于嘉靖十五年，终于嘉靖三十六年，均未明确标明捐资人情况、刊刻时间与刊刻地点，由此形成王阳明文献版本学的未定论，给后世界定文献版本带来很大的挑战。

与二十八卷本相比，三种“无主”二十四卷本前后相承，承前启后，大同小异，体现邹守益、钱德洪二人“切于讲学明道”“不求全”“求精”的选本原则。这三种无主版本，相比嘉靖十四年刻二十八卷本文录本而言，虽然少收权臣张璁、霍韬三封书信，少收四卷公移，数十封论学书信（包括今上海图书馆藏《新刊阳明先生文录续编》十余封书信、永富青地辑佚孙昭重刻闾东二十八卷本十二封书信等），但均增加黄宗明书信二封、闻人诠书信一封、薛侃书信二封、邹守益书信二封、悔斋说、竹江刘氏族谱跋、题遥祝图、文橘庵墓志、余姚孙燧祭文，且在所谓“苏州本”版本中首次增刻。

是谁新获得二十四卷版“苏州本”如此大的文录数量？或者这些新增文献本就是存稿本就有的文献吗？后世广泛流通的“苏州本”的捐资人中，除了邹守益，黄宗明会不会也是一个很重要的推动角色呢？

首先，从二十八卷本到二十四卷本的编辑者角度，有助于把握王阳明版本文献的大致时间。嘉靖十四年冬，钱德洪丁忧，从苏州回余姚，在家有时间精选二十八卷本。八卷本公移删减为四卷本，且重新改定公移题目，条揭纲要，主要由钱德洪完成。

其次，从正文新增内容，可以辨别“无主”版本文献源流。所谓“苏州本”首次增刻的文录，无论是《忘言岩次谦之韵二首》等四首诗，还是邹守益书信 2 封、竹江刘氏族谱跋（文中刘氏居住在江西安福县），均与邹守益有关，故而我们认为，所谓“苏州本”肯定是由邹守益参与编辑整理并精选嘉靖十四年本的优化本。正是在邹守益的推动下，与他关系密切的阳明心学同志捐资刊刻，时间应该在嘉靖十五年三月以后。

最后，从钱德洪、邹守益为官经历和生活历程，可以确定“无主”版本刊刻的大致时间范围。前文所述，嘉靖十七年春至嘉靖二十年九月，钱德洪、邹守益二人具在仕途，或均在北京，或一南京一北京，北京、南京交通便利，二人可以就需要增减的书信、诗歌、墓志铭、祭文等阳明文录进行充分的商讨与最后定稿，这四年中，是有可能捐资刊刻精选二十四卷“苏州本”。且这四年间，邹守益与嘉靖皇帝私人关系亦较为和谐，邹守益作为捐资人是有可能的，有助于王阳明文录的公开发行。

还有一种可能就是，嘉靖十五年夏，徐阶在任浙江提学佥事；嘉靖十六年，徐阶升任江西按察副使，主管学政，均可以作为捐资人。为了让文录编辑更完美些，邹守益作为捐资人，或可刊刻于嘉靖二十一年南京国子监祭酒任上。

两种可能综合考虑，嘉靖二十二年前，“苏州本”二十四卷本应该公开刊刻了，并获得广泛的赞誉，该本翻刻、重刻最多，国内外数十家图书馆均有收藏，只是具体的册数和正文前的序言不同而已。

云南馆藏二十四卷本、邹守益手序二十四本则应该刊刻于嘉靖二十二年以后，可能刊刻于嘉靖二十三年至三十五年之间。云南馆藏二十四卷本仅增收杭州籍洪钟墓志铭、祭文，且首次增刻，错刻字颇多，当为洪钟之孙、浙江著名的民间书商洪楩私人捐资刊刻，当是钱德洪应洪楩之请而公开刊印。目前该书存世极少，可证私人印刷数量不多，仅藏于云南省图书馆，为孤本。

邹守益手序二十四本为嘉靖三十七年前胡宗宪重刻本的底本，精校精修，堪称善本，当花费钱德洪不少心血，错别字很少，应该刊刻于嘉靖三十五年崇正书院《传习录》定稿本之前。但具体捐资人不详，目前该书亦仅一套，藏于国图。

另据宋仪望嘉靖三十二年癸丑七月于山西河东书院重刻“苏州本”自述，可知王阳明文录当时在全国的版本流传情况。

> 阳明先生文集，始刻于姑苏，盖先生门人钱洪甫氏诠次之云。自后，刻于闽、于越、于关中，其书始渐播于四方学者。嘉靖癸丑春，予出按河东。河东为尧、舜、禹相授受故地，而先生之学则固由孔、孟以溯尧、舜，于是间以窃闻先生绪言语诸人，士而若有兴者。未几，得关中所寄先生全录，遂檄而刻之。……嘉靖癸丑秋七月。①

由宋仪望序可知，二十四卷文录本在浙江、福建、关中等地均有重刻本，可见“苏州本”流传甚广，其纸本得益于关中友人所寄本。从宋仪望重刻本内容得知，其底本非云南馆藏本，亦非邹守益手序本，而是更早的“苏州本”，所以非“翻刻”，而是重新募工人刊刻，故而错刻颇多，其字体形状、刀工明显不同于“苏州本”。

胡宗宪嘉靖三十七年刻成的二十四卷本文录为隆庆末期全书本之前最为精良的二十四卷本，且收序言最多，并增收钱德洪新序一

① 宋仪望重刻《阳明先生文录》，《王阳明文献集成》第13册，《河东重刻阳明先生文集序》，第1—5页。

首，具有特别重要的文献史料价值。须知，嘉靖十五年至嘉靖三十六年的诸多翻刻本、重刻本，所收序、跋均不超过三篇（黄绾与钱德洪十四年乙未序、邹守益十五年丙申序），而胡宗宪刻本却收序、跋前后多达六篇，仅次于隆庆本《王文成公全书》八篇（缺黄绾序，多徐阶两序、徐爱序）。

由于王阳明文献版本尤为复杂，无论是定论还是未定论，我们还需要更多的孤本文献的全文汇校，还需要更多的史料。所撰之论，不当之处必定很多，请同仁们多指教。

第一章　王阳明单刻本文献源流初探

随着王阳明单刻本文献的不断发现，对于《传习录》《阳明先生文录》的初步探讨也得以可能。而随着对王阳明单刻本文献的全国大调研，王阳明文献的面貌会越来越清晰。

第一节　《传习录》形成过程研究初探

明嘉靖年间存在多种《传习录》珍本，分别是日本藏湖北德安府嘉靖二十三年《传习录》重刻本（简称“德安府”本）、浙江省图书馆藏嘉靖二十六年苏州知府范庆重刻本（简称“范庆刻本”）、国图藏嘉靖二十九年萧彦刻王畿序二册八卷本（简称“萧彦刻本”。美国国会图书馆藏其重刻本）、浙江温州市图书馆藏嘉靖三十三年钱镎刻薛甲序管州跋二册八卷本（简称“钱镎刻本”）、上海图书馆藏嘉靖三十三年水西精舍刘起宗丘时庸刻沈宠南大吉王畿钱德洪徐爱序五卷本（简称“水西精舍本”。中科院、东北师范大学、北大图书馆藏其万历重刻本）、上海复旦大学图书馆藏嘉靖三十七年胡宗宪刻徐爱钱德洪唐尧臣序杭州重刻十一卷本（简称“胡宗宪刻本”）。上图藏《传习录三卷》，题录误为南大吉嘉靖三年刻，其实是中科院图书馆藏万历重刻本，所刻刀法一模一样，只是选取该书的前三卷。温图藏《传习录》，题录《传习录三卷　续录二卷》亦为误，应为《传习录八卷》。日本藏德安府本是目前可知国内外藏《传习录》最早刻本，国图藏萧彦刻本为目前国内存世最早刻本。温图藏钱錞刻本源出萧彦刻本，只是次序编排不同。上图藏水西精舍本，较萧彦刻本增加二卷续录，主体接近通行本下卷语录的一部分，是目前存世最早能看到通行本下卷语录的本子，惜缺收书信部分。胡宗宪刻本为目前所存世的通行版最全的祖本，内容同于今通行本。北大图书馆藏《王阳明集》附录的《传习续录二卷》保存了嘉靖时期的刻工刀法，可惜缺收钱德洪序，为后人重刻本。

一、赣州版《传习录》早期版本

正德十三年八月，阳明妹婿徐爱、湖州门人陆澄、潮州门人薛侃编校阳明语录，薛侃刻印，一册三卷本，总计语录 129 则，即今通行本《传习录》上。①

正德七年十二月，徐爱抄录阳明讲学语录 14 则②，记载郑一初、顾应祥（字惟贤）、黄绾（字宗贤）三位王门同门辩论情形。陆澄（字元静）记录语录 80 则，保存同门孟源（字伯生）、马明衡（字子莘）、王嘉秀（字实夫）、冀元亨（字惟乾）、唐诩、徐爱、薛

① 该本内容见范庆重刻本、上图藏《传习录三卷》等。

② 薛侃说徐爱记载有三卷语录，可惜他也只看到 14 则。

侃（字尚谦）等同门求教情形。薛侃记载语录35则，保存同门蔡宗兖（字希渊）、徐爱、杨骥（字士德）、欧阳德、袁庆麟（字德章）、栾惠（字子仁）、陈杰（字国英）、黄宗明（字诚甫）、梁焯（字日孚）、冀元亨、郭持平（字守衡）、黄宏纲（字正之）、林达（字志道）、萧惠、刘观时（字易仲）、马明衡等人问学情形，总计129则。薛侃协助夫子剿匪之余，将徐爱、陆澄二人的语录与自己的语录合并，名为《传习录》，于正德十三年（时阳明47岁）八月在赣州刊印。

二、南大吉系列版《传习录》中期版本

1524年，嘉靖三年十月十八日，南大吉任绍兴知府，将阳明夫子论学书信编校为语录，二册本，即今通行本《传习录》上与中。①

嘉靖三年十月十八日（时阳明53岁），南大吉利用其担任绍兴知府之利增订刻印二册本《传习录》。上册内容为薛侃八年前赣州刻印的《传习录》，由南逢吉重新校对。下册选编阳明论学书信两卷，逢吉校对。其中保存了阳明与徐守诚、罗钦顺、周冲、陆澄、欧阳德、聂豹、陈九川、邹守益等人论良知学的书信。从老师论学书信中摘取相关内容编入语录中，内容上可说是创新，但体例上，这样的做法是不够严谨的。广受赞誉的《朱子语类》就没有收朱子论学书信。《传习录》应该传阳明与门人公开讲学语录，而不是书信。作为私密性的书信，放在文集中，传播效果更合适。可见，作

① 该本完整的内容，比较早的重刻版本有萧彦刻本与钱镈刻本。

为“应时产品”，南大吉刊《传习录》体例上是存在争议的，因此，钱德洪后来增订《传习录》，就是从阳明弟子记载的语录中选取更能反映阳明良知学的语句。但是，在邹守益广德版《阳明先生文录》四册本（附录一卷）尚未面世（迟至嘉靖六年四月方才出版），南大吉版《传习录》应时而出，且内容带有浓郁情感性，从而快速地推进了阳明学的传播。

（1）1528 年，嘉靖七年，阳明门人聂豹、陈九川在福建刊刻《传习录》六卷。

嘉靖七年，或许是受其同乡邹守益叮嘱精而又精编选原则，聂豹、陈九川在福建精简校刻六卷本《传习录》。聂豹说：“《传习录》者，门人录阳明先生之所传者而习之……是录也，答述异时，杂记于门人之手，故亦有屡见而复出者。间尝与陈友惟濬重加校正，删复纂要，总为六卷，刻之八闽，以广先生之觉焉。”① 其说“亦有屡见而复出者”，暗示嘉靖三年至七年间确实出现过一些重刻本，且存在误刻，故他和陈九川对阳明语录“重加校正，删复纂要，总为六卷”，这个“删复纂要”，减至六卷，是对南大吉本的精编削减。但或许因其修改力度过大，传播不远，其本散佚。② 由此可知，仅仅四年后，就有阳明弟子对南大吉版《传习录》不满意，想对其进行改进修缮，南大吉版阳明语录的本子地位很尴尬。其后的事实证明，很多阳明弟子不自觉地以自己的方式编辑出版阳明语录。

---

① 吴光、钱明、董平等编校：《王阳明全集（新编本）》，第 6 册，聂豹：《重刻传习录序》，第 2100—2101 页。

② 国图藏明嘉靖十二年黄绾唯一序本与嘉靖十五年版《阳明先生文录》两个版本，均收入南大吉刻王阳明论学书信，且有编年，但我们难以断定哪些书信为南大吉所刻。

（2）1544 年，嘉靖二十三年二月，湖北德安府重刻南大吉版《传习录》，二册，八卷。①

东京都立日比谷图书馆藏此书，每半页十行，每行十七字，分上下两册。该书书末有一行题款，上面有“嘉靖二十三年二月德安府重刊”字样，这就是我们目前能看到的最早的阳明语录刻本，著名的湖北德安府本。上册书前有南大吉嘉靖三年冬十月十八日《刻传习录序》、徐爱《传习录序》、南逢吉按语。《传习录》上卷一有徐爱书及其所记语录，后有薛侃正德十三年戊寅识语。上卷二为陆澄所记语录，其中有一拍两页缺失，后人用毛笔重新抄补。上卷三为薛侃所记语录，其中萧惠问己私难克一条，刻者刻为两则。上卷四为书信四通，即欧阳崇一书信一通、聂豹书信三通。下册是传习录下卷，也分四卷。下卷一书信六通，分别为答徐成之书两通（第二通后有南逢吉按语）、答储柴墟书两通、答何子元一通、答罗整庵少宰一通。下卷二书信一通，即答人论学书，是阳明写给前来问难的苏州籍学友顾东桥的书信。下卷三书信三通，分别为答周道通书一通、答陆原静书二通（没有钱德洪按语）。下卷四文三篇，分别为示弟立志说、《训蒙》大意示教读刘伯颂等、教约。下册四卷总计十三则，其中与七人通信，计十通书信，文三种。其中，答储柴墟书两通、答何子元一通的三通书信，均不在今通行本中。

（3）1547 年，嘉靖二十六年丁未秋九月，苏州知府范庆重刻

① 2018 年冬，在日本友人、中山大学特聘副研究员深川真树先生的帮助下，我们有幸获睹了这一稀见孤本，藏于东京都立日比谷图书馆，上有“昭和 36.12.12”的字样。特别感谢日本学者在这方面给予我们的帮助。

《阳明先生文录》，附录南大吉版《传习录》，今通行本上册，三卷。

嘉靖二十六年秋，苏州知府范庆积极推动重刻阳明文集，并将《传习录》放入其刻《阳明先生文录》卷后作附录，并以阳明先生语录命名之。他说："阳明先生遗集传于世者，有《存稿》《居夷集》《文录》《传习录》，门人绪山钱子乃并之曰《文录》，复取先生之奏疏、公移厘为别录，合刻于吴郡，惟《传习录》别存焉。未几，厄于回禄，版遂残缺。嘉靖甲辰，庆来守兹郡，亟求焉，仅得《文录》版什之二三。然鲁鱼亥豕，犹未免也，《别录》盖荡无存矣。爰重加校葺，而补其奏疏二十三篇，汇为《文录》，以《传习》附于卷后，别为《语录》，凡为卷共二十，庶可以见先生全书云！……庆不敏先生也晚，不获从先生之门，犹幸诵其遗训，愧未之能学也。梓成，敢僭识于简末。嘉靖丁未秋九月后学，丰城范庆谨识。吴县儒学教谕许赞、长洲县儒学训导华镒、张良才重校。"[①] 范庆热爱阳明学，其家乡丰城为当年阳明夫子誓师讨伐濠贼之所，故他愿意捐资重刻阳明夫子文集，并较早提出"阳明全书"的概念。范庆作为阳明后学，在当时深知"阳明全书"的必要性和重要性，可见其学术自觉。

(4) 1550年，嘉靖二十九年冬十月十五日，浙江著名弟子王畿重新选编阳明语录，请时任绍兴州判江西吉安籍同门萧彦刊刻，上

---

① 见浙江省图书馆总馆地下室藏《阳明先生文录》（十七卷、语录三卷），明嘉靖二十六年范庆吴郡刻本。浙江省图书馆藏的明刻本《传习录》是放在《阳明先生文录》卷首，第一至第三卷；而国图藏明刻本《传习录》是放在《阳明先生文录》卷末。今依据范庆自述，国图藏刻本为早出，浙江省图书馆藏刻本为晚出，两个刻本刀工和刻法均一致，一个为首刻本，一个为晚刻本，内容一致，只是《传习录》放置次序不一样。

下卷二册，八部分。[①]

嘉靖二十九年萧彦绍兴府重刻本，两册五卷本，论学书信为七人九书，说一篇，杂文二篇。[②] 王畿说："阳明先师《传习录》始刻于赣，盖薛尚谦氏所校定，并徐曰仁氏、陆原静氏所纪，勒为一册。及师归越，郡守南子元善益以问答诸书并刻为二册，即今所传者是也。传且久，漶阙至不可读，学者病之。畿乃谋诸郡倅萧子奇士，命江生涌检勒，得其漶且阙者若干篇，付工补刻，而二册复完。……故特表而出之，以求不失其宗，因以解学者之惑。尚有《续录》数卷，未及尽刻，盖有俟也。嘉靖庚戌岁冬十月望，门人王畿百拜撰。"[③] 从王畿序知嘉靖二十九年刻本是南大吉版的补刻本，补其漫漶与缺漏。萧彦此年八月吉日序说："阳明先生之学，一贯之学也。……是录之刻，迄今廿有七年矣。彦备员兹郡，访之龙溪王先生，欲求数十部以遗同志。而旧梓之漫毁而缺失者几半矣，谨捐俸鸠工而补刻之，庶先生开示来学之意为不泯也。时嘉靖二十九年庚戌岁仲秋月吉日，判绍兴郡事吉水东沼萧彦书于府署之观我亭。"[④] 萧彦为表达对阳明的敬仰，于南大吉本《传习录》刊刻二十多年后重新刊刻《传习录》。"旧梓之漫毁而缺失者几半矣"，由于

---

① 我在一次偶然的文献调研中，查阅《阳明先生文录》，幸运地发现这个刻本，在今国图文津馆藏明刻本《阳明先生文录》第 21、22 册中。机缘巧合的是，半年后，任文利先生在《中国哲学史》刊物公开发表他对这个版本的研究。

② 但据浙江省图书馆总馆古籍部相关版本学专家说，此书有可能是后世翻刻本。

③ 见国图文津馆藏嘉靖二十九年萧彦刻王畿序山阴县重刻两册五卷本孤本序（美国国会图书馆藏其重刻本）。

④ 见国图文津馆藏嘉靖二十九年萧彦刻王畿序山阴县重刻两册五卷本孤本序（美国国会图书馆藏其重刻本）。

一半以上内容缺失，亟须补刻，那么有可能与南大吉本《传习录》内容不一致，也可能导致“阳明八书”目录的失传。而王畿也在利用这次难得的补刻机会，表达自己的编辑特权，对原有的南大吉版进行一些改动。

此书分两册，每半页十行，每行十七字，与六年前湖北德安府刻本一致。上册三卷，下册五卷。上册书前有南大吉嘉靖三年冬十月十八日《刻传习录序》、门人王畿嘉靖二十九年庚戌岁冬十月望《重刻传习录序》两篇。而徐爱《传习录序》、南逢吉按语均不见于新版，盖被王畿自己所撰序替换。《传习录》上卷一前有徐爱书，然后是徐爱所记语录，后有薛侃正德十三年戊寅识语。上卷二为陆澄所记语录。上卷三为薛侃所记语录，其中萧惠问己私难克一条，刻者亦刻为两条，与德安府本同。下册《传习录》下卷分五部分，分别为《答徐成之》（二篇，后有南逢吉所撰长按语）、《答罗整庵少宰书》，二人三书为下卷一；《答人论学书》一人一书为下卷二；《答周道通书》《答陆原静书》（二篇），二人三书为下卷三；《答欧阳崇一》《答聂文蔚》二人二书为下卷四，总计九篇。下卷五有《示弟立志说》（正德十年乙亥）、《〈训蒙〉大意示教读刘伯颂等》《教约》三篇。而下卷一《答徐成之》第二通后，记载逢吉向阳明夫子请问二书意的长按语，比德安府本多出“尝见一友问道问学与尊德性事”，或为王龙溪所加按语，或德安府本漏刻此一段。

（4）1551 年，嘉靖三十年辛亥夏五月壬寅，孙应奎、蔡汝楠于湖南衡阳重刻王阳明手授南大吉版《传习录》。

嘉靖三十年夏，时任衡州知府的蔡汝楠与阳明弟子孙应奎（号蒙泉，余姚人）在湖南衡阳石鼓书院刻南大吉版《传习录》。孙说

“应奎不敏，弱冠即知有所谓圣贤之学。时（阳明）先生倡道东南，因获师事焉……及再见，（阳明）又手授二书。其一《传习录》，……应奎请事于斯，凡三十年。……兹应奎较艺衡水，涉洞庭，登祝融，访石鼓，跂乎濂溪之上，有余慨焉。……同志蔡子子木守衡，则已群多士，而摩之以性命之学，亦浸浸乎有兴矣。应奎因乐与成之，乃出先生旧所手授《传习录》，俾刻置石鼓书院。……嘉靖三十年夏五月壬寅，同邑门人孙应奎谨序。”① 甘泉先生亲传弟子蔡汝楠（字子木，德清人）也说：“《传习录》者，阳明先生之门人录师传之指，图相与习之者也，先生曾以是录手授今文宗蒙泉孙公。公按部至衡，令汝楠刻置石鼓书院，而公为之序，檃括‘学以尽性’之一言……而蒙泉孙公广先生手授之泽……时嘉靖辛亥夏日，门下后学德清蔡汝楠谨书。”② 或许是孙应奎看到了王畿重刻的《传习录》已经不是南大吉版的原貌，王本已经开始增收阳明后期立良知新说的书信，而南大吉原版保存较多阳明早期破朱子说的论学书信，故而，他觉得有必要重刻阳明语录，恢复南大吉版的原貌。该本接近南大吉原刻本，但由于散佚了，我们就无从考探南大吉版《传习录》的原貌了。

（5）1551 年，嘉靖三十年九月初一，安徽宣城阳明后学沈宠任福建监察御史，刊印《传习录》，附《大学问》《朱子晚年定论》，朱衡作序。

嘉靖三十年秋天，沈宠与时任福建提学副使的朱衡增刻南大吉

① 吴光、钱明、董平等编校：《王阳明全集（新编本）》，第 6 册，第 2101—2102 页。
② 吴光、钱明、董平等编校：《王阳明全集（新编本）》，第 6 册，第 2102—2104 页。

版《传习录》于福建。沈在《重刻传习录序》中说：“阳明先生之学，以致良知为要，而《传习录》一书，乃其用力可见之地也。……宠生也晚，私淑先生亦既有年，虽于先生之道未窥涯涘，然每读先生之书，则心开目明，恍若有得。……视提学宪副朱君维平臭味相同，授是录而谋以锓梓。君亦出其所藏《大学问》《朱子晚年定论》以附于后，期与多士共之。……嘉靖辛亥季秋月朔日，宣城后学沈宠序。”① 而其好友朱衡也说：“（阳明）自谓无意中得此一助者，即今所传《传习录》是已。……今去先生之世余二纪，读其书者，靡不悦而宗之，私淑之士多于及门之徒，则先生之学，人固翕然信矣……侍御古林沈君，学先生之学者也。按闽之暇，取《传习录》《大学问》《朱子晚年定论》，手订付梓，播诸学官弟子员。……某不敏，愧无以光之，敬书简末，用申告焉。”② 可见，福建地区嘉靖三十年所刻《传习录》，以附录的形式增刊《大学问》《朱子晚年定论》文二篇，这与苏州知府范庆附刻《传习录》于《阳明先生文录》之后的做法相似，凸显了王阳明《大学问》《朱子晚年定论》在阳明学中的地位。之后谢廷杰增刻《传习录》亦附录《朱子晚年定论》，沈宠本于其有示范之功。沈宠、朱衡的福建本阳明语录篇幅在增加，可惜此本散佚。

（6）1554 年，嘉靖三十三年二月初一，江苏江阴知县钱錞重刻《传习录》，薛甲序，管州跋，上下二册，八卷，约 184 拍，今存温州图书馆。

---

① 见上海图书馆藏《传习录三卷　续录二卷》序。

② 吴光、钱明、董平等编校：《王阳明全集（新编本）》，第 6 册，第 2201 页。

嘉靖三十三年钱镎江阴重刻本现藏于温州图书馆，二册八卷本，或题为《传习录　续录》。此书分两册，每半页九行，每行十七字。上册四卷，不再分为传习录上卷、下卷，而是直接分传习录卷之一、之二、之三、之四等。书前有薛甲嘉靖三十三年甲寅春二月吉旦初一《重刻传习录序》、徐爱《传习录序》、南逢吉按语，无南大吉嘉靖三年序。薛甲说："《传习录》者，我阳明先生偕门弟子问答语也。……若我鹤洲钱侯镎之尹吾邑也，一于先生取法焉，尝即是录以语学者，且谋梓而行之，以广其传，而属序于甲。……嘉靖甲寅春二月吉旦，后学江阴薛甲序。"① 上册卷之一前有徐爱书，中为语录，后无薛侃正德十三年戊寅识语。卷之二为陆澄所记语录。卷之三为薛侃所记语录，其中萧惠问己私难克一条，亦刻为两条。卷之四为书信，《答徐成之书》（二篇，后有南逢吉所撰长跋，此跋比现行流通本跋长）、《答罗整庵少宰书》二人三书。下册四卷，传习录卷之五至八。卷之五《答人论学书》一人一书，卷之六《答周道通书》《答陆原静书》（二篇）书信三篇、《修道说》《亲民说》说两篇，卷之七为《示弟立志说》《〈训蒙〉大意示教读刘伯颂等》《教约》三篇，卷之八为《答欧阳崇一》《答聂文蔚》二人二书。钱镎江阴重刻本也是每行十七字，但每半页九行，是大字本，比德安府本、萧彦绍兴重刻本多出说两篇，即《修道说》与《亲民说》。阳明亲传弟子管州作《刻传习录后序》说："鹤洲钱先生之为江阴也，进于是矣。先生以高才博学奋甲科……一日谓予曰：'今之刻诗文闲书，以饰吏治者，吾或不暇，孰若刻《传习录》以公之人，将使

① 见温州图书馆藏《传习录》前序。

其玩辞，有得者因而知所入门，其次者以资发义理取科第，不亦可乎？'方是时，予心是之，而犹虑其或有俟也。又数月，见其精明者归于和平，宽厚者归之检制，黜智泯力，虚己求中。且曰：'予未闻道，既作多士而进之文，又使立会而专其业，而即终之以是录焉。'……庶不可传者，将在我矣，亦先生刻之之意也，予用是乐而序之。门人管州拜识。"① 或许是为了平衡上下两册的刻印规模，德安府本与钱錞本都将一卷书信挪到上册，其中德安府本将欧阳崇一书信与聂豹书信二人四通放到上卷四，而钱錞本则将徐成之、罗整庵二人三通书信放到上卷四，这样，两个本子均为两册八卷，上下各四卷。

三、钱德洪系列版《传习录》后期版本

针对当时不同种类阳明语录的大规模流传，浙江余姚阳明著名亲传弟子钱德洪审时度势，不断与众多同门增订精编阳明夫子语录，多次编纂《传习录》，形成多个重要版本，对阳明语录的编辑贡献最大。其中，嘉靖三十三年夏六月，钱德洪在水西精舍增刻《续传习录》二卷，标志着今通行本《传习录》下卷的前期工作完成；嘉靖三十五年夏四月，钱德洪吸收同门《遗言录》所收语录，在湖北蕲州增刻《传习录》，也就是今通行本《传习录》（上中下）的祖本；嘉靖三十七年正月初七，钱氏又力推胡宗宪、唐尧臣重刻《传习录》于杭州天真书院。

① 见温州图书馆藏孤本《传习录》后跋。

阳明远在广西平叛时因突染“奇疾”，身边又无良医，不幸于嘉靖七年十一月二十九日辰时捐馆于江西南安青龙铺驿站。阳明殁后，文献传承功勋最著者当属钱德洪。黄绾编刻《阳明先生存稿》时，将原南大吉版《传习录》下卷书信全部内容均按时间排入文录。而钱德洪主导《阳明先生文录》编辑出版之后，不再以黄绾纯时间体例来编纂，而是吸收同门邹守益的建议，精选编排，重编了黄绾序刻本文录。对比二十四卷本苏州版《文录》与二十八卷黄绾序本《阳明先生存稿》，仅公移方面，苏州本删去存稿本四卷的篇幅，是一个精选本。在编刻《阳明先生文录》之后，钱德洪又不断找寻新材料，对阳明讲学语录扩充增订，包括他和王畿记录的阳明晚年绍兴讲学语录。根据精选择优“切于问正”原则，把同门陈九川等人所录《遗言录》进行了删减，编成二卷本《传习续录》，这就是嘉靖二十九年王畿所说的《续录》，记录何廷仁、黄弘纲、李珙、王畿、朱得之、柴鸣治、欧阳德、薛侃、邹守益、马明衡、王艮、董沄、张元冲、蔡宗兖等人问学语录，体现了阳明晚期八年讲学思想，集中表现阳明成熟学术。但由于丁忧，打乱了他在苏州出版刻印阳明语录的计划。

（1）1554 年，嘉靖三十三年甲寅夏六月，刘起宗、丘时雍在安徽水西精舍书院刊印《传习录》，附录增刻《传习续录》二卷，钱德洪编辑并作序，今存四册五卷。

在充分吸收王畿嘉靖二十九年浙江本、沈宠嘉靖三十年福建本两个刻本的基础上，钱德洪推出了自己的全新《传习录》增订本，是全语录本。时在嘉靖三十三年夏六月，在安徽乡贤刘起宗（号初泉）、泾尹丘时雍的捐资下，《传习续录》终于在安徽阳明学讲会中心著名的水西精舍成功刻印了。钱德洪序说："洪在吴时，为先师裒刻《文录》。《传习录》所载下卷，皆先师书也，既以次入《文录》书类矣。乃摘录中问答语，仍书'南元善所录'以补下卷。复采陈惟濬诸同志所录，得二卷焉，附为续录，以合成书。适遭内艰，不克终事。去年秋，会同志于南畿，吉阳何子迁、初泉刘子起宗，相与商订旧学，谓师门之教，使学者趋专归一，莫善于《传习录》。于是刘子归宁国，谋诸泾尹丘时庸，相与捐俸，刻诸水西精舍，使学者各得所入，庶不疑其所行云。时嘉靖甲寅夏六月，门人钱德洪序。"① 中国科学院、东北师范大学、北京大学与今国图藏（山东友谊书社影印）其万历重刻本，主要内容基本一致，均为每半页十行，每行二十字版式。上海图书馆藏本比中科院藏万历本与国图藏本（山东友谊书社影印）分别多出沈宠嘉靖三十年序、王畿嘉靖二十九年序。北京大学藏《王阳明集》第十册附录的《续录》二卷本则为嘉靖时期重刻本，正文为仿宋体刻制，刀工显示是嘉靖时期刻法，但由于没有收录钱德洪所作序，故而我们不知何人所刻。② 今传本《传习录三卷　续录二卷》没有收入南大吉所刻下卷书信部分，且《续录二卷》相当于今通行本下卷内容的六分之五，是一个未定稿，故而题名《传习录三卷　续录二卷》。

（2）1556年，嘉靖三十五年丙辰夏四月，沈宠在湖北蕲春崇正书院刊印《传习录》，增录《遗言录》部分语录，钱德洪辑、序，今通行本《传习录》祖本刻成。

---

① 钱德洪《传习续录序》，参见中国科学院图书馆藏万历二十一年徐秉正贵州重刻本《阳明先生文录》，附录《传习续录》二卷。

② 北京大学图书馆藏《王阳明集五卷外集九卷续录二卷》，题录为明刻本，2函10册。

1555 年，嘉靖三十四年，阳明弟子曾才汉在钱德洪手抄本基础上，在湖北荆州刊印阳明《遗言录》上下两卷，为阳明弟子黄直等人编辑，藏台北“国家图书馆”。①

嘉靖三十五年丙辰夏四月，钱德洪游于湖北蕲春崇正书院，应沈宠之请，利用曾才汉、黄直等人于嘉靖三十四年编纂刻印的荆州版单刻本《遗言录》语录，对嘉靖三十三年刊刻的水西精舍本《传习录》与《续录》进行新增新订工作。②

钱德洪有跋文说：“嘉靖戊子冬，德洪与王汝中奔师丧至广信，讣告同门，约三年收录遗言。继后同门各以所记见遗，洪择其切于问正者，合所私录，得若干条。居吴时，将与《文录》并刻矣，适以忧去，未遂。……去年，同门曾子才汉得洪手抄，复傍为采辑，名曰《遗言》，以刻行于荆。洪读之，觉当时采录未精，乃为删其重复，削去芜蔓，存其三分之一，名曰《传习续录》，复刻于宁国之水西静舍。今年夏，洪来游蕲，沈君思畏曰：‘师门之教久行于四方，而独未及于蕲。蕲之士得读《遗言》，若亲炙夫子之教，指见良知，若重睹日月之光，唯恐传习之不博，而未以重复之为繁也。请裒其所逸者增刻之，若何?’洪曰……乃复取逸稿，采其语之不背者，得一卷。其余影响不真与《文录》既载者皆削之，并易中卷为问答语，以付黄梅尹张君增刻之。……嘉靖丙辰夏四月门人钱德

① 台北“中研院”学者林月惠为我申请复制到了该书的上卷，上卷内容的编排次序与今通行本《传习录》对应内容颇多不一致。在此，对林月惠老师的帮助表示感谢。永富青地老师等曾标点其整理本。

② 关于《遗言录》原文，学术界多有整理与研究。台湾“中研院”藏有刻本，日本藏有抄本，浙江大学束景南教授也辑有《遗言录》，但内容均不一致。可见，《遗言录》有多个版本体系。还有待学者进行更为全面的研究。

洪拜书于蕲之崇正书院。”①

可见，钱德洪对两年前所刻原版《传习录三卷　续录二卷》进行增订工作，首先是对原有所有阳明语录重复的部分进行删除，增加今本下卷最后一部分语录，即黄以方所录语录。其次是遵循当时他在苏州所编语录的体例，即沿袭当时南大吉兄弟把书信体改语录体的做法，同时在王畿本基础上继续对南大吉版的论学书信进行了重新整理，删减并新增了一些书信，放在中卷中。钱德洪说的“并易中卷为问答语”，是引用两年前刻水西精舍本的原话，其真实意思是“并易中卷（新编书信）为问答语”。其实，早在这个版本之前，德安府本、绍兴府本与江阴本都是将书信易为问答语的。遗憾的是，钱德洪没有交代具体增加了哪些篇章。湖北崇正书院《传习录》本应该是目前通行本《传习录》的最全的最早刻本，惜失传了。

(3) 1558 年，嘉靖三十七年正月初七，胡宗宪捐刻，钱德洪、王畿编，阳明江西南昌籍亲传弟子唐尧臣、贵溪籍桂轨校订，精修全本、定本《传习录》最终在杭州天真书院完成，今藏复旦大学图书馆。

崇正书院《传习录》本出版后两年，钱德洪请唐尧臣、桂轨对之进行全面校对，胡宗宪捐资，《传习录》最终在杭州天真书院精刻完成，也是目前我们能看到的第一个《传习录》全刻本。复旦大学图书馆光华楼特藏部藏有此本，尚未见学术界先贤前辈

① 钱德洪跋，收入《王文成公全书》卷三，上海涵芬楼影印明隆庆刊本。需要指出的是，如果不结合嘉靖三十三年序与此嘉靖三十五年跋一起分析研究，读者可能会做出错误判断。

撰写此版本相关论文，故而也一直未被学者所重视。时任杭州同知的唐尧臣说：“阳明先生之学，得徐曰仁而后同志之习始专；得钱洪甫、王汝中而后先生之传愈益不匮。……先生没，距今三十年，有志之士闻风而兴起焉者相踵也。然岂无因歧泣路，舍辙寻途，索肖于言行气象之似者乎？而良知宗旨几谢前人矣。洪甫、汝中力赞而允终之归守天真，瞻依俎豆，于是后进之士，日信日真，而贞明不眩。……虽然，先生之教，《录》可得而载也；其所以为教，《录》不可得而载也。……嘉靖三十有七年戊午人日，门人南昌唐尧臣顿首百拜，谨书于天真书院之云泉楼。”① 由于岁月年久，此孤本后面几页漫漶，清余姚乡贤俞嶙用毛笔重新誊抄，并于书末撰跋。该本前有徐爱序、钱德洪嘉靖甲寅水西精舍本序、唐尧臣嘉靖三十七年刻序。卷中前有钱德洪所作按语，并首次公开交代其重新编辑南大吉兄弟所录书信的具体原则。他说：“昔南元善刻《传习录》于越，凡二册。下册摘录先师手书，凡八篇。其答徐成之二书，……故元善录为下册之首者，……洪刻先师《文录》，置二书于《外集》者，示未全也，故今不复录。其余指知行之本体，莫详于答人论学与答周道通、陆清伯、欧阳崇一四书。而谓格物为学者用力日可见之地，莫见于答罗整庵一书。平生冒天下之非诋推陷，万死一生，遑遑然不忘讲学，……是情也，莫详于答聂文蔚之第一书。此皆仍元善所录之旧。而揭‘必有事焉’即‘致良知’功夫，……此又莫详于答文蔚之第二书，故增

① 见复旦大学图书馆藏明嘉靖三十七年刻《传习录》前序。

录之。……今所去取，裁之时义则然，非忍有所加损于其间也。”① 正如钱明先生指出的，钱德洪所看到的《传习录》版本，已经不是南大吉嘉靖三年的原刻本。我们认为，此胡宗宪捐刻本是萧彦重刻本与沈宠刻本的全新增订本，更是崇正书院的校对本。但钱德洪想当然地认为南大吉旧本所收录书信为答徐成之二书、答人论学书、答周道通书、答陆清伯书、答欧阳崇一书、答罗整庵一书、答聂文蔚之第一书，总计“八书”。

嘉靖后期，原刊印者胡宗宪被劾党严嵩父子，下狱，在狱中病死，故为免麻烦，钱德洪后来再不说胡宗宪捐资刻此本之事，致使胡宗宪所刻精校本《传习录》无人知晓。应该说，隆庆二年郭朝宾版《传习录》、隆庆六年谢廷杰版《传习录》、万历武昌江汉书院藏版、万历胡嘉栋刻《阳明语录》、万历三十年杨荆山刊印《传习录》的三卷本、万历朱文启与张明昌杭州刻本均是建立在胡宗宪刻本之上的。胡宗宪本存世所见通行本的祖本。胡宗宪本中卷书信，所收书信次序依次为:《答顾东桥书》为卷一,《答周道通书》、《答陆原静书》（二篇）为卷二,《答欧阳崇一》《答罗整庵少宰书》为卷三,《答聂文蔚》二书为卷四，总计“八书”。卷五收《示弟立志说》（正德十年乙亥）、《〈训蒙〉大意示教读刘伯颂等》《教约》。而《答徐成之》（二篇，后有南逢吉所撰跋，记载逢吉向阳明夫子请问二书意）未收入。胡宗宪本相较萧彦嘉靖二十九年刻本有所微调，减少《答徐成之》（二篇），增加了答聂文蔚书信一篇，实际上减少了一封书信。下卷新增陈九川、黄卓峰、黄修易、黄省曾、钱

① 钱德洪按语，见复旦大学图书馆藏明嘉靖三十七年刻《传习录》卷中。

德洪、王畿等人记载的语录。陈九川曾编《续传习录》一书，该书核心内容被其好友钱德洪编入《传习录》下卷首案，总计 21 则，记载蔡宗兖、夏良胜、舒芬、邹守益、欧阳德、王时柯等人在龙江、南昌、赣州等地问学王阳明的详细情形，辨明意念良知，体现较高思辨水平。黄卓峰晚年撰有《遗言录》,《传习录》下卷第二案载其所记语录 42 条，其《遗言录》还有 23 条语录不见于今《传习录》通行本。黄卓峰保存了邵锐、董沄、林致之等人求学语录。传习录下卷第三案保存了黄修易记载的阳明语录 11 则，展现范引年求学情形。笔者遍观各类方志，未见“黄修易”其人。束景南先生考察，“黄修易”当为阳明衢州弟子“王修易”的笔误，因为《传习录三卷　续录二卷》误刻“黄以方”为“王以方”。传习录下卷第四案保存了黄省曾记载阳明语录 12 则，保存刘邦采、王畿、陆澄等绍兴求学的情形。黄省曾在绍兴问学期间记载了大量语录，汇编成十卷本《会稽问道录》，可惜其文集《五岳山人集》三十八卷找不到其记载阳明语录的痕迹。钱绪山重新编印苏州版《阳明先生文录》曾请他帮忙，一起完成《阳明文录》的编订。

四、通行版《传习录》系列版本

隆庆六年，朝廷刊刻阳明全书，胡宗宪本《传习录》汇入全书，即今通行本。遗憾的是，通行本缺收孟两峰、朱近斋、卢一松、董穀、徐霈等亲传弟子对阳明夫子语录的记载。

滁州弟子孟两峰（孟津，字伯通）利用在黄冈担任知县便利，于嘉靖三十六年夏五月端阳日出版了《良知同然录》，其中有阳明诗歌与语录不见于通行本《传习录》。江苏靖江门人朱近斋（朱得之，字本思）是阳明门下“入道最勇，可任重致远”者。近斋消化良知学，会通百家，用良知学阐发老子、庄子与列子思想，自成一家，著有《老子通义》二卷、《庄子通义》十卷、《列子通义》八卷、《印古诗说》。他记载的阳明语录保存在《宵练匣》十卷（日本内阁文库藏）内，《稽山承语》一卷是其简要通行本。近斋弟子尤西川《拟学小记》卷六《纪闻》也保存了近斋口述、西川记录的阳明语录十余条。《稽山承语》保存了董沄、董实夫、杨文澄、黄正之、王惟中、甘于磐等六人问答语录。黄灵庚教授从卢一松（卢可久，浙江永康人）后裔的家谱中影印出版了《卢一松集》，保存阳明散佚语录五则。卢一松是浙江金华“永康王门”集大成宗师。阳明亲传弟子海盐董榖（字硕甫，号两湖）著《碧里后集》，记载阳明散佚语录 9 则①。黄绾、邹守益、欧阳德、王畿、王艮、董沄、季本、孙应奎、魏良弼、薛侃、顾应祥、蒋信、湛若水、方鹏、罗念庵、王时槐、胡直、罗近溪、宋仪望、耿定向、张信民等文集中都存有阳明语录。

隆庆二年郭朝宾刻本、隆庆六年谢廷杰刻本《传习录》相比胡宗宪刻本中卷书信又有微调②，就是五卷合并成一大卷，为中卷，依然是“八书”，分别为《答顾东桥书》、《启问道通书》、《答陆原静书》（二篇）、《答欧阳崇一》、《答罗整庵少宰书》、《答聂文蔚》

① 吴光、钱明、董平等编校：《王阳明全集（新编本）》，第 5 册，第 1646—1648 页。

② 隆庆二年郭朝宾刻本、隆庆六年谢廷杰刻本《传习录》乃采用传统说法。朱鸿林先生指出，隆庆二年郭朝宾刻本实际刊行于隆庆六年，隆庆六年谢廷杰刻本实际刊行于万历元年，见黎业明：《明儒思想与文献论集》，商务印书馆，2017 年，第 207 页。

（二篇）。通行本《传习录》保留了《〈训蒙〉大意示教读刘伯颂》《教约》等，新增钱德洪嘉靖三十五年崇正书院序言，遵照谢廷杰的想法新增附录了《朱子晚年定论》。

隆庆二年郭朝宾刻本比较细致地注明每卷具体记录者、编辑者、增修者、校对者，其中钱德洪多次担任记录、编辑，王畿担增葺，邹守益、欧阳德分别担任中卷与下卷校正者角色，而唐尧臣、孙应奎、严中分别担任上中下卷审阅人角色。

表 1.1　《传习录》编辑者考①

	记 录 者	葺 录 者	编辑者	校正者	增葺者	校阅者
上卷	弟子徐爱等	薛侃	钱德洪		王　畿	唐尧臣
中卷	弟子、学友	钱德洪、南大吉、南逢吉	钱德洪	邹守益	王　畿	孙应奎
下卷	弟子钱德洪等	陈九川	钱德洪	欧阳德	王　畿	严　中

钱德洪担任重要的编辑者角色，所付辛劳最多。王畿一直默默付出，邹守益、欧阳德、唐尧臣、孙应奎、严中参与编辑。《传习录》上卷收徐爱、薛侃和陆澄三人所记语录。《传习录》中卷，南大吉、南逢吉和钱德洪贡献最大。《传习录》下卷，陈九川、黄直、黄修易、黄省曾、王畿和钱德洪贡献最大。

可见在众多阳明亲传弟子的热心参与下，《传习录》不断刊刻，不断完善，历时半个多世纪，最终形成今通行本。

① 见黎业明：《明儒思想与文献论集》，第 207 页。

第二节 《阳明先生文录》形成过程研究初探

在郭朝宾与谢廷杰刻《王文成公全书》之前，王阳明文集主要以《阳明先生文录》刻本流通。经过三年的调研，笔者查阅了数十种嘉靖、万历年间《阳明先生文录》，大致将《阳明先生文录》版本源流划分为黄绾、钱德洪、佚名、董聪四种版本体系。黄绾、佚名、董聪本均为二十八卷本，钱德洪本为精简黄绾本的二十四卷本，均发源于黄绾序刻《阳明先生存稿》本。由此发现了大量的王阳明佚文，其中王阳明公移的散佚最为严重。钱德洪经过多年不懈的努力，掌握了对王阳明文集的编辑权，最后钱德洪的精简版与续编版汇合版本体系获得大规模的流通，并在当时浙江巡抚胡宗宪的支持下，嘉靖三十七年刊刻的二十四卷本《阳明先生文录》（文录五卷，外集九卷，别录十卷）获得较高的认同，并最终吸收在隆庆二年的《王文成公全书》中，变成二十二卷本《阳明先生文录》（原四卷外集诗歌整合为二卷，别录次序提至外集之前，为文录五卷，别录十卷，外集七卷），增加《语录》三卷（原十一卷本《传习录》整合为三卷），《阳明先生文录续编》六卷（其中三卷为公移），《阳明先生年谱》五卷，《世德纪》（《阳明先生家乘》）二卷，总计三十八卷。目前学术界多采用的四部丛刊影印本《王文成公全书》，就源于隆庆二年三十八卷本，而其前身为苏州闻人邦正本与杭州胡宗宪本，均为钱德洪编辑。

一、黄绾、钱德洪前《阳明先生文录》的不断增订与修缮

阳明文集包括书信、诗歌、记序说、奏疏、公移等，主要有《五经臆说》《居夷集》《阳明先生文录》《阳明先生诗录》《寓广遗稿》《〈武经七书〉评注》等，被钱德洪分别编入正录、外集和别录中。

(1)《居夷集》文献的版本价值

嘉靖三年，时任余姚知县的阳明亲传弟子丘养浩刻印三卷本的《居夷集》，同门韩柱与徐珊校订。《居夷集》分三卷，分别为诗歌、序说记，较为原始地呈现了阳明早期谪居贵州时期的作品，还包括来回旅途的一些诗歌与应酬之作。《居夷集》的编校整理有助于校正《阳明先生文录》相关诗歌部分。其中“始得东洞遂改为阳明小洞天”，黄绾本、苏州本、胡宗宪本、隆庆本作“三首”，然丘本《居夷集》径作“始得东洞遂改为阳明小洞天”，且其诗文未见于隆庆本《王文成公全书》。而隆庆本三首在丘本题作“移居阳明小洞天”，非“始得东洞遂改为阳明小洞天”。《居夷集》所载见下。

始得东洞遂改为阳明小洞天

群峭会龙场，戟雉四环集。迩觏有遗观，远览颇未给。寻溪涉深林，陟巘下层隰。东峰丛石秀，独往凌日夕。厓穹洞萝偃，苔骨径路涩。月照石门开，风飘客衣入。仰窥嵌宝玄，俯聆暗泉急。惬意恋清夜，会景忘旅邑。熠熠岩鹘翻，凄凄草虫

泣。点咏怀沂朋，孔叹阻陈粻。踌躇且归休，毋使霜露及。

移居阳明小洞天

古洞闷荒僻，虚设疑相待。披莱历风磴，移居快幽垲。营炊就岩窦，放榻依石垒。穹窒旋薰塞，夷坎仍扫洒。卷帙漫堆列，樽壶动光彩。夷居信何陋，恬淡意方在。岂不桑梓怀？素位聊无悔。

童仆自相语，洞居颇不恶。人力免结构，天巧谢雕凿。清泉傍厨落，翠雾还成幕。我辈日嬉偃，主人自愉乐。虽无棨戟荣，且远尘嚣聒。但恐霜雪凝，云深衣絮薄。

我闻莞尔笑，周虑愧尔言。上古处巢窟，抔饮皆污樽。冱极阳内伏，石穴多冬暄。豹隐文始泽，龙蛰身乃存。岂无数尺椽，轻裘吾不温。邈矣箪瓢子，此心期与论。

其中，诗“群峭会龙场”为佚诗，我们此前都不曾注意到。如果我们不能对《居夷集》单刻本做编校整理，并与隆庆本《王文成公全书》作一字一句的比对，我们肯定发现不了这首散佚诗文。

（2）三卷本《阳明先生文录》的文献版本价值。

嘉靖六年四月，邹守益外放安徽广德县，刊印绪山编校的《阳明先生文录》（附录一卷），共4册，所收文章均由阳明本人标注年月。该书选稿的标准较为严格，按照阳明所说的专以明道讲学为旨趣，编年分类，比较精准地反映阳明的文录选择标准。现中国人民大学图书馆藏有三卷本《阳明先生文录》，是叶梧、陈文学重校本，据笔者推测与研究，内容应该就是源出广德本。因为人大藏《阳明先生文录》分为三大卷，所收书信序跋文记均标注年月，而且按时间顺序排列，且所收文章截至嘉靖五年，均符合钱绪山的回忆。《阳明先生文录》后附阳明亲传弟子王世隆《祭阳明先师文》。王世隆为湖南人，正德二年举人，嘉靖五年进士，由刑部主事升任贵州副使。在贵州副使任上重刻《阳明先生文录》三卷本，在贵州传播阳明心学功劳甚大。但是这个版本由于在西部山区贵州刻印，主要流通于贵州地区，流传不广，也不为钱绪山等赣浙阳明弟子所知，世人对之所知甚少。

三卷本《阳明先生文录》中存在不少通行本《阳明先生文录》中未收的书信奏疏，如《与王晋叔》《与陆元静》，以及刊刻者王世隆所作《祭阳明先生文》，这些书信祭文不仅有利于丰富我们认知王阳明的交游情况，而且有助于确考王阳明年谱，学术价值很大。

（3）嘉靖九年本《阳明先生文录》《阳明先生诗录》的文献版本价值。

嘉靖九年庚寅，岑庄、岑初、徐学等校刻的《阳明先生文录》刊印出版，所收阳明夫子文章比目前的隆庆通行本多六篇诗文。[①] 同年夏五月，又出版《阳明先生诗录》，钱德洪与薛侃分别作序。[②] 具体的散佚诗文，学术界已有相关研究，见钱明先生等编校整理的《王阳明全集（新编本）》。

（4）上图藏嘉靖十四年乙未贵州刻本《新刊阳明先生文录续编》的文献版本价值。

嘉靖十四年乙未六月，时任贵州监察御史的奉化人王杏刊印了

① 日本九州大学文学部藏。多出诗文参阅《王阳明全集（新编本）》。

② 日本九州大学文学部藏。钱德洪序、薛侃序分别参阅《王阳明全集（新编本）》，第6册，第2192—2193页。

陈文学、叶梧编校的三卷本《新刊阳明先生文录续编》，接续嘉靖六年广德版《阳明先生文录》，专刻广德版《阳明先生文录》未载者。据永富青地与后世学者整理与研究，《新刊阳明先生文录续编》比隆庆本多二十篇诗文。①

二、黄绾与钱德洪系列《阳明先生文录》版本传播考

(1) 国图藏嘉靖十二年序本《阳明先生存稿》的文献版本价值。

黄绾刊印《阳明先生存稿》，全书前有自署阳明“门生赤城黄绾”唯一序言，未见有邹守益序言，国图书名题录为《阳明先生文录》，10册，二十八卷，其中文录五卷、外集九卷、别录十四卷，每半页十行，每行二十字，白口，左右双边，《文录》属序时间为嘉靖十二年癸巳秋九月望日作序。② 这个本子收录十四卷别录，是目前我们看到别录收录最多的一种嘉靖年间阳明文录版本。据笔者分析，该本所采用底本应该为黄绾序所指的《阳明先生存稿》，或为阳明的家传藏本，为黄绾较早获得了。国图所藏本是经过钱德洪重新编辑的重刻本，在《别录》卷十末载有钱德洪嘉靖十五年丙申在苏州任教授时的跋文，或刊印于嘉靖十五年左右。

如果不通读全书，仅仅阅读目录和序言，很容易将此本定为嘉

① ［日］永富青地：《关于上海图书馆藏〈新刊阳明先生文录续编〉》，《版本目录学研究》，2009年，第228—254页。

② 国图藏全本，善本书号13534，中华古籍资源库全文扫描上传；日本京都大学文学部藏残本15卷。目前学术界未见有专门与深入的研究。

靖十二年刻本。其实，在版本考订上，仅仅依据序言，是不足以对一个版本的刻者和时间作定论的，需要结合全书的内容作分析。

我们再通过对比该本与中国科学院藏孙昭本《阳明先生文录》两部书的刊刻刻法、字体和内容可知，二本均为每半页十行，每行二十字，所刻内容一致，只是所刻刀工笔法不一样，孙昭本所依据的底本可能更早一点，更像嘉靖初期的刻法，略显粗糙，而国图本刻工更加精良，应该所刻时间晚一点。

嘉靖二十九年秋八月，时甘肃天水任监察御史职的闾东（四川内江人。曾官任巡按陕西监察御史）重刻《阳明先生文录》二十八卷本，所依据的底本就是嘉靖十二年序本，《别录》中亦有嘉靖十五年钱德洪跋。①

嘉靖三十四年孙昭（字明德，号斗城，浙江永嘉人。）于巡按陕西监察御史任上重刻闾东本。②

万历二十一年春正月，徐秉正序、贵阳陈效重刻闾东本，12册，十七卷（正录五卷，外集九卷，别录三卷，附录），其中别录仅三卷奏疏，公移全无，附录则为《传习录三卷　附录二卷》，也未见《传习则言》。

目前上海图书馆藏清抄二十八卷本《阳明先生文集》，共 1 353

---

① 我们目前没有看到闾东所说的附录《传习录》与《传习则言》。浙江图书馆题录的闾东本《阳明先生文录》，也未见有《传习录》《传习则言》。

② 中国科学院图书馆所藏的两部《阳明先生文录》其底本均为黄绾序刻本系统。其中一部为两函 12 册，为万历二十一年陈效重刻本，前有闾东序、徐秉正序，其中收录嘉靖三十三年钱德洪水西精舍本《传习录三卷　传习续录二卷》。另一本为三函 14 册二十八卷本，前有闾东、黄绾、邹守益序，别录有黄绾、钱德洪跋，后有孙昭嘉靖三十四年跋。

拍，就是以明嘉靖三十四年孙昭本为底本。内容完全一样，且未知何人所抄，书中未见抄者序跋。

吴震教授在日本看到的二册五卷本的残本，其所收阳明夫子文章比隆庆本多十三篇书信。

（2）国图藏闻人诠嘉靖十五年苏州刻《阳明先生文录》的文献版本价值。

由于黄绾与邹守益等人在编纂全书的方针上发生分歧，作为晚辈的绪山从黄绾手里获得了嘉靖十二年黄绾序二十八卷本《阳明先生文录》，在起任苏州府教授的闲暇之余与苏州籍阳明门人黄省曾重新分类。绪山折衷黄、邹的意见，以正录和外集相区别，学术性强的文章放入正录，包括书信、序记；学术性较弱、阳明早年文章放入外集，比如诗歌、其他的序记，二者都采用编年的顺序；而奏疏和公移全部放入别录。这种分类方式与当时学者文集分类很不类。文稿在钱德洪和黄省曾两人重新编好后，恰好阳明亲传弟子闻人邦正督学江苏，促成书稿的刊印。这就是闻人邦正嘉靖十五年丙申刻印的苏州版《阳明先生文录五卷外集九卷别录十卷》，总计二十四卷。①

苏州本为钱德洪重新编辑，不仅打乱了黄绾本所收数十封书信的次序，而且直接删掉了十三封书信，增加了十多篇书信和序跋等文，且别录《公移》部分大规模削减，由原来的七卷《公移》削减

---

① 《阳明先生文录五卷外集九卷别录十卷》，闻人邦正嘉靖十五年刻本，《原国立北平图书馆藏甲库善本丛书》收录二十二卷，缺两卷。中华古籍资源库网站上传了二十四卷全本，14 册，十行二十字，白口，左右双边，善本号 09116。可以弥补甲库善本的缺本之遗憾。

到三卷。

此本于嘉靖三十七年在杭州得到修缮重版。由钱德洪、王畿等重新校正、胡宗宪捐资、唐尧臣刊印于杭州天真书院。至此，体现出阳明夫子一生学术思想的精编本《阳明先生文录》刻印完工，并藏于天真书院，供来往杭州的天下学子学习、研读和传承。而阳明夫子的家乡浙江也就有自己出版的阳明先生文录精华本。其底本为钱德洪苏州本，而且属于精校本，错误更少，上图在书名题录为修订本。

需要注意的是，有几个匿名的明刻本，未标明具体的刻印者，更未标明具体的出版时间，均属于钱德洪系统，最著名的是河东本。中国人民大学图书馆藏的20册二十四卷本《阳明先生文录》，底本也是钱德洪苏州版系统，有茅鹿门序跋。国图所藏河东重刻本十四卷本残本（缺别录十卷，存10册）的底本也是钱德洪苏州版系统，由宋仪望所刻，前有宋刻自序、黄绾序、邹守益序。国图藏4函24册二十四卷本文录附录《传习录》《传习则言》，不知何人所刻，其文录底本也是钱德洪苏州版系统。

（3）国图藏范庆刻《阳明先生文录》的文献版本价值。

在钱绪山、闻人邦正苏州《阳明先生文录》出版的推动下，时任苏州知府的江西丰城县人范庆与吴县儒学教谕许贽、长洲儒学训导华镃于嘉靖二十六年丁未九月校正刻印《阳明先生文录十七卷语录三卷》（现存6册十七卷，残本）①。国图藏16册二十卷本，为全

① 《阳明先生文录十七卷语录三卷》，6册，存十七卷，残本，范庆于嘉靖二十六年刻印，浙江图书馆总馆善本库藏。据范庆的叙述，由于版本残缺，他刻印的这个本子仅是苏州本的十分之二三，增补奏疏二十三篇，附语录《传习录》，总二十卷。

本，每半页十行，每行二十字，白口，左右双边。①

而四川大学出版社《阳明文献汇刊》影印收录的范庆重刻本却没有收录三卷《传习录》语录，不知其本自何出。该书前有刻者用毛笔补写的详细的目录，可以补范庆初刻本缺刻目录的不足。

浙图、国图所藏范庆重刻本的贡献在于，《文录》增加了苏州版没有的内容，即今《传习录》上卷内容，使后世学者可以看到薛侃本、南大吉本《传习录》早期规模与刊印内容，文献价值意义巨大。

范庆重刻本自述是以钱德洪所刻苏州版为底本。但经过笔者的仔细比对，在正录和外集方面，除了卷一是苏州本系统，其他均为黄绾序本系统。

阳明先生遗集传于世者，有《存稿》《居夷集》《文录》《传习录》，门人绪山钱子乃并之曰《文录》，复取先生之奏疏、公移厘为别录，合刻于吴郡，惟《传习录》别存焉。未几，厄于回禄，版遂残缺。嘉靖甲辰，庆来守兹郡，亟求焉，仅得《文录》版什之二三。然鲁鱼亥豕，犹未免也，别录盖荡无存矣。爰重加校葺，而补其奏疏二十三篇，汇为《文录》，以《传习》附于卷后，别为《语录》，凡为卷共二十，庶可以见先生全书云！……庆不敏先生也晚，不获从先生之门，犹幸诵其遗训，愧未之能学也。梓成，敢僭识于简末。嘉靖丁未秋九月

① 国图藏范庆重刻本《阳明先生文录》16 册，二十卷，善本书号 02690，中华古籍资源库有扫描本全文。

后学，丰城范庆谨识。吴县儒学教谕许贽、长洲县儒学训导华镒、张良才重校。

范庆注意到当时已经刊刻的很多阳明存世文献，比如，黄绾序本《存稿》，丘养浩嘉靖三年所刊刻的《居夷集》，广德版《文录》，还有南大吉嘉靖三年刻《传习录》，均为嘉靖初年刻本。编辑原则方面，由于范庆并没有在阳明门下亲身求学过，更没有与阳明亲传弟子钱德洪、黄绾、欧阳德等人深入交流，故而，在嘉靖二十六年刊刻文录时，他并不知道黄绾序本《存稿》与钱德洪苏州版《文录》具有较大差异。因此，由于"《文录》版什之二三""别录盖荡无存矣"，残缺部分则采用《存稿》凑补。笔者以为，"《文录》版什之二三"应该包括卷一在内，故而卷一他依然采用苏州版体系，而其他部分，采用黄绾序本《存稿》，故而《阳明文录》的正录和外集部分，在范庆的重新编辑下，形成一个比较怪异的"嫁接本"，就是卷一是钱德洪修缮黄绾序本，卷二以后至别录采取黄绾序本，别录所选的二十三篇奏疏，没有收录一篇公移。范庆又特别注意到南大吉刻《传习录》的重要性，故而将之改为《语录》三卷附于《阳明先生文录》之后。目前国图所藏的范庆刻本是放于《文录》最后一册的，与范庆所说情况相同，这个刻本应为范庆最早刻本。而浙江省图书馆总馆地下室藏范庆刻本（善本号为5928，十行二十字，白口，左右双边，存6册十七卷，即卷四至卷十七加语录三卷）应该为后来重刻本，其语录三卷是放置在卷首前三卷，应该为后人重新编排，但所刻刀法和刻工与国图本一模一样。

三、总论《阳明先生文录》的几个版本系统

在阳明夫子捐馆后，阳明文录主要存在两个版本系统，一个是嘉靖十二年黄绾序本系统，一个是嘉靖十五年钱德洪苏州版本系统，钱德洪均全程参与编辑。这两个版本系统，在阳明文集编排方面，不仅是正录、外集，还是别录，都存在很多差异。而这些差异，也只有在我们对上述两部文集进行全面编校整理的时候，才可以洞见其细微与具体的变动。

嘉靖十二年黄绾序本系统在欧阳南野、闾东、董聪、孙昭、陈效、徐秉正等人的精心经营下，虽一直未居于主导地位，却一直在传播。其版本最大价值是保存大量的一手书信和数百篇公移。

首先是欧阳南野门人闾东于嘉靖二十九年庚戌八月在天水刻印《阳明先生文录》，2 函 20 册二十八卷本，其中文录五卷、外集九卷、别录十四卷，现藏于北京师范大学图书馆、浙江省图书馆。① 闾东本底本为嘉靖十二年黄绾序刻本，因其老师欧阳南野也曾参与黄绾本的编辑，故而有机会接触到黄绾序刻本。

其次是赣州人董聪于嘉靖三十五年刻印由欧阳南野、胡直、俞献可等校正的 22 册二十八卷本《阳明先生正录五卷外录九卷别录十

---

① 《阳明先生文录五卷外集九卷别录十四卷》，20 册，二十八卷本，闾东嘉靖二十九年刻印，浙江图书馆总馆善本库藏。据闾东序言，此本附有《传习录》《传习则言》，但浙图和北师大图书馆均缺少《传习录》《传习则言》，均为残本。

四卷》[①]。此江西赣州本底本也是嘉靖十二年黄绾序刻本。

阳明文录的规模越来越大，编校水平越来越高，诚如胡宗宪所说的“闽、粤、河东、关中皆有刻本”[②]。其中，闾东本《阳明先生文录》比隆庆本多一百六十三篇诗文，其后世重刻本还附入黄直的《遗言录》（二卷）、朱得之的《稽山承语》（二卷），文献保存意义尤其巨大。

再后来就是由钱绪山等增订辑佚、徐阶序、谢廷杰于隆庆六年刊印的三十八卷本《王文成公全书》，成为后来数百年间的通行本。该本底本为钱德洪苏州本的修订本，就是杭州天真书院刻本，但将收录阳明先生奏疏和公移的别录提前，置于外集之前，显然是要突出阳明的显赫军功。可见，隆庆版的排版体例与以前的所有文录版本都不一样，别录的地位更重要。可以说，阳明夫子文集编排，以前重点是要传学术，隆庆时的重点则是要传军功，要塑造一个更为卓越与神奇的王阳明。隆庆本首次增收钱德洪、陈九川等人编纂的《传习录》语录下卷；又增加钱德洪新修缮的《阳明先生年谱》，是嘉靖四十四年《阳明先生年谱》的扩展版，无论是篇幅还是字数，规模大大增加。阳明嫡子王正亿整理的《阳明先生家乘》（钱德洪收录时改名为《世德纪》）也收录其中。

---

① 《阳明先生正录五卷外录九卷别录十四卷》，22 册，二十八卷本，董聪于嘉靖三十五年刻印，浙江图书馆总馆善本库藏。由赣州知府王春复（晋江人，嘉靖十五年进士）于嘉靖三十五年正月作引、致仕右都御史谈恺（无锡人，嘉靖五年进士）于嘉靖三十五年六月庚子作序，分正录、外录、别录三大部分。见《王阳明全集（新编本）》，第 6 册，《阳明先生全录引》，第 2150—2151 页；《阳明先生全录序》，第 2152—2153 页。

② 吴光、钱明、董平等编校：《王阳明全集（新编本）》，第 6 册，《重刊阳明先生文录叙》，第 2108 页。

《王文成公全书》一出，王阳明各类单刻本文献与《阳明先生文录》各版本也就慢慢退出历史的舞台，变得更加稀珍，以致越来越少的人可以读到这些版本了，甚至直接导致其中的一些刻本失传，最典型的就是黄绾初刻本《存稿》。

第二章 《传习录》版本再探与南大吉绍兴府版《传习录》复原

一直以来，由于阳明孤本文献多数藏于日本、美国和港台等地，内地学者获取不易，客观上导致对阳明单刻本流传出现认知误差，未能全面与准确地说明王阳明各单刻本文集的版本源流。① 随着《中国古籍总目》等大型丛书公开出版与中华古籍资源数据库等大型数据库免费全文开放，以及日美等国亦开放其相关阳明文献的全文阅读与下载，在此基础上，无论是实地调研阳明孤本文献，还是网上下载阳明文献全文皆成为可能，从而为我们进行深入与全面的版本研究提供了便利条件。

第一节 嘉靖二十九年以前《传习录》版本

嘉靖二十九年以前，除赣州三卷本《传习录》刊刻外，尚有

① 学术界广大同仁的努力下，亦出现大量的阳明稀见文献。2016 年以来，笔者开始全国阳明文献大调研，与钱明、王强、黎业明、任文利、王学伟、深川真树、林月惠、王巨明、华建新、杨德俊等数十位学术前辈与同仁共同帮助下，对日本、美国与台湾地区阳明文献进行系统的搜集。

嘉靖三年南大吉与南逢吉兄弟绍兴府校刊的七卷本《传习录》、嘉靖七年聂豹与陈九川在福州养正书院刊刻的六卷本《传习录》、嘉靖二十三年德安府重刊八卷本《传习录》、嘉靖二十六年范庆苏州府刊刻三卷本《语录》(附于十七卷本《阳明先生文录》之后)。

嘉靖三年绍兴府刻本在嘉靖时期被反复翻刻、重刻。今台北"国家图书馆"、浙江省嘉兴市图书馆均藏有嘉靖早期南大吉刻本。

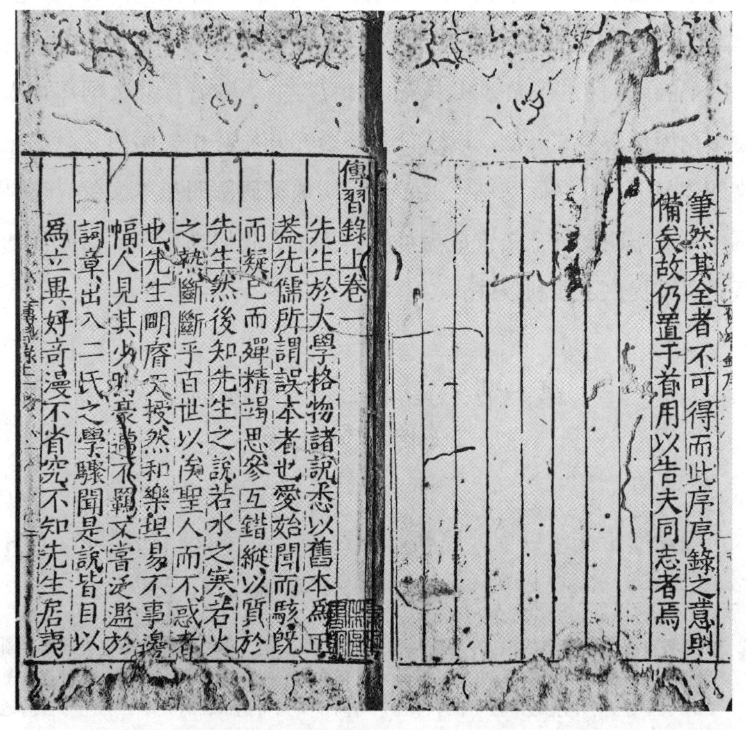

筆然其全者不可得而此序序錄之意則
備矣故仍置于首用以告夫同志者焉

傳習錄上卷一
先生於大學格物諸說悉以舊本爲正
蓋先儒所謂誤本者也愛始聞而駭既
而疑已而殫精竭思參互錯縱以質於
先生然後知先生之說若水之寒若火
之熱斷斷乎百世以俟聖人而不惑者
也先生明睿天授然和樂坦易不事邊
幅人見其少時豪邁不羈又嘗泛濫於
詞章出入二氏之學驟聞是說皆目以
爲立異好奇漫不省究不知先生居夷

图 2.1　嘉兴图书馆藏嘉靖早期南大吉刻本上卷一首页书影

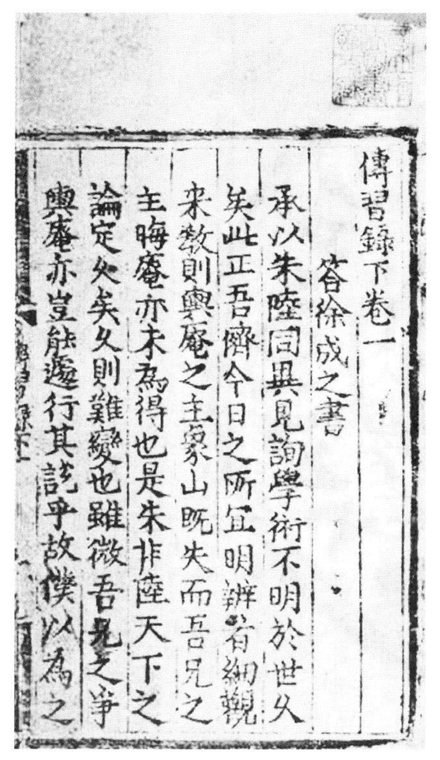

傳習錄下卷一

答徐成之書

承以朱陸同異見詢學術不明於世久矣此正吾儕今日之所宜明辨者細觀來教則輿庵之主象山既失而吾兄之主晦庵亦未為得也是朱非陸天下之論定久矣久則難變也雖微吾兄之爭輿庵亦豈能遽行其說乎故僕以為之

图 2.2　台北“国家图书馆”藏嘉靖早期南大吉刻本下卷一首页书影

日本内阁文库藏有六卷本《传习录》，每半页十行，每行十八字，不知何人所刊刻。前三卷为赣州版语录，卷四为《示弟立志说》《〈训蒙〉大意示教读刘伯颂等》《教约》，卷五为《答罗整庵少宰书》，卷六为《答人论学书》。依据该版本字体、字形、刀工和刻法，应为嘉靖中期所刻，因卷数与聂豹刻本一致，或为重刻嘉靖七年福州本。

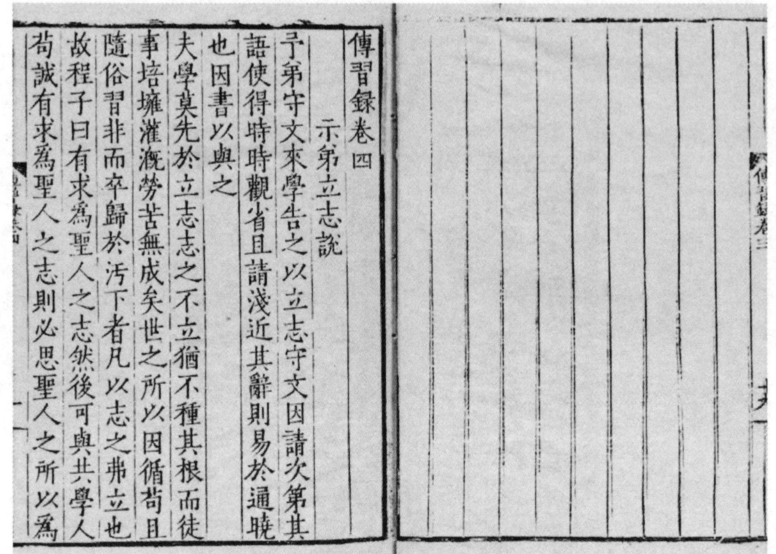

傳習録卷四
示弟立志説
予弟守文來學告之以立志守文因請次第其
語使得時時觀省且請淺近其辭則易於通曉
也因書以與之
夫學莫先於立志志之不立猶不種其根而徒
事培壅灌溉勞苦無成矣世之所以因循苟且
隨俗習非而卒歸於汚下者凡以志之弗立也
故程子曰有求爲聖人之志然後可與共學人
苟誠有求爲聖人之志則必思聖人之所以爲

图 2.3　日本内阁文库藏嘉靖早期南大吉刻本卷四首页书影

湖北德安府刊本藏于日本日比谷图书馆，此书每半页十行，每行十七字，分上、下两册，共八卷，文末有“嘉靖二十三年二月德安府重刊”字样。

其中，德安府本由于为阳明后学人物所重刻，并未经阳明重要弟子精校，存在个别字词误刻问题。如上卷三所记语录，萧惠问己私难克一则，德安府本刻为两则。上册三卷语录后增刻一卷书信，题为上卷四，为欧阳德书信一通、聂豹书信三通。下册四卷，下卷一为答徐成之书两通（第二通后有南逢吉按语）、答储柴墟书两通、答何子元一通、答罗整庵少宰一通，下卷二为答人论学书（即答顾东桥），下卷三为答周道通书一通、答陆原静书二通（无钱德洪按语），下卷四为示弟立志说、《训蒙》大意示教

身以俟之功已在其中矣譬之行路盡心知
天者如年力壯健之人既能奔走往來於數
千百里之間者也存心事天者如童穉之年
使之學習步趨於庭除之間者也殀壽不貳
脩身以俟者如襁抱之孩方使之扶墻傍壁
而漸學起立移步者也既已能往來奔走於
數千里之間者則不必更使之於庭除之間
而學步趨而步趨於庭除之間自無弗能矣
既已能步趨於庭除之間則不必更使之扶
墻傍壁而學起立移步而起立移步自無弗

能矣然學起立移步便是學步趨庭除之始
學步趨庭除便是學奔走往來於數千里之
基固亦非有二事但其工夫之難易則相去
懸絶矣心也性也天也一也故及其知之成
功則一然而三者人品力量自有階級不可
躐等而能也細觀文蔚之論其意似恐盡心
知天者廢却存心脩身之功而反為盡心知
性之病是蓋為聖人憂工夫之或間斷而不
知為自己憂工夫之未真切也吾儕用工却
須專心致志在殀壽不貳脩身以俟上做只

图 2.4　日本日比谷图书馆藏嘉靖二十三年德安府本上卷四书影

读刘伯颂等、教约三篇。其中，答储柴墟书两通、答何子元一通，为刊刻者新增，仅见于此本；而阳明与欧阳德、聂豹书信，或吸收嘉靖四年至嘉靖二十二年坊间刊本特色，或为德安府刻本首次增刻阳明与欧阳德、聂豹书信。现当代多位著名学界前辈由于资料所限，未能查阅到孙应奎刻本、台北“国家图书馆”藏本、嘉兴图书馆藏本，多依据德安府本断定南大吉刻本书信部分目录和内容，得出与当时嘉靖早期《传习录》刻本真实情况不一致的错误结论。

范庆苏州府本附刻《传习录》删除南大吉书信部分，更上卷《传习录》为《阳明先生语录》，每半页十行，每行二十字。

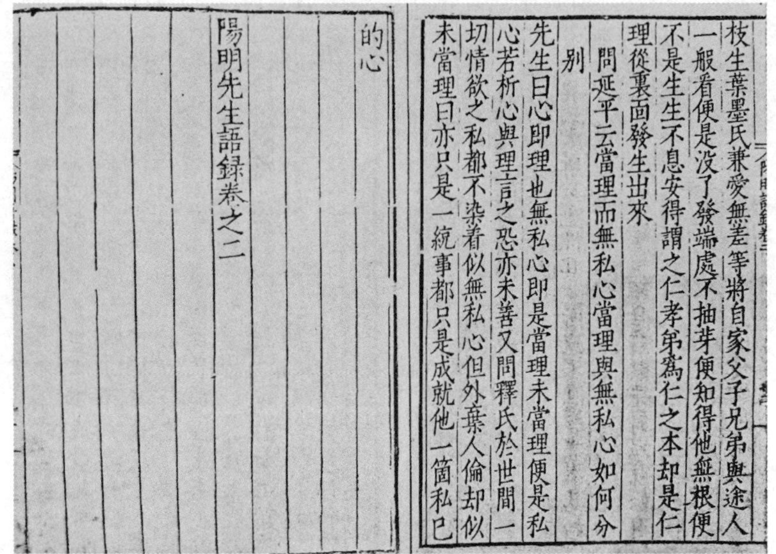
枝生葉墨氏兼愛無差等將自家父子兄弟與途人
一般看便是沒了發端處不抽芽便知得他無根便
不是生生不息安得謂之仁孝弟爲仁之本却是仁
理從裏面發生出來
問延平云當理而無私心當理與無私心如何分
別
先生曰心即理也無私心即是當理未當理便是私
心若析心與理言之恐亦未善又問釋氏於世間一
切情欲之私都不染着似無私心但外棄人倫却似
未當理曰亦只是一統事都只是成就他一箇私己
的心

陽明先生語録卷之二

图 2.5　美国哈佛大学图书馆藏嘉靖二十六年范庆本《传习录》书影

从这些版本书影中，我们可以发现从嘉靖早期到中期的《传习录》刻本，其字体、字形越发美观、端庄与清秀。行数增加，从八行到稳定的十行；每行字数也逐渐增加，从十五字、十七字、十九字到二十字。

第二节　嘉靖二十九年转局与《传习录》多种版本的出现

正德十三年八月，薛侃编辑的《传习录》（今通行本卷上）刊刻于赣州。嘉靖三年夏，余姚知县丘养浩刊刻《居夷集》，同年冬，绍兴知府南大吉亦在绍兴刊刻《传习录》。可惜的是，《居夷集》的三个版本均得以保存，而绍兴本《传习录》、嘉靖六年邹守益广德刻《阳明先生文录三卷附录一卷》散佚。幸运的是，我们可以在嘉靖十八年王世隆贵州重刊《阳明先生文录》三卷基础上复原广德本，而岑庄等人校本《阳明先生文录》四卷再次确保复原广德本的可行性。岑庄等人校本增收王阳明诗歌约二十首。

嘉靖九年庚寅，在钱德洪、王畿、薛侃的努力下，《阳明先生诗录四卷》由时任建阳知县的薛宗铠捐资刊刻，这是王阳明诗歌首个单刻本全本。[①] 虽然与通行本相比，编目次序颠倒（滁州以后诗为正录，其他为附录），且所收不全，但保存了王阳明诗歌的早期刊刻形态。约此同时，在钱德洪编辑下，《阳明先生别录》二十卷本单刻本亦公开出版，以时间为序编年分类，体系完备。隆庆四年庚午，时七十五岁的钱德洪在编《阳明先生文录续编》八卷本时回忆说，别录先于阳明文录公开出版。我们认为，在嘉靖十四年以前，阳明诗录四卷（通行本并合并为二卷）、别录二十卷（后被二十八卷本文录合并为十四卷，二十四卷本、通行本文录合并为十卷）主体部分均得以定稿完成。

嘉靖七年十月，黄绾升任南京礼部右侍郎。南京任职期间，其利用女婿王正亿的便利，与一二子侄整理阳明存稿，并有意刊刻阳明遗稿；其后欧阳德于嘉靖十一年来南京任职，使得公开出版阳明遗稿成为可能。十二年黄绾升礼部左侍郎，十四年

① ［明］薛侃撰，陈椰编校：《薛侃集》，第 567 页。

知贡举。丁母忧。十八年服阕，起任礼部尚书兼翰林学士，旋因失职得罪嘉靖被罢官。① 邹守益于嘉靖十年因病归家，绕道杭州天真书院聚同门讲学，十五年甲午序《阳明文录》，十七年起任南京吏部考功郎中，十八年招入为司经局洗马，十九年太常少卿兼侍读学士（掌南院），同年十二月升任南京国子监祭酒，二十年因触怒嘉靖被免官，时年仅五十一岁。② 可见，嘉靖十九年前后，黄绾随大礼议结束慢慢失势，被嘉靖边缘化；邹守益当时权力上升，并荣任南京国子监祭酒，拥有更多机会修改、编辑并资助出版阳明文录。与此同时，阳明吉安弟子欧阳德、聂豹二人政治地位也不断提升。嘉靖十一年欧阳德任南京国子监司业，期间与同门前辈黄绾、黄弘纲等整理《阳明先生存稿》十四卷本。③ 嘉靖二十六年主政国子监，二十九年主持会试，逾月，母逝。归家吉安期间，有意重刊阳明文录全本，嘱托弟子胡直、俞献可、董聪校正刊刻文录二十八卷本。嘉靖三十一年，持服未终，朝拜礼部尚书兼翰林学士，直到三十三年三月二十一日去世，俨然成为当时炙手可热的权势人物。④ 同样，嘉靖二十九年，边关吃紧，聂豹得以升迁至佥都御史（巡抚顺天），随

---

① ［明］黄绾撰，张宏敏编校：《黄绾集》，第742—743页。

② 董平编校整理：《邹守益集》，下册，第1369—1370页。

③ 据范庆述说，该存稿本最开始并未收阳明奏疏、公移，更未分正录、外集、别录，无论是存稿，还是奏疏、公移，均为单刻本，是钱德洪在苏州合并刊刻。故而笔者大胆推测，黄绾初编存稿本当为十四卷本，是在徐珊等人编辑丘养浩余姚刻《居夷集》三卷本、钱德洪编辑邹守益广德刻文录四卷本与嘉靖九年左右钱德洪等编薛侃等刊刻的今九州大学藏文录四卷诗录四卷总八卷本基础上编辑而成。

④ 陈永革编校整理：《欧阳德集》，第849页。

后任兵部右侍郎。嘉靖三十一年，任兵部尚书；三十四年致仕。为官期间，聂豹亦多次刊刻阳明文集。欧阳德在编纂原则上赞同黄绾，主张存全，不分门别类，与邹守益、钱德洪等人的精选精编原则相左，其编纂思想被其弟子门人范庆、闾东、孙昭、董聪等接受，客观上保存了形式多样的文录二十八卷本。黄绾、邹守益、聂豹与欧阳德是嘉靖三十七年前，王阳明为官弟子中积极刊刻阳明文录的主要推动者。因为其独特的政治地位，他们以阳明文录为教材，以良知学为核心，连接讲学，酬酢勉励，即便是在嘉靖打压阳明学的朝局下，依然推动了阳明文录在全国的刊刻与传播。阳明学流行因阳明文献的公开刊刻而得以可能。

嘉靖二十九年，欧阳德主持国家会试，成为天下学子的座主，客观上改变了士子对阳明学的公开态度，而以嘉靖皇帝为代表的当权者也对阳明学的公开传播保持一定程度的默认。对于阳明《传习录》文献的刊刻，这一年是一个转局之年，也是阳明心学被默许可以公开讲学的开局之年，这为隆庆元年王阳明加封侯爵、次年阳明嫡子正亿得袭伯爵奠定了学术支撑。嘉靖二十九年，《阳明先生文录》二十八卷本在西部偏远的甘肃天水地区得以公开出版，王畿也在此年于绍兴大规模重新编辑并公开出版他自己认定的《传习录》，并颠覆南大吉嘉靖三年书信部分的原有目录（原南大吉刻本未收与欧阳德、聂豹书信三篇），吸收福州本、德安府本篇目，重新增刻阳明与欧阳德、聂豹书信（原三篇合并成二篇），着重传播阳明晚年良知学的思想，弘扬阳明学万物一体理念。

第三节　孙应奎刻阳明手授本与南大吉绍兴府本《传习录》复原

嘉靖三十年五月，阳明弟子孙应奎与蔡汝南于湖南石鼓书院刊刻阳明“手授《传习录》”，每半页九行，每行十七字。

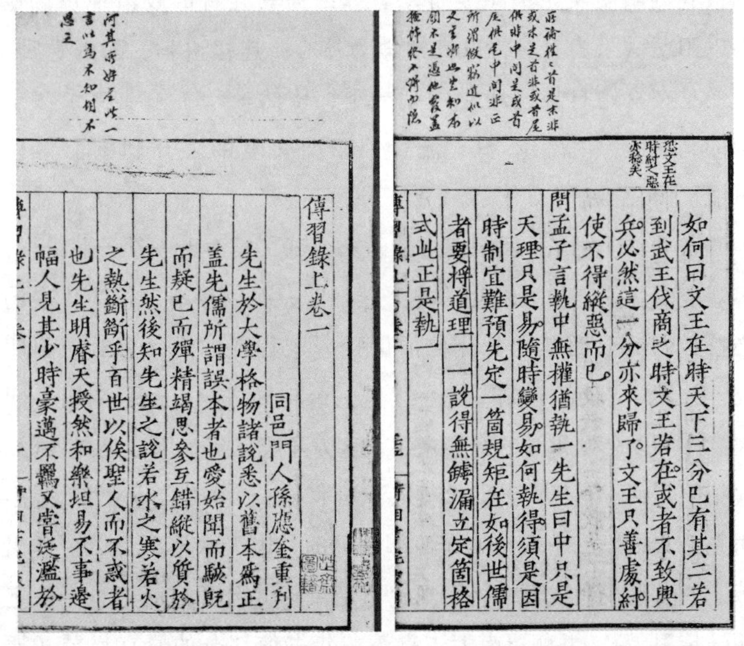
如何曰文王在時天下三分已有其二若
到武王伐商之時文王若在或者不致興
兵必然這一分亦來歸了文王只善處紂
使不得縱惡而已
問孟子言執中無權猶執一先生曰中只是
天理只是易隨時變易如何執得須是因
時制宜難預先定一箇規矩在如後世儒
者要將道理一一說得無罅漏立定箇格
式此正是執一

傳習錄上卷一
同邑門人孫應奎重刊
先生於大學格物諸說悉以舊本為正
蓋先儒所謂誤本者也愛始聞而駭既
而疑已而殫精竭思參互錯綜以質於
先生然後知先生之說若水之寒若火
之熱斷斷乎百世以俟聖人而不惑者
也先生明睿天授然和樂坦易不事邊
幅人見其少時豪邁不羈又嘗泛濫於

图 2.6　日本京都大学图书馆藏嘉靖三十年孙应奎《传习录》书影（采薇阁供图）

孙、蔡二人很不满意王畿对南大吉刻本书信部分篇目的替换，但又不便公开批评，故而其自述底本为阳明手授，这就直接“击溃”王畿所刻意编造的“谎言”。孙应奎在序言中说：“应奎不敏，弱冠即知有所谓圣贤之学。时先生倡道东南，因获师事焉……及再见，又手授二书。其一《传习录》……应奎因乐与成之，乃出先生旧所手授《传习录》，俾刻置石鼓书院。”① 蔡汝楠也指出：“《传习录》者，阳明先生之门人录师传之指，图相与习之者也，先生曾以是录手授今文宗蒙泉孙公。公按部至衡，令汝楠刻置石鼓书院，而公为之序……而蒙泉孙公广先生手授之泽……”②二人所刻书的底本就是南大吉刻本。该本为上下两册，下册为四卷，其中，下卷一为《答徐成之书》（二篇）（后有南逢吉长跋）、《答罗整庵少宰书》，下卷二为《答人论学书》，下卷三为《答周道通书》、《答陆原静书》（二篇）书，下卷四为《示弟立志说》《〈训蒙〉大意示教读刘伯颂等》《教约》三篇。该孤本下册下卷并未收阳明《答欧阳崇一》《答聂文蔚》二人书信。

台北“国家图书馆”藏嘉靖时期刊刻大字本《传习录》，具有重大的学术价值与版本拓荒意义。该孤本为残本，仅存下册，共四卷，每半页八行，每行十五字。根据该版本字体刀法和刻工，我们断定为嘉靖早期刻本。该残本下卷一为《答徐成之书》（两通）（后有南逢吉长跋）、《答罗整庵少宰书》，下卷二为《答人论学书》，下卷三为《答周道通书》、《答陆原静书》（二篇），下卷四为《示弟立志说》《〈训蒙〉大意示教读刘伯颂等》《教约》三篇。可见，该

① 吴光、钱明、董平等编校：《王阳明全集（新编本）》，第6册，孙应奎：《刻阳明先生传习录序》，第2101—2102页。

② 吴光、钱明、董平等编校：《王阳明全集（新编本）》，第6册，蔡汝楠：《叙传习录后》，第2102—2104页。

残本下册目录和次序与孙应奎本完全一致，均未收《答欧阳崇一》《答聂文蔚》二人书。

嘉兴图书馆藏有嘉靖早期所刻《传习录》残本，每半页十行，每行十七字，该残本下册存卷三、卷四。其中，卷三收录《答周道通书》、《答陆原静书》（二篇），卷四收录《示弟立志说》《〈训蒙〉大意示教读刘伯颂等》《教约》。卷三、卷四所收书信目录和次序与孙应奎本、台北“国家图书馆”藏本完全一致，这说明，三个刻本同出一源，底本都是南大吉嘉靖三年刻本。

可见，通过孙应奎刻本，再加上嘉兴图书馆藏《传习录》残本与台北“国家图书馆”藏《传习录》下卷残本，我们可以复原南大吉原刻本的具体篇目、次序和内容。我们可以明确地说，南大吉嘉靖三年绍兴刻本确实未收阳明答欧阳德、聂豹书信。

嘉靖二十九年的王畿刻本试图告诉世人，由于绍兴府所藏底本漫漶，内容无法阅读，其重刻本就是为重新恢复南大吉原刻本。但，真实情况如何？今天，我们在王畿《传习录》刻本中发现，该书存在多种不同的字体，既有嘉靖早期的字体，也有嘉靖中期的字体，这样的字体带有向隆庆时期字体过渡的字形风格。

经过我们对王、孙相差一年的两种刻本进行比较，王畿吸收德安府刻本书信部分以凸显阳明晚年的论学思想，增加与欧阳德书一封、与聂豹书二封；而孙本则保持南大吉原刻本篇目，并未收王阳明与欧阳德、聂豹书信。

刻傳習錄序
天地之間道而已矣道也者人物之所由以生者也是故人之生也得其秀而最靈以言乎性則中矣以言乎情則和矣以言乎萬物則備矣由聖人至於途人一也故曰人者天地之德陰陽之交鬼神之會五行之秀氣也又曰致中和天地位焉萬物育焉是故古者大道之明於天下也天下之人相忘於道化之中而無復所謂邪慝者焉率性以由之脩道以誠之皞皞乎而不知爲之者是故大順

傳習錄序　一

體不是著你只恁的便罷故大學指箇眞知行與人看說如好好色如惡惡臭見好色屬知好好色屬行只見那好色時已自好了不是見了後又立箇心去好聞惡臭屬知惡惡臭屬行只聞那惡臭時已自惡了不是聞了後別立箇心去惡如鼻塞人雖見惡臭在前鼻中不曾聞得便亦不甚惡亦只是不曾知臭就如稱某人知孝某人知弟必是其人已曾行孝行弟方可稱他知孝知弟不成只是曉得說些孝弟的

图 2.7　国图藏嘉靖二十九年王畿本《传习录》书影（采薇阁供图）

表 2.1　南大吉刻本与《传习录》早期存世孤本书信部分目录

书信篇名	南大吉本	台北藏本	德安府本	王畿本	钱錞本	胡宗宪本
答徐成之①（二封，壬申）	下卷一	下卷一	下卷一	下卷一	上卷四	—
答罗整庵少宰（庚辰）	下卷一	下卷一	下卷一	下卷一	上卷四	中卷三
答顾东桥（乙酉）	下卷二	下卷二	下卷二	下卷二	下卷五	中卷一
答周道通（甲申）	下卷三	下卷三	下卷三	下卷三	下卷六	中卷二

① 钱德洪苏州本《文录》作壬午，即嘉靖元年。而黄绾序本《文录》作壬申，时在正德七年，在南京。中科院藏孙昭本《阳明先生文录》与中科院藏徐秉正本《阳明先生文录》均未刻此两封书信。

续 表

书信篇名	南大吉本	台北藏本	德安府本	王畿本	钱錞本	胡宗宪本
答陆原静（二封，甲申）①	下卷三	下卷三	下卷三	下卷三	下卷六	中卷二
答欧阳崇一②	—	—	上卷四	下卷四	下卷八	中卷三
答聂文蔚（一，丙戌）	—	—	上卷四	下卷四	下卷八	中卷四
答聂文蔚（二，戊子）	—	—	上卷四	—	—	中卷四
示弟立志说③（甲戌）	下卷四	下卷四	下卷四	下卷五	下卷七	中卷五
《训蒙》大意示教读刘伯颂等（戊寅）	下卷四	下卷四	下卷四	下卷五	下卷七	中卷五
教约（戊寅）	下卷四	下卷四	下卷四	下卷五	下卷七	中卷五
答储柴墟（二封，壬申）	—	—	下卷一	—	—	—
答何子元（壬申）	—	—	下卷一	—	—	—

当然，王畿本并不是《传习录》“夹带私货”的先行者。其实，早在嘉靖二十三年德安府刻本上卷四不仅增加了与欧阳德书一封、与聂豹书三封（王畿本、通行本均合并为二封），还在下卷一增加

① 黄绾序本、钱德洪苏州本此两封书信均合在一封信中，均为卷二。中科院藏孙昭本《阳明先生文录》与中科院藏徐秉正本《阳明先生文录》均作两封书信，均为甲申年。

② 国图藏黄绾序本此处标注年被抹除涂改，有三封给欧阳崇一的书信。钱德洪本此处作丙戌，给欧阳崇一的书信少第三封。

③ 黄绾序本、钱德洪苏州本此两封书信均作乙亥，为正德九年，邓艾民先生说，王阳明曾自注为甲戌年四月八日，当为确论。

与储巏书二封、与何孟春书一封。嘉靖三十三年钱錞本亦“夹带私货”，卷七增加《修道说》《亲民说》二篇。较德安府本、王畿本谨慎的是，钱錞本在卷八虽增刻阳明与欧阳德书、聂豹书，但少收与聂豹书一封。

正是鉴于阳明两位著名弟子王、孙《传习录》版本之争，无法“归一”，王畿著名弟子沈宠则在孙应奎本刊刻同年，即嘉靖三十年秋于福建重刊王畿本《传习录》，对恩师王畿《传习录》以示声援，并附《大学问》《朱子晚年定论》，请当时地方名臣朱衡作序。该原刻本虽散佚，但上海图书馆藏万历重刻《传习录三卷　续录二卷》本保存了沈宠的序言，使我们得以管窥该版本的一些情况。

在阳明文录大规模刊刻的环境下，钱德洪担心阳明讲学思想不能“归一”，便以同门王畿绍兴本为底本，开始系统地整理阳明语录，试图整理出一个权威本，并逐渐取得阳明语录的公开编辑主导权地位。早在嘉靖十四年，阳明语录新本就流入广东地区并得到一定程度传播，这使得他很担忧阳明语录传播不能“归一”。迟至嘉靖三十三年六月，钱德洪终于在徽州地方乡绅和政府官员的赞助下，续南大吉本，增刻《传习续录》，题名《传习录　续录》，上卷三卷，下卷二卷。该书《传习续录卷上》，为门人陈九川录 21 条、王以方录 15 条、黄勉叔录 13 条、黄勉之录 13 条，四部分，计 62 条；《传习续录卷下》为钱德洪与王畿录 58 条（其中最末一条为南逢吉与王阳明问答）。总计五卷，120 条，这就是著名的续《传习录》水西精舍本，全语录，未收书信，是钱德洪主持的首个公开出版的递修过渡版《传习录》。此前，阳明

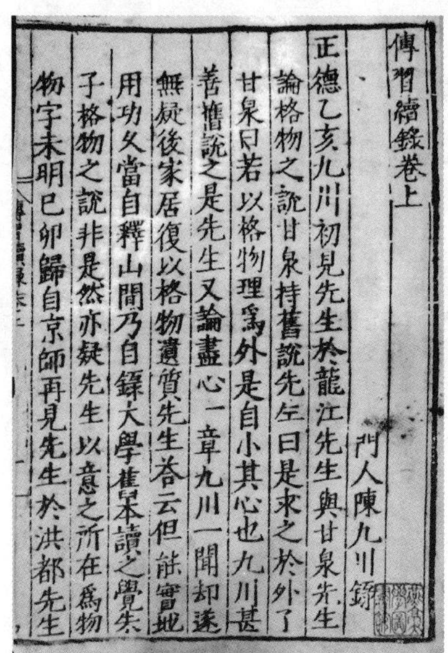
傳習續錄卷上
門人陳九川錄
正德乙亥九川初見先生於龍江先生與甘泉先生
論格物之說甘泉持舊說先生曰是求之於外了
甘泉曰若以格物理爲外是自小其心也九川甚
喜舊說之是先生又論盡心一章九川一聞却遂
無疑後家居復以格物遺質先生荅云但能實地
用功久當自釋山間乃自錄大學舊本讀之覺朱
子格物之說非是然亦疑先生以意之所在爲物
物字未明己卯歸自京師再見先生於洪都先生

图 2.8　北大图书馆藏嘉靖三十三年《传习录　续录》卷上书影

文录已经流传颇广，且均收王阳明论学书信，故他认为没必要再收，且仿《朱子语类》单刻本传播途径。另外，出于谨慎，钱德洪也在犹豫是否要收同门王畿所定稿增收的与欧阳德、聂豹二人书信，毕竟，南大吉原刻本篇目众所周知。如果认同王畿所编《传习录》，是否会遭到其他同门的批评呢？是否有利于阳明心学的大规模传播呢？后来，由于受到同门黄直刊刻阳明讲学语录单行本《遗言录》（上下两卷）的刺激，钱德洪吸收黄直刻本部分语录，在水西精舍本基础上再增编精选《续录》一卷（略相当于今通行本卷下题为黄以方录最末一节，总计 27 条），在王畿著名弟子沈宠的再次捐资下，于嘉靖三十五年四月在湖北蕲春崇正书院增刻《传习录》，此次增收王畿嘉靖二十九年新编王阳明论学书信、附文五卷，正式确认增收欧阳德、聂豹书信，增订稿总为《传习录》三大卷十一小卷。但该本散佚，具体语录条数与内容我们无法细知。

两年后，嘉靖三十七年正月初七日，在胡宗宪捐资赞助下，杭州天真书院重刊崇正书院本《传习录》，总计三大卷，内再分十一卷，上卷三卷，中卷五卷，下卷三卷。

續刻傳習錄序
古人立教皆為未悟者設法故其言簡夷明白人人
可以與知而與能而究極所止雖聖人終身用之有
所未盡蓋其見道明徹先知進學之難易故其為教
也循循善誘使人悅其近而不覺其入喜其易而各
極所趨夫人之良知一也而領悟不能以皆齊有言
下即能了悟者矣有良知雖明不能無間必有待於
脩治之功者矣有脩治之功百倍於人而後其知始
徹者矣善教者不語之以其所悟而惟視其所入如
大匠之作室然規矩雖一而因物曲成故中材上下

傳習錄卷一 共十五段
先生於大學格物諸說悉以舊本為正蓋先儒
所謂誤本者也愛始聞而駭既而疑已而殫精
竭思參互錯縱以質於先生然後知先生之說
若水之寒若火之熱斷斷乎百世以俟聖人而
不惑者也先生明睿天授然和樂坦易不事邊
幅人見其少時豪邁不羈又嘗泛濫於詞章出
入二氏之學驟聞是說皆目以為立異好奇漫
不省究不知先生居夷三載處困養靜精一之
功固已超入聖域粹然大中至正之歸矣愛朝

图 2.9　国图藏万历重刻嘉靖三十三年《传习录　续录》书影（采薇阁供图）

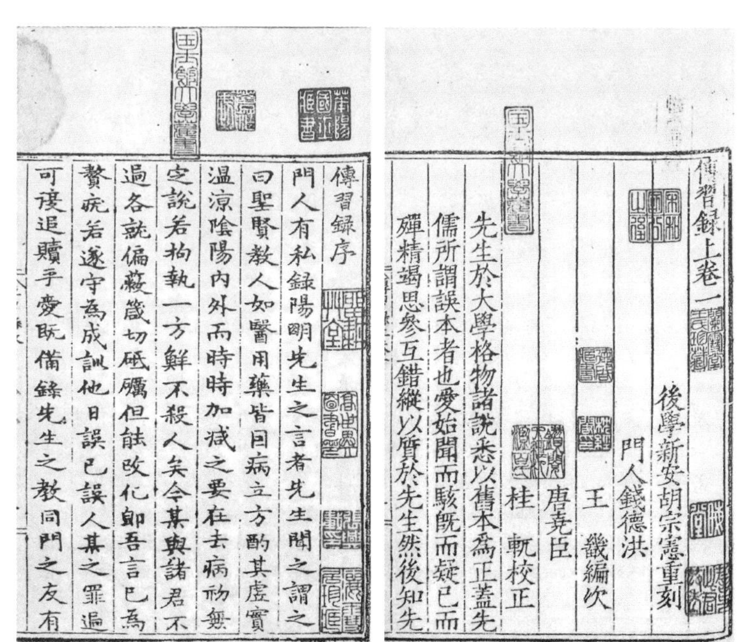

傳習錄上卷一
後學新安胡宗憲重刻
門人錢德洪
王　畿編次
唐堯臣
桂　軏校正
先生於大學格物諸說悉以舊本為正蓋先
儒所謂誤本者也愛始聞而駭既而疑已而
殫精竭思參互錯縱以質於先生然後知先

傳習錄序
門人有私錄陽明先生之言者先生聞之謂之
曰聖賢教人如醫用藥皆因病立方酌其虛實
溫涼陰陽內外而時時加減之要在去病初無
定說若拘執一方鮮不殺人矣今某與諸君不
過各就偏蔽箴切砥礪但能改化即吾言已為
贅疣若遂守為成訓他日誤已誤人某之罪過
可復追贖乎愛既備錄先生之教同門之友有

图 2.10　日本国士馆大学藏嘉靖三十七年胡宗宪《传习录》孤本文献书影（采薇阁供图）

胡宗宪本重刻原水西精舍本《传习续录》(卷上、卷下)部分,分别更名为《传习录下卷之一　续录》《传习录下卷之二　续录》,《传习录下卷之一　续录》为陈九川录21条、黄直录15条、黄修易录11条(删除“良知犹主人翁”“合着本体的是功夫”两条)、黄省曾录13条,计60条;《传习录下卷之二　续录》为钱德洪与王畿录,删除南逢吉与王阳明问答条,计57条。又增补《续录》一卷,命名为《传习录下卷之三　续录》,为钱德洪选编,计27条。《续录》总计三小卷,六部分,144条。该本在嘉靖三十七年至隆庆六年间得以大范围传播,钱德洪此后对《传习录》所收内容也不再进行大规模修改。①

① 复旦大学图书馆特藏部藏有此书残本,最后几页漫漶,清人俞嶙用毛笔誊写,并附后跋。日本国士馆大学藏有此书全本(索书号:133096),上中下三大卷,十一小卷,为嘉靖三十六年精校本,钱德洪、王畿、唐尧臣、桂轨编校,其门人弟子丽琥、徐天民、方木、钱君泽、郑忠、钱彪六人校对,收录于楠本文库。与嘉靖三十三年刻水西精舍本互校,嘉靖三十七年刻《传习录》本将原嘉靖三十三年卷中的《续刻传习录序》置卷首,并对序文有所更改:“复采陈惟濬诸同志所录,得两卷焉,附为《续录》,以合成书”,删去“得两卷焉”字句;在原刻本文末“使学者各得所录”修改为“复删《续录》,得两卷焉,学者读之”,致使后世学者对水西精舍本、崇正书院本、胡宗宪刻本、通行本版本关系不清晰。这就说明,原水西精舍本《续录》即为两卷,故而题名《传习录　续录》。

第三章 《传习续录》版本源流考

钱德洪所编《续录》(《传习录 续录》)是嘉靖三十三年后湖北崇正书院本、浙江天真书院本《传习录》下卷的重要组成部分，是为增刻南大吉本《传习录》而续编、增编，也是郭朝宾本《阳明先生全书》卷三《语录》的最初源头，故称《续录》。我们也称之为《传习续录》。

今四部丛刊影印万历重刻《王文成公全书》，即所谓通行本《传习录》并未标识《传习续录》，而是统一汇合为《语录·传习录下》，致使后世如不专门治版本文献者很少知晓单刻本《传习续录》的存在。事实上，《续录》本身经历过多次编辑、定稿和刊刻，从二卷本到三卷本，凝结了多位编辑者的数年劳作。

第一节 《传习续录》到《传习录 续录》的出现、增录与重刻

在嘉靖三十三年、三十五年与三十七年的三个不同版本的《传习录》下卷中，除去最后一部分署名黄直的数十条语录外，即赫然标明《传习续录》。其中，嘉靖三十三年水西精舍本标注为《传习续录》卷上、《传习续录》卷下，总计两卷；而嘉靖三十五年本因

为散佚，我们不得而知；嘉靖三十七年胡宗宪本则标注为《续录》，分别置于《传习录》下卷之一、下卷之三下，下卷之二未标。胡宗宪本与水西精舍本相比，增加了王畿所刻中卷部分，下卷则增加署名黄直所录语录26条。也就是说，在水西精舍本的第2册，即《传习续录》；在胡宗宪本第3册，即《传习录　续录》。

或许，在钱德洪看来，《续录》就是续所谓的南大吉版《传习录》，但事实上他续的是王畿版的《传习录》，正因为如此，孙应奎要在王畿出版新版《传习录》次年就在湖南重刻南大吉版《传习录》，希望保存南大吉版《传习录》，客观上使得我们现在复原南大吉版《传习录》成为可能。

第二节　北大藏水西精舍初刻本《传习续录》

学术界历来对《传习续录》的版本刊刻形态难以熟知，一方面受制于钱德洪的“故意”说谎或“记忆错乱”，则与他试图获得《传习录》“归一”权高度相关。另一方面，主要是受制于孤本文献获取难的客观现状。嘉靖本本来传下来就存在很大难度，我们现在看到的很多王阳明文录版本多为后世翻刻本、重刻本，出版商为了经济利益，在翻刻的时候，会把原刻本的序言删除掉，或者打乱序言的顺序，卖个好价钱，以至于我们无法获得版本刊刻的时间、捐资人的具体情况。

如今嘉靖三十三年刻《传习续录》传本仅两本，一本在北大图书馆，一本在傅斯年图书馆。

傳習續錄卷上

門人陳九川錄

正德乙亥九川初見先生於龍江先生與甘泉先生論格物之說甘泉持舊說先生曰是求之於外了甘泉曰若以格物理爲外是自小其心也九川甚喜舊說之是先生又論盡心一章九川一聞却遂無疑後家居復以格物遺質先生荅云但能實地用功久當自釋山間乃自錄大學舊本讀之覺朱子格物之說非是然亦疑先生以意之所在爲物物字未明己卯歸自京師再見先生於洪都先生

傳習續錄卷下

門人錢德洪
王　畿錄

何廷仁黃正之李侯璧汝中德洪侍坐先生顧而言曰汝輩學問不得長進只是未立志侯璧起而對曰珙亦願立志先生曰難說不立未是必爲聖人之志耳對曰願立必爲聖人之志先生曰你真有聖人之志良知上更無不盡良知上留得些子別念掛帶便非必爲聖人之志矣洪初聞時心若未服聽說到此不覺悚汗

图 3.1　北大图书馆藏《传习续录》卷上、卷下首页书影

傳習續錄卷上

門人陳九川錄

正德乙亥九川初見先生於龍江先生與甘泉先生論格物之說甘泉持舊說先生曰是求之於外了甘泉曰若以格物理爲外是自小其心也九川甚喜舊說之是先生又論盡心一章九川一聞却遂無疑後家居復以格物遺質先生荅云但能實地用功久當自釋山間乃自錄大學舊本讀之覺朱子格物之說非是然亦疑先生以意之所在爲物物字未明己卯歸自京師再見先生於洪都先生

傳習續錄卷下

門人錢德洪
王　畿錄

何廷仁黃正之李侯璧汝中德洪侍坐先生顧而言曰汝輩學問不得長進只是未立志侯璧起而對曰珙亦願立志先生曰難說不立未是必爲聖人之志耳對曰願立必爲聖人之志先生曰你真有聖人之志良知上更無不盡良知上留得些子別念掛帶便非必爲聖人之志矣洪初聞時心若未服聽說到此不覺悚汗

图 3.2　台北傅斯年图书馆藏嘉靖三十三年《传习续录》卷上、卷下首页书影

我们通过对两个本子进行细致比较，可以发现北大图书馆藏嘉靖三十三年《传习续录》与台北傅斯年图书馆藏本《传习续录》正文字体形状一模一样，且卷上首页左下角刻工均是名为“中”的师傅，卷下首页左下角刻工均是姓“刘”的师傅，可见，北大藏本与傅斯年图书馆藏本同出一源，实为同一个版本，均刻于嘉靖三十三年，为初刻本。

嘉靖三十三年水西精舍本，钱德洪亲自作《续刻传习录序》，但初刻本流传不广，目前流传最广的是万历重刻本，中科院、东北师范大学、北京大学均有收藏。

续刻传习录序（钱德洪）

古人立教，皆为未悟者设法，故其言简夷明白，人人可以与知而与能。而究极所止，虽圣人终身用之，有所未尽。盖其见道明彻，先知进学之难易，故其为教也，循循善诱，使人悦其近而不觉其入，喜其易而各极所趋。

夫人之良知一也，而领悟不能以皆齐。有言下即能了悟者矣；有良知虽明，不能无间，必有待于修治之功者矣；有修治之功百倍于人，而后成功始一者矣。善教者，不语之以其所悟，而惟视其所入，如大匠之作室然，规矩虽一，而因物曲成，故中材上下，皆可与入道。若不顾其所安，而概欲强之以其所未及，教者曰：“斯道之妙也如是。”学者亦曰：“斯道之妙也如是。”彼以言授，此以言接；融释于声闻，悬解于测亿，而遂谓道固如是矣，宁不几于狂且惑乎？

吾师阳明先生，平时论学，未尝立一言，惟揭《大学》宗旨，以指示人心之良知。谓《大学》之教，自帝唐明德睦族以降，至孔门而复明。其道由一身以至家国天下，由初学以至圣人，彻上彻下，只此良知，无不具足。此性命之真几，圣学之规矩也。然规矩陈矣，而运用之妙，则因乎人，故及门之士，各得所趋，而莫觉其入。吾师既没，不肖如洪领悟未彻，又不肯加百倍之功。同志归散四方，各以所得，引接来学，而四方学者渐觉头绪太多。执规矩者，滞于形器，而无言外之得；语妙悟者，又超于规矩之外，而不切事理之实，愿学者病焉。

年来同志亟图为会，互相劘切，各极所诣，渐有合异同归之机。始思师门立教，良工苦心。盖其见道明彻之后，能不以其所悟示人，而为未悟者设法，故其高不至于凌虚，卑不至于执有，而人人善入。此师门之宗旨，所以未易与绎也。

洪在吴时，为先师裒刻《文录》。《传习录》所载下卷，皆先师书也。既以次入《文录》书类矣，乃摘录中问答语，仍书南元善所录，以补下卷。复采陈惟濬诸同志所记，附为《续录》，以合成书。适遭内艰，不克终事。

去年秋，会同志于南畿，吉阳何子迁、初泉刘子起宗，相与商订旧学，谓师门之教，使学者趋专归一，莫善于《传习录》。于是刘子归宁国，谋诸泾尹丘时庸，相与捐俸，刻诸水西精舍，复删录得二卷焉，精所取也，学者读之，庶不疑其所行云。

嘉靖甲寅六月，门人钱德洪序。①

---

① 此序可参见上海图书馆藏《传习录 续录》。

第三节　上图藏嘉靖重刻《传习续录》

2023年6月20日晚，在武汉大学图书馆古籍部的帮助下，尤其是同事郑善庆老师的帮助下，我从武汉大学得以阅读万历三十五年刊刻的《王文成公全书》，是晚明泰州学派著名领袖罗近溪先生著名弟子左宗郢任浙江监察御史在原隆庆六年刻版上主持补刻的修缮本。傍晚，高铁回甬，地铁上，查阅春天在上图拍摄的照片，偶思版本异同，出地铁，豁然开朗，忽然发现，上图藏《传习续录》本为重刻水西精舍本，且比国图藏本、山东友谊书社影印本、中科院藏本、东北师大藏本先后多出沈宠嘉靖三十年序、王畿嘉靖二十九年序文两篇，为后世学者重刻《传习续录》本，具有重要的汇校价值。沈宠嘉靖三十年序为散佚福建本序言，竟藏在后世重刻本中，令人惊喜一场。

重刻传习录序（沈宠）

阳明先生之学，以致良知为要，而《传习录》一书，乃其用力可见之地也。是学也，发于先生，而非始于先生。孟子曰："孩提之童，无不知爱其亲。及其长也，无不知敬其兄。"又曰："今人乍见孺子将入于井，必有怵惕恻隐之心。""呼尔而与之，行道之人勿受。蹴尔而与之，乞人不屑其他。"所谓涕泣于兄之关弓，泚颡于亲之委壑，皆所以指示良知本体，无复余蕴。

至论致知之功，则曰"凡有四端于我者，知皆扩而充之，若火之始燃，泉之始达"。又曰"人皆有所不忍，达之于所忍，仁也。人皆有所不为，达之于所为，义也”。则孟子之所以继往圣，开来学，教万世无穷者，亦唯以此而已。

先生生于千百年之后，处困养静，深造自得。心之神明，诚有合千圣于一揆者。于是独揭良知，招示来学，使其知所持循，故其为说，虽若言人人殊，然直指本体，简易直截，明白详尽，闻者莫不油然而兴，焕然而释，翻然而改。虽其平日怀忿挟嫉，极诋力排者，亦且投戈屈体，北面宫墙。吁！是岂先生之智力足以致人若此哉？盖本心之明，人人所同，既有以触其自然灵觉之真，则心悦诚服，亦其机之不容已耳。

先生往矣！是录之传，将遍寰宇，名贤、杰士率能以身明之，但仪刑既远，謦欬莫闻。间有喜其超卓之论者，则以之而广知识，长见闻，资口耳而自蔽其天德之明。乐简便之趋者，则因之而遗人情，弃物理，守空寂，而不加乎致知之力。又若师心以自用者，则局于睹闻，狃于意见，泥于好恶，遂执其是非可否之私心，以为良知本体而自附于致知之学。呜呼！良知之在人，无增减，无偏倚，无动静，无内外，以是而诵法先生，宁无千里之缪哉？

宠生也晚，私淑先生亦既有年。虽于先生之道未窥涯涘，然每读先生之书，则心开目明，恍若有得。数年以来，不至颠踣极败者，亦有此耳。故思先生之学，人人可能。下愚如宠者，犹受益若此，而况豪杰之士？苟平心易气，庄诵反观，有不奋起以任斯道者哉？于是按闽之暇，求助于多士，莫予告者。视提学宪副朱君维平臭味相同，授是录而谋以锓梓。君亦出其所藏《大学问》《朱子晚年定论》以附于后，期与多士共之。盖有以见先生之道包括宇宙，贯彻古今，千圣万贤，皆不能外。

多士果能以身体之，自致良知，则造先生之堂奥，接孟氏之源流，以尽人物之性，以赞天地之化，率由此也。如以文焉，则曰仁所谓先生之罪人，又在我矣。

嘉靖辛亥季秋月朔日，宣城后学沈宠序。①

我们观察到，一种传下来越多的版本，往往是最精确、错误最少的版本，比如四部丛刊全书本、传习续录本、甲库本。先辈们经过对不同版本的比对，会不断推进好的本子的刊刻流传。因此，水西精舍本一出，且其编辑水平远在薛侃赣州本、南大吉本、聂豹福建本、德安府本、王畿本、沈宠本、孙应奎本、钱錞本之上，客观上也导致上述版本的流传不广，最后成为孤本，甚至散佚。比如，聂豹福建本散佚，即是明证，且多种孤本还在异国他乡，国内无存。而水西精舍本却不断地被看重，即便是在嘉靖三十四年至四十五年间，其中出现了崇正书院《传习录》全本、胡宗宪重刻崇正书院本，也还是有学者不断重刻水西精舍全语录本。而上图藏重刻《传习录　续录》就是嘉靖后期对水西精舍本的重刻，这体现出当时学术界的一种共识。

《传习续录》为王阳明著名弟子钱德洪主持编辑，简明扼要，以陈九川、黄直、王修易（误刻为黄修易）、黄省曾四大同门所载语录为上卷，以钱德洪与王畿合编语录为下卷，集中反映了王阳明晚年对良知学的思考和总结，是快速了解良知学的通俗读本。

---

① 此序见上海图书馆藏《传习录　续录》，原为沈宠嘉靖三十年重刻恩师王畿本《传习录》。

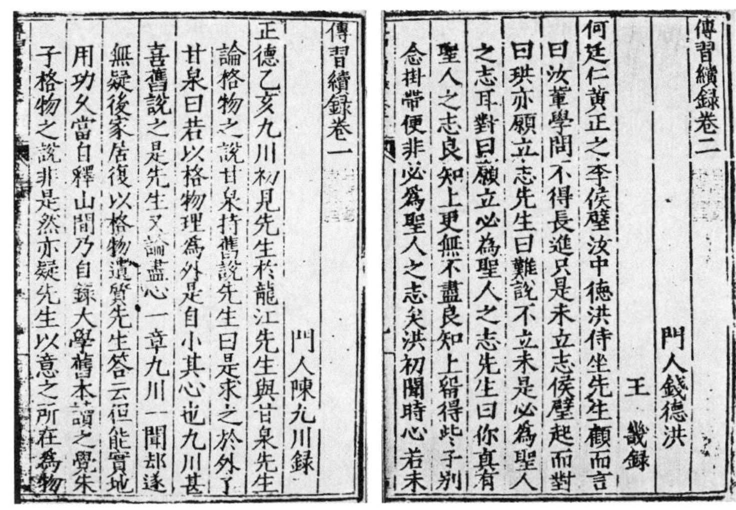

傳習續録卷一

門人陳九川録

正德乙亥九川初見先生於龍江先生與甘泉先生論格物之說甘泉持舊說先生曰是求之於外了甘泉曰若以格物理為外是自小其心也九川甚喜舊說之是先生又論盡心一章九川一聞却遂無疑後家居復以格物遺質先生答云但能實地用功久當自釋山間乃自録大學舊本讀之覺朱子格物之說非是然亦疑先生以意之所在為物

傳習續録卷二

門人錢德洪

王　畿録

何廷仁黃正之李侯璧汝中德洪侍坐先生顧而言曰汝輩學問不得長進只是未立志侯璧起而對曰珙亦願立志先生曰難說不立未是必為聖人之志耳對曰願立必為聖人之志先生曰你真有聖人之志良知上更無不盡良知上留得些子别念掛帶便非必為聖人之志矣洪初聞時心若未

图 3.3　上图藏嘉靖三十三年《传习录　续录》书影

第四节　万历重刻《传习续录》本的流行

需要指出的是，由于当时受制于版本稀缺情形，最初的编目学者对《传习续录》的版本刊刻过程亦不熟，出现了一些错误判定刊刻年代的情形。我们多次前往上海，将上海图书馆所藏《传习续录》的字体形态与通行本比较，我们发现，最开始的前辈、编目学者认定的南大吉嘉靖三年初刻本，其实应该为万历时期重刻本。

万历重刻《传习续录》流传较广，今国图、中科院、东北师范大学均藏有该书。附录《传习续录》，字体瘦长，每半页十行，每行二十字。

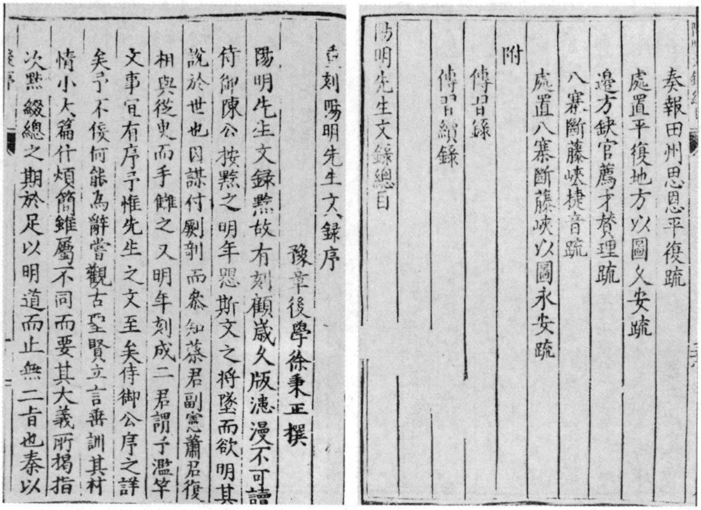

图 3.4　中科院图书馆藏万历二十一年徐秉正贵阳重刻文录本附《传习续录》书影

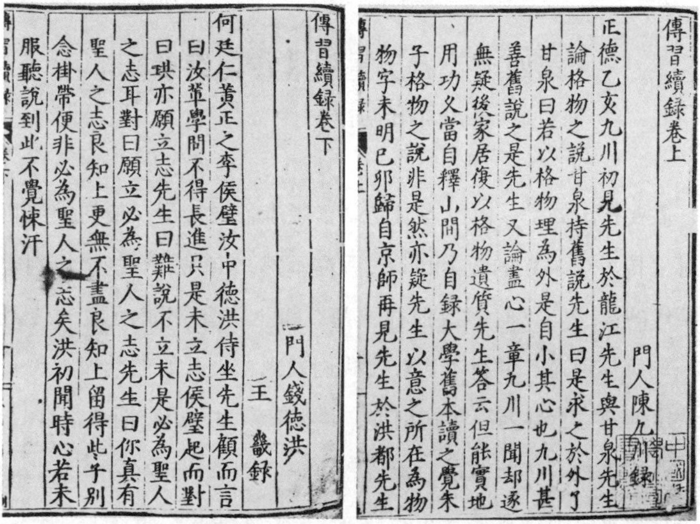

图 3.5　中科院图书馆藏万历二十一年徐秉正贵阳重刻文录本附《传习续录》卷上、卷下首页书影

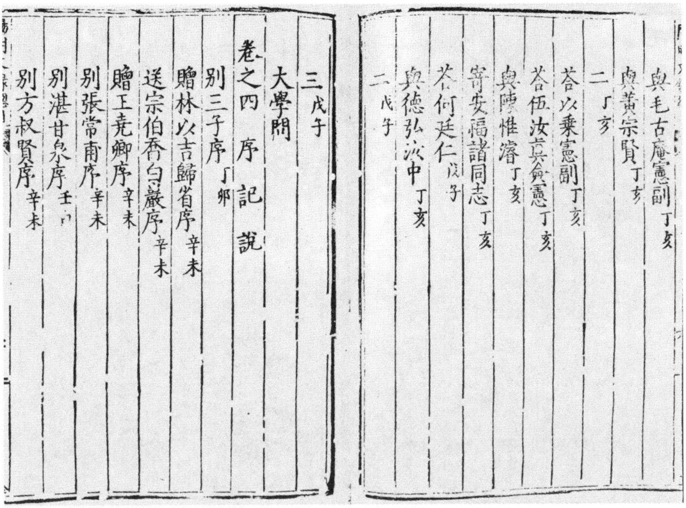

與毛古庵憲副 丁亥
與黃宗賢 丁亥
二 丁亥
答以乘憲副 丁亥
答伍汝真僉憲 丁亥
與陳惟濬 丁亥
寄安福諸同志 丁亥
答何廷仁 戊子
與德弘汝中 丁亥
二 戊子
三 戊子
大學問
卷之四 序 記 說
別三子序 丁卯
贈林以吉歸省序 辛未
送宗伯喬白巖序 辛未
贈王堯卿序 辛未
別張常甫序 辛未
別湛甘泉序 壬申
別方叔賢序 辛未

图 3.6　中科院图书馆藏万历二十一年徐秉正贵阳重刻文录本卷三目录书影

重修山陰縣學記 乙酉
梁仲用默齋說 辛未
示弟立志說 乙亥
約齋說 甲戌
見齋說 乙亥
矯亭說 乙亥
謹齋說 乙亥
夜氣說 乙亥
修道說 戊寅
自得齋說 甲申
博約說 乙酉
惜陰說 丙戌
南岡說 丙戌
訓蒙大意示教讀劉伯頌等
教約
卷之五 雜著
書汪汝成格物卷
書石川卷 甲戌
與傅生鳳 甲戌
書王天宇卷 甲戌

图 3.7　中科院图书馆藏万历二十一年徐秉正贵阳重刻文录本卷四目录书影

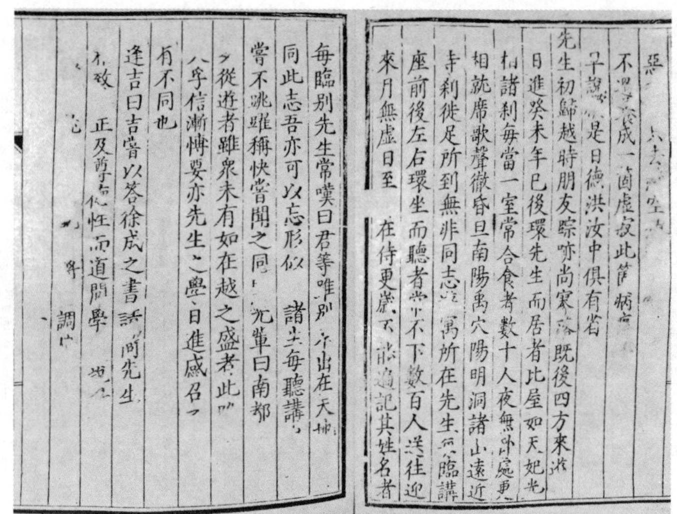
子謹。是日德洪汝中俱有省
先生初歸越時朋友蹤跡尚寥落既後四方來遊
者日進癸未年已後環先生而居者比屋如天妃光
相諸刹每當一室常合食者數十人夜無臥處更相
就席歌聲徹昏旦南鎮禹穴陽明洞諸山遠近
寺刹徙足所到無非同志遊寓所在先生每臨講
座前後左右環坐而聽者常不下數百人送往迎
來月無虛日至有在侍更歲不能遍記其姓名者
每臨別先生常嘆曰君等雖別不出在天地
同此志吾亦可以忘形似矣　諸生每聽講
嘗不跳躍稱快嘗聞之同門先輩曰南都
從遊者雖眾未有如在越之盛者此
孚信漸博要亦先生之學日進感召
有不同也
逢吉曰吉嘗以答徐成之書請問先生
正及尊德性而道問學

图 3.8　中科院图书馆藏万历二十一年徐秉正贵阳重刻
文录本附《传习续录》卷下末页书影

2018 年 3 月 6 日，笔者前往中国科学院图书馆古籍部查阅王阳明文献，蒙罗琳主任允许，得以查阅并免费全文拍摄徐秉正本。通过对徐秉正本正录部分与北大图书馆藏重刻黄绾十四卷本比较，卷三末增刻《大学问》，卷四末增刻了《〈训蒙〉大意示教读刘伯颂等》《教约》，徐秉正本源自北大图书馆本，即源自修缮过的黄绾独序本，而不是直接源自黄绾独序本。①

今天看来，在通行本大规模刊刻之后，《传习录》全本风行天下，但部分有识之士纷纷重刻二十八卷本、二十四卷本文录，并利用重刻

① 令人奇怪的是，徐秉正本诗歌部分却不是源于北大藏重刻黄绾本。因北大藏重刻黄绾本无奏疏部分，而徐秉正本收录三卷奏疏。经过与范庆本比较，诗歌、奏疏部分，徐秉正本正源于范庆本。徐秉正注意到北大藏本、范庆本各自的优势，于是融合当时存世的两个版本的优势，形成自己独特的混合版本，这是我们在调研时需要注意的版本异同之处。

机会，顺便保存通行《传习录》本以前的王阳明稀见单刻本，如台湾地区藏二十八卷本文录就附录《遗言录》《稽山承语》两种稀见嘉靖孤本，北图藏重刻黄绾本文录附录《传习续录》嘉靖孤本，中科院图书馆藏徐秉正重刻文录本附录重刻《传习录　续录》，闾东嘉靖二十九年重刻黄绾本文录附录南大吉本《传习录》，范庆重刻文录本附录南大吉本《传习录》前三卷，国图藏甲库本文录附录嘉靖二十九年王畿重刻南大吉本孤本。正是在后世学者“接力”的重刻文录附录中，王阳明语录的单刻本得以不断保存并再次被后世学者发现、研究和重刻，因此，王阳明稀见单刻本文献得以大量保存。《传习续录》也正因为这样的重刻附录“待遇”，至今存世本较多。

万历后期重刻《传习续录》，其所用工整娟秀的刊刻字体形态较有利于判定版本的刊刻时间，与万历初年《王文成公全书》本字体一致。

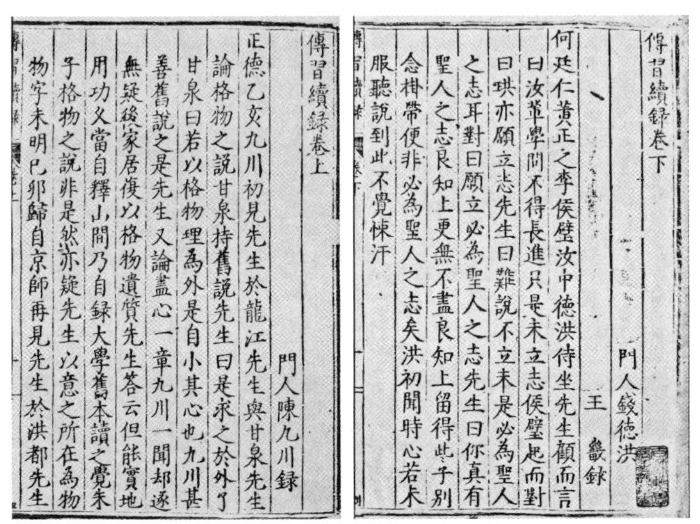

傳習續録卷上

門人陳九川録

正德乙亥九川初見先生於龍江先生與甘泉先生論格物之說甘泉持舊說先生曰是求之於外了甘泉曰若以格物理為外是自小其心也九川甚善舊說之是先生又論盡心一章九川一聞却遂無疑後家居復以格物遺質先生荅云但能實地用功久當自釋山間乃自録大學舊本讀之覺朱子格物之說非是然亦疑先生以意之所在為物物字未明己卯歸自京師再見先生於洪都先生

傳習續録卷下

門人錢德洪　王畿録

何廷仁黄正之李侯璧汝中德洪侍坐先生顧而言曰汝輩學問不得長進只是未立志侯璧起而對曰珙亦願立志先生曰難說不立未是必為聖人之志耳對曰願立必為聖人之志先生曰你真有聖人之志良知上更無不盡良知上留得些子別念掛帶便非必為聖人之志矣洪初聞時心若未服聽說到此不覺悚汗

图 3.9　东北师大图书馆藏万历重刻《传习续录》卷上、卷下首页书影

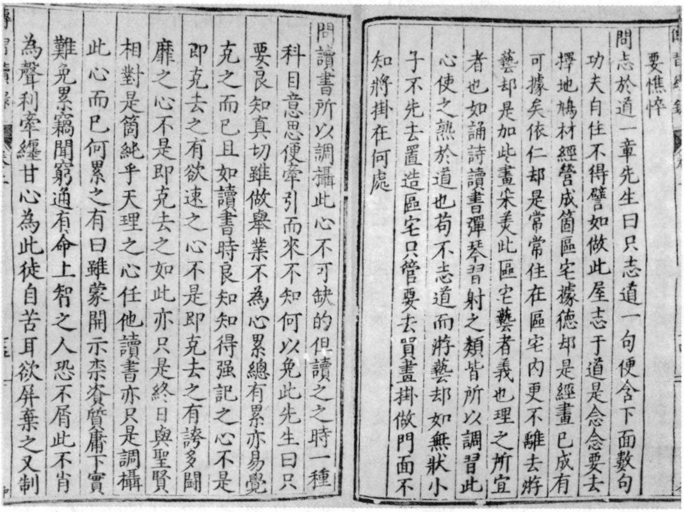

要憔悴
問志於道一章先生曰只志道一句便含下面數句
功夫自住不得譬如做此屋志于道是念念要去
擇地鳩材經營成箇區宅據德却是經畫已成有
可據矣依仁却是常常住在區宅內更不離去游
藝却是加此畫采美此區宅藝者義也理之所宜
者也如誦詩讀書彈琴習射之類皆所以調習此
心使之熟於道也苟不志道而游藝却如無狀小
子不先去置造區宅只管要去買畫掛做門面不
知將掛在何處

問讀書所以調攝此心不可缺的但讀之之時一種
科目意思便牽引而來不知何以免此先生曰只
要良知真切雖做舉業不為心累總有累亦易覺
克之而已且如讀書時良知知得強記之心不是
即克去之有欲速之心不是即克去之有誇多鬬
靡之心不是即克去之如此亦只是終日與聖賢
相對是箇純乎天理之心任他讀書亦只是調攝
此心而已何累之有曰雖蒙開示柰資質庸下實
難免累竊聞窮通有命上智之人恐不屑此不肖
為聲利牽纏甘心為此徒自苦耳欲屏棄之又制

图 3.10　中科院图书馆藏万历重刻《传习续录》为通行本所缺 2 条语录书影

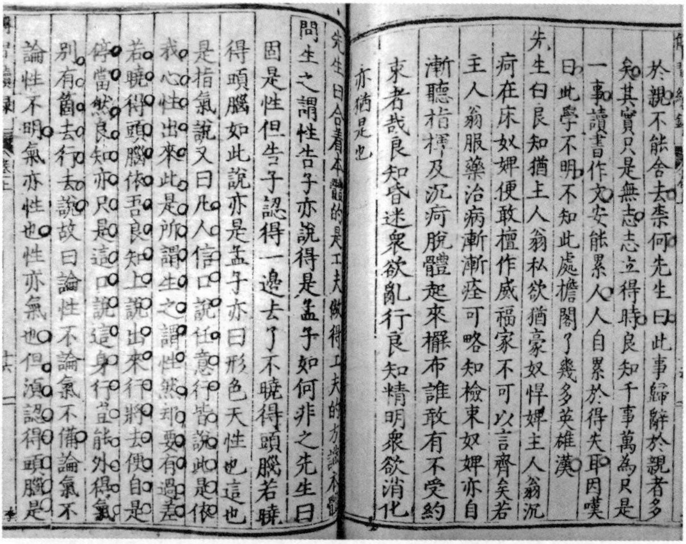

於親不能舍去柰何先生曰此事歸辭於親者多
知其實只是無志志立得時良知千事萬為只是
一事讀書作文安能累人人自累於得失耳因嘆
曰此學不明不知此處擔閣了幾多英雄漢
先生曰良知猶主人翁私欲猶豪奴悍婢主人翁沉
疴在床奴婢便敢擅作威福家不可以言齊矣若
主人翁服藥治病漸漸痊可略知檢束奴婢亦自
漸聽指揮及沉疴脫體起來擺布誰敢有不受約
束者哉良知昏迷衆欲亂行良知精明衆欲消化
亦猶是也

先生曰合着本體的是工夫做得工夫的方識本體
問生之謂性告子亦說得是孟子如何非之先生曰
固是性但告子認得一邊去了不曉得頭腦若曉
得頭腦如此說亦是孟子亦曰形色天性也這也
是指氣說又曰凡人信口說任意行皆說此是依
我心性出來此是所謂生之謂性然却要有過差
若曉得頭腦依吾良知上說出來行將去便自是
停當然良知亦只是這口說這身行豈能外得氣
別有箇去行去說故曰論性不論氣不備論氣不
論性不明氣亦性也性亦氣也但須認得頭腦是

图 3.11　东北师大图书馆藏万历重刻《传习续录》为通行本所缺 2 条语录书影

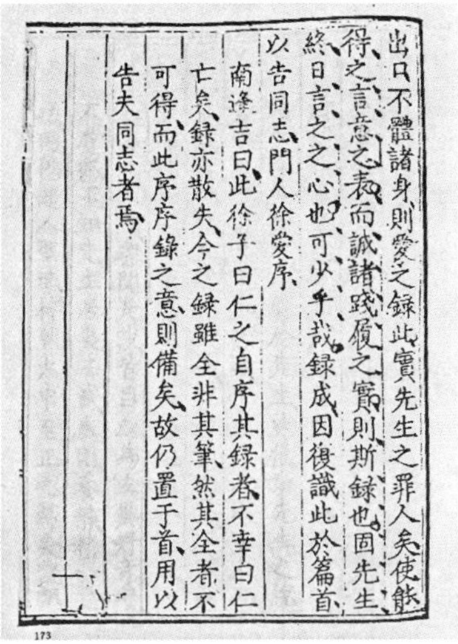

出口不體諸身則愛之録此實先生之罪人矣使皶
得之言意之表而誠諸踐履之實則斯録也固先生
終日言之之心也可少乎哉録成因復識此於篇首
以告同志門人徐愛序
南逢吉曰此徐子曰仁之自序其録卷不幸曰仁
亡矣録亦散失今之録雖全非其筆然其全者不
可得而此序序録之意則備矣故仍置于首用以
告夫同志者焉

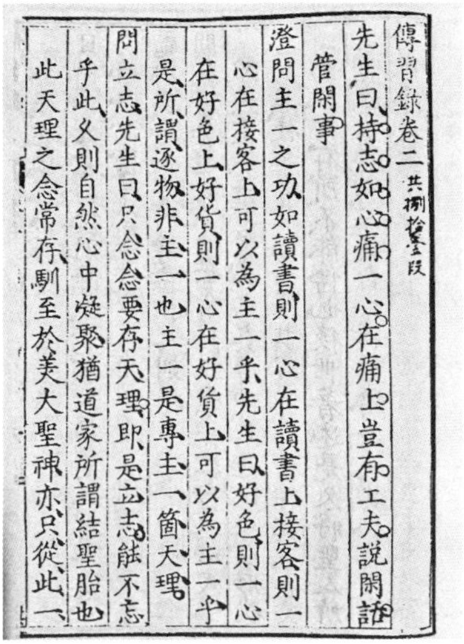

傳習録卷二 共捌拾叁段
先生曰持志如心痛一心在痛上豈有工夫說閑話
管閑事
澄問主一之功如讀書則一心在讀書上接客則一
心在接客上可以為主一乎先生曰好色則一心
在好色上好貨則一心在好貨上可以為主一乎
是所謂逐物非主一也主一是專主一箇天理
問立志先生曰只念念要存天理即是立志能不忘
乎此久則自然心中凝聚猶道家所謂結聖胎也
此天理之念常存馴至於美大聖神亦只從此一

图 3.12　国图藏《传习录　续录》序言、上卷二首页书影

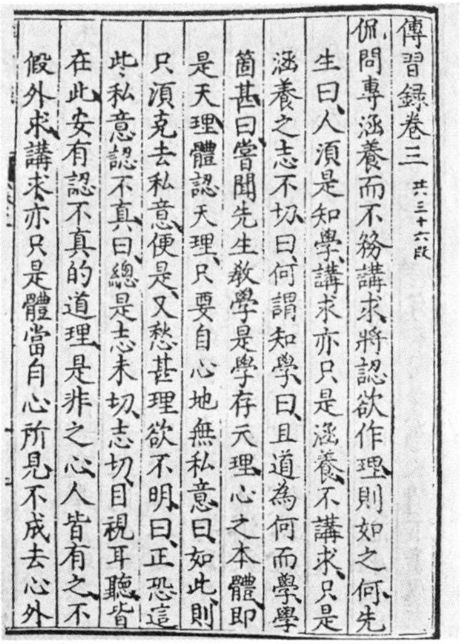

傳習録卷三 共三十六段
侃問專涵養而不務講求將認欲作理則如之何先
生曰人須是知學講求亦只是涵養不講求只是
涵養之志不切曰何謂知學曰且道為何而學學
箇甚曰嘗聞先生教學是學存天理心之本體即
是天理體認天理只要自心地無私意曰如此則
只須克去私意便是又愁甚理欲不明曰正恐這
些私意認不真曰總是志未切志切目視耳聽皆
在此安有認不真的道理是非之心人皆有之不
假外求講求亦只是體當自心所見不成去心外

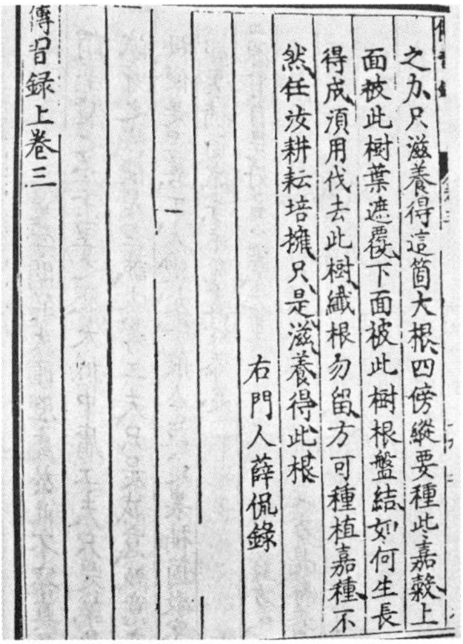

之功只滋養得這箇大根四傍縱要種此嘉穀上
面被此樹葉遮覆下面被此樹根盤結如何生長
得成須用伐去此樹纖根勿留方可種植嘉種不
然任汝耕耘培擁只是滋養得此根
右門人薛侃録
傳習録上卷三

图 3.13　国图藏万历重刻《传习录　续录》上卷三首页、末页书影

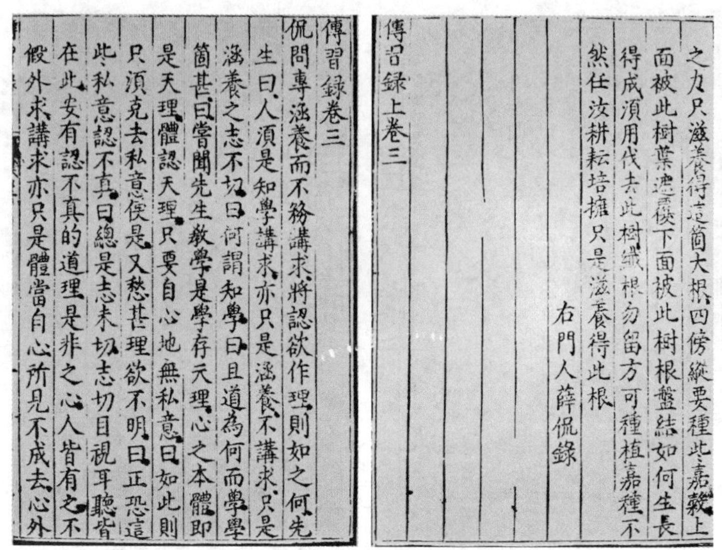
傳習録卷三

侃問專涵養而不務講求將認欲作理則如之何先生曰人須是知學講求亦只是涵養不講求只是涵養之志不切曰何謂知學曰且道為何而學學箇甚曰嘗聞先生教學是學存天理心之本體即是天理體認天理只要自心地無私意曰如此則只須克去私意便是又愁甚理欲不明曰正恐這此私意認不真曰總是志未切志切目視耳聽皆在此安有認不真的道理是非之心人皆有之不假外求講求亦只是體當自心所見不成去心外

之力只滋養得這箇大根四傍縱要種此嘉穀上面被此樹葉遮覆下面被此樹根盤結如何生長得成須用伐去此樹纖根勿留方可種植嘉種不然任汝耕耘培擁只是滋養得此根

右門人薛侃錄

傳習録上卷三

图 3.14　上图藏“南大吉本”《传习录　续录》上卷三首页、末页书影

通过对比东北师大图书馆藏万历重刻《传习续录》为通行本所缺之 2 条语录书影与中国科学院藏本鱼尾纹、左下角刻工姓氏可以发现，虽然两个刻本字体形状很像，但明显不是同一批工人所刻。东北师大本《传习续录》最左边鱼尾纹黑纹较多，负责此页的刻工是一位姓“李”的师傅；而中科院藏徐秉正本此部分刻工为“中”的师傅。

万历时期大规模刊刻《传习续录》，至今，我国各地存世万历重刻本《传习续录》很多。据《中国古籍总目》所载，隆庆、万历年间至少有四种不同《传习续录》的版本，分别为郭朝宾隆庆六年浙江本（无《山东乡试录》）、谢廷杰万历初年重刻本（无《山东乡试录》）、万历二十三年重刻《王文成公全书》本、左宗郢万历三十五年重刻郭朝宾本（无《山东乡试录》）。上图误认为的“南大吉本”《传习录　续录》书影与国图所藏万历重刻本一模一样，甚至后代藏书者所注标点也是一模一样，说明上图藏本与国图藏本为同一刻本。可见上图所谓“南大吉”本，其实是万历藏本，与国图藏本、东北师大藏本、中科院藏本同为万历刻本。

第四章 《阳明先生文录》形成过程再探

第一节 二十八卷本与二十四卷本之争：《阳明先生文录》编辑原则的分裂

嘉靖十二年，黄绾以门生身份主持刊刻《阳明先生存稿》，编辑者为欧阳德、钱德洪和黄弘纲等人，刻于南京。此原刻本散佚，黄绾序言尚见于后世刊刻的文录中。在苏州，钱德洪与黄省曾等人对黄绾嘉靖十二年本进行重新编辑，增收阳明奏疏和公移，并分门别类，分为正录、外集、别录。随后，钱德洪利用苏州教授身份前往广东担任乡试主考，往来浙江、江西和广东，并与阳明贴身侍卫龙光会晤，获得一些珍贵的史料，其中包括阳明平叛采取的反间计史料。嘉靖十四年八月，在阳明弟子闻人诠担任南直隶提学御史捐资助力下，学术界最早的二十八卷本《阳明先生文录》得以公开出版，今藏于国图。该本存有黄绾嘉靖十四年春三月序，从序中可得知《阳明先生存稿》的编订因由及此《文录》之编纂情况；另《公移三》文末附有钱德洪嘉靖十四年八月任苏州郡学的跋语。

黄绾序一在嘉靖十二年癸巳九月，一在嘉靖十四年乙未三月，但至今为止，我们未发现嘉靖十二年癸巳九月初刻本。一个可能的解释是，《阳明先生存稿》并未公开刊刻，只是一个稿本。另外一种可能的解释就是，《阳明先生存稿》公开刊刻了，但并未收录《别录》，仅收录《正录》《外集》。后种解释的论证者为范庆。范庆在嘉靖二十六年丁未九月说："阳明先生遗集传于世者，有《存稿》《居夷集》《文录》《传习录》，门人绪山钱子乃并之曰《文录》，复取先生之奏疏、公移厘为《别录》，合刻于吴郡，惟《传习录》别存焉。未几，厄于回禄，版遂残缺。嘉靖甲辰，庆来守兹郡，亟求焉，仅得《文录》版什之二三。然鲁鱼亥豕，犹未免也，《别录》盖荡无存矣。爰重加校葺，而补其奏疏二十三篇，汇为《文录》，以《传习录》附于卷后，别为《语录》，凡为卷共二十，庶可以见先生之全书云！"① 也就是说，在范庆看来确实存在一个《存稿》前期文录本，《存稿》本与《居夷集》《文录》《传习录》同为单刻本。其中的《文录》即广德本，钱德洪姑苏本是《存稿》本的增刻本，增加了《别录》，成为一个大而全的版本。闾东于嘉靖二十九年庚戌八月在甘肃天水刊刻文录，他说："《阳明先生文录》，旧刻于姑苏；《传习录》刻于赣；继又有薛子者，刻其《则言》，然相传不多得，同志者未得合并以观全书，每有余憾。东按西秦，历关陇，见西土人士俊髦，群然皆忠信之质也，因相与论良知之学。尽取先生《文录》，附以《传习录》，并《则言》，共若干卷，刻之，愿与同志者共焉。"② "《阳明先生文录》，旧刻于姑

① 范庆刻《阳明先生文录》，国图藏。

② 孙昭重刻闾东刊本《阳明先生文录》，日本早稻田大学图书馆藏，序言。

苏”，此句话中的“文录”版本就是范庆口中说的钱德洪复合《存稿》《居夷集》《文录》与《别录》等形成的一个文录本，并非二十四卷甲库本，而是二十八卷本。细究范庆本、孙昭重刻闾东刊本两种存世文献的具体目录和全文内容，我们可以确定姑苏本是二十八卷本，而不是二十四卷本，由此澄清学术界以甲库本为姑苏本的认识。

可见，目前国图所藏二十八卷黄绾独序本，就是闻人诠本，即姑苏本，这一点，任文利先生在其公开发表的论文中反复给予说明，这也与我们课题组成员多年来对该版本的分析是一致的。问题在于，嘉靖十二年黄绾《存稿》本早已散佚，目前仅存嘉靖十四年钱德洪苏州郡学跋语本，该本实际上是一个递修本。而在王杏嘉靖十四年贵州刊刻的《新刊阳明先生文录续编》中，收录王阳明与黄省曾的一封书信，保持了尚未被黄省曾本人修改过的原文，该原文与二十八卷本、甲库本、手写邹守益序本、通行本均存在不一致。

与黄勉之（甲申）[①]

屡承书惠，兼示述作，足知才识之迈、向道恳切之难得也。

---

① 本文以原北京图书馆藏甲库善本二十四卷本为底本。王杏本作“与门人书”，钱德洪嘉靖十四年本、甲库本、国图藏二十四卷明刻本、胡宗宪嘉靖三十七年杭州刻本、隆庆六年杭州郭朝宾刻全书本、通行本（四部丛刊影印万历重刻本）作“与黄勉之”。我们可以断定，由于钱德洪的邀请，家住苏州的黄省曾参与闻人诠本《阳明先生文录》的编辑工作，故而，黄省曾有机会对收到的阳明夫子书信进行修改、加工，故而王杏本书信与闻人诠本此封书信存在多处不一致。【 】里面的内容为后来诸本增加，[ ] 里面的内容为王杏本原有。

何幸何幸！然未由一面，鄙心之所欲效者，尚尔郁【而未申】，有负盛情【多矣】！

君子学以为己，成己成物，虽本一事，而先后之序，有不容紊。孟子云："学问之道无他，求其放心而已矣。"［学问而不以求放心为事者，皆非学也。］诵习经史，本亦学问之事，不可废者。而忘本逐末，明道尚有玩物丧志之戒，【若】立言垂训，尤非学者所宜汲汲矣。

所示《格物说》《修道注》，诚荷不鄙之盛，【切深惭悚】，【然】非【浅劣之】所敢望于足下者也。且其为说［格物、修道之义］，【亦于鄙见微有未尽】，何①时合并，当［口］悉其义愿，且勿以示人。

孔子云："五十以学《易》，可以无大过矣。"充足下之才志，当一日千里，何所不可到？而不胜骏逸之气，急于驰骤奔放②，抵突③若此，将恐自蹶其足，非任重致远之道也。

［承相念之厚，不敢不尽。忧病中，言多无次，千万亮察，勉学自爱。古人立言］【古本之释】，不得已也，然不敢多为辞说，正恐葛藤缠绕，则枝干反为蒙翳耳。［其《大学》］【短】序亦尝三易稿，【石刻其最后者】，今各往一本，亦足以知初年之见，未可据以为定也。

① 王杏本作"异"。
② 王杏本作"投"。
③ 王杏本作"触"。

从书信前后修改之处，我们可以轻易地断定，[ ] 里面的内容保持了阳明与黄省曾通信的最原始形态，但黄省曾本人利用自己嘉靖十四年编辑权对该书信进行大规模修改或删减，如删除“学问不以求放心为事者，皆非学也”，“承相念之厚，不敢不尽。忧病中，言多无次，千万亮察，勉学自爱。古人立言”等冗文、应酬之文，更为精简，起到当时钱德洪讲学明道的目的。其实，后来编辑者对原著的大规模修改，历来有之。钱德洪嘉靖九年刊刻阳明诗歌时，就对阳明诗歌手稿作了不少的修改与完善，以便后世广泛流传，这与我们熟知的《论语》成书过程一致，体现了学生与老师思想并存于经典文本的师生间互动的结果。这是发生在嘉靖十四年的事情。因此可以确定地说，现存国图藏二十八卷本就是苏州本，而影印甲库藏本的题录是错误的。希望我们的研究成果可以得到相关馆藏单位的认可，纠正题录错误，为后世版本提供准确信息。

但是，由于邹守益“精益求精”与黄绾“求全不分类”编纂原则公开发生分歧，阳明两大弟子的公开冲突并激化，这严重影响年轻学人钱德洪的编纂行为，他左右为难。约在嘉靖二十年左右，随着邹守益精简版二十四卷本（即甲库藏本）、云图增刻甲库本、邹守益手写序本、胡宗宪刻本的公开出版与大规模流通，黄绾主持刊刻的二十八卷本也随着其权力的消失慢慢在历史的长河中沉寂，只有零星的回响。幸运的是，随着嘉靖十二年本早期编辑者欧阳德的政治权力在嘉靖中后时期抬升，十年沉寂的二十八卷本又得到重视，被其本人与其弟子门人闾东、孙昭、王春复、董聪分别在甘肃、陕西、江西等地捐资刊刻、重新印刷，使该版本不至于湮没。

表 4.1　二十八卷本所收序言跋语先后次序

	国图藏本	欧阳德编本①	天水本②	陕西本	赣州本	重刊赣本
黄绾嘉靖十二年癸巳序	①					
钱德洪嘉靖十四年乙未跋	②			④	⑥	②

① 该本已经散佚，由嘉兴太学生吴某捐资刊刻，跋语参阅钱明编校整理《王阳明全集（新编本）》，第 2153—2154 页；程朱昌、程育全编：《程文德集》，第 182—183 页。笔者推测，此书或刻于南京、扬州。今据程文德年谱，程文德有两次南京为官经历：一是嘉靖十五年十一月履任南京兵部主事，至嘉靖十七年正月父丧扶榇归永康；二是嘉靖二十四年四月十四日正式履任南京国子监祭酒，至嘉靖二十六年十一月初奔永康母丧，一直在南京为官，这两段时间有可能为欧阳德重刻二十八卷本作跋。而欧阳德嘉靖十一年二月升任国子监司业，开始系统整理阳明存稿。嘉靖二十五年荐起南京鸿胪卿，二十六年晋南京太常寺卿。因此，嘉靖十五年、十六年，或嘉靖二十五年、二十六年，欧阳德编、嘉兴太学生吴某捐资刊刻阳明文录都有可能。但一种最有可能的情况，就是随着嘉靖二十年左右甲库藏本的公开出版，删减了大量的公移，引发欧阳德的不满，刺激他重新校对刊刻嘉靖十四年二十八卷本，约在嘉靖二十五年、二十六年刊刻完成而欧阳德二十八卷重刻本又进一步刺激钱德洪在嘉靖二十六年至嘉靖三十六年赣州本之间，反复重新刊刻二十四卷本，其定稿本就是国图藏明刻本二十四卷本，增加洪钟两篇文章。国图藏明刻本二十四卷本直接刺激孙昭于嘉靖三十四年在陕西重刻闾东本，也刺激董聪于嘉靖三十六年在赣州重刻二十八卷本，这一次的直接编辑者是胡直、俞献可。嘉靖三十七年冬，为了争夺学术话语权，钱德洪请求胡宗宪在杭州重刻二十四卷本。由此可见，二十八卷本、二十四卷本不断在“竞赛”，极大地推进阳明心学风行天下。正如钱明老师所说，嘉靖三十五年之后，王阳明政治地位“直线上升”，因此，嘉靖三十六年、三十七年，多种阳明文录本反复刊刻，极大地活跃当时社会的阳明学讲学风气。

② 国图文津馆藏有二十八卷刻本残本，存 8 册，其中正录、外集十四卷，缺别录，存三篇序言，分别为闾东嘉靖二十九年序、黄绾嘉靖十四年序、邹守益嘉靖十五年序，但没有嘉靖三十四年孙昭序。我们推测，孙昭所刻二十八卷本的底本可能源自该书。

续 表

	国图藏本	欧阳德编本	天水本	陕西本①	赣州本②	重刊赣本③
闾东嘉靖二十九年庚戌序			①	①		
程文德阳明文录跋		√④				
黄绾嘉靖十四年乙未序			②	②	③	
邹守益嘉靖十五年丙申序			③	③	④	
孙昭嘉靖三十四年乙卯后书				⑤		

① 中国科学院图书馆藏此本，14 册；北京师范大学图书馆亦藏有此本，序言与后跋次序与中国科学院图书馆藏本一样，为 20 册；浙江省图书馆亦藏有该书，题录为嘉靖二十九年闾东刻本，亦 20 册；上海图书馆藏该书清抄本，线善 704581—600，共 1 353 拍。令人奇怪的是，孙昭重刻陕西本，该书卷一目录同甲库藏二十四卷本，卷二至卷二十八目录同二十八卷本。这种目录的混乱，多存于阳明门人后学重刻二十八卷本，他们只注意到所收公移数量减少四卷，可是未曾注意到二十四卷本与二十八卷本正录、外集所收之文存在很大的不同。中国科学院图书馆还藏有一个体例复杂的版本，索书号为 2918042—53，12 册，正录、外集十四卷，别录仅三卷，附《传习录　续录》《传习则言》五卷，为万历二十一年癸巳春正月徐秉正序本，全书文录部分亦十七卷，其序言依次为闾东序、徐秉正序，刻于贵州。该书卷一目录同甲库藏二十四卷本，正录卷二至外集卷九目录同二十八卷本。

② 北京首都图书馆藏有该书全本，任文利先生从该馆复制全书，并赠给我一份复制本。令人奇怪的是，董聪赣州重刻二十八卷本，实际为二十九卷，亦为混合本，该书卷一目录既吸收二十八卷本卷一所收之文，又吸收甲库藏二十四卷本卷一所收之文，试图全面收录二十四卷本、二十八卷本所收之文，除《赣州诗》目录编排不一致，又增刻王阳明与王琼尚书书信 18 首；卷二至卷二十八目录同二十八卷本。

③ 浙江省图书馆藏有该书的重刻本，22 册，少王春复、黄绾、邹守益序及钱德洪文录叙说。

④ 欧阳德编二十八卷本散佚，我们不知该书序言的具体排序情况，姑且用“√”方式标注，表示该版本确实存在某篇序跋语。

续 表

	国图藏本	欧阳德编本	天水本	陕西本	赣州本	重刊赣本
王春复嘉靖三十五年丙辰引					①	
谈恺嘉靖三十六年丁巳序					②	①

二十八卷本流传范围远不如二十四卷本，且一直处于边缘化的尴尬境地，历来不被重视。欧阳德在编纂原则上赞同黄绾，主张存全多收，不仅与权威当局对阳明心学的官方态度相违背，且与邹守益、钱德洪“精简”编纂原则相左。我们今天幸运获得众多珍贵版本，保留很多重要的学术信息，值得我们研究利用。例如，研究首都图书馆藏董聪本《阳明先生文录》所收钱德洪《阳明先生文录叙说》可以发现，钱德洪对文录二十八卷本、二十四卷本均投入了大量的心血。

阳明先生文录叙说

门人钱德洪曰：

邹守益谪判德，以所录先生文稿请刻。先生止之曰：“不可。吾党学问，幸得头脑，须鞭辟近里着己，务求实得，一切繁文枝辞，不过一时应酬之作，传之恐眩人耳目，不录可也。”守益请复不已，先生乃取近稿三之一，标揭年月，命德洪编次。复遗书曰：“所录以年月为先后，不复分别体类者，盖专以讲学明道为事，不在文辞体制之间也。”明日，德洪掇拾所遗复请刻。先生曰："此爱惜文辞之心也。昔者孔子删述诗书，若以文辞为心，如唐、虞、三代，自典、谟而下，岂止数篇而已耶？正惟一以明道为志，故所述可以垂教万世而无弊。吾党志在明道，复以爱惜文辞为心，便不可入圣人之道矣。"德洪复请不已，乃许数篇，次为附录，以遗守益，今之广德板是也。

先生读《文录》，谓学者曰："此编以年月为次，使后世学者，知吾所学前后进诣不同。"

又曰："某此意思，赖诸贤信而不疑，须口口相传，广布同志，庶几不坠。若笔之于书，乃是异日事，必不得已，然后为此耳。"

又曰："讲学，须得与人人面授，然后得其所疑，时其浅深而语之。才涉纸笔，便十不能尽一二。"

戊子年冬，先生时在两广，闻谢病归，将下梅岭。德洪与王畿乃自钱塘趋迎，至龙游，闻讣，遂趋广信，讣告同门，以襄事后，遣人裒录遗言。明日又进贵溪，扶丧还玉山。至草萍驿，戒童仆，指记书箧，归置于别室，故诸所纪录文稿幸免散逸。自后，同门各以所录见归。既四年，壬辰，德洪居吴，始乃与黄省曾校定篇类，尚恐或有遗逸也，乃撰购遗文一疏，遣安成王生，以告闽、粤、洪都、岭表、苍梧、荆湘之同志者，又获所未备。然后，谋诸同门侍御闻人诠入梓以行。《文录》之有《外集》《别录》，遵附录例也。

先生之学凡三变，其为教也亦三变，读《文录》者，当自知之：少之时，驰骋于辞章；已而出入二氏；继乃居夷处困，豁然省格致之旨，纯于学术，是三变而至道也。居贵阳时，首与学者为知行分合之辨；自滁阳后，多教学者静坐有得；江右以来，始单提“致良知”三字，令学者言下直悟本体。是亦三变而神于教也。读《文录》者，当自知之。

“良知”之说，发于正德辛巳岁。盖先生再罹宁藩之变，张、许之难，而学更一番精神，故《正录》书凡三卷，第二卷断自辛巳者，志始也。“格致”之辨，莫详于《论学》一书，而“拔本塞源”之论，直写千古同体万物之旨，末世俗习相沿之弊。百世以下，读之有洒然一快者矣。

【或议先生自滁以后文字似不如前，先生曰：“吾欲学者讲明此意，忧不得取肝肺剖露与人看，岂复暇炼字句、拟章法耶?”】

【曰：“古人为文，不过达意、意达而言可止矣。若作意组织为工，专以悦人为心，是与俳优相似，诚可丑也。后世儒者有志于道而作文意思未能尽脱，亦习心未除耳。”】

【门人有溺志于文辞、字画者，先生叹曰：“此所谓玩物丧志耳。以吾经纶参赞之体，局于一艺，是以随侯之珠弹鸟雀，岂不诚可惜耶。草木之花，千叶者无实。其花繁者，其实鲜矣。”】

德洪事先生，于越七年，于先生一切文辞，俱不收录。每见文稿出示，比之侍坐时精神鼓舞，歉然常见其不足，以是知古人“书不尽言，言不尽意”非欺我也。不幸先生既没，仪容杳隔，謦欬寂闻，每思印证，茫无可即。然后取遗稿次第读之，虽其言之不能尽意，引而不发，跃如也。由是自滁以后文字，虽片纸只字不敢遗弃。四海之远，百世之下，有同此怀者乎?苟取《正录》，顺其日月以读之，不以言求而惟以神会，必有沛然江河之决，莫之能御者矣！

【《外集》之文事辞胜，故不次于《正录》，使读《正录》者专心一意、明洁耳目以求学问的旨，然后泛及《外集》《别录》，则亦莫非此意之旁溢矣。尝读《潘氏四封录序》，有曰“某不意文辞者四年矣”，考其实，则正德辛未年也。故读己巳以前稿，文虽工，多出于应酬，故简录不敢尽。辛未以后，虽应酬而发，则亦莫非精一所寓，虽欲删之，不可得矣。噫！言不可以伪为，如此矣。】

《别录》成，同门有病其太繁者。德洪曰：“若以文字之心观之，其所取不过数篇。若以先生之学见诸行事之实观之，则虽琐屑细务，皆精神心术所寓，所以经时赞化，范围曲成，以成天下之事业。千百年来儒者有用之学，于此亦可见，又何病其太繁乎？”

昔门人有读《安边八策》者。先生曰：“是疏所陈，亦有可用。但当时学问未明，中心激忿抗厉之气，若此气未除，欲与天下共事，恐事未必有济。”

这篇藏于首都图书馆的珍贵文本透露很多重要的版本信息，收录王阳明几段重要的稀见语录，见上文【 】内文字，均为通行本失收。这篇珍贵的序言，不仅见证钱德洪对二十八卷本、二十四卷本不同的编辑态度，还见证他早期参与编辑二十八卷本的痕迹，这样的“隐秘”痕迹在后来的二十四卷本是不可能被我们发现的。比如，这篇序言明确记载钱德洪在苏州与同门“黄省曾校定篇类”的编辑过程，而无论是胡宗宪刻本还是通行本序言都删去如此重要的学术信息。钱德洪后来主持编辑的刊本所收序言，可以见证其对阳明心学的理解更加深刻和透彻，其早年对阳明心学的“更一番精神”，到晚年的“又一番证透”，让我们感知到其道德修养的踏实和长久性。

在邹守益、钱德洪二人“精而又精”编纂原则的引导下，阳明文录二十八卷本被缩减至二十四卷，出现不同的二十四卷本版本系统。在甲库藏二十四卷本中，公移七卷缩减至三卷，而正录之文或被放置于外集，外集之文也被前挪至正录，有些人的书信、文录得以增加，原二十八卷本的部分书信、文录被删除。国内外学术界仅仅注意到通行本相比二十八卷本减少之文，对二十八卷本散佚之文进行系统整理，如吴震先生较早地整理相关佚文，但令人遗憾的是，对于其中大量的挪位、替换之文，包括二十四卷本增加不少数量的书信和文章，无人做出系统与全面的说明。比如，甲库藏二十四卷本，《赣州诗》诗歌方面，相比二十八卷本，增加王阳明与邹守益、天成二人交往诗 4 首；书信方面，正录卷一增加与黄宗明 2 首、与薛尚谦 2 首，正录卷二增加与邹守益 2 首。正录卷三用学术性书信《与戚秀夫》替换政治性书信《与伍汝真》，外集五增加与黄宗明书信 3 首，外集卷八增加《悔斋说》《竹江刘氏族谱跋》2 首，外集卷九增加《文橘庵墓志》《祭孙中丞文》2 首。

第二节　二十四卷本的递修与增刻：从甲库藏本、云图藏本到国图藏本

从台北影印的甲库藏二十二卷本（原本二十四卷，缺别录卷九

至十两卷）为残本，扉页标注为“据嘉靖闻人邦正刻本影印”，该书首序为邹守益嘉靖十五年丙申春三月撰写于吉安，时钱德洪辞官回家养病，寄给钱德洪，序言字体与全书正文字体一致。其次为全书目录、黄绾十四年乙未春三月序、正文。遗憾的是，后世漫漶，甲库藏本缺邹守益第一页序言。今采薇阁书院（见黄振萍主编《王阳明文献集成》）重新影印该书的两种版本，一为国图藏本，一为日本内阁文库藏本，均为全本，未有漫漶；二书正文内容相同，所不同者，唯邹守益嘉靖十五年丙申三月序言字体，一个是时人手写字体，一个是刻印的字体。按照当时刻书惯例，首序为时人手写体所刻本较为庄重，当为邹守益、钱德洪所主的定稿本；而我们看到的首序刻印字体本，当为后世二十四卷本的重刻本、翻刻本，但其底本刊刻时间早于手写序本。二书首序书影如下。

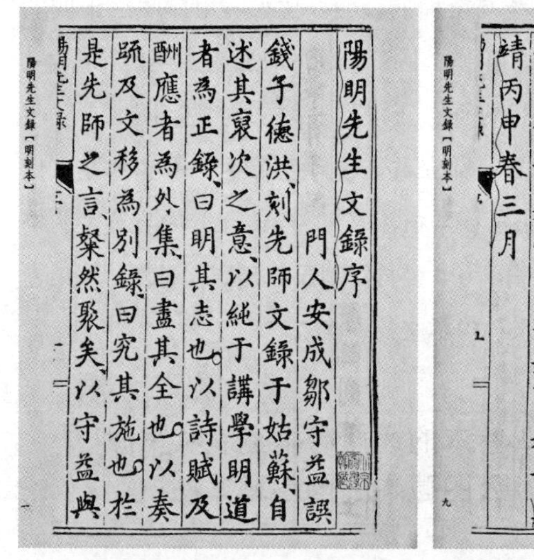
陽明先生文錄序
門人安成鄒守益譔
錢子德洪刻先師文錄于姑蘇自述其裒次之意以純于講學明道者為正錄曰明其志也以詩賦及酬應者為外集曰盡其全也以奏疏及文移為別錄曰究其施也於是先師之言粲然聚矣以守益與

陽明先生文錄【明刻本】

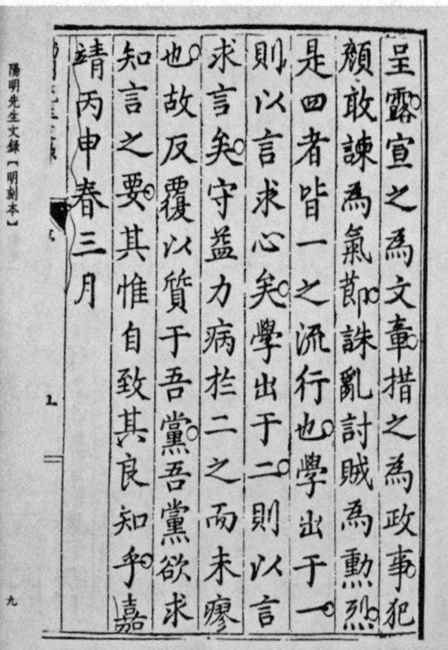
呈露宣之為文章措之為政事犯顏敢諫為氣節誅亂討賊為勳烈是四者皆一之流行也學出于一則以言求心矣學出于二則以言求言矣守益力病於二之而未瘳也故反覆以質于吾黨吾黨欲求知言之要其惟自致其良知乎嘉靖丙申春三月

陽明先生文錄【明刻本】

九

图 4.1　国图藏二十四卷本明刻本首序

在对二书内容互校基础上，且与二十八卷国图藏本、胡宗宪刻二十四卷本、隆庆六年初刻三十八卷本、通行三十九卷本相同内容的比较，我们有一些发现，且这个发现以往学术界都未曾注意到。这与学术界未曾注意到黄绾嘉靖十二年序与嘉靖十四年序内容不一样情况类似①，就是钱德洪参与或主持的文本在不断修订和增刻，这个过程持续时间长达四十年，持续到隆庆六年郭朝宾初刻全书本；而钱德洪后学门人对全书本的不断增订，则一直到万历中后期今四部丛刊影印的底本卷三十一下增刻一卷《山东乡试录》为止。对阳明全书的修订过程，长达六十多年，这真的是一个很长的过程，既有政治性因素的干扰，也有钱德洪个人编辑思想的变化，更有学术界的需求变动，是权威当局、编辑者和社会需求多元互动的最后折中。而正是在这样的反复平衡过程中，尤其是万历重刻全书本的广泛大规模印刷，多种阳明公移、年谱单刻本在递修或增刻中被人遗忘，导致我们对

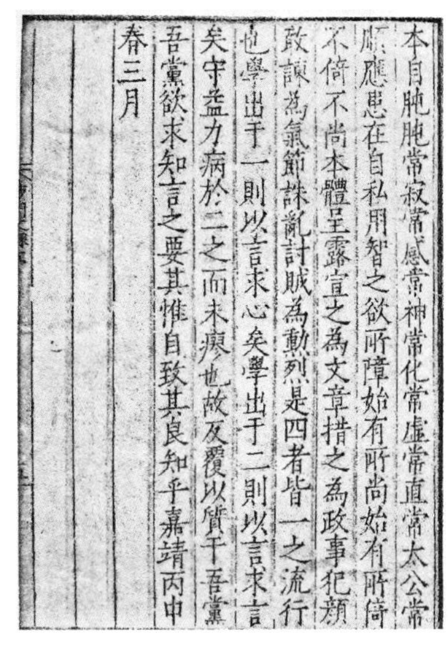

本自肫肫常寂常感常神常化常虛常直常太公常
順應患在自私用智之欲所障始有所尚始有所倚
不倚不尚本體呈露宣之為文章措之為政事犯顏
敢諫為氣節誅亂討賊為勳烈是四者皆一之流行
也學出于一則以言求心矣學出于二則以言求言
矣守益力病於二之而未瘳也故反覆以質于吾黨
吾黨欲求知言之要其惟自致其良知乎嘉靖丙申
春三月

图 4.2 采薇阁书院影印日本内阁文库藏明嘉靖刻二十四卷本首序

① 两篇序内容不一致，详细深入的考证，请参阅拙文《〈阳明先生文录〉版本源流考》，刊于《浙江社会科学》2019 年第 1 期。令人不解的是，一直到嘉靖三十七年的杭州天真书院《阳明先生文录》刊本仍然保留黄绾序，而隆庆六年后多种不同时期刊刻的全书本，均删除黄绾序言，尚需学术界进一步深入研究。

其版本源流的认识越发不清晰和模糊了。只有我们对每一个文录本、全书本进行仔细校对，回到阳明文集的各种单刻本、孤本的细心搜集中，回到阳明文本的各种古本中去，我们对阳明文集的各种版本源流才能认识清晰。

我们对国图藏二十八卷本（下表简称二十八卷本）《阳明先生文录》被原北图甲库藏二十四卷本（下表简称二十四卷本）删除之文、原北图甲库藏二十四卷本较国图藏二十八卷本增加之文进行详细比对，有助于深刻把握钱德洪嘉靖初期对阳明文录的编辑原则与方法。

表 4.2　二十四卷本文录对二十八卷本所收文的删除与增加①

	二十八卷本被二十四卷本删除之文②	二十四卷本较二十八卷本增加之文
正录卷一	与顾惟贤　庚辰	与黄诚甫　癸酉
		与黄诚甫　丁丑
		寄闻人邦英邦正三　庚辰

① 二十四卷文录本虽有略微差异，除甲库藏本、嘉靖三十二年宋仪望河东重刻甲库藏本、隆庆六年福建邵廉重刻河东本三种版本外集卷九少收《谥襄惠两峰洪公墓志铭》《祭洪襄惠公文》二文，国图藏明刻本、胡宗宪杭州刻本篇目、正文内容均一致。另外，文录诸本所收序言颇不一致，也有助于辨别不同刻本的具体时间和捐资人。

② 吴震、永富青地、钱明等学者对二十八卷本存而二十四卷本删除的阳明文章作了深入与系统的整理与研究，作了很多辑佚的努力，已经为学术界所知，本文不再做过多的描述。本文主要从学术界所忽视的二十八卷本缺但二十四卷本增刻、挪移与替换之文，来看不同版本之间的变化，诸版本前后之间的累积性增减，而不仅仅是以通行本为参照比照各个版本。

续 表

	二十八卷本被二十四卷本删除之文	二十四卷本较二十八卷本增加之文
正录卷二	与黄宗贤一　癸未	与邹谦之　辛巳
	寄薛尚谦一　癸未	与邹谦之　乙酉
	答方思道佥宪　甲申	
	与王公弼二　乙酉	
	与王公弼三　乙酉	
正录卷三	与欧阳崇一二　丙戌	
	与欧阳崇一三　丁亥	
	与欧阳崇一四　丁亥	
	与黄宗贤一　丁亥	
外集卷一		守俭弟归曰仁歌楚声为别予亦和之
外集卷三		忘言岩次谦之韵（《赣州诗》第12首）
		圆明洞次谦之韵（《赣州诗》第13首）
		潮头岩次谦之韵（《赣州诗》第14首）
		天成素有志于学兹得告东归林居静养其所就可知矣临别以此纸索赠漫为赋此遂寄声山泽诸贤（《赣州诗》第15首）
外集卷五		与黄诚甫一　甲申
		与黄诚甫二　甲申
		与黄诚甫三　乙酉
		与黄宗贤四　戊子
		与黄宗贤五　戊子

续　表

	二十八卷本被二十四卷本删除之文	二十四卷本较二十八卷本增加之文
外集卷五	与张罗峰阁老一　丁亥	
	与张罗峰阁老二　丁亥	
	与霍兀厓宫端二　丁亥	
	寄何燕泉二　戊子	
外集卷六		送别省吾林都宪序　戊子
外集卷八		悔斋说　癸酉
		竹江刘氏族谱跋　甲戌
		题遥祝图　戊寅
外集卷九		文橘庵墓志　乙亥
		祭孙中丞文　己卯
总　计	删除 14 篇	增加 21 篇

表 4.3　二十四卷本文录对二十八卷本所收之文的次序挪移

	国图藏二十八卷本	甲库藏二十四卷本
答徐成之二　壬申	正录卷一第 2 篇	外集卷五第 7 篇
答徐成之三　壬申	正录卷一第 3 篇	外集卷五第 8 篇
与薛尚谦一	外集卷五第 31 篇	正录卷一第 37 篇
与薛尚谦二	外集卷五第 31 篇	正录卷一第 38 篇
与陆元静四　甲申	正录卷二第 15 篇	外集卷五第 21 篇
答王亹庵中丞　甲申	正录卷二第 24 篇	外集卷五第 20 篇

续　表

	国图藏二十八卷本	甲库藏二十四卷本
与黄勉之三　乙酉	正录卷二第 28 篇	外集卷五第 25 篇
与郑启范侍御　丁亥	正录卷三第 23 篇	外集卷五第 27 篇
南冈说	正录卷四第 40 篇	外集卷八第 3 篇
书诸阳伯卷　戊寅	正录卷五第 9 篇	外集卷八第 11 篇
书陈世杰卷　庚辰	正录卷五第 10 篇	外集卷八第 12 篇
谕泰和杨茂	正录卷五第 11 篇	外集卷八第 13 篇
书栾惠卷　庚辰	正录卷五第 12 篇	外集卷八第 14 篇
书徐汝佩卷　癸未	正录卷五第 16 篇	外集卷八第 20 篇
挪移文章总数	14 篇	

事实上，至云南省图书馆藏甲库增刻本，二十四卷本内容已经完备并定形了。云图藏本《阳明先生文录》在外集卷九首次增加杭州籍大臣洪钟相关的墓志、祭文 2 篇，但尚未精校而已。国图藏邹守益手写序本对云图藏本作了大规模精确校对。

谥襄惠两峰洪公墓志铭①

大明故特进光禄大夫、柱国、太子太保、刑部尚书兼都察院左都御史致仕谥襄惠两峰洪公墓志铭。②

特进光禄大夫、柱国、太子太保、刑部尚书兼都察院左都

① 此文，王世隆本、王杏本、姑苏二十八卷本、甲库本、范庆本均缺，云图藏本首增，国图藏手写邹守益序本续增。

② 此句为云图藏本独存，他本均缺。

御史致仕洪公，以嘉靖二年四月十九日薨，时年八十有一矣。讣闻，天子遣官九谕祭，锡谥“襄惠”，赐葬钱塘东穆坞之原。其嗣子澄将以明年乙酉月日举葬事，以币以状来请铭。

维洪氏世显于鄱阳。自宋太师忠宣公皓始赐第于钱塘西湖之葛岭，三子景伯、景严、景卢皆以名德相承，遂为钱塘望族。八世祖讳其二，仕宋，为浙东安抚使。元兴，避地上虞。曾祖讳荣甫，祖讳有恒，迨皇朝建国，乃复还家钱塘。有恒初名洪武昌，忌者上书言其名犯年号。高皇帝亲录之，曰：“此朕兴之兆耳。”御书“有恒”易之。父讳薪，徽州街口批验所大使。自曾祖以下，皆以公贵，赠太子太保、刑部尚书，妣皆赠一品夫人。

公讳钟，字宣之。自幼歧嶷不凡。成化戊子，年二十六，以《易经》领乡荐。乙未，举进士，授官刑部主事，谙习宪典。时相继为大司寇者，皆耆德宿望，咸器重礼信之。委总诸司章奏，疑议大狱，取裁于公，声闻骤起。庚子，升员外郎，仍领诸司事。癸卯，丁内艰。丙午起复，升郎中，寻虑囚山西。

乙巳，江西、福建流贼甫定，公承命往审处之。归，言福建之武平、上杭、清流、永定，江西之安远、龙南，广东之程乡，皆流移混杂，习于斗争，以武力相尚，是以易哄而乱。譬若群豺虎而激怒之，欲其无相攫噬，难矣。宜及其平时，令有司多立社学，以训诲其子弟，销其兵器，易之以诗书礼让，庶几潜化其奸宄。时以为知本之论。弘治己酉，升江西按察副使。

癸丑，升四川按察使。所在发奸擿伏，无所挠避，而听决如流，庭无宿讼。由是横豪屏息。自土官宣慰使，皆懔懔奉约束。安氏世有马湖，恃力骄僭，为地方患。公从容画策去之，请吏于朝，遂以帖定。

丙辰入觐，升江西右布政使；丁巳，转福建左布政使。著绩两省。戊午，升都察院右副都御史，巡抚顺天等府，兼整饬蓟州诸边备。时朵颜虏势日猖獗，公以边备积弛，乃建议增筑边墙。自山海关、界岭口西北至密云古北口、黄花镇，直抵居庸，延亘千余里，缮复城堡三百七十，悉城、沿边诸县，官无浪费而民不知劳。自是，缓急有赖。又奏减防秋官兵六千人，岁省挽输犒赏之费以数万。创建浮桥于通州，以利病涉。毁永平陶窑，以息军民横役之苦。夺民产及牧围草场之入于权贵者，而悉还之。远近大悦，名称籍甚。

然权贵人之扼势失利者，数短公于上，遂改云南巡抚，再改贵州。顷之召还，督理漕运，兼巡抚凤阳诸处。正德丁卯，升右都御史，仍董漕政。戊辰，命掌南京都察院事，寻升南京刑部尚书。己巳，改北京工部，复改刑部，兼都察院左都御史，加太子少保，赐玉带。庚午，特命出总川、陕、湖、河四省军务。时沔阳、洞庭水寇丘仁、杨清等攻掠城邑，其锋甚锐，官军屡失利。公至，以计擒灭之。蓝五起蜀，与鄢老人等聚众往来，寇暴川、陕间，远近骚动。公涉历险阻，深入贼巢，运谋设奇，躬冒矢石，前后斩获招降以十数万，擒其渠酋二十八人，露布以闻。土官杨友、杨爱相仇，激为变，众至三万余，流劫重庆、保宁诸州县。公随调兵剿平之，复其故业。朝廷七降敕奖励，赐白金、麒麟服，进太子太保。公辞不获，则引年恳疏乞归。章七上，始允之。圣谕优奖，赐驰驿还，仍进光禄大夫，录其孙一人入胄监。

公既归，筑两峰书院于西湖之上，自号“两峰居士”。日与朋旧徜徉诗酒以为乐，如是者十有一年。嘉靖改元之壬午，朝廷念公寿耇，诏进公阶，特进光禄大夫、柱国，赐玄纁、羊酒，遣有司劳问。士夫之议者，咸以公先朝之老，抱负经济，年虽若迈而精力未衰，优之廊庙，足倚以为重，思复起公于家，而公已不可作矣。

公元娶郑氏，累赠一品夫人。继周氏、徐氏。又继魏氏，南京吏部尚书文靖公之孙女①，卒，赠一品夫人。二子魏出，长澄，乡进士，才识英敏，方向于用；次涛，荫授南京都察院都事，先卒。女二，侧出，长适漕运参将张奎，次适国子生李綦。孙男四：梗、楠、桥、檀，女七。墓合魏夫人之兆。铭曰：

桓桓襄惠，嶷然人杰。自其始仕，声闻已揭。于臬于藩，益弘以骞。略于西陲，寔屏寔垣。既荒南服，圻漕是督。亟命于南，亟召于北。司空司寇，邦宪是肃。帝曰司寇，尔总予师。寇贼奸宄，维尔予治。既狝既遏，豕窕狐逸。暨其成功，卒以老乞。天子曰俞，可长尔劬。西湖之湄，徉徉于于！圣化维新，聿怀旧臣。公已不作，维时之屯。天子曰咨，谥锡有隮！哀荣终始，其畴则如。穆坞之原，有郁其阡。诗此贞石，垂千万年！

① “孙女”，通行本误刻作“女女”，今据手写邹守益序本、胡宗宪本改。南京吏部尚书文靖公魏骥为萧山人，生卒年为 1375—1472；洪钟为钱塘人，生卒年为 1443—1523。按常理推测，魏骥、洪钟两人相差近 70 岁，洪钟继娶之魏氏当为魏骥之孙女，而非女儿，故通行本误刻。

祭洪襄惠公文[1]

呜呼！公以雄特之才，豪迈之气，际明良之会，致位公孤。勋业振于当时，声光被于远迩。功成身退，全节令[2]终。若公真可谓有济时之具，而为一世之杰矣。悲夫！才之难成也！千云合抱，岂岁月所能致？任之栋梁，已不为不见用矣，又辍而置之，闲散者十余年，不亦大可惜也乎！天岂以公有克肖之子，将敛其所未尽者而大发诸其后人也乎？

公优游林下，以乐太平之盛。其没也，天子锡之祭葬，褒以美谥。生荣死哀，亦复何憾矣！而予独不能无悲且感者。

方公之生，人皆知公之才美，而忌者抑之，使不得尽用，时之人顾亦概然视之，曾不知以为意。呜呼！岂知其没也，遂一仆而不可复起矣。老成典刑，为世道计者，能无悲伤乎哉！

先君子素与于公，守仁虽晚，亦辱公之知爱。公子尝以公之墓铭见属，曾不能发扬盛美。兹公之葬，又不能奔走执绋，驰奠一觞，聊以寓其不尽之衷焉尔。呜呼哀哉！尚飨！

而嘉靖三十七年胡宗宪重刻本，则是在钱德洪重刻国图藏邹守益手写序本基础上，在内容与目录原封不动的基础上对该本的重刊。但是，令人意外的是，嘉靖三十七年，钱德洪原封不动地重刻邹守益手写序本，却对胡宗宪说其底本为“姑苏本”，而胡宗宪对其恩师邹守益手写序本自然不会怀疑，这其实与事实不符。嘉靖三十七

① 此文，姑苏二十八卷本、甲库本均缺，手写邹守益序本首增。
② “令”，手写邹守益序本缺，云图藏本、胡宗宪本增。

年钱德洪杭州天真书院重刻文录本并没有以苏州二十八卷本为底本，而是源自甲库藏二十四卷本，且是甲库藏本基础上的增刻精校本，即手写邹守益序国图藏二十四卷本，该甲库本之上的增刻本增加甲库藏本未收录的洪钟相关的《谥襄惠两峰洪公墓志铭》《祭洪襄惠公文》2 篇文章。云图藏甲库增刻本首次出现《谥襄惠两峰洪公墓志铭》《祭洪襄惠公文》，国图藏邹守益手写序本则默认这样的增刻行为。

钱德洪故意混淆视听，就是要世人忽视黄绾独序二十八卷本，忽视欧阳德所主导的二十八卷本系列，包括范庆嘉靖二十六年刻文录十七卷本、闾东嘉靖二十九年天水刻二十八卷本、孙昭嘉靖三十四年重刻闾东本、嘉靖三十六年董聪赣州刻二十九卷本，由此树立邹守益与钱德洪自己所欣赏的二十四卷文录本的权威性，试图“独霸”学术话语权，达到其所谓“归一”“弘道”的学术目的。甚至，钱德洪有意忽视王杏嘉靖十四年在贵州刊刻的《新刊阳明先生文录续编》本，里面有十多篇通行本失收的文章、诗歌。当然，需要指出的是，二十四卷本所收之文，确实精中选精，删除很多“应酬之作”“冗文”，这也是需要肯定的。但正如钱明先生所说的全书本“不全”“不善”与“不佳”，我们后世学者均渴望从阳明全书尽览其全部阳明文献，二十四卷本的选本特性则稍失助益。

需要注意的是，嘉靖三十年至隆庆六年以前所有的《文录》刻本，都收录《传习录》所载南大吉、王畿等阳明弟子刻本书信，这说明，《传习录》《阳明文录》都重复收录王阳明与学生、学友罗钦顺、周道通、陆原静、顾东桥等四人论学书信。而只有到隆庆六年全书刊刻时，为避免内容重复，南大吉、王畿等阳明弟子刻本有关门人、学友书信之文才被剔除。

邹、黄之间不同版本之争，主要就是全本与选本之争，是全面保存阳明文献与基于讲学的弘道之争。二十八卷本、二十四卷本之争的后果就是，数十种嘉靖时期刊刻的阳明文录、《传习录》、《诗录》、《别录》、年谱、《居夷集》等单刻本淹没于历史的长河之中，其中，原二十八卷本大量的公移、论学书信在很长的时间内不被人注意，令人叹息。

表 4.4　二十四卷本与通行本所收序言先后次序

	甲库藏本	国图藏手写邹守益序本	上图藏本①	清华藏本②	上图藏宋仪望本	胡宗宪本	邵廉本	通行本
邹守益嘉靖丙申三月序	①	①	②	②	③	③	③	③
黄绾嘉靖乙未三月序	②		①	①	②	②	①	
钱德洪嘉靖乙未正月叙说		②		③		④		⑧
宋仪望嘉靖癸丑七月序					①		④	
胡宗宪嘉靖丁巳十一月序						①		
唐尧臣嘉靖戊午后跋						⑤		
王畿重刻阳明文录后语						⑥		⑥

① 该书上图藏本索书号 765625—48，24 册，题录为嘉靖十五年姑苏刻本。
② 清华大学图书馆藏有该书善本，索书号 236.2/6328：1，20 册。

续 表

	甲库藏本	国图藏手写邹守益序本	上图藏本	清华藏本	上图藏宋仪望本	胡宗宪本	邵廉本	通行本
邵廉隆庆壬申三月序							②	
宋仪望隆庆壬申二月题							⑤	
徐阶王文成公全书序								①
隆庆戊辰十月制诰像赞								②
徐爱《传习录》序								④
钱德洪阳明文录序								⑤
徐阶阳明文录续编序								⑦

表 4.5　诸文录本装订册数

	二十八卷本文录	二十四卷本文录
10 册	国图藏黄序本①	
12 册		上图藏宋仪望河东重刻本（宋、黄、邹序）②

① 国图网站中华古籍资源数据库收录该本文献全文，善本书号 13534。该书无目录，且序言仅收黄绾嘉靖十二年癸巳序，《公移三》文末附录有钱德洪嘉靖乙未苏州郡学跋；陆永胜主编《王阳明珍本文献丛刊·明刻本》第 1—4 册亦影印该书全文。

② 国图仅藏残本 10 册，总册数不明，姑附于此。黄振萍主编《王阳明文献集成》（广陵书社，2019）第 13—16 册收录此版本。

续 表

	二十八卷本文录	二十四卷本文录
14册	中科院藏孙昭陕西重刻闾东本（闾、黄、邹、孙序本）	国图藏黄、邹序本①
20册	北师大藏重刻闾东天水本（闾、黄、邹序本）；国图仅藏残本8册（闾、黄、邹序本）；浙图藏邹序本②	清华大学藏黄、邹、钱三序本③；国图藏邹守益手写序本；国图藏黄、邹序本④；人大藏黄、邹序本；北师大藏本；华东师大藏本；云图藏本
22册	浙图藏董聪赣州本（谈序）	北大藏本⑤
24册		上图藏黄、邹序本
25册		日本东洋文化研究所藏黄、邹序本⑥
26册		日本内阁文库藏胡宗宪杭州刻本⑦；上图；南图；安徽师大

① 国图网站中华古籍资源数据库收录该文献全文，善本书号09116。该书与日本浅草文库所收书一致，同有后人标点，内容版式同于原北京图书馆甲库藏本。甲库藏本为残本，题录为明嘉靖闻人邦正刻本，原书二十四卷，存二十二卷，缺别录卷九、卷十。国图、浅草文库均为全本，前序次序也一致，可补甲库藏本残本之不足。

② 该版本，浙图题为闾东本，卷首今有邹序，却无闾东序，卷一缺国图藏二十八卷本所收《答徐成之二三》《与顾惟贤　庚辰》，卷二始同国图藏二十八卷本内容。该版本底本不明，亦不知何人所纂刻。

③ 清华大学图书馆藏，索书号236.2/6238：1。该版本为二十四卷本中，除胡宗宪刻本外，所收序言较多的版本，卷首序依次为黄绾嘉靖乙未序、邹守益嘉靖丙申序与钱德洪嘉靖乙未序。

④ 该书总共24册，其中文录20册，第21—22册为《传习录》。国图网站中华古籍资源数据库未在网络上公布全文，陆永胜主编《王阳明珍本文献丛刊·明刻本》亦未收录，故不为学术界所知。

⑤ 北大图书馆题录为《阳明先生存稿》，索书号NC/5428/1132。该书被《明别集丛刊》第一辑影印。

⑥ 国图网站中华古籍资源数据库新近收录该文献全文。

⑦ 采薇阁书院从日本内阁文库获得此书，邹建锋主编《王阳明稀见版本辑存》（广陵书社，2021）第5—9册收录此版本。

总的来说，在阳明文集刊刻过程中，二十八卷本与二十四卷本之争是阳明学风行天下过程中极其重要的学术事件，更是阳明弟子对老师思想的不太理解导致的分歧，由于孤本文献难以获得，分散各地，且历来尚无阳明单刻本丛书目录指南，易为学术界所忽视。题录为闻人诠苏州本的版本，或被钱德洪自述所误，因该书别录卷十《公移三》附录有一篇钱德洪新增《叙迟留宸濠反间遗事》，写于嘉靖十四年乙未八月姑苏郡学，以之证明该书就是苏州本（“姑苏本”）。嘉靖二十九年、嘉靖三十六年，閰东、董聪分别重刻二十八卷本于甘肃天水、江西赣州，前者增加《传习录》，后者递修本则增加与兵部尚书王琼书信 17 篇。而题录闻人诠苏州本的版本，当为原北图甲库藏二十四卷本（有邹守益、黄绾序 2 篇），为钱德洪缩减四卷公移至二十四卷，同时对《正录》《外集》相关文章有不少删减、挪移、替换、增加，体现钱氏精而又精、传世讲学精神，应该是由邹守益捐资刊刻，大约刊刻于嘉靖二十年左右。

二十八卷本与二十四卷本之争涉及黄绾、欧阳德、钱德洪、邹守益、王畿、程文德、胡宗宪等多位阳明心学著名学者和官员，他们个人对阳明思想传播态度差异影响阳明早期版本文献的传播。而当时独特严苛的时局，不得不让阳明弟子保持一种谨慎的编辑原则，所谓“少刻少麻烦”，又让版本之争更显诡秘。通过对阳明文录数个不同内容版本的校对，有助于发现其中的微妙差异，有助于让我们重新呈现那一段独特的时局，也有助于我们理解不同时期阳明单刻本文献的不同情状。

第五章　北大藏增订《阳明先生存稿》十四卷本版本价值论

2023年春夏间，笔者自宁波前往北京大学多次，在北大师友甘祥满、干春松与李泽栋的热情帮助下联系进校，而北大古籍部老师们也积极帮忙，终于在特藏部发现极其珍贵的孤本，即增刻与重刻嘉靖十四年黄绾独序本十四卷本，且附录水西精舍《传习续录》。

该善本索书号46480，二函十册，双层棉纸，三种字体（包括后人重新的抄写体），有一种重刻字体与北大藏《传习续录》同。新发现的北大藏黄绾重刻本，不仅修订原嘉靖十四年增刻黄绾本（后文简称“黄绾本”）的数十处错误，而且增加不少新发现的阳明诗文，是衔接嘉靖十四年增刻黄绾本、甲库本（即坊间广为流传的“苏州本”）的重要过渡版本。

第一节　黄绾与嘉靖十二年、十四年两种黄绾本的捐资刊刻

据任文利先生考证，今存国图藏黄绾本已非嘉靖十二年黄绾捐资刊刻的初刻本，而是嘉靖十四年钱德洪增刻的全新文录版本，是合并别录、正录与外集的首个大全版本，且为坊间翻

刻本。[①] 坊间本书前仅有黄绾嘉靖十二年序，仅仅依此信息，我们似乎无法判断捐资者为谁。

根据该书《公移三》卷末钱德洪嘉靖十四年八月苏州府郡学所作跋语，我们大略可以判断的是现存的黄绾本当刊刻于嘉靖十四年后。

> 先生殁后，搜录遗书七年，而奏疏、文移始集。及查对月日，而后五征始末具见。独于用间一事，昔尝概闻，奏疏文移俱无所见。去年德洪主试广东，道经江西，访问龙光，始获间书、间牌诸稿，并所闻于诸同门者，归以附录云。时嘉靖乙未八月，书于姑苏之郡学。[②]

坊间本似乎有意突显版本的原刻本性质，保留初刻本全书含有的大量墨钉，故意替换掉嘉靖十四年黄绾修订的增刻本序言，换成初刻本嘉靖十二年序言，以此来坐地起价。根据后来甲库本保留的黄绾嘉靖十四年修订版序言，我们可以反证现存黄绾本其实是收录黄绾嘉靖十四年序言，也可以证明今存世黄绾本重刻于苏州或南京。因此，任文利先生关于黄绾本版本的不少判断，应该是合乎历史真相的。

黄绾本序言如下：

> 惜乎！天不慭遗，不获尽见行事，大被斯世，仅足存者唯《文录》《传习录》《居夷集》而已，其余或散亡及传写讹错，

① 任文利：《〈阳明文录〉闻人诠姑苏刻本辨正》，《中国哲学史》2019 年第 1 期。

② 黄绾本，《王阳明珍本文献丛刊》，第 4 册，附录，第 2148 页。

抚卷泫然，岂胜斯文之慨！乃与欧阳崇一、钱洪甫、黄正之率一二子侄，检粹而编订之，曰《阳明先生存稿》。

洪甫携之吴中，与黄勉之重为厘类，曰《文录》，曰《别录》，谋诸提学侍御闻人邦正，刻梓以行。庶传之四方，垂之万世，使有志之士知所用心，则先生之学、之道为不亡矣。

嘉靖癸巳秋九月望日，通议大夫、礼部右侍郎、前詹事府詹事兼翰林院侍读学士同修国典、经筵讲官、门生赤城黄绾识。

黄绾初刻十四卷本当刊刻于南京，时在嘉靖十二年。由于钱德洪获得苏州府学教授职位，出现了“洪甫携之吴中，与黄勉之重为厘类，曰《文录》，曰《别录》，谋诸提学侍御闻人邦正，刻梓以行”，正是在此本基础上，钱德洪将原二十卷别录合并整编为十四卷，与十四卷本文录一起，由闻人诠再次捐资重刻，成为全新的二十八卷本，就是今藏于国图的黄绾本。

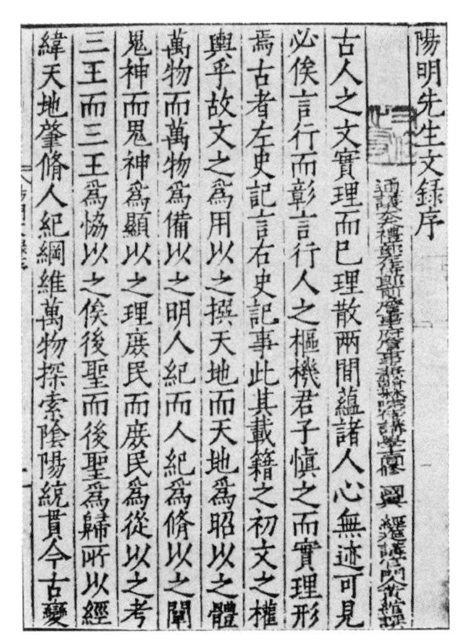
陽明先生文錄序

古人之文實理而已理散兩間蘊諸人心無迹可見必俟言行而彰言行人之樞機君子慎之而實理形焉古者左史記言右史記事此其載籍之初文之權輿乎故文之爲用以之撰天地而天地爲昭以之體萬物而萬物爲備以之明人紀而人紀爲脩以之闡鬼神而鬼神爲顯以之理庶民而庶民爲從以之考三王而三王爲協以之俟後聖而後聖爲歸所以經緯天地肇脩人紀綱維萬物探索陰陽統貫今古變

图 5.1　上海书图书馆藏甲库本首序第 1 页书影

据《明实录》，嘉靖七年十月壬戌，黄绾升为南京礼部右侍郎。十二年七月庚申，由南京礼部右侍郎升任北京礼部左侍郎；九月启程，由南京返回了北京，其中，虚职转变为实职，实际政治权力得以提升。

十三年三月，嘉靖帝令其以钦差大臣远赴山西，抚赈大同，体察军情，勘明功罪，许以便宜从事。历经五个月后，黄绾成功处理了大同兵变事件，为其在朝廷赢得巨大的政治声望。十四年乙未春，知贡举。后，丁母忧。服阕。十八年闰七月，升任礼部尚书兼翰林院学士，但因年迈不愿再出使混乱的边疆安南，反复推脱，最终被嘉靖皇帝所罢官，至此告别了政坛。可见，无论是嘉靖十二年癸巳秋九月，还是嘉靖十四年乙未春三月，黄绾确实还在仕途，且官职较大，十分便利参与捐资刊刻阳明文录。

嘉靖十二年九月十五日（望日），黄绾确实有可能以“礼部右侍郎、前詹事府詹事”的“门生”身份作为王阳明文集出版的捐资人。嘉靖十四年乙未春三月，当时的黄绾已在北京任职，为礼部左侍郎，参与了当时著名的贡举活动，为天下座主，而甲库本收录的黄绾的增刻修缮本序言，署名礼部左侍郎，正符合实情！

可见，也就是在嘉靖十二年至十四年，短短两年，即便是在嘉靖高压的政治环境下，当时的政治明星黄绾敢于顶住朱子学主流话语的压力，不顾嘉靖帝对阳明学的歧视，两次公开主持出版王阳明文录，不仅体现出黄绾的担当与对老师的深厚爱戴之情，也侧面反映出当时学术界对于王阳明文录的热切渴求。

第二节　北大藏本对黄绾本文录的增刻与挪移

北大藏本文录是对黄绾本的文录、外集部分的重刻，每半页十行，每行二十字，版式同于黄绾本。虽然，两个版本的刻工人物不同，但刀工皆体现出嘉靖中期的字体特征。

北大藏本对黄绾本的增刻与挪移，主要体现在《正录》卷一部分，增加《与黄诚甫》（癸酉、丁丑）、《寄闻人邦英邦正三》（庚辰）、《与薛尚谦》（戊寅 二、三），涉及阳明著名弟子黄宗明（字诚甫）、闻人诠、薛侃，总计5封书信。而前3封书信，是首次出现于阳明文录中，后被甲库本所吸收。其中，阳明与黄宗明、闻人诠3封书信仍然保留于《正录》中；而阳明与薛侃的后2封书信则原属于黄绾本外集卷五，被挪移至《正录》卷一中。

与黄诚甫

一（癸酉）

子以立志之说，已近烦渎，然为知己言，竟亦不能舍是也。志于道德者，功名不足以累其心；志于功名者，富贵不足以累其心。但近世所谓道德，功名而已；所谓功名，富贵而已。“仁人者，正其谊不谋其利，明其道不计其功。”一有谋计之心，则虽正谊明道，亦功利耳。

诸友既索居，曰仁又将远别，会中须时相警发，庶不就弛靡。诚甫之足，自当一日千里，任重道远，吾非诚甫谁望耶！临别数语，彼此闇然；终能不忘，乃为深爱。

二（丁丑）

区区正月十八日始抵赣，即兵事纷纷。二月往征漳寇，四月班师。中间曾无一日之暇，故音问缺然。然虽扰扰中，意念所在，未尝不在诸友也。养病之举，恐已暂停，此亦顺亲之心，未为不是。不得以此日萦于怀，无益于事，徒使为善之念不专。

何处非道，何处非学，岂必山林中耶？

希颜、尚谦、清伯登第，闻之喜而不寐。近尝寄书云："非为今日诸君喜，为阳明山中异日得良伴喜也。"吾于诚甫之未归亦然。

北大本新增《与黄诚甫》（癸酉、丁丑）二封书信，根据版本文献学刊刻的一般惯例，增刻本新增书信的写作对象往往与捐资人和编辑者高度相关，或者说，增刻书信的所有者与编辑者、捐资人关系密切。我们认为，北大本文录或为黄宗明捐资刊刻，或与黄宗明关系密切的人捐资刊刻，或者说该书的编辑者与黄宗明关系密切。

据《明实录》，黄宗明本为正德九年进士，嘉靖三年因大礼议投靠权威当局。嘉靖四年，擢升江西吉安府知府，建白鹭洲书院，以道德励诸生。五年转福建盐运司运使，六年升翰林院修撰。丁内艰，服阕。八年升光禄寺卿，十年因薛侃事牵连，与同门编修欧阳德、主事薛侨同下诏狱。嘉靖十一年升兵部右侍郎，十二年九月转礼部右侍郎。十三年出为福建参政。十四年升礼部左侍郎，十五年闰十二月卒。

从《明实录》可知，与黄绾一样，黄宗明也因为投靠嘉靖有功，即便两次陷入政治漩涡，但念旧情的嘉靖总是让其逢凶化吉，先后出任兵部侍郎、礼部侍郎，算是嘉靖心腹权臣。但其英年早逝，且其投靠大礼议权臣导致逝后名声不好，后世一直对其讳莫如深，客观上导致其文献不传，其文献史料极少，无法对其深入研究。

我们获得的阳明文录稀见版本中，只有两个稀见版本我们没有获得全文，一个是欧阳德修订重刻二十八卷系列本，是由当时任国子监的阳明永康弟子程文德作序，嘉兴吴子堂捐资刊刻的，刊刻于嘉靖二十五年左右，详见程文德文集。

> 《全集》近已行矣，学者从其所爱慕感触，皆可因而入焉。……邑侯应君象川，以意摘其要略，请梓之以传。谓川也尝亲炙于先生者，过而使序之。……应侯名云鹭，象山人。①

此序作于嘉靖二十六年丁未，名儒陈九川乡居多年，时年已五十四岁，涵养良知学多年，学问扎实，深厚细密。该序言透露一个重要信息，就是嘉靖二十六年左右，当时学术界刊刻一个《全集》本，从而延伸出应云鹭的《集略》本。这个《全集》本会是谁捐资刊刻的呢？

> 《阳明先生文录》，旧尝梓行，然多讹缪，间编帙有错置者，欧阳子崇一厘正之。太学生嘉兴吴子堂盖慕先生而私淑焉者，欣然请复梓焉。②

嘉靖二十五年，欧阳德赴南京鸿胪寺任，携过去五年间修订好的二十八卷本阳明文录，而同门好友程文德恰任南京国子监祭酒，遂有此《全集》本的刊刻。“多讹缪，间编帙有错置”，说明需重

---

① 陈九川：《阳明先生集略序》，见《王阳明全集（新编本）》，第6册，卷五十三附录三，第2155—2156页。

② 程文德：《阳明文录跋》，见吴光、钱明、董平等编校：《王阳明全集（新编本）》，第6册，卷五十三附录三，第2153—2154页。

刻；“欧阳子崇一厘正之”，而“太学生嘉兴吴子堂”“欣然请复梓”，说明为了避免刊刻阳明文录引发嘉靖皇帝和保守派攻击，用太学生捐资的名义来操办这件事，这种托词与后来学生董聪捐资刊刻二十八卷本大体一致。

另外一个稀见文录版本为越刻本，或为徐阶担任浙江提学副使时期捐资刊刻，大约在嘉靖十三年至十六年之间，或为甲库本。

需要指出的是，修缮北大本的甲库本却继续增刻黄宗明的3封书信，分别置于《外集》卷五第22—24篇。甲库本增刻的3封书信是黄绾本、北大本都不曾收录的书信，今辑录于此，供大家参考。

与黄诚甫

一（甲申）

近得宗贤寄示《礼疏》，明甚。诚甫之议，当无不同矣。古之君子恭敬、撙节、退让以明礼，仆之所望于二兄者，则在此而不在彼也。果若是以为斯道之计，进于议礼矣。先妻不幸于前月奄逝，方在悲悼中。适陈子文往，草草布间阔。

二（甲申）

别久，极渴一语。子莘来，备道诸公进修，亦殊慰。大抵吾人习染已久，须得朋友相夹持。离群索居，即未免隳惰。诸公既同在留都，当时时讲习为佳也。

三（乙酉）

盛价来领手札，知有贵恙且喜渐平复矣。贱躯自六月暑病，然两目蒙蒙，两耳蓬蓬，几成废人，仅存微息。旬日前，元忠、宗贤过此，留数日，北去。山庐卧病，期少谢人事，而应接亦多。今复归卧小阁，省愆自讼而已。闻有鼓柑之兴，果尔良慰。渴望切磋砥砺之益，彼此诚不无也。

至此，经历过北大本、甲库本的先后两次增刻，黄宗明书信终于进入阳明文录的正式版本文献中，其中，正德癸酉、丁丑年学术性强的2封书信收录于正录卷一中，而嘉靖甲申、乙酉年学术性弱有关事务类的3封书信则收录于外集卷五中。不知何故，嘉靖十二年黄绾初刻本居然没有收录王阳明与黄宗明的书信。或许，在嘉靖十一年、十二年欧阳德与钱德洪在南京编辑书信时，因为黄宗明人在北京任职的缘故，三人似乎未能取得直接联系有关。

寄闻人邦英、邦正　三（庚辰）①

书来，意思甚恳切，足慰远怀。持此不懈，即吾立志之说矣。源泉混混，不舍昼夜，盈科而后进。放乎四海，有本者如是。立志者，其本也。有有志而无成者矣，未有无志而能有成者也。贤弟勉之！色养之暇，怡怡切切，可想而知。交修罔怠，庶吾望之不孤矣。地方稍平，退休有日；预想山间讲习之乐，不觉先已欣然。

闻人诠，字邦正，号北江，余姚人。闻人邦英弟，阳明姑表弟。正德十一年举人，嘉靖五年进士。先后历任江苏省宝应知县、山海

① 王阳明与闻人诠兄弟此书信，黄绾独序本缺载，首见于北大藏本。

关御史、南直隶提学副使、河南道监察御史、辰沅兵备使。曾因上疏救宁波籍同门、都御史定斋先生王应鹏而被廷杖。其中，嘉靖十一年至十八年期间，负责原南直隶地区的学政工作。北大本增刻的正德十五年王阳明与闻人诠兄弟书信，实为黄绾本漏刻，故而增补之，说明北大本与闻人诠存在密切的关系。

寄尚谦（戊寅）①

二

得书，知日孚停舟郁孤，迟迟未发，此诚出于意望之外。日孚好学如此，豪杰之士必有闻风而起者矣。何喜如之！何喜如之！

昨见太和报效人，知欧、王二生者至，不识曾与一言否？欧生有一书，可谓有志。中间述子晦语颇失真，恐亦子晦一时言之未莹尔。大抵工夫须实落做去，始能有见，料想臆度，未有不自误误人者矣。

此间贼巢乃与广东山后诸贼相连，余党往往有从遁者，若非斩绝根株，意恐日后必相联而起，重为两省之患。故须更迟迟旬日，与之剪除。兵难遥度，不可预料，大抵如此。

小儿劳诸公勤勤开诲，多感多感！昔人谓教小儿有四益，验之果何如耶？正之闻已到，何因复归？区区久顿于外，徒劳诸友往返，念之极切悬悬。今后但有至者，须诸君为我尽意吐露，纵彼不久留，亦无负其来可也。

---

① 王阳明与薛侃此二、三两封书信，首见于北大藏本，黄绾独序本缺载。

三

日来因兵事纷扰，贱躯怯弱，以此益见得工夫有得力处。只是从前大段未曾实落用力，虚度虚说过了。自今当与诸君努力鞭策，誓死进步，庶亦收之桑榆耳。

日孚停馆郁孤，恐风气太高，数日之留则可，徜更稍久，终恐早晚寒暖欠适。区区初拟日下即回，因从前征剿，撤兵太速，致遗今日之患。故且示以久屯之形，正恐后之罪今，亦犹今之罪昔耳。但从征官属已萌归心，更相倡和，已有不必久屯之说。天下事，不能尽如人意，大抵皆坐此辈，可叹可叹！

闻仕德失调，意思何如？大抵心病愈，则身病亦自易去。纵血气衰弱，未便即除，亦自不能为心患也。

小儿劳开教，驽骀之质，无复望其千里，但得帖然于皂枥之间，斯已矣。门户勤早晚，得无亦厌琐屑否？不一。

王阳明与薛侃的2封正德十三年书信，从《外集》的附属地位上升至《正录》的正统地位，一个可能的解释是，这或许与当时薛侃参与编辑或充当捐资人有关。或者，还有一个解释就是，当时的编辑者、捐资人由于敬佩薛侃在阳明学早期传播中的领导地位，给予其更高的学术待遇，而让其书信在《阳明文录》中地位抬升，而这也与文录最早版本的捐资人黄绾在中央政治地位的下降相关。

薛侃，字尚谦，号中离，揭阳县龙溪人。正德十二年进士，十六年授行人。嘉靖七年补司正，九年与王臣在杭州西湖边建天真书院，十年被罢官，十一年在家建宗山书院。十五年游历浙赣，十六年与同门王畿选编《阳明先生则言两卷》（周文规捐资刻印，同门应良作序），嘉靖二十四年卒。

从卷一增刻和挪移的数篇王阳明散佚文章来看，无论是黄宗明、闻人诠还是薛侃，都与浙江阳明学发展关系密切，其中，黄宗明、闻人诠为越、甬地区人，与王阳明故乡关系密切，由此推断，北大本极有可能就是散佚的文录越刻本。

> 德洪葺师文录，始刻于姑苏，再刻于越，再刻于天真，行诸四方久矣。①

钱德洪明确说，在“葺师文录”的版本文献中“始刻于姑苏”，即是任文利先生所说的嘉靖十四年增刻黄绾本，即今国图藏黄绾本，总计二十八卷；“再刻于天真”就是胡宗宪嘉靖三十七年刊刻于杭州天真书院本，总计 24 卷；而“再刻于越”的这个阳明文录版本，一般学者均不知所指。而今存世二十四卷本中，甲库本、云图本、邹守益手写序本均为“无主”版本，谁捐资？谁编辑？这些“无主”版本的判定，需要更多的直接证据。其中，甲库本是黄绾本的精简本，邹守益手写序本则是甲库本的精校本，而云图本则是甲库本与邹守益手写序本的过渡本。而钱德洪自述所说的“越”，大概率为绍兴府刻本，是与姑苏、天真并行的地域概念，但也存在一种可能，就是指刻于杭州的浙江本。

除卷一增录和挪移之外，在《正录》卷三书末、《正录》卷

---

① 《王文成公全书》，钱德洪隆庆六年壬申序言。

四序记说末、《外集》卷一赋骚中，北大本分别增刻《大学问》《〈训蒙〉大意示教读刘伯颂等》《教约》《守俭弟归曰仁歌楚声为别予亦和之》四篇文章。其中，《大学问》源自钱德洪的编辑，而《〈训蒙〉大意示教读刘伯颂等》《教约》则源于南大吉版《传习录》，而《守俭弟归曰仁歌楚声为别予亦和之》则源自王守俭。钱德洪、王守俭均为越地人，南大吉版《传习录》刊刻于绍兴，可见，新增刻文章的写作对象都与越地有关，进一步证明北大本真有可能刊刻于越地。

大 学 问①

"大学者，昔儒以为大人之学矣。敢问大人之学何以在于'明明德'乎?"

阳明子曰："大人者，以天地万物为一体者也，其视天下犹一家，中国犹一人焉。若夫间形骸而分尔我者，小人矣。大人之能以天地万物为一体也，非意之也，其心之仁本若是，其与天地万物而为一也。岂惟大人，虽小人之心亦莫不然，彼顾自小之耳。是故见孺子之入井，而必有怵惕恻隐之心焉，是其仁之与孺子而为一体也；孺子犹同类者也，见鸟兽之哀鸣觳觫，而必有不忍之心焉，是其仁之与鸟兽而为一体也；鸟兽犹有知觉者也，见草木之摧折而必有悯恤之心焉，是其仁之与草木而为一体也；草木犹有生意者也，见瓦石之毁坏而必有顾惜之心焉，是其仁之与瓦石而为一体也：是其一体之仁也，虽小人之

① 北大藏本阳明文录之《大学问》文。

心亦必有之。是乃根于天命之性，而自然灵昭不昧者也，是故谓之‘明德’。小人之心既已分隔隘陋矣，而其一体之仁犹能不昧若此者，是其未动于欲，而未蔽之时也。及其动于欲，蔽于私，而利害相攻，忿怒相激，则将戕物圮类，无所不为，其甚至有骨肉相残者，而一体之仁亡矣。是故苟无私欲之蔽，则虽小人之心，而其一体之仁犹大人也；一有私欲之蔽，则虽大人之心，而其分隔隘陋犹小人矣。故夫为大人之学者，亦惟去其私欲之蔽，以自明其明德，复其天地万物一体之本然而已耳，非能于本体之外而有所增益之也。”

曰：“然则何以在‘亲民’乎?”

曰：“明明德者，立其天地万物一体之体也。亲民者，达其天地万物一体之用也。故明明德必在于亲民，而亲民乃所以明其明德也。是故亲吾之父，以及人之父，以及天下人之父，而后吾之仁实与吾之父、人之父与天下人之父而为一体矣；实与之为一体，而后孝之明德始明矣！亲吾之兄，以及人之兄，以及天下人之兄，而后吾之仁实与吾之兄、人之兄与天下人之兄而为一体矣；实与之为一体，而后弟之明德始明矣！君臣也，夫妇也，朋友也，以至于山川鬼神鸟兽草木也，莫不实有以亲之，以达吾一体之仁，然后吾之明德始无不明，而真能以天地万物为一体矣。夫是之谓明明德于天下，是之谓家齐国治而天下平，是之谓尽性。”

曰：“然则又乌在其为‘止至善’乎?”

曰：“至善者，明德、亲民之极则也。天命之性粹然至善，其灵昭不昧者，此其至善之发见，是而是焉，非而非焉，轻重厚薄随感随应，变动不居，而亦莫不自有天然之中，是乃民彝物则之极，而不容少有议拟增损于其间也。少有拟议增损于其间，则是私意小智，而非至善之谓矣。自非慎独之至、惟精惟一者，其孰能与于此乎？后之人惟其不知至善之在吾心，而用其私智以揣摸测度于其外，以为事事物物各有定理也，是以昧其是非之则，支离决裂，人欲肆而天理亡，明德、亲民之学遂大乱于天下。盖昔之人固有欲明其明德者矣，然惟不知止于至善，而骋其私心于过高，是以失之虚罔空寂，而无有乎家国天下之施，则二氏之流是矣。固有欲亲其民者矣，然惟不知止于至善，而溺其私心于卑琐，是以失之权谋智术，而无有乎仁爱恻怛之诚，则五伯功利之徒是矣。是皆不知止于至善之过也。故止至善之于明德、亲民也，犹之规矩之于方圆也，尺度之于长短也，权衡之于轻重也。故方圆而不止于规矩，爽其则矣；长短而不止于尺度，乖其剂矣；轻重而不止于权衡，失其准矣；明明德、亲民而不止于至善，亡其本矣。故止于至善以亲民，而明其明德，是之谓大人之学。”

曰：“‘知止而后有定，定而后能静，静而后能安，安而后能虑，虑而后能得’，其说何也？”

曰：“人惟不知至善之在吾心，而求之于其外，以为事事物物皆有定理也，而求至善于事事物物之中，是以支离决裂，错杂纷纭，而莫知有一定之向。今焉既知至善之在吾心，而不假于外求，则志有定向，而无支离决裂、错杂纷纭之患矣。无支离决裂、错杂纷纭之患，则不妄动而能静矣。心不妄动而能静，则其日用之间，从容闲暇而能安矣。能安，则凡一念之发，一事之感，其为至善乎？其非至善乎？吾心之良知，自有以详审精察之而能虑矣。能虑则择之无不精，处之无不当，而至善于是乎可得矣。”

曰：“‘物有本末’，先儒以明德为本，新民为末，两物而内外相对也。‘事有终始’，先儒以知止为始，能得为终，一事而首尾相因也。如子之说，以新民为亲民，则本末之说亦有所未然欤?”

曰：“终始之说，大略似矣。即以新民为亲民，而曰明德为本，亲民为末，其说亦未为不可，但不当分本末为两物耳。夫木之干谓之本，木之梢谓之末，惟其一木也，是以谓之本末。若曰两物，则既为两物矣，又何可以言本末乎？新民之意，既与亲民不同，则明德之功，自与新民为二。若知明明德以亲其民，而亲民以明其明德，则明德、亲民焉可析而为两乎？先儒之说，是盖不知明德、亲民之本为一事，而认以为两事，是以虽知本末之当为一物，而亦不得不分为两物也。”

曰：“古之欲明明德于天下者，以至于先修其身，以吾子明德亲民之说通之，亦既可得而知矣。敢问欲修其身，以至于致知在格物，其工夫次第又何如其用力欤?”

曰：“此正详言明德、亲民、止至善之功也。盖身、心、意、知、物者，是其工夫所用之条理，虽亦各有其所，而其实只是一物。格、致、诚、正、修者，是其条理所用之工夫，虽亦皆有其名，而其实只是一事。何谓身？心之形体运用之谓也。何谓心？身之灵明主宰之谓也。何谓修身？为善而去恶之谓也。

故欲修其身者，必在于先正其心也。然心之本体则性也。性无不善，则心之本体本无不正也。何从而用其正之之功乎？盖心之本体本无不正，自其意念发动而后有不正。

故欲正其心者，必就其意念之所发而正之，凡其发一念而善也，好之真如好好色；发一念而恶也，恶之真如恶恶臭，则意无不诚，而心可正矣。然意之所发，有善有恶，不有以明其善恶之分，亦将真妄错杂，虽欲诚之，不可得而诚矣。故欲诚其意者，必在于致知焉。致者，至也，如云‘丧致乎哀’之‘致’。《易》言‘知至至之’，‘知至’者，知也；‘至之’者，致也。‘致知’云者，非若后儒所谓充广其知识之谓也，致吾心之良知焉耳。

良知者，孟子所谓‘是非之心，人皆有之’者也。是非之心，不待虑而知，不待学而能，是故谓之良知。是乃天命之性，吾心之本体，自然灵昭明觉者也。凡意念之发，吾心之良知无有不自知者。其善欤，惟吾心之良知自知之；其不善欤，亦惟吾心之良知自知之；是皆无所与于他人者也。故虽小人之为不善，既已无所不至，然其见君子，则必厌然揜其不善，而著其善者，是亦可以见其良知之有不容于自昧者也。

今欲别善恶以诚其意，惟在致其良知之所知焉尔。何则？

意念之发，吾心之良知既知其为善矣，使其不能诚有以好之，而复背而去之，则是以善为恶，而自昧其知善之良知矣。意念之所发，吾之良知既知其为不善矣，使其不能诚有以恶之，而复蹈而为之，则是以恶为善，而自昧其知恶之良知矣。若是，则虽曰知之，犹不知也，意其可得而诚乎！今于良知所知之善恶者，无不诚好而诚恶之，则不自欺其良知而意可诚也已。然欲致其良知，亦岂影响恍惚而悬空无实之谓乎？是必实有其事矣。故致知必在于格物。

物者，事也，凡意之所发必有其事，意所在之事谓之物。格者，正也，正其不正以归于正之谓也。正其不正者，去恶之谓也。归于正者，为善之谓也。夫是之谓格。书言'格于上下''格于文祖''格其非心'，格物之格实兼其义也。良知所知之善，虽诚欲好之矣，苟不即其意之所在之物而实有以为之，则是物有未格，而好之之意犹为未诚也。良知所知之恶，虽诚欲恶之矣，苟不即其意之所在之物而实有以去之，则是物有未格，而恶之之意犹为未诚也。

今焉于其良知所知之善者，即其意之所在之物而实为之，无有乎不尽。于其良知所知之恶者，即其意之所在之物而实去之，无有乎不尽。然后物无不格，而吾良知之所知者无有亏缺障蔽，而得以极其至矣。夫然后吾心快然无复余憾而自谦矣，夫然后意之所发者，始无自欺而可以谓之诚矣。故曰：'物格而后知至，知至而后意诚，意诚而后心正，心正而后身修。'盖其功夫条理虽有先后次序之可言，而其体之惟一，实无先后次序之可分。其条理功夫虽无先后次序之可分，而其用之惟精，固有纤毫不可得而缺焉者。此格致诚正之说，所以阐尧、舜之正传而为孔氏之心印也。"

《大学问》的定稿和刊刻时间，学术界历来争论很久。早在2007年，任文利先生就考探出《大学问》当刊刻于嘉靖十三年左右，附录于单刻本《大学古本》中，而当时邹守益撰写了跋言。①

由于《大学问》的重要性，故而阳明后学人物王杏在贵州担任提学副使于嘉靖十四年乙未刊刻《新刊阳明先生文录续编》时，在卷一首篇收录《大学古本序》，第二篇就是《大学问》。这是目前存世文献中，我们再次看到《大学问》的刊刻。

嘉靖三十年辛亥九月，王畿、钱德洪著名弟子沈宠出任福建提学御史，在福州重新刊刻王畿编辑的嘉靖二十九年《传习录》，附录同僚、江西阳明后学人物朱衡珍藏的《大学问》《朱子晚年定论》，这是当时学术界第二次公开刊刻《大学问》的史料记载。

> 侍御古林沈君，学先生之学者也。按闽之暇，取《传习录》《大学问》《朱子晚年定论》，手订付梓，播诸学官弟子员。②
>
> 于是按闽之暇，求助于多士，莫予告者。视提学宪副朱君维平臭味相同，授是录而谋以锓梓。君亦出其所藏《大学问》《朱子晚年定论》以附于后，期与多士共之。③

嘉靖四十四年，嘉兴知府徐必达捐资刊刻《阳明先生文录续编》，再次增录《大学问》。隆庆六年，提学御史谢廷杰在杭州捐资刊刻《王文成公全书》，收录《阳明先生文录续编》，而《大学问》

① 任文利:《王阳明〈大学问〉来历考》,《湖南社会科学》2007 年第 3 期。

② 朱衡《重刻〈传习录〉序》，载［清］黄宗羲《明文海》卷二一七，中华书局，1987 年，第 2195—2196 页。

③ 沈宠《重刻〈传习录〉序》，上图藏嘉靖三十三年刻《传习录三卷　续录二卷》序言。

成为阳明心学风行天下的重要入门教材资料。

《训蒙》大意示教读刘伯颂等①

古之教者，教以人伦。后世记诵词章之习起，而先王之教亡。今教童子，惟当以孝弟忠信礼义廉耻为专务。其栽培涵养之方，则宜诱之歌诗以发其志意，导之习礼以肃其威仪，讽之读书以开其知觉。今人往往以歌诗习礼为不切时务，此皆末俗庸鄙之见，乌足以知古人立教之意哉！

大抵童子之情，乐嬉游而惮拘检，如草木之始萌芽，舒畅之则条达，摧挠之则衰痿。今教童子，必使其趋向鼓舞，中心喜悦，则其进自不能已。譬之时雨春风，沾被卉木，莫不萌动发越，自然日长月化；若冰霜剥落，则生意萧索，日就枯槁矣。故凡诱之歌诗者，非但发其志意而已，亦所以泄其跳号呼啸于咏歌，宣其幽抑结滞于音节也；导之习礼者，非但肃其威仪而已，亦所以周旋揖让而动荡其血脉，拜起屈伸而固束其筋骸也；讽之读书者，非但开其知觉而已，亦所以沉潜反复而存其心，抑扬讽诵以宣其志也。凡此，皆所以顺导其志意，调理其性情，潜消其鄙吝，默化其粗顽，日使之渐于礼义而不苦其难，入于中和而不知其故。是盖先王立教之微意也。

若近世之训蒙稚者，日惟督以句读课仿，责其检束，而不知导之以礼；求其聪明，而不知养之以善；鞭挞绳缚，若持拘

① 据钱德洪等人所编阳明年谱，采邓艾民先生说，此二文或作在正德十三年左右，时阳明四十七岁，在赣州大兴教化。

囚。彼视学舍如囹狱而不肯入，视师长如寇仇而不欲见，窥避掩覆以遂其嬉游，设诈饰诡以肆其顽鄙，偷薄庸劣，日趋下流。是盖驱之于恶，而求其为善也，何可得乎？

凡吾所以教，其意实在于此。恐时俗不察，视以为迂，且吾亦将去，故特叮咛以告。尔诸教读，其务体吾意，永以为训；毋辄因时俗之言，改废其绳墨，庶成蒙以养正之功矣。念之！念之！

教约

每日清晨，诸生参揖毕，教读以次。

遍询诸生：在家所以爱亲敬长之心，得无懈忽未能真切否？温凊定省之仪，得无亏缺未能实践否？往来街衢，步趋礼节，得无放荡，未能谨饬否？一应言行心术，得无欺妄非僻未能忠信笃敬否？诸童子务要各以实对，有则改之，无则加勉。教读复随时就事，曲加诲谕、开发。然后各退就席肄业。

凡歌诗，须要整容定气，清朗其声音，均审其节调；毋躁而急，毋荡而嚣，毋馁而慑。久则精神宣畅，心气和平矣。每学量童生多寡，分为四班，每日轮一班歌诗；其余皆就席，敛容肃听。每五日则总四班，递歌于本学。每朔望，集各学会歌于书院。

凡习礼，须要澄心肃虑，审其仪节，度其容止；毋忽而惰，毋沮而怍，毋径而野；从容而不失之迂缓，修谨不失之拘局。久则体貌习熟，德性坚定矣。童生班次，皆如歌诗。每间一日，则轮一班习礼。其余皆就席，敛容肃观。习礼之日，免其课仿。每十日，则总四班递习于本学。每朔望，则集各学会习于书院。

凡授书，不在徒多，但贵精熟。量其资禀，能二百字者，止可授以一百字。常使精神力量有余，则无厌苦之患，而有自得之美。讽诵之际，务令专心一志，口诵心惟，字字句句，紬绎反复，抑扬其音节，宽虚其心意。久则义礼浃洽，聪明日开矣。

每日工夫，先考德，次背书、诵书，次习礼，或作课仿，次复诵书、讲书，次歌诗。凡习礼歌诗之类，皆所以常存童子之心，使其乐习不倦，而无暇及于邪僻。教者知此，则知所施矣。虽然，此其大略也，神而明之，则存乎其人。

《〈训蒙〉大意示教读刘伯颂等》《教约》两篇，最先收录于南大吉嘉靖三年在绍兴府捐资刊刻的《传习录》中。

守俭弟归曰仁歌楚声为别予亦和之

庭有竹兮青青，上乔木兮鸟嘤嘤；妹之来兮，弟与偕行。竹青青兮雨风，鸟嘤嘤兮西东！弟之归兮，兄谁与同？江云暗兮暑雨，江波渺渺兮愁予。弟别兄兮须臾，兄思弟兮何处？

景翳翳兮桑榆，念重闱兮离居；路修远兮崎险，沮风波兮江湖。山有洞兮洞有云，深林窅窅兮涧道曛。松落落兮葛累累，猿啾啾兮鹤怨群。山之人兮不归，山鬼昼啸兮下上烟霏。风袅袅兮桂花落，草萋萋兮春日迟。

葺予屋兮云间，荒予圃兮溪之阳；驱虎豹兮无践我藿，扰麋鹿兮无駭我场。解予绶兮钟阜，委予佩兮江湄。往者不可追兮，叹凤德之日衰；将沮溺其耦耕兮，孰接舆之避予。回予驾兮扶桑，鼓予枻兮沧浪。终携汝兮空谷，采三秀兮徜徉。

《守俭弟归曰仁歌楚声为别予亦和之》，姑苏二十八卷本、范庆本、孙昭本、董聪增刻本均缺，为北大藏本、甲库本首增，后手写邹守益序本、胡宗宪刻本、通行本承续之。

第三节　甲库本对北大本的继承与精简

北大本的发现，为我们解决了学术界多年悬而未决的问题，其中一个问题就是，黄绾初刻本是十四卷还是二十八卷，黄绾初刻本到底有没有收录《别录》。王阳明去世一年后，即嘉靖九年，王阳明诗歌四卷首次搜录完成，而再次定稿则发生在今存世黄绾本，最后的定稿则见于甲库本。可见，在王阳明文集的长期定稿过程中，难度最低的诗歌部分的最后定稿，也花去至少十多年时间。这说明，对于诲人不倦、门人弟子遍天下的王阳明的散佚文献的收集，一直处于更新过程中，不断有新发现的散佚诗文，不断补充，不断增刻。以《王文成公全书》观之，《别录》部分的最终定稿结束于嘉靖三十三年以前，《传习录》的最终定稿结束于嘉靖三十五年，《阳明年谱》的最终定稿结束于嘉靖四十三年，《文录续编》第一次定稿于嘉靖四十五年，并未如预期的那样顺利。而以《阳明先生文录》而言，《诗录》单刻本基本形成于嘉靖九年，《别录》单刻本形成于嘉靖十四年。

通过对存世黄绾本与北大本的比较研究，确定证明了一个结论，无论是黄绾《文录》初刻本还是北大本，其实都是《文录》十四卷本，未收《别录》十四卷，即仅收《正录》五卷，《外集》十卷。其中，存世北大本是黄绾初刻本的增订本，增收《与黄诚甫》（癸酉、丁丑）、《寄闻人邦英邦正三》（庚辰）、《大学问》、《〈训蒙〉大意示教读刘伯颂等》、《教约》、《守俭弟归曰仁歌楚声为别予亦和之》总计7篇，挪移书信2篇。当然，或许还有另外一种解释，就是嘉靖十四年，钱德洪刊刻《别录》十四卷，顺便将嘉靖十二年黄绾捐资刊刻的十四卷初刻本合并在一种书中。

> 德洪昔裒次师文，尝先刻奏疏、公移凡二十卷，名曰《别录》，为师征濠之功未明于天下也。既后，刻《文录》，志在删繁，取公移三之二而去其一。……隆庆庚午八月朔日，德洪百拜识。①

据钱德洪于隆庆四年庚午八月在其嘉兴亲传弟子沈启原整理散佚公移后回忆《文录》版本刊刻历程时所述，《别录》确实也曾刊刻过，初刻本是二十卷，而这与今国图藏黄绾独序本所收《别录》十四卷的卷数不符合。沈启原花费数年时间，“搜猎遗文若干篇，录公移所遗者类为四卷”，钱德洪“为条揭其纲以遗之，使读者既吾师应感之陈迹，可以推见性道之渊微”，增刻《文录续编》。而据我们比较通行本和黄绾本两个版本所存的公移，发现通行本所收录的公移涉及的篇目要比黄绾二十八卷本多一些，可以断定，确实如

① 钱德洪《三征公移逸稿》。

钱德洪所说，《别录》卷帙浩繁，卷数多达二十卷，其中公移约占十三卷的规模。“取公移三之二而去其一”，即取初刻本十三卷公移部分的约八卷（三之二），去除了四卷（去其一），则仅剩的四卷，正好符合《文录》二十八卷本“瘦身”为二十四卷本的三卷节本公移。此次大规模“瘦身”主要集中在公移四卷规模的内容减少了，且所有原公移题目均被钱德洪删改，以实现读者快速简明地把握王阳明军功史实的目的，而不再是出于保存和传承王阳明文献的目的了。《奏疏》一直以来是七卷，《别录》初刻本收存公移十三卷，总共二十卷。二十八卷本系列公移均为七卷，而二十四卷本系列则均为公移节本三卷，而节本公移的原稿并非全部来自七卷本，即便存在公移卷数合并，也客观说明《别录》单刻本的公移数量比存世本多。

令人遗憾的是，今存世北大本孤本并没有收录《别录》，而是附录嘉靖三十三年刊刻过的《传习续录》上下卷一册。北大本《文录》与《附录》，为两种不同的书，字体形态不同，但均为每半页十行，每行二十字。附录《传习续录》字体形态与台湾傅斯年图书馆藏《传习录　续录》一模一样，均刊刻于嘉靖三十三年，为同一本书。而北大本《文录》初刻本与甲库本刊刻时间相近，存在很多相同的异文，而这些异文却不同于黄绾本，说明北大本刊刻于嘉靖三十三年以前，也证明甲库本也应该刊刻于嘉靖三十三年之前。

甲库本《文录》（正录与外集部分）源出黄绾本、北大本，且对北大本多出的几篇文章（南大吉《传习录》收录文章之外）全部再次增刻，体现出对北大本的继承。而甲库本对黄绾本《文录》（正录与外集部分）大刀阔斧地优化和精简，同样体现在北大本中。

笔者认为，甲库本的某一个参与编辑者肯定拥有北大本，故而可以保留北大本新增文章《与黄诚甫》（癸酉、丁丑)、《寄闻人邦英邦正三》（庚辰)、《守俭弟归曰仁歌楚声为别予亦和之》；但却没有增刻南大吉本《传习录》收录的《〈训蒙〉大意示教读刘伯颂等》《教约》文章，也没有重新增刻《大学问》，颇令人费解。

作为二十八卷本的精简本二十四卷本的首个初刻本，甲库本《文录》与二十八卷本一样，收录徐守诚（2 封)、罗钦顺、顾璘、周冲、聂豹（2 封)、欧阳德等人书信，收录《示弟立志说》，却一直未收录《〈训蒙〉大意示教读刘伯颂等》《教约》，确实令人费解。是编者的无心疏忽吗？

第四节　北大藏本与《阳明先生文录》版本源流再认识

近年来，除了任文利先生对黄绾本的新发现，学术界对于《阳明先生文录》源流考有不少重要论文。尤其是采薇阁书院 2019—2022 年间积极采购日本所藏的大量王阳明文录善本文献，国外稀见阳明文录孤本文献纷纷影印出版，繁荣了王阳明心学的研究，王阳明版本文献学已经取得重大突破。而北大藏本的新发现，对于我们重新认识王阳明文录版本源流具有重要的文献价值。

北大藏本的新发现，再次确认原北平图书馆藏甲库二十四卷本的捐资刊刻和编辑出版与邹守益密切相关，有助于促进定位甲库本的刊刻时间、地点和捐资人。

阳明文录精简本的积极领导者、王阳明著名弟子邹守益，在阳明生前即备受阳明高度赞誉，比之为孔门颜子。他于嘉靖十年因病归家，绕道杭州天真书院聚同门讲学，十五年序《阳明文录》，十七年始起任南京吏部考功郎中，十八年招入为司经局洗马，十九年升太常少卿兼侍读学士（掌南院），继升任南京国子监祭酒，二十年因触怒嘉靖被免官。[①] 可见，在嘉靖十七年至二十年之间，邹守益再起为官仅四年，且短暂执掌南京国子监祭酒，辗转于南京、北京之间。

另一位精简文录本领袖为众所周知的钱德洪，嘉靖十一年赴廷试。观政吏部，约集部中数十人聚会商学，以亲老乞恩为苏州府学教授，日坐道山亭开讲。过南京，访闻人诠，与黄绾等议刻《阳明先生文录》。嘉靖十三年甲午，聘主广东乡试。嘉靖十四年二月，重刻阳明《文录》。冬，丁母忧。服阕，补国子监丞，寻升刑部湖广司主事，再迁刑部陕西司员外郎。因武定侯郭勋案牵连，下诏狱。天寒地冻，积雪盈圜，锤炼良知，悟生死真境，知真性自足，豁然脱悟，鼾声彻旦。二十二年始出狱，贬为民。二十七年冬，南下广东增城，访湛若水；往江右，访邹守益、罗洪先。后九年，再赴青原会讲。[②] 往来江苏、安徽、湖北、广东、江西多地，督学刻书，兴起后学，守护阳明学脉，贡献最大。可见，嘉靖十五、十六年间，钱德洪在余姚老家丁忧，可以安心再次校对编辑阳明文录节本；而嘉靖二十三年至三十三年间，钱德洪更有时间编辑节选多种版本的阳明文录，越地本（包括云图本、国图藏邹守益手写序本）是很有

① 参见董平编校：《邹守益集》，下册，第 1369—1370 页。

② 钱明编校：《徐爱　钱德洪　董沄集》，第 405—420 页；（清）黄宗羲：《明儒学案》卷十一《浙中王门学案一》上册，第 224—236 页。

可能刊刻于此时的。尤其是嘉靖二十三年至三十三年十一年时间内，因郭勋案，钱德洪在民间的社会声望越来越高，找他刻书的人络绎不绝，确实会在越地和杭州主导编辑刊刻二十四卷节本文录本的。

邹守益与钱德洪都是精简本文录的积极领导者和具体主事者，二十四卷本编辑、重刻和再刻的直接促成者，其后学宋仪望、胡宗宪、邵廉等人为接力者。而全本文录领导者则先后为黄绾、欧阳德、程文德，主张最大范围内刊刻王阳明全部文献，二十八卷本系列的捐资人，其后学闾东、董聪等人为接力者。阳明后学人物范庆、孙昭、谢廷杰三人，则又属于混合派，主持刊刻多种阳明文录文献。其中，范庆刊刻的阳明文集《文录》部分保存黄绾本面目，而奏疏、公移则又为选本；孙昭不仅捐资重刻闾东二十八卷本，且还捐资刊刻宋仪望辑录的选本；谢廷杰在主持全书刊刻时未能注意到二十八卷本、二十四卷本异同，但却增刻《朱子晚年定论》，增刻以前散佚的单本王阳明珍贵文献，且在全书序文中删除了黄绾早期刻本序言。

甲库本为第一个系统的大规模精简、精选与精修本，主要是在文章篇目的改动上，变动篇目之大令人惊叹；而国图藏邹守益手写本则是具体文字的深度修订，此二本是通往嘉靖三十七年胡宗宪本的很重要的两个过渡修缮本。

甲库本虽为精简本，但却比北大本，除多增刊邹守益书信《与邹谦之》（辛巳、乙酉）2 篇、诗歌《忘言岩次谦之韵》《圆明洞次谦之韵》《潮头岩次谦之韵》《天成素有志于学兹得告东归林居静养其所就可知矣临别以此纸索赠漫为赋此遂寄声山泽诸贤》4 篇外，还增刻戚贤文（卷三）1 篇、黄宗明信（甲申一二、乙酉三，外集卷五）3 封、黄绾信（戊子，外集卷五）2 封、林富文（外集卷六）3 篇、崔伯栾（外集卷八）说 1 篇、安福名臣家族刘南峰（外集卷八）跋 1 篇、桃源名臣文澍墓志文 1 篇、余姚名臣孙燧祭文 1 篇等。

至此，二十四卷本阳明文录篇目基本定型，且均被录于胡宗宪本、全书本中。

嘉靖二十年，戚贤在都给事中任，上疏言南京兵部郎中王畿、主事程文德、福建参议徐樾，清修积学，可备馆院。帝阅后，大怒。[①] 谪一级，调山东布政司都事外任，以父老自免。

林富，字守仁，号省吾，福建莆田人。弘治十五年进士。曾任大理寺评事、袁州府同知、宁波府知府。迁广东右布政，改广西。官至兵部右侍郎。嘉靖十九年卒。著《省吾遗集》。

文澍，字汝霖，号橘庵，湖南桃源人。成化二年登进士。历任南京刑部主事、郎中、重庆知府、思南知府等。晚归武陵，手不释卷，以礼法自律。正德十年卒。

孙燧，字德成，号一川，余姚人。弘治六年进士。历任刑部主事、福建参政、河南布政使、江西巡抚等。正德十四年，因宁王朱宸濠造反，被杀。

综上所述，甲库本之所以被版本界、学术界所重视，这与编辑者用心寻找王阳明散佚在全国的文献有关。我们比对黄绾本、北大本与甲库本的篇目，发现与江西、浙江相关的王阳明文献增加了，所收文献篇目的多样性得到大大增强，特别是王阳明中年所作得到大幅增录，而这不是一两个人短时期所能做到的。

---

① 《明世宗实录》卷二四八。

嘉靖十七至二十年的四年时间里，邹守益与钱德洪均在北京为官，往来频繁，这为其共同编辑甲库本提供很好的时间交叉重合时期。尤其是十八年至二十年间，黄宗明的政治地位更加重要，而薛侃早早退出政坛，黄绾罢官亦退出政坛，十八年至二十年欧阳德在南京鸿胪寺卿任职，二十八卷本系列领导者这几年很难捐资刊刻文录，我们是否可以推测，甲库本可能于嘉靖十九年左右编辑完成并定型呢？甲库本的编辑完成是由邹守益、钱德洪、黄宗明等人共同合力完成的，似乎黄绾也有助力。

第六章　邹守益广德刊《阳明先生文录》复原

王世隆贵州重刊三卷本《阳明先生文录》，由中国人民大学图书馆藏，近年来，对此本的影印屡见不鲜，为学术界所熟知。但苦于孤证，学术界一直缺乏对嘉靖六年邹守益刊刻于广德的四卷本《阳明先生文录》进行复原研究。幸运的是，2020 年左右，蒙成都采薇阁书院院长王强先生的努力，从日本九州大学图书馆复制了其馆藏的四卷本《阳明先生文录》。将此两种文献合璧，则复原邹守益广德本《阳明先生文录》成为可能。

第一节　嘉靖十八年王世隆贵州重刊《阳明先生文录》

王世隆贵州重刊三卷本《阳明先生文录》，据张新民先生考证，当在嘉靖十八年。三卷目录具体如下：

表 6.1　王世隆贵州重刊本《阳明先生文录》目录

卷一		
答徐成之书（辛未）	林以吉归省（辛未）	寄宗贤原忠（辛未）
答汪石潭书（辛未）	书梁仲用默斋卷（辛未）	送大宗伯乔白岩序（辛未）

续　表

卷一		
别王纯甫（壬申、癸酉间）	与蔡希颜书（壬申、癸酉间）	与王晋叔（壬申、癸酉间）
与王纯甫（壬申、癸酉间）	别湛甘泉序（壬申、癸酉间）	答蔡希颜书（壬申、癸酉间）
书汪汝成格物论卷（壬申、癸酉间）	答王天宇书（甲戌）	又答王天宇书（甲戌）
书石川卷（甲戌）	与傅生凤（甲戌）	书王天宇卷（甲戌）
书王嘉秀请益卷（甲戌）	约斋说（甲戌）	答王纯甫书（甲戌）
又与王纯甫书（甲戌）	周莹归省（乙亥）	林典卿归省（乙亥）
陆清伯归省（乙亥）	周以善归省（乙亥）	郭善甫归省（乙亥）
郑德夫归（乙亥）	书孟源卷（乙亥）	书谦默卷（乙亥）
见斋说（乙亥）	矫亭说（乙亥）	谨斋说（乙亥）
紫阳书院集序（乙亥）	山东乡试录序（甲子）	乞宥言官疏（丙寅）
别三子序（丁卯）	徐昌国墓志（辛未）	赠翰林院编修湛公墓表（壬申）
应天府重修儒学记（甲戌）	赠汤云谷（甲戌）	祭郑朝朔文（甲戌）
白说字贞夫说（乙亥）	刘氏三子字说（乙亥）	重修六合县学记（乙亥）
金坛县志序（乙亥）		
卷二		
与陆元静书（丁丑）	与仕德尚谦书（丁丑）	与陆元静书（戊寅）
别梁日孚（戊寅）	寄诸弟（戊寅）	与唐虞佐书（庚辰）
复唐虞佐书（庚辰）	与顾惟贤（庚辰）	与陆元静（庚辰）
别陈世杰（庚辰）	礼记撰言序（庚辰）	象山文集序（庚辰）

续　表

卷二		
答伦彦式书（辛巳）	答湛甘泉书（辛巳）	答方叔贤书（辛巳）
与杨仕鸣（辛巳）	与夏敦夫（辛巳）	与朱守忠书（辛巳）
与席元山书（辛巳）	与陆元静书（癸未）	答舒国用（癸未）
观德亭记（戊寅）	重修文山祠记（戊寅）	祭浰头山神文（戊寅）
祭徐曰仁文（戊寅）	乞恩休致疏（戊寅）	水灾自劾疏（庚辰）
四乞归休疏（庚辰）	辩冀惟乾咨（庚辰）	书佛郎机遗事（庚辰）
卷三		
书壁勉诸生（乙酉）	答尚谦书（乙酉）	书朱守乾卷（乙酉）
书正宪扇（乙酉）	亲民堂记（乙酉）	万松书院记（乙酉）
稽山书院尊经阁记（乙酉）	重修山阴县学记（乙酉）	博约说（乙酉）
答刘内重书（乙酉）	与魏师孟（乙酉）	答南元善书（丙戌）
答季明德书（丙戌）	答邹谦之书（丙戌）	又答邹谦之书（丙戌）
答魏师说书（丁亥）	辞爵疏（壬午）	又祭曰仁文（甲申）
书梦槎奇游诗卷（乙酉）	重修浙江贡院记（乙酉）	从吾道人记（乙酉）
浚河记（乙酉）	送南侯入觐序（乙酉）	明赠礼部主事节庵方公墓表（乙酉）
祭杨仕鸣文（丙戌）		

此嘉靖十八年贵州重刊广德本，是阳明湖南籍著名弟子王世隆邀请同门叶梧、陈文学二人共同编辑而成，打乱了原广德本四卷本《阳明先生文录》目录次序，将四卷合并成三卷，依照时间为顺序，

试图改进王阳明本人亲自编订的四卷本次序。这种回归时间序列重新编排王阳明文录，取消正录、附录，重新分门别类，也是一种对王阳明文录编辑的理解，且更符合传统文献的编辑方法。

原广德本文录为四卷，前三卷为正录，第四卷为附录，文章按时间排序，今可剔除王世隆增刻的卷一中的《与王晋叔》书信三封，比对日本九州大学所藏四卷本《阳明先生文录》，可试图复原邹守益广德本四卷《阳明先生文录》。

第二节　邹守益广德刊《阳明先生文录》复原

应该指出的是，据邹守益《刻〈文录〉叙说》云“以所录先生文稿请刻”，说明他自己已经有了一个独特的《阳明先生文录》版本。嘉靖六年四月，邹守益已多年亲历阳明门下，故而留心阳明文稿，积以岁月，可能所存篇幅还较多。尤其是阳明在江西地区的应酬性文字，存有不少并不切合于“讲学明道”的文章，故而对于深知六经虚文甚多的阳明其实并不同意这种多而杂的文稿编辑原则。所以阳明“取近稿三之一”，“标揭年月”，“不复分别体类”，形成广德版文录的三卷正录，其中未收奏疏、公移、墓志铭与杂文。又应弟子钱德洪的再三请求，王阳明不得不“许数篇”，“次为附录”，增加附录一卷，总计四卷。其实，第四卷主要收录的就是正录失收的诸如《赠翰林院编修湛公墓》等外集应酬性文字，还有诸如《乞宥言官疏》等别录所收之文，与“讲学明道”偏离较远。

像邹守益这样的弟子很多，他们或多或少都会藏有阳明先生文稿。如嘉靖七年，王阳明著名弟子舒柏在广西亲历阳明门下，随时抄录恩师文献，后来亦在广西捐资刊刻《寓广遗稿二卷》。再如，王阳明江苏靖江弟子随学阳明于绍兴，抄有《稽山承语》十大卷，后来亦公开刊刻其精选本传世。王阳明江西金溪籍弟子黄直亦曾精心收集王阳明语录，其精选本部分，为今传世本《遗言录》收录。这说明，我们在研究王阳明单刻本文献的时候，尤其要注意到一些边边角角，认识到王阳明文献具有的多元性与复杂性。

按照钱德洪所述，参照今中国人民大学珍藏的三卷本《阳明先生文录》，我们复原嘉靖六年四月邹守益捐资刊刻的广德版《阳明先生文录》四卷本目录如下：

表 6.2　邹守益广德刊本《阳明先生文录》目录

卷一		
答徐成之书（辛未）	林以吉归省（辛未）	寄宗贤原忠（辛未）
答汪石潭书（辛未）	书梁仲用默斋卷（辛未）	送大宗伯乔白岩序（辛未）
别王纯甫（壬申、癸酉间）	与蔡希颜书（壬申、癸酉间）	与王纯甫（壬申、癸酉间）
别湛甘泉序（壬申、癸酉间）	答蔡希颜书（壬申、癸酉间）	书汪汝成格物论卷（壬申、癸酉间）
答王天宇书（甲戌）	又答王天宇书（甲戌）	书石川卷（甲戌）
与傅生凤（甲戌）	书王天宇卷（甲戌）	书王嘉秀请益卷（甲戌）
约斋说（甲戌）	答王纯甫书（甲戌）	又与王纯甫书（甲戌）
周莹归省（乙亥）	林典卿归省（乙亥）	陆清伯归省（乙亥）
周以善归省（乙亥）	郭善甫归省（乙亥）	郑德夫归省（乙亥）

续 表

卷一		
书孟源卷（乙亥）	书谦默卷（乙亥）	见斋说（乙亥）
矫亭说（乙亥）	谨斋说（乙亥）	紫阳书院集序（乙亥）
卷二		
与陆元静书（丁丑）	与仕德尚谦书（丁丑）	与陆元静书（戊寅）
别梁日孚（戊寅）	寄诸弟（戊寅）	与唐虞佐书（庚辰）
复唐虞佐书（庚辰）	与顾惟贤（庚辰）	与陆元静（庚辰）
别陈世杰（庚辰）	礼记撰言序（庚辰）	象山文集序（庚辰）
答伦彦式书（辛巳）	答湛甘泉书（辛巳）	答方叔贤书（辛巳）
与杨仕鸣（辛巳）	与夏敦夫（辛巳）	与朱守忠书（辛巳）
与席元山书（辛巳）	与陆元静书（癸未）	答舒国用（癸未）
卷三		
书壁勉诸生（乙酉）	答尚谦书（乙酉）	书朱守乾卷（乙酉）
书正宪扇（乙酉）	亲民堂记（乙酉）	万松书院记（乙酉）
稽山书院尊经阁记（乙酉）	重修山阴县学记（乙酉）	博约说（乙酉）
答刘内重书（乙酉）	与魏师孟（乙酉）	答南元善书（丙戌）
答季明德书（丙戌）	答邹谦之书（丙戌）	又答邹谦之书（丙戌）
答魏师说书（丁亥）		
卷四		
山东乡试录序（甲子）	乞宥言官疏（丙寅）	别三子序（丁卯）
徐昌国墓志（辛未）	赠翰林院编修湛公墓表（壬申）	应天府重修儒学记（甲戌）

续 表

卷四		
赠汤云谷（甲戌）	祭郑朝朔文（甲戌）	白说字贞夫说（乙亥）
刘氏三子字说（乙亥）	重修六合县学记（乙亥）	金坛县志序（乙亥）
观德亭记（戊寅）	重修文山祠记（戊寅）	祭浰头山神文（戊寅）
祭徐曰仁文（戊寅）	乞恩休致疏（戊寅）	水灾自劾疏（庚辰）
四乞归休疏（庚辰）	辩冀惟乾咨（庚辰）	书佛郎机遗事（庚辰）
辞爵疏（壬午）	又祭曰仁文（甲申）	书梦槎奇游诗卷（乙酉）
重修浙江贡院记（乙酉）	从吾道人记（乙酉）	浚河记（乙酉）
送南侯入觐序（乙酉）	明赠礼部主事节庵方公墓表（乙酉）	祭杨仕鸣文（丙戌）

经过我们的复原研究，邹守益广德本《阳明先生文录》，卷一文33篇，卷二文21篇，卷三文16篇，卷四附录文30篇，总计收录阳明文章90篇。

钱德洪所说的“数篇，次为附录”，居然有30篇之多，很令我们意外，且占整个文录篇幅的三分之一。一般数学意义上的“数”篇，不超过“十”，但钱德洪“三十”之数，已经远远超过了，事实上是三倍的数量了。正录三卷，收文60篇，起始于正德六年与徐守诚的朱陆内外之辨，终篇于嘉靖六年与南昌籍弟子魏师说良知陷入情意窠臼，由此可见阳明学渐入精微，不再拘泥于“破朱”，而是“立论”，重立不重破，可见阳明本人是多么精准地把握自己学术的内在理路，而其弟子、朋友的理解则多有偏离。无论是以序、说、卷等形式存在的文章，如为《紫阳书院集》《礼记撰言》《象山文集》新近出版的书籍作序之类，还是治国理政、新修书院讲堂等与讲学有关的文章，如亲民堂记、万松书院记、稽山书院尊经阁记、重修山阴县学记之类，总体上皆是师友之间论学之文。这其实是王阳明的核心思想，主要是在正德六年辛未之后，也就是王阳明四十岁以后所写之文。四十岁以后，在阳明自己的心里，是思想较为成熟的时期，此后文字，适合“讲学明道”。

但王阳明去世后，钱德洪似乎未能与王阳明意同，将阳明学术线推后两年，即将正德八年癸酉王阳明四十二岁以后所写之文放于正录。嘉靖九年，钱德洪编成王阳明诗歌，就是以滁州为分界线，滁州以后的诗歌为正录，之前的诗歌为附录，脱离纯时间序列，试图贯彻王阳明“讲学明道”的文录选编原则。

卷四附录，为钱德洪“掇拾所遗”而成，今观之，其所收之文多为应酬性文字，文章所体现的学术性与阳明本人选定之文相差甚远，其实是阳明本人所不愿意公开出版的。阳明认为，“吾党志在明道”，“惟一以明道为志”，“所述可以垂教万世而无弊”，故而他自己后来甚至毁掉其在贵州所撰写的二十余万字的大部头专著《五经臆说》，其《上国游》文稿也是在嘉靖四十五年才被刊刻的。阳明的编纂思想讲究简明扼要，单刀直入，以便于明道讲学，被钱德洪所传承，意义深远。

邹守益广德刊本《阳明先生文录》卷四所收之文，始于《山东乡试录序》，终于《祭杨仕鸣文》，奏疏、墓志铭较多。其中，所收奏疏、公移没有歌功颂德之文，学术性亦不强，而主要是有关乞休或请辞之类公文，《乞宥言官疏》《辩冀惟乾咨》则体现阳明敢于担当的勇气，切合于“明道”。卷四所收之文有一部分体现出王阳明作为乡贤参与地方建设的应酬性文字，阳明自谦为“爱惜文辞之心”。

在后来的文录新版本中，原本属于附录的《别三子序》《观德亭记》《重修文山祠记》《从吾道人记》四篇文章，本应放于外集，但钱德洪将其挪移前置于正录卷四中，文章的地位提高了，其实这也是王阳明与钱德洪看待同样四篇文章不同的眼光。

第三节　约嘉靖九年余姚重刊《阳明先生文录》

复原邹守益广德本文录后，我们回到嘉靖初期余姚重刊广德本《阳明先生文录》目录，现为日本九州大学图书馆所藏，为四卷本，由此比较三个嘉靖早期文录单刻本的版本价值。余姚重刊本《阳明先生文录》卷一目录如下：

表 6.3　余姚重刊本《阳明先生文录》卷一目录

卷一		
答徐成之书（辛未）	林以吉归省（辛未）	寄宗贤原忠（辛未）
答汪石潭书（辛未）	书梁仲用默斋卷（辛未）	送大宗伯乔白岩序（辛未）
别王纯甫（壬申）	与蔡希颜（壬申）	与王纯甫书
别湛甘泉序（壬申）	答蔡希颜书（癸酉）	书汪汝成格物论卷
答王天宇书（甲戌）	又答王天宇书（甲戌）	书石川卷（甲戌）
与傅生凤（甲戌）	书王天宇卷（甲戌）	书王嘉秀请益卷（甲戌）

续 表

卷一		
约斋说（甲戌）	答王纯甫书（甲戌）	又与王纯甫书（甲戌）
周莹归省（乙亥）	林典卿归省（乙亥）	陆清伯归省（乙亥）
周以善归省（乙亥）	郭善甫归省（乙亥）	郑德夫归（乙亥）
书孟源卷（乙亥）	书谦默卷（乙亥）	见斋说（乙亥）
矫亭说（乙亥）	谨斋说（乙亥）	紫阳书院集序（乙亥）
与陆元静书（丁丑）	与仕德尚谦书（丁丑）	与陆元静书（戊寅）
答陆元静书（已下旧本无）	示弟立志说	

比较广德本与余姚本卷一目录，我们可以看出，后出的余姚本把原广德本卷二的前3封书信提前至卷一，同时增加广德本缺乏的《答陆元静书》《示弟立志说》，这两篇文章均见于嘉靖三年的南大吉版《传习录》。《与陆元静书》（丁丑）、《与仕德尚谦书 》（丁丑）、《与陆元静书》（戊寅）分别为原广德本卷二的前3篇，《答陆元静书》为原广德本所缺，重刻者似乎想把阳明与陆澄书信汇集在一起，可见，余姚本捐资者比较看重阳明与陆澄的书信，或许他们一同参与当时阳明与陆澄书信的编辑过程，或者捐资者与陆澄关系密切。

《示弟立志说》为大家熟知，笔者不赘述。余姚本所增《答陆元静书》为节本，录于下。

答陆元静书

未发之中，即良知也，无前后内外而浑然一体者也。有事、无事可以言动静，而良知无分于有事、无事也。寂然、感通可以言动静，而良知无分于寂然、感通也。动、静者，所遇之时；心之本体，固无分于动、静也。理无动者也，动即为欲。循理，则虽酬酢万变而未尝动也；从欲，则虽槁心一念而未尝静也。动中有静，静中有动，又何疑乎？有事而感通，固可以言动。然而寂然者，未尝有增也。无事而寂然，固可以言静，然而感通者，未尝有减也。动而无动，静而无静，又何疑乎？无前后、内外而浑然一体，则至诚有息之疑，不待解矣。未发在已发之中，而已发之中未尝别有未发者在；已发在未发之中，而未发之中未尝别有已发者存：是未尝无动静，而不可以动静分者也。

凡观古人言语，在以意逆志，而得其大旨，若必拘滞于文义，则“靡有孑遗”者，是周果无遗民也。周子“静极而动”之说，苟不善观，亦未免有病。盖其意从“太极动而生阳，静而生阴”说来。太极生生之理，妙用无息，而常体不易。太极之生生，即阴阳之生生。就其生生之中，指其妙用无息者而谓之动，谓之阳之生，非谓动而后生阳也。就其生生之中，指其常体不易者而谓之静，谓之阴之生，非谓静而后生阴也。夫谓静而后生阴，动而后生阳，则是阴阳动静截然各自为一物矣。

阴阳一气也，一气屈伸而为阴阳；动静一理也，一理隐显而为动静。春夏可以为阳为动，而未尝无阴与静也；秋冬可以为阴为静，而未尝无阳与动也。春夏此不息，秋冬此不息，皆可谓之阳、谓之动也；春夏此常体，秋冬此常体，皆可谓之阴、谓之静也。自元会运世，岁月日时，以至刻杪忽微，莫不皆然，所谓动静无端，阴阳无始，在知道者默而识之，非可以言语穷也。若只牵文泥句，比拟仿像，则所谓心从法华转，非是转法华矣。

有这封书信可以观察，上述三段内容本为一封书信，嘉靖三年南逢吉编选《传习录》中有原陆澄的来信，今摘录如下：

此心未发之体，其在已发之前乎？其在已发之中而为之主乎？其无前后内外而浑然之一体者乎？今谓心之动静者，其主有事无事而言乎？其主寂然感通而言乎？其主循理从欲而言乎？

若以循理为静，从欲为动，则于所谓“动中有静，静中有动，动极而静，静极而动”者，不可通矣。若以有事而感通为动，无事而寂然为静，则于所谓“动而无动，静而无静”者，不可通矣。若谓未发在已发之先，静而生动，是至诚有息也，圣人有复也，又不可矣。

若谓未发在已发之中，则不知未发、已发俱当主静乎？抑未发为静，而已发为动乎？抑未发、已发俱无动无静乎？俱有动有静乎？

幸教。

陆澄来信颇有江河汹涌之气势，一开始就连续六个提问，信末还有连续四个提问，中间又连续三个“不可”的推断，实在是令一般读者难以心平气和读下去。阳明教法彻底激发其弟子陆澄的无限思索欲望，师生二人彼此激发，教学相长，令很多同门叹为观止，所谓“兴起者多矣”。

表 6.4　余姚重刊本《阳明先生文录》卷二目录

卷二		
书壁勉诸生（乙酉）	答尚谦书（乙酉）	书朱守乾卷（乙酉）
书正宪扇（乙酉）	亲民堂记（乙酉）	万松书院记（乙酉）
稽山书院尊经阁记（乙酉）	重修山阴县学记（乙酉）	博约说（乙酉）
答刘内重（乙酉）	与魏师孟（乙酉）	答南元善书（丙戌）
答季明德书（丙戌）	答邹谦之书（丙戌）	又答邹谦之书（丙戌）
答魏师说（丁亥）	与朱守忠书（辛巳）	与席元山书（辛巳）
与陆元静书（癸未）	答舒国用（癸未）	答徐成之书（旧本无）
与薛子修书（甲申）		

从《书壁勉诸生》（后更改为《书中天阁勉诸生》）到《答魏师说》的16封书信，余姚重刊本《阳明先生文录》卷二在刊刻时把原广德本卷三的内容全部收录，时间从乙酉到丁亥。

同时，在卷二后却又接续原广德本卷二《与朱守忠书》《与席元山书》《与陆元静书》《答舒国用》4封书信。

最后，与卷一一样，在该卷末增刻《传习录》书信一通，即阳明《答徐成之书》（二），并增刻《与薛子修书》（甲申），这是典型的明代学人刊刻书籍“夹带私货”行为，说明，余姚本的捐资人为薛侃家族。由此，我们可以推测，余姚版刊刻于嘉靖九年左右。

阳明《答徐成之书》(二)为众所习见，本文不录。《与薛子修书》(甲申)仅见于余姚重刻广德本、王杏本，且文章正文内容一致，不见于通行本，故录于下。由余姚重刻广德本、王杏本所增刻《与薛子修书》(甲申)版式与内容上的一致可以推测，王杏得到了余姚重刻本，发现黄绾刻阳明存稿失收《与薛子修书》(甲申)，故而增刻于卷二末尾。

与薛子修书[①]

承远顾，忧病中别去，殊不尽情。此时计已莅任，人民社稷，必能实用格致之力，当不虚度日月也。

心之良知是谓圣。圣人之学，致此良知而已矣。谓良知之外尚有可致之知者，侮圣言者也，致知焉尽矣!

令叔不审何时往湖湘?归途经贵溪，想得细论一番。

廷仁回省便，辄附此致间阔。心所欲言，廷仁当能面悉，不缕。

表 6.5　余姚重刊本《阳明先生文录》卷三目录

卷三		
山东乡试录序(弘治甲子附录)	乞宥言官疏(丙寅)	别三子序(丁卯)
徐昌国墓志(辛未)	赠翰林院编修湛公墓表(壬申)	应天府重修儒学记(甲戌)

① 日本九州大学图书馆藏《阳明先生文录》卷二，第47—48页。

续 表

卷三		
赠汤云谷（甲戌）	祭郑朝朔文（甲戌）	白说字贞夫说（乙亥）
刘氏三子字说（乙亥）	重修六合县学记（乙亥）	金坛县志序（乙亥）
大学古本序（戊寅，旧本无）	观德亭记（戊寅）	重修文山祠记（戊寅）
祭浰头山神文（戊寅）	祭徐曰仁文（戊寅）	乞恩休致疏（戊寅）
水灾自劾疏（庚辰）	四乞归休疏（庚辰）	辩冀惟乾咨（庚辰）
答陆元静书（见传习录）	辞爵疏（壬午）	又祭曰仁文（甲申）
祭薛尚节文	与尚谦尚迁子修书	

与卷二一样，从《山东乡试录序》（弘治甲子附录）到《又祭曰仁文》（甲申）中的22篇文章，余姚重刊本《阳明先生文录》卷三在刊刻时把原广德本附录卷四的内容全部收录。

相比于广德初刻本、贵州重刻本，余姚本阳明文录另增加不少文章，如《大学古本序》（戊寅）、《答陆元静书》，还增加薛侃家族与阳明交往的两篇文章《祭薛尚节文》《与尚谦尚迁子修书》。

祭薛尚节文①

呜呼！良知之学不明于天下，几百年矣。世之学者，蔽于

① 日本九州大学图书馆藏《阳明先生文录》卷三，第54—56页。此段内容，闻人邦正苏州刻本、通行本有多处与王杏本不一致。“薛尚节”，闻人邦正苏州刻本、通行本目录作“薛尚贤”。

见闻习染，莫知天理之在吾心，而无假于外也。皆舍近求远，舍易求难，纷纭交鹜，以私智相高，客气相竞，日陷于禽兽夷狄而不知。间有独觉其非而略知反求于本源者，则又群相诋笑，斥为异学。呜呼，可哀也已！

盖自十余年来，而海内同志之士稍知讲求于此，则亦如晨星之落落，乍明乍灭，未见其能光大也。潮阳在南海之滨，闻其间亦有特然知向之士，而未及与见。间有来相见者，则又去来无常。自君之弟尚谦始从予于留都，朝夕相与者三年。归以所闻于予者语君，君欣然乐听不厌，至忘寝食，脱然弃其旧业如敝屣。君素笃学高行，为远近所宗依，尚谦自幼受业焉。至是闻尚谦之论，遂不知己之为兄，尚谦之为弟；己之尝为尚谦师，而尚谦之尝师于己也。尽使其群弟子侄来学于予，而君亦躬枉辱焉。非天下之大勇，能自胜其有我之私而果于徙义者，孰能与于此哉！自是其乡之士，若杨氏兄弟与诸后进之来从者，源源以十数。海内同志之盛，莫有先于潮者，则皆君之昆弟实为之倡也。其有功于斯道，岂小小哉！

方将凭借毗倚，以共明此学，而君忽逝矣，其为同志之痛，可胜道哉！虽然，君于斯道亦既有闻，则夕死无憾矣，其又奚悲乎？吾之所为伤痛涕洟而不能自已者，为吾道之失助焉耳。天也，可如何！

相望千里，靡由走哭；因风寄哀，言有尽而意无穷。呜呼哀哉！

与尚谦尚迁子修书①

别去，即企望还朝之期，当有从容余月之留也。

不意遂闻尊堂之讣，又继而遂闻令兄助教之讣，皆事变之出于意料之外者。

且令兄助教之逝，乃海内善类之大不幸，又非特上宅一门之痛而已。不能走哭，伤割奈何？况在贤昆叔侄，当父子兄弟之痛，其为毒苦，又当奈何？

季明德往，聊寄一恸。

既病且冗，又兼妻疾。诸余衷曲，略未能悉。

尚节、尚迁、子修三人，皆为薛侃（字尚谦）家族人物，既为他本未收，可力证余姚重刻广德本当为薛侃家族捐资，故而得以利用重刻机会增刻阳明与自己家族的书信人情往来。

表 6.6　余姚重刊本《阳明先生文录》卷四目录

卷四		
象山文集序（庚辰）	答伦彦式书（辛巳）	答湛甘泉书（辛巳）
答方叔贤书（辛巳）	与杨仕鸣（辛巳）	与夏敦夫（辛巳）
书梦槎奇游诗卷	重修浙江贡院记（乙酉）	从吾道人记（乙酉）
浚河记（乙酉）	送南元善入觐序（乙酉）	明赠礼部主事节庵方公墓表（乙酉）
祭杨仕鸣文（丙戌）	书佛郎机遗事（庚辰）	别梁日孚（戊寅）

① 日本九州大学图书馆藏《阳明先生文录》卷三，第 55—56 页。此书内容仅见余姚重刻广德本、王杏本，苏州本、隆庆六年本均缺收。

续　表

卷四		
寄诸弟（戊寅）	与唐虞佐书（庚辰）	复唐虞佐书（庚辰）
与顾惟贤（庚辰）	与陆元静（庚辰）	别陈世杰（庚辰）
礼记纂言序（庚辰）	答人论学书（见《传习录》，旧本无）	答陆原静书（旧本无）
诗四十多首	略	略

余姚重刊本《阳明先生文录》卷四是编辑比较混乱的一章，毫无章法可言，大体上为广德本卷二、卷四部分内容合并而成。余姚本增刻《传习录》中《答人论学书》《答陆元静书》，尤其是增刻诗歌四十多首，具有特别重要的学术价值。增刻诗底本应源于王阳明稿本，后经钱德洪修缮，趋于完善。

《答人论学书》为学术界所熟知，本文不赘述。《答陆元静书》原为一封独立书信，今摘录。

答陆元静书[①]

理无动者也。"常知常存，常主于理"，即"不睹不闻，无思无为"之谓也。"不睹不闻，无思无为"，非槁木死灰之谓也。睹闻思为一于理，而未尝有所睹闻思为，即是动而未尝动也：所谓"动亦定，静亦定""体用一源"者也。

可见，余姚重刊《阳明先生文录》四卷本新增《传习录》阳明

---

① 日本九州大学图书馆藏《阳明先生文录》卷四，第46页。

与徐守诚、陆澄、顾璘三人论学书信5篇，新增《示弟立志说》一文，未收阳明与罗钦顺、周冲二人书信；新增阳明与薛侃家族的4篇文章（其中祭文1篇，书信3封）；新增诗歌四十多首，总计新增各类文章、诗歌共五十多篇。

第四节　王世隆本《阳明先生文录》文献价值论

嘉靖早期广德本系列《阳明先生文录》三种单刻本具有重要的文献价值，不仅保存嘉靖十八年以前王阳明相关稀见珍本文献，而且对于探索嘉靖十二年之后二十八卷本《阳明先生文录》、二十四卷本《阳明先生文录》都具有重要的版本文献价值。

嘉靖十八年贵州刊本《阳明先生文录》卷一增刻王阳明与其亲传弟子王世隆主要书信三通，这三封书信既不见于二十八卷本《阳明先生文录》系列，亦不见于二十四卷本《阳明先生文录》，更不见于通行本。《与王晋叔》书信的新发现，对于填补王阳明与湖南籍亲传弟子王世隆的交游，具有重要的文献史料价值和学术史意义。

与王晋叔[①]

昨见晋叔，已概其外。乃今又得其心也，吾非晋叔之徒与而谁与？晋叔夫何疑乎？当今之时，苟志于斯道者，虽在庸下，

① 参见中国人民大学图书馆藏《阳明先生文录》卷一。此三封书信，姑苏本、甲库本、通行本均缺。

亦空谷之足音，吾犹欣然而喜也。况晋叔豪杰之士，无文王犹兴者乎？吾非晋叔之徒与而谁与？晋叔又何疑乎？属有客，不及详悉。得暇，过此闲话。守仁顿首。

二

所惠文字，见晋叔笔力甚简健。异时充养渊粹到古人不难也。中间稍有过当处，却因守仁前在寺中说得太疏略所致。今写一通去，从旁略下注脚，盖毫厘之差耳，晋叔更详之。得便，别寄一纸为佳。诸友诗，亦有欠稳者，意向却不碌碌。凡作诗，三百篇后，须从汉、晋求之，庶几近古。唐诗李、杜之外，如王维、高适诸作，有可取者，要在不凡俗耳，间及之。守仁顿首。

三

刘易仲来，备道诸友相念之厚。甚愧！甚愧！薄德亦何所取，皆诸友爱望之过也。古人有言："他山之石，可以攻玉。"诸友则诚美璞矣，然非他山之石，则无以砥砺磨礲而发其莹然之光。诸友之取于区区者，当以是也。甚愧！甚愧！道不远人，人之为道而远人，不可以为道。诸友用功何如？路远无由面扣，易仲去，略致鄙怀。所欲告于诸友者，易仲当亦能道其大约，不尽！不尽！惟心亮之而已。九月望，守仁顿首。

嘉靖十八年贵州刊本《阳明先生文录》所录书信、文章保存了阳明手稿的早期痕迹，有助于弥补二十八卷本《阳明先生文录》系列、二十四卷本《阳明先生文录》、通行本等诸多版本删除文字，具有重要的参校价值。

祭阳明先师文（王世隆）①

嘉靖己丑三月戊辰，阳明夫子卒于官，讣闻至辰，门人王世隆等为位设主，哭于崇正书院之堂。复具香、币往奠之，曰：呜呼！道丧千载，圣学梦梦。良知之论，首开群蒙。宸濠倡乱，天下汹汹。南昌之捷，忠义攸同。斯二者，皆天下之功也。而好事之徒，乃为之云云不已。虽士大夫犹有为之主张其说者，予不知其何谓也。

天启皇圣，公论始明。高官大爵，以答殊勋。人谓夫子，且将入赞帝猷，从容论思以相皇极而建太平。而数年之间，经营四方，卒死穷荒。使夫子弗得为皋夔稷契、伊傅周召者，予又不知其何说也。呜呼！天耶！人耶！孰谓夫子而遽死耶？

曩夫子之在先朝也，以危言批逆鳞，一挟几死。已而谪龙场，改庐陵，起铨曹，官留都，总师江湖，艰危万途。虽老兵退卒，蛮蕃贩夫，莫不饮其化而安其居。而今其死也，天下之人，无贤不肖，识与不识，莫不咨嗟叹息以悼夫子之死，而追咎于云云者之未能亮夫子之心，以尽夫子之用者，又皆为之涕泗而欷歔。

呜呼！古今者，在天地间犹旦暮耳。人事之得丧，物理之兴废，议论之异同，万起万灭，此何异盎瓮之间，百千蚊蚋之聚散，而正人君子之名，乃卒与天地共敝。日月并明，衣被后世而有余。而好事者不悟，宁为彼而不为此者，抑又何也？

① 中国人民大学图书馆藏《阳明先生文录》卷三，黄振萍：《王阳明文献集成》，第8册，第567页。

隆辈生长西南，实荷夫子之教，窃尝抱此磊魂，既不能深造力行以光昭夫子之训于生前，而芜词累语相与抆泪哀号于既死者，又何足以慰夫子之魂于九原？而使沉郁侘傺者，将于此乎发摅也耶？

呜呼哀哉！尚飨！

门人陈文学、叶梧重校

王世隆贵州版文录是对邹守益广德本的重刻，与二十八卷本相比较而言，其收录文章呈现更多的原始信息，或者说是未经钱德洪、黄省曾修改的较早的文献情况。钱德洪、黄省曾二人在编辑姑苏二十八卷本时，他们对王阳明文献的修葺其实是属于一种地毯式的大规模修改。

第五节　王杏本《阳明先生文录》文献价值论

目前学术界对王杏本《阳明先生文录》文献价值，均未从正文内容的文字汇校出发，忽视了不少细节，导致对多种王阳明版本的前后源流做出与曾经的历史真实不一致的判断。本节就王杏本《阳明先生文录》对其以前版本的修缮、优化谈谈研究心得。笔者觉得，在复原嘉靖十二年黄绾捐资的《阳明先生存稿》过程中，王杏本、王世隆本与余姚广德重刻本均值得给予同样的重视。王杏本虽然刊刻时间早于王世隆本四年，但由于王世隆本所用底本早于王杏本，其两个版本保存的文章内容与刊刻时间的先后并不一致，故而，我们在研究王阳明版本文献学时候，应该注意此类情况，不可断下结论。我们无法确定余姚重刻广德本的具体时间，但我们根据先前的研究，可以推测余姚重刻广德本或在嘉靖九年左右，是由薛侃、陆澄等人主持刊印的重要孤本文献，该版本可以侧面体现其保存嘉靖六年邹守益广德初刻本的原貌。且由于王杏本、余姚重刻广德本均为嘉靖六年广德本的不同时期的重刻，因此，汇校其不同，由此研究其为何不同，发现其蕴含的一些隐秘信息，对最大化复原王阳明存稿具有重要的文献价值。

《大学》古本序 【戊寅，旧本无】①

《大学》之要，诚意而已矣。诚意之功，格物而已矣。诚意之极，止至善而已矣。止至善之则，致知而已矣。

正心，复其体也；修身，著其用也。以言乎已，谓之明德；以言乎人，谓之亲民；以言乎天地之间，则备矣。是故至善也者，心之本体也。动而后有不善，而本体之知，未尝不知也。意者，其动也。物者，其事也。致其本体之知，而动无不善。然非即其事而格之，则亦无以致其知。故致知者，诚意之本也。格物者，致知之实也。物格，则知致意诚，而有以复其本体，是之谓止至善。圣人惧人之求之于外也，而反覆其辞。

旧本析而圣人之意亡矣。是故不务②于诚意而徒以格物者，

① 【 】内容，为余姚重刻广德本所增。参见上海图书馆藏王杏本《新刊阳明先生文录续编》卷一。

② “务”，余姚重刻广德本、姑苏二十八卷本、“苏州本”作“本”。邹守益手写序本亦作“务”。

谓之支；不事于格物而徒以诚意者，谓之虚；不本于致知而徒以格物、诚意者，谓之妄。支与虚与妄，① 其于至善也远矣。合之以敬而益缀，补之以传而益离。吾惧学之日远于至善也，去分章而复旧本，傍为之释②，以引其义。庶几复见圣人之心，而求之者有其要。

噫！乃若致知，则存乎心悟；致知焉，尽矣。

【正德戊寅秋七月丙午，后学余姚王守仁书。】

【万象森然时，亦冲漠无朕。冲漠无朕，即万象森然。冲漠无朕者，一之父。万象森然者，精之母。一中有精，精中有一。】

《〈大学〉古本序》为嘉靖六年广德本失收文章，却均被数年后的余姚重刻广德本和王杏本增录，可见阳明与其弟子对此文的看法存在分化。为何嘉靖九年至十四年之间，两种重刻广德本均收录此文呢？其中暗含着怎样的版本信息呢？

对于阳明而言，《〈大学〉古本序》一文不应该收录被公开刊刻，其中的具体缘由，我们不得而知。或许因为嘉靖六年独特的政局，而作为破程朱之学的过渡文本形态：刊刻于正德十三年的《大学》古本，对于阳明本人而言，他其实是有所顾忌的。嘉靖三年绍兴刊刻《传习录》，载有阳明与朱子学者顾璘的长篇论学书信，主要是破、立并举，对当时的社会震动很大，招致崇朱学者的激烈批

① “不本于”至“虚于妄”，余姚重刻广德本径作“支与虚”。
② “释”，余姚重刻广德本作“什”。

评，其弟子南大吉遭受弹劾罢职。我们可以猜测，嘉靖六年刊刻广德本文录四卷本，是否会影响著名弟子邹守益的政治前程，王阳明也是有所顾忌的。所以，笔者以为，嘉靖六年阳明文录所选较多中正之文，多偏于教学方面，晚年圆融的良知学思想文章收的较少，这或许与当时较为敏感的时局有关。至少他需要保护自己门人弟子的仕途顺利，不应该去刺激当时掌权的程朱学派门徒。而且，在嘉靖六年的文录中，我们并没有发现任何一篇关于欧阳德、聂豹的书信，一如嘉靖三年的《传习录》并未收录阳明与二人的书信，这些都与阳明夫子的深谋远虑有关。

回到文本，余姚重刻广德本和王杏本呈现出分化，这与其增刻的三篇薛侃家族书信刊刻版式、字句完全一致不同，说明两种版本的底稿来源不同。从【 】内多出的内容，尤其是从“正德戊寅秋七月丙午，后学余姚王守仁书”等字句，可以看出，余姚重刻广德本保存了正德十三年刊刻《大学》古本序文的原貌，其稿本文献来源更早，更接近阳明文稿原貌，正如余姚版四卷本文录附录四十三首诗歌体现出更鲜明的粗糙性与原生性，与通行本出现较大的差异。所以我们断定，余姚重刻本不仅刊刻时间早于王杏本，且其底本文献来源更早，正是由于其捐资刊刻人接触到了新增文献的稿本。

既然余姚重刻本收录的《〈大学〉古本序》更接近王阳明稿本，而王杏本多出的“不本于致知而徒以格物诚意者，谓之妄”字句是否是王阳明本人稿本的内容呢？根据“务”“什”两个字的后世版本变化，我们或许可以寻出一些有关王阳明版本文献学的隐秘信息。

王杏本对“不务于诚意”“不事于格物”“不本于致知”的层层推进，将“什”改为“释”显然是编者所刻意为之，可以反推余姚重刻广德本在增录《〈大学〉古本序》一文时，因时间仓促的原因来不及对王阳明序言进行细致的修葺。而无论是嘉靖十四年的姑苏二十八卷本，还是嘉靖十四年王杏本，正文内容基本一致，除了“务”“什”两个字不一致，说明其来源于同一个底本，即嘉靖十二年的阳明存稿本。而姑苏本、王杏本之所以会有细微的字词不同，则源于钱德洪、黄省曾两位阳明弟子对存稿本的继续优化，而王杏本则保留存稿本的原样，故而“务”“什”两个字的刊刻不同。

睡起偶成①

四十余年睡②梦中，而今醒眼始朦胧。不知日已过亭午③，起向高楼撞晓钟。

起向高楼撞晓钟，尚多昏睡正懵懵。纵令日暮醒犹得，不信人间耳尽聋。

青原山次黄山谷韵④

咨观历州郡，驱驰倦风埃。名山特乘暇，林壑盘萦回。云石缘歌⑤径，夏木深层隈。仰穷岚霏际，始睹台殿开。衣传西竺旧，构遗唐宋材。风松溪溜急，湍响空山哀。妙香隐玄洞，僧屋悬穹崖。扳依⑥俨龙象，涉降临纬阶。飞泉泻灵窦，曲槛

① 余姚重刻广德本作“睡起二首”。

② “睡”，余姚重刻广德本作“是”。

③ “亭午”，余姚重刻广德本作“庭户”。

④ 此诗，薛宗铠本《阳明先生诗录》置于《庐陵稿》。

⑤ “歌”，此薛宗铠本、姑苏二十八卷本、甲库本皆刻作“歌”，手写邹守益序本始更作“欹”。

⑥ “依”，此王杏本漏刻。

连云榱。我来慨遗迹，胜事多湮埋。邈矣西方教，流传遍中垓。何如皇极化，反使吾人猜？剥阳幸未绝，生意存枯荄。伤心眼底事，莫负生前杯。烟霞有本性，山水乞归骸。崎岖羊肠阪，车轮几倾摧。萧散麋鹿伴，涧谷终追陪。恬愉返真澹，阒寂辞喧豗。至乐发天籁，丝竹谢淫哇。千古自同调，岂必时代偕！珍重二三子，兹游非偶来。且从山叟宿，勿受役夫催。东峰上烟月，夜景方徘徊。

王杏本编者叶梧与陈文学对广德本初刻本做出了不同程度的编辑优化，只不过这种优化在嘉靖四十四年之前未被钱德洪知晓而已。终于在徐必进版嘉靖四十五年《阳明先生文录续编》，钱德洪似乎吸收了王杏本的部分新增诗文成果，主要是增刻王阳明在贵州的十七首散佚诗歌，并被通行本重刻。但钱德洪并未能全部吸收王杏本的新增诗文，导致王杏本保存的十九篇诗文、书信长期散佚，后经永富青地、钱明先生的重新编辑并公开出版，才最终为学术界所知。但也可能存在另外一种解释，就是钱德洪可能从未阅读过王杏本，也未与阳明弟子叶梧、陈文学见面并深入交流过，而是从别的渠道获得了王阳明在贵州的十七篇诗歌，编入徐必进版《阳明先生文录续编》中。因为无论是王阳明与薛侃家族的四篇文章，还是王杏本保存的十九篇诗文、书信，钱德洪所编辑的多种文录本、通行本均未收录上述散佚文献。由此，我们可以说，钱德洪未能获得王杏本。

无论如何，反观余姚重刻广德本文录，由此亦可猜想王杏本所具有的重要的文献价值。尤其是经过叶梧、陈文学二人的重新编辑优化，这种文献价值显得更为重要。又可通过对王杏本的汇校，比较余姚重刻广德文录本所收的同样文章，侧面证明嘉靖十二年黄绾捐资的《阳明先生存稿》确实公开印刷过。

且通过对王杏本、王世隆本、余姚重刻广德本三本文录合并，并与嘉靖十四年文录本比较，可以部分程度还原嘉靖十二年《阳明先生存稿》。需要指出的是，广德版文录未收录时任余姚知县的丘养浩捐资刊刻的《居夷集》诗文，王杏本也未收录。按理说，王杏本题为《新刊阳明先生文录续编》，就是补录广德版文录，而广德版未收录《居夷集》诗文，王杏本应该补录。可是我们在汇校过程中，并未发现王杏本收录《居夷集》诗文。一种可能的解释就是，有学者或官员带着余姚版《居夷集》前来贵州，而贵州乡贤记着阳明先生的恩情，且《居夷集》收录的诗文有不少与贵州有关，故而好事者捐资刊刻之。后来，余姚版《居夷集》在贵州公开流传后，贵州人熟知《居夷集》内容，故而王杏本不收录《居夷集》诗文。这也就容易理解，为何贵州重刻《新刊阳明先生文录续编》不收《居夷集》诗文的原因所在。

这也印证嘉靖二十六年时任苏州知府的范庆重刻姑苏本在其序言里说的："阳明先生遗集传于世者，有《存稿》《居夷集》《文录》《传习录》，门人绪山钱子乃并之曰《文录》，复取先生之《奏疏》《公移》，厘为《别录》，合刻于吴郡，惟《传习录》别存焉。"范庆所说的阳明先生遗集传于世者，有《存稿》《居夷集》《文录》《传习录》，由此我们可以推断《居夷集》《文录》《传习录》是平行的三种单刻本，所收文献互为不同，是三种没有交集的单刻本。而嘉靖十四年姑苏版是当时集大成式的阳明文录汇编，且增刻原《存稿》失收的十四卷本《奏疏》《公移》。这也说明，依照范庆的所见所闻，嘉靖十二年存稿本其实并未收录《奏疏》《公移》，其规模应该相当于今存世姑苏本正录、外集所收文章的总体规模。而今存世的嘉靖十四年本文录为二十八卷，所收文献仅次于通行本，是嘉靖时期王阳明单刻本文录收录文章最多的。范庆说“复取先生之《奏疏》《公移》，厘为《别录》，合刻于吴郡”，即反映了《奏疏》《公移》在嘉靖十四年前并未公开刊刻过，故而当时并未“传于世者”，只是利用刊刻之便利，与“传于世者”公开刊刻过的《存稿》《居夷集》《文录》一起汇编出版。

次韵陆文顺佥宪[①]

春王正月十七日，薄暮甚雨雷电风。卷我茅堂岂足念，伤兹岁事难为功。金縢秋日亦已异，鲁史冬月将无同。老[②]臣正忧元气泄，中夜起坐心忡忡。

再用前韵赋鹦鹉

低垂犹忆陇西飞，金锁长羁念力微。祇为能言离土远，可怜折翼叹群稀。春林羞比黄鹂巧，晴渚思忘白鸟机。千古正平名正[③]赋，风尘谁与惜毛衣？

先日，与诸友有郊园之约。是日，因送客后[④]期，小诗写怀

郊园隔宿有幽期，送客三桥故故迟。樽酒定应须我久，诸

① 今存世徐必进嘉靖四十五年捐资刊刻《阳明先生文录续编》所收贵州诗歌，有几首仅见于王杏本。

② “老”，王杏本作“小”。

③ “正”，王杏本作“在”。

④ “后”，王杏本作“复”。

君且莫向人疑。同游更忆春前日，归醉先拚日暮时。却笑相望才咫尺，无因走马送新诗。

自欲探幽肯后期，若为尘事故能迟。缓归已受山童①促，久坐翻令溪鸟疑。竹里清醅应几酌，水边相候定多时。临风无限停云思，回首空歌伐木诗。

三桥客散赴前期，纵辔还嫌马足迟。好鸟花间先报语，浮云山顶尚堪疑。曾传江阁邀宾句，颇似篱边送酒时。便与诸公须痛饮，日斜潦倒更题诗。

夏日游阳明小洞天，喜诸生偕集，偶用唐韵

古洞闲来日日游，山中宰相胜封侯。绝粮每自嗟尼父，愠见还时有仲由。云里高崖微入暑，石间寒溜已含秋。他年故国怀诸友，魂梦还须②到水头。

从上述嘉靖时期多种文录失收的诗歌汇校中，我们可以感知王杏本所收文章具有早期版本的特性，由此感觉通行本对原初稿本的修缮与优化。

---

① “童”，王杏本作“奚”。
② “须”，王杏本作“应”。

第七章　《阳明先生诗录》版本源流考

由于研究者难以获得日本九州大学所藏四卷本《阳明先生诗录》①，国内学术界历来对《阳明先生诗录》版本源流缺考。幸运的是，2022年春天，笔者有幸通过采薇阁书院王强先生的私人关系，他委托在日本留学的研究者复制购买九州大学藏孤本四卷本《阳明先生诗录》。该书并不是单独被收藏，而是与四卷本《阳明先生文录》在一起。此四卷本《阳明先生诗录》与四卷本《文录》刊刻字体明显不同，《阳明先生诗录》更显瘦弱歪斜，不如《阳明先生文录》端正，且《阳明先生文录》带有嘉靖中期字体的特点。

第一节　单刻本《阳明先生诗录》版本价值论

从字体看，《阳明先生诗录》应该属于嘉靖早期刊刻，而《阳明先生文录》应该晚于《阳明先生诗录》。果不其然，我们从《阳

① 钱德洪、王畿所编诗歌，由薛侃、薛宗铠二人捐资刊刻于嘉靖九年，为最早的王阳明诗录汇编全本，后亦不断增加、修缮，汇编入《王文成公全书》得以广泛流通。该本所收诗录分为正稿、附稿，卷一、卷二为正稿，卷三、卷四为附稿，总计四卷，藏于日本九州岛大学。

明先生诗录》序言、跋言更加证实我们的推测。

阳明先生诗录序[①]

右录以履历为次者，盖以见吾夫子情随所遇、辞以时发也；以滁阳后为正，而前附之，见吾夫子所学益精、辞益粹，诚之不可掩也。

读是录者，以意逆志而有会焉，而兴焉，而求其所以精，得其所以粹，无以其辞焉而已矣。则是录之传，庶其不缪矣乎?

嘉靖庚寅五月望日，门人钱宽谨识于钱塘胜果寺之中峰阁。

阳明先生诗集后序[②]

先生既没，吾友宽也，检诸笥，得诗数卷焉；畿也裒诸录，得诗数卷焉。侃受而读之，付侄铠锓梓。

同志或吾尤曰："古人之学，尚行而已矣；今人之学，尚言而已矣。吾师勤勤恳恳，以明古之学，记博而词工，未始以为训也。子是之图，非师意也。且诗者，言之华，非古也；律者，诗之变，尤非古也。子是之图，非师意也。"侃曰："诗之教，性情而已矣。离性情而言诗，非古也。由性情而出焉者，谓之非古，可乎? 夫性者，良知之体也；情者，良知之用也。是故吾师之学，致良知而已矣。良知致，则性情正；性情正，若种之艺生矣。诚，松也，芽甲花实，无非松矣。诚，谷也，芽甲花实，无非谷矣。谓松而花稷，谓谷而实蒉，非然也。是故知先师

① 此序在《阳明先生诗录》目录后，原无序题，为笔者所加。
② 此薛侃后序，在书末。

之学，则知先师之心；知先师之心，则知先师之应迹矣。诵其言，察其用，可以观，可以悟，可以神明其德矣。而又可释夫诗乎？如以诗焉而已，则诚非师意矣。”

嘉靖庚寅夏至日，门人薛侃谨识。

《阳明先生诗录》分正、附二稿，收录 252 题，总计收录阳明诗歌 513 章（篇），刊刻于嘉靖九年庚寅夏五月，钱德洪定稿于杭州西湖边胜果寺中峰阁。《阳明先生诗录》编辑经由多人之手，包括钱德洪、王畿与薛侃，由时任知县的薛宗铠捐资刊刻。

早在多年前，《阳明先生诗录》就流传于内地，不过为浅草文库残本。

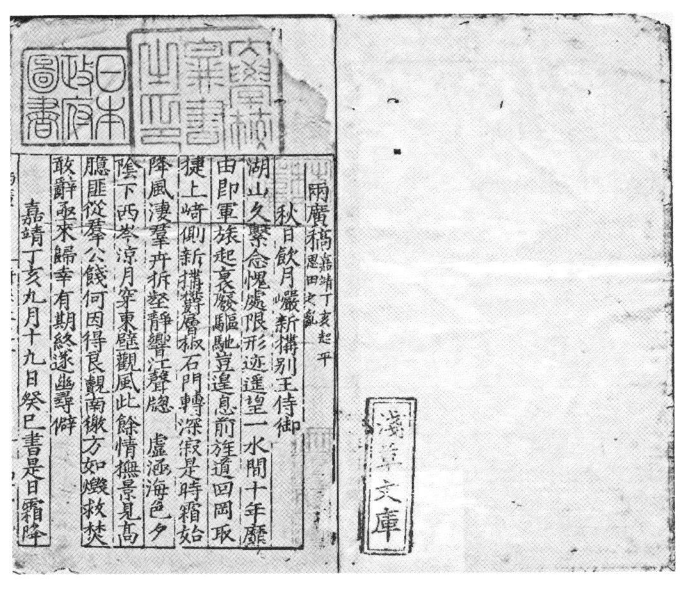
兩廣稿 嘉靖丁亥起平恩田定亂
秋日飲月巖新構別王侍御
湖山久繫念愧處限形迹遥望一水間十年靡
由即軍旅起衰廢驅馳豈遑息前旌適回岡取
捷上崎側新搆欝層椒石門轉深寂是時霜始
降風淒羣卉折壑靜響泣聲隱 虚涵海色夕
陰下西岑涼月穿東壁觀風此餘情撫景見高
臆匪從羣公餞何因得良覿南繳方如燬救焚
敢辭亟來歸幸有期終遂幽尋僻
嘉靖丁亥九月十九日癸巳書是日霜降

图 7.1　浅草文库藏残本《阳明先生诗录》卷首

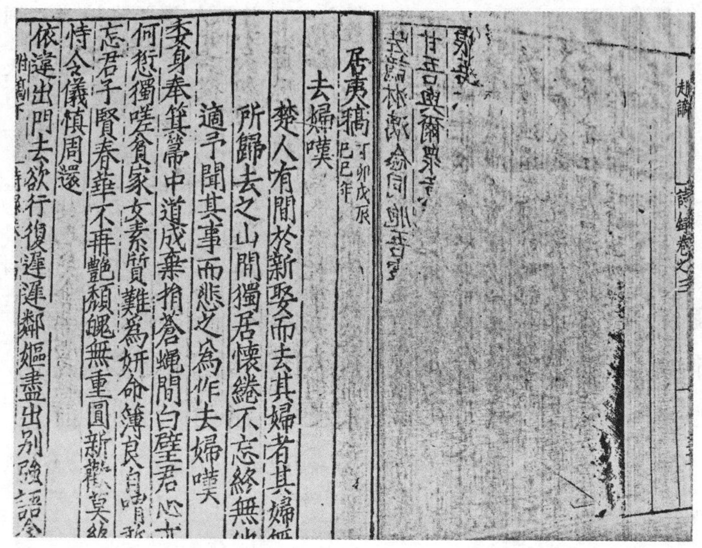
居夷稿 丁卯戊辰己巳年
去婦嘆
楚人有間於新娶而去其婦者其婦無
所歸去之山間獨居懷綣不忘終無
適予聞其事而悲之爲作去婦嘆
委身奉箕帚中道成棄捐蒼蠅間白璧君心
何怨獨嗟貧家女素質難爲妍命薄良自
忘君子賢春華不再艷頽魄無重圓新歡莫
侍今儀慎周還
依違出門去欲行復遲遲鄰嫗盡出別強語

图 7.2　九州大学藏嘉靖九年《阳明先生诗录》书影卷三末、卷四首

该浅草文库藏本仅存《两广稿》《归越稿》《山东稿》《京师稿》《狱中稿》《赴谪稿》《居夷稿》《庐陵稿》《京师稿》九部分，相当于全本的正稿卷二最后一部分、附稿卷三与附稿卷四，尚缺正稿卷一《滁州稿》《南都稿》《赣州稿》、正稿卷二《江西稿》《居越稿》五部分。

表 7.1　嘉靖九年版《阳明先生诗录》篇目结构

正　稿		附　稿		
卷　一	卷　二	卷　三		卷　四
滁州稿	江西稿	归越稿	狱中稿	居夷稿
南都稿	居越稿	山东稿	赴谪稿	庐陵稿
赣州稿	两广稿	京师稿		京师稿

表 7.2 嘉靖三年版《居夷集》所收诗录篇目结构

卷 二	卷 三
居夷稿	狱中稿
	赴谪稿

嘉靖九年版《阳明先生诗录》与嘉靖三年版《居夷集》所收诗录相比，《居夷稿》部分，嘉靖九年版《阳明先生诗录》未收《始得东洞遂改为阳明小洞天》。

始得东洞遂改为阳明小洞天①

群峭会龙场，戟雉四环集。迩觏有遗观，远览颇未给。寻溪涉深林，陟巘下层湿。东峰丛石秀，独往凌日夕。厓穹洞萝偃，苔骨径路涩。月照石门开，风飘客衣入。仰窥嵌宝玄，俯聆暗泉急。惬意恋清夜，会景忘旅邑。熠熠岩鹘翻，凄凄草虫泣。点咏怀沂朋，孔叹阻陈楫。踌躇且归休，毋使霜露及。

《狱中稿》部分，嘉靖九年版《阳明先生诗录》在嘉靖三年版《居夷集》的《别友狱中》后面增刻一首诗歌《啾啾吟》。

啾 啾 吟

知者不惑仁不忧，君胡戚戚眉双愁？信步行来皆坦道，凭天判下非人谋。用之则行舍即休，此身浩荡浮虚舟。丈夫落落

① 国图藏本《居夷集》存此首诗，姑苏本、甲库本、通行本文录未收。

掀天地，岂顾束缚如穷囚！千金之珠弹鸟雀，掘土何烦用镯镂？君不见，东家老翁防虎患，虎夜入室衔其头？西家儿童不识虎，执竿驱虎如驱牛。痴人惩噎遂废食，愚者畏溺先自投。人生达命自洒落，忧谗避毁徒啾啾！

《赴谪稿》部分，嘉靖九年版《阳明先生诗录》在嘉靖三年版《居夷集》的《移居胜果寺》后面增刻三首诗歌，分别为《忆别》《泛海》《武夷次壁间韵》。

忆　别

忆别江干风雪阴，艰难岁月两侵寻。重看骨肉情何限，况复斯文约旧深。

贤圣可期先立志，尘凡未脱漫言心。移家便住烟霞壑，绿水青山长对吟。

泛　海

险夷原不滞胸中，何异浮云过太空！夜静海涛三万里，月明飞锡下天风。

武夷次壁间韵

肩舆飞度万峰云，回首沧波月下闻。海上真为沧水使，山中又遇武夷君。

溪流九曲初谙路，精舍千年始及门。归去高堂慰垂白，细探更拟在春分。

在《长沙答周生》后面增刻一首诗歌《吊屈平赋》。

吊屈平赋

正德丙寅，守仁以罪谪贵阳。取道沅、湘，感屈原之事，为文而吊之。其词曰：

山黯惨兮江夜波，风飕飕兮木落森柯。泛中流兮焉泊？湛椒醑兮吊湘累。云冥冥兮月星蔽晦，冰崚嶒兮霰又下。累之宫兮安在？怅无见兮愁予。高岸兮嵚崎，纷纠错兮樛枝。下深渊兮不测，穴澒洞兮蛟螭。山岑兮无极，空谷谽谺兮迥寥寂。猿啾啾兮吟雨，熊罷嗥兮虎交迹。念累之穷兮焉托处？四山无人兮豗狐鼠；魈魅游兮群跳啸，瞰出入兮为累奸宄。嫉累正直兮反诋为殃，昵比上官兮子兰为臧。幽丛薄兮畴侣，怀故都兮增伤。望九疑兮参差，就重华兮陈辞。沮积雪兮硐道绝，洞庭渺藐兮天路迷。要彭咸兮江潭，召申屠兮使骖。娥鼓瑟兮冯夷舞，聊遨游兮湘之浦。乘回波兮泊兰渚，眷故都兮独延伫。君不还兮郢为虚，心壹郁兮欲谁语！郢为虚兮函崤亦焚，谗鬼逋戮兮快不酬冤。历千载兮耿忠愊，君可复兮排帝阍。望遁迹兮渭阳，箕罹囚兮其佯以狂。艰贞兮晦明，怀若人兮将予退藏。宗国沦兮摧腑肝，忠愤激兮中道难。勉低回兮不忍，溘自沉兮心所安。雄之谀兮谗喙，众狂稚兮谓累扬己。为魈为魅兮为谗媵妾，累视若鼠兮侫颡有泚。累忽举兮云中，龙旂晻霭兮飘风。横四海兮倏忽，驷玉虬兮上冲。降望兮大壑，山川萧条兮洊寥廓。逝远去兮无穷，怀故都兮蜷局。

乱曰：日西夕兮沅湘流，楚山嵯峨兮无冬秋。累不见兮涕泗，世愈隘兮孰知我忧！

总之，在《狱中稿》《赴谪稿》《居夷稿》方面，嘉靖九年阳明诗歌首个全录本，未刻《始得东洞遂改为阳明小洞天》，增刻《啾啾吟》《忆别》《泛海》《武夷次壁间韵》《吊屈平赋》。

第二节 姑苏二十八卷本文录对单刻本《阳明先生诗录》的递修

相比单刻本《阳明先生诗录》，姑苏二十八卷文录本诗歌部分不仅修缮了《诗录》中未标明具体诗歌题数、章数的不足，还增加大量散佚诗歌，且在卷首单列《赋骚六首》，将单刻本诗录中的赋骚归类，这是诗歌按类原则的体现。姑苏二十八卷本对原有诗歌首次进行体例上的合并，改为《归越诗》《山东诗》《京师诗》《狱中诗》《赴谪诗》《居夷诗》《庐陵诗》《京师诗》《滁州诗》《南都诗》《赣州诗》《江西诗》《居越诗》《两广诗》，并注明诗歌的具体章数。如原《山东稿》改为《山东诗六首》，体例更合理。

卷首单列《赋骚六首》分别为《太白楼赋》《九华山赋》《吊屈平赋》《思归轩赋》《咎言》《祈雨辞》。

外集卷一《归越诗》，相比单刻本诗录而言，姑苏本将单刻本《江西稿》中的《九华山下柯秀才家》《夜宿无相寺》《题四老围棋图》《无相寺三首》《化城寺六首》挪移至《归越诗三十六首》中，同时，增新收集到的《李白祠二首》《双峰》《莲花峰》《列仙峰》《云门峰》《芙蓉阁二首》《书梅竹小画》入《归越诗三十六首》。由此可以断定，嘉靖九年的单刻本诗录具有早期稿本的性质，而姑苏本则具有重要的定稿性质，体现出增订的编辑特性。

九华山下柯秀才家

苍峰[①]抱层嶂，翠瀑绕双溪[②]。下有幽人宅，萝深客到迷[③]。

夜宿无相寺

春宵卧无相，月照五溪花。掬水洗双眼，披云看九华。岩头金佛[④]国，树杪谪仙家。仿佛闻笙鹤，青天落绛霞。

题四老围棋图

世外烟霞亦许时，至今风致后人思。却怀刘项当年事，不及山中一着棋。

无相寺三首

老僧岩下屋，绕屋皆松竹。朝闻春鸟啼，夜伴岩虎宿。

坐望九华碧，浮云生晓寒。山灵应秘惜，不许俗人看。

静夜闻林雨，山灵似欲留。只愁梯石滑，不得到峰头。

化城寺六首

化城高住万山深，楼阁凭空上界侵。天外清秋度明月，人间微雨结浮阴。钵龙降处云生座，岩虎归时风满林。最爱山僧能好事，夜堂灯火伴孤吟。

云里轩窗半上钩，望中千里见江流。高林日出三更晓，幽谷风多六月秋。仙骨自怜[⑤]何日化，尘缘翻觉此生浮。夜深忽

---

① "峰"，嘉靖九年《阳明先生诗录》作"松"。
② "翠""绕"，嘉靖九年《阳明先生诗录》作"白""流"。
③ "迷"，嘉靖九年《阳明先生诗录》作"稀"。
④ "佛"，嘉靖九年《阳明先生诗录》作"物"。
⑤ "怜"，嘉靖九年《阳明先生诗录》作"怀"。

起蓬莱兴，飞上青天十二楼。

云端鼓角落星斗，松顶袈裟散雨花。一百六峰开碧汉，八十四梯踏紫霞。山空仙骨葬金椁，春暖石芝抽玉芽。独挥谈麈拂烟雾，一笑天地真无涯。

化城天上寺，石磴入星躔。云外开丹井，峰头耕石田。月明猿听偈，风静鹤参禅。今日揩双眼，幽怀二十年。

僧屋烟霏外，山深绝世哗。茶分龙井水，饭带石田砂。香细云岚杂，窗高峰影遮。林栖无一事，终日弄丹霞。

突兀开穹阁，氤氲散晓钟。饭遗黄稻粒，花发五钗松。金骨藏灵塔，神光照远峰，微茫竟何是？老衲话遗踪。

李白祠二首

千古人豪去，空山尚有祠。竹深荒旧径，藓合失残碑。云雨罗文藻，溪泉系梦思。老僧殊未解，犹自索题诗。

谪仙栖隐地，千载尚高风。云散九峰雨，岩飞百丈虹。寺僧传旧事，词客吊遗踪。回首苍茫外，青山感慨中。

双　峰

凌崖望双峰，苍茫竟何在？载拜西北风，为我扫浮霭。

莲　花　峰

夜静凉飔发，轻云散碧空。玉钩挂新月，露出青芙蓉。

列　仙　峰

灵峭九万丈，参差生晓寒。仙人招我去，挥手青云端。

云　门　峰

云门出孤月，秋色坐苍涛。夜久群籁绝，独照宫锦袍。

芙蓉阁二首[①]

青山意不尽，还向月中看。明日归城市，风尘又马鞍。

岩下云万重，洞口桃千树。终岁无人来，惟许山僧住。

书梅竹小画

寒倚春霄苍玉杖，九华峰顶独归来。柯家草亭深云里，却有梅花傍竹开。

《京师诗八首》部分，将原单刻本中合并在一起的《杂诗》，每首均冠以题目，分别为《忆龙泉山》《忆诸弟》《寄舅》《送人东归》《寄西湖友》《赠阳伯》《故山》《忆鉴湖友》，对无名诗歌增加诗题，更合理，更精确，这是姑苏本文录的一个巨大进步。

《狱中诗十四首》部分，将不属于《狱中稿》的《答汪抑之三首》《阳明子之南也其友湛元明歌九章以赠崔子钟和之以五诗于是阳明子作八咏以答之》《南游三首》《忆昔答乔白岩因寄储柴墟三首》《一日怀抑之也抑之之赠既尝答以三诗意若有歉焉是以赋也》《梦与抑之昆季语湛崔皆在焉觉而有感因纪以诗三首》挪移至后面的《赴谪诗五十五首》中，将不属于《狱中稿》的《啾啾吟》挪移至《江西诗一百二十首》中卷末最后一首，这样的安排更符合真实。

《赴谪诗五十五首》将原单刻本诗歌题目《谒濂溪祠萍乡道中》更改为《萍乡道中谒濂溪祠》。

---

① 嘉靖九年《阳明先生诗录》中，此两首诗与《江西诗》收录的《芙蓉阁》本为一题。自姑苏二十八卷本后，此三首诗拆分成两题，分别置于《归越稿》《江西诗》中。通行本、甲库本、手写邹守益序本承续之。

《居夷诗一百一十首》延续单刻本诗录漏刻《始得东洞遂改为阳明小洞天》疏漏，原单刻本无诗歌题目“蹇以反身”条增加诗题《赠刘侍御二首》。

《庐陵诗三首》题录错误，当为《庐陵诗六首》，将单刻本《庐陵稿》所刻最后一首《青原山次黄山谷韵》挪移至《江西诗一百二十首》，增刻《古道》《立春日道中短述》《公馆午饭偶书》《午憩香社寺》四首诗歌。

古　道

古道当长阪，肩舆入暮天。苍茫闻驿鼓，冷落见炊烟。
冻烛寒无焰，泥炉湿未燃。正思江槛外，闲却钓鱼船。

立春日道中短述

腊意中宵尽，春容傍晓生。野塘冰转绿，江寺雪消晴。
农事沾泥犊，羁怀听谷莺。故山梅正发，谁寄欲归情？

公馆午饭偶书

行台依独寺，僧屋自成邻。殿古凝残雪，墙低入早春。
巷泥晴淖马，檐日暖堪人。雪散小岩碧，松梢挂月新。

午憩香社寺

修程动百里，往往饷僧居。佛鼓迎官急，禅床为客虚。
桃花成井落，云水接郊墟。不觉泥尘涩，看山兴有余。

《京师诗二十四首》，原单刻本无诗歌题目“宗岩文先生”条增加诗题《白湾六章》。《京师诗二十四首》题录错误，当改为《京师诗十九首》。

《归越诗五首》，单刻本原在《京师稿》内，姑苏二十八卷本增列独立出来，新设置一个与《京师诗二十四首》并行的新单列项，下收诗歌五首：《四明观白水二首》《杖锡道中用张宪使韵》《又用曰仁韵》《书杖锡寺》。

《滁州诗三十六首》，第四首诗歌，原单刻本无诗歌题目“辰州刘易仲从予滁阳”条增加诗题《别易仲》；第二十三首诗歌，原单刻本无诗歌题目“滁阳诸友从游送予至乌衣”条增加诗题《滁阳别诸友》。此外，姑苏二十八卷本将单刻本诗录第七首《琅琊山中》、第八首诗歌《游琅琊用韵》合并为《琅琊山中三首》，将单刻本诗录第十二首《山中示诸生》、第十三首诗歌《用韵四绝》合并为《山中示诸生五首》。

《南都诗四十七首》，第五首诗歌，原单刻本无诗歌题目“六月乙亥”条增加诗题《六月五章》。

此外，将单刻本《南都稿》第十七首《登蟂矶次草泉心刘石门韵》挪移至《江西诗一百二十首》中。

登蟂矶次草泉心刘石门韵二首 二诗壬戌年作，误入此①

中流片石倚孤雄，下有冯夷百尺宫。滟滪西蟠浑失地，长江东去正无穷。徒闻吴女埋香玉，惟见沙鸥乱雪风。往事凄微何足问，永安宫阙草莱中。

江上孤臣一片心，几经漂没水痕深。极怜撑住即从古，正

---

① 姑苏二十八卷本缺“二诗壬戌年作，误入此”数字，云南图书馆藏增刻甲库文录本首增，邹守益手序本、胡宗宪刻文录本、通行本承续之。

恐崩颓或自今。藓蚀秋螺残老翠，蝙鸣春雨落空音。好携双鹤矶头坐，明月中宵一朗吟。

在单刻本第二十一首《狮子山》前，挪移《江西稿》第二十三首的《登阅江楼》至《南都诗四十七首》。

登阅江楼

绝顶楼荒旧有名，高皇曾此驻龙旌。险存道德虚天堑，守在蛮夷岂石城？山色古今余王气，江流天地变秋声。登临授简谁能赋？千古新亭一怆情！

在单刻本第二十一首《狮子山》后，增刻《游清凉寺三首》，为单刻本所缺。

游清凉寺三首

春寻载酒本无期，乘兴还嫌马足迟。古寺共怜春草没，远山偏与夕阳宜。雨晴涧竹消苍粉，风暖岩花落紫蕤。昏黑更须凌绝顶，高怀想见少陵诗。

其　二

积雨山行已后期，更堪多病益迟迟。风尘渐觉初心负，丘壑真与野性宜。绿树阴层新作盖，紫兰香细尚余蕤。辋川图画能如许，绝是无声亦有诗。

其　三

不顾尚书此日期，欲为花外板舆迟。繁丝急管人人醉，竹径松堂处处宜。双树暗芳春寂寞，五峰晴秀晚羲蕤。暮钟杳杳催归骑，惆怅烟光不尽诗。

将单刻本《赣州稿》第一首《三箴》挪移入姑苏本《外集》卷九。

三　箴

呜呼小子，曾不知警！尧讵未圣？犹日兢兢。既坠于渊，犹恬履薄；既折尔股，犹迈奔蹶；人之冥顽，则畴与汝。不见壅肿，砭乃斯愈？不见痿痹，剂乃斯起？人之毁诟，皆汝砭剂。汝曾不知，反以为怒。匪怒伊色，亦反其语；汝之冥顽，则畴之比。呜呼小子！告尔不一。既四十有五，而曾是不忆！

呜呼小子，慎尔出话！愹言维多，吉言维寡。多言何益？徒以取祸。德默而成，仁者言讱。孰默而讥？孰讱而病？誉人之善，过情犹耻；言人之非，罪曷有已？呜呼多言，亦惟汝心！汝心而存，将日钦钦；岂遑多言，上帝汝临！

呜呼小子，辞章之习，尔工何为！不以钓誉，不以蛊愚。佻彼优伶，尔视孔丑；覆蹈其术，尔颜不厚？日月逾迈，尔胡不恤？弃尔天命，昵尔仇贼；昔皇多士，亦胥兹溺。尔独不鉴，自抵伊亟！

将单刻本《赣州稿》第六首《祈雨辞》挪移入姑苏本卷首《赋骚》。

祈雨辞　正德丙子南赣作

呜呼！十日不雨兮，田且无禾；一月不雨兮，川且无波；一月不雨兮，民已为痾；再月不雨兮，民将奈何？小民无罪兮，天无咎民！抚巡失职兮，罪在予臣。

呜呼！盗贼兮，为民大屯；天或罪此兮，赫威降嗔①；民则何罪兮，玉石俱焚？

呜呼！民则何罪兮，天何遽②怒？油然兴云兮，雨兹下土。彼罪曷逋兮，哀此穷苦！

《赣州诗三十二首》，第十首诗《游通天岩次邹谦之韵》前，首次增刻《通天岩》，为单刻本所缺。

通　天　岩③

青山随地佳，岂必故园好？但得此身闲，尘寰亦蓬岛。

西林日初暮，明月来何早！醉卧石床凉，洞云秋未扫。

【正德庚辰八月八日，访邹、陈诸子于玉岩题壁。阳明山人王守仁书。】

《赣州诗三十二首》，第十四首诗《栖禅寺雨中与惟乾同登》后，首次增刻《茶寮纪事》，为单刻本所缺。

① “嗔”，嘉靖九年《阳明先生诗录》作“真”。
② “何遽”，嘉靖九年《阳明先生诗录》作“无遽”。
③ 今江西省赣州市通天岩王阳明手迹石刻，计文渊《王阳明法书集》移录，《王阳明全集（新编本）》著录，诗题“通天岩”，石刻作“忘归岩题壁”。

茶寮纪事

万壑风泉秋正哀，四山云雾晚初开。不因王事兼程入，安得闲行向此来？

登涉未妨安石兴，纵擒徒羡孔明才。乞身已拟全师日，归扫溪边旧钓台。

《赣州诗三十二首》，挪移单刻本《回军九连山道中短述》至第十五首诗《回军龙南小憩玉石岩双洞绝奇徘徊不忍去因寓以阳明别洞之号兼留此作三首》前，这种挪移属于后刻版本的卷内挪移。

回军九连山道中短述

百里妖氛一战清，万峰雷雨洗回兵。未能干羽苗顽格，深愧壶浆父老迎。

莫倚谋攻为上策，还须内治是先声。功微不愿希侯赏，但乞蠲输绝横征。

将原单刻本第二十六首《游庐山开先寺》首次误刻成《游庐山开元寺》。

姑苏二十人卷本文录将原单刻本《江西稿》诗歌《九华山下柯秀才家》《夜宿无相寺》《题四老围棋图》《无相寺》《无相寺夜宿无雨》挪移至弘治年间阳明归越时期的《归越诗》，说明编辑者钱德洪意识到青年王阳明也因探亲回家顺路到过九华山游玩。将《无相寺》《无相寺夜宿闻雨》两题三首诗歌合并为《无相寺三首》一题。

将原单刻本第五十七首诗歌《登云峰望始尽九华之胜因复作歌二首》拆分，将后首独立出来，题名《双峰遗柯生乔》。这说明，新版注意到《登云峰望始尽九华之胜因复作歌》《双峰遗柯生乔》各自为独立的两首诗歌，而旧版单刻本混在一首诗歌里。

双峰遗柯生乔

尔家双峰下，不见双峰景。如锥处囊中，深藏未脱颖。

盛德心愈卑，幽人迹多屏。悠然望双峰，可以发深省。

又将原单刻本第七十二首《重游开先寺戏题壁》误刻成《重游开元寺戏题壁》。

挪移单刻本《江西稿》第八十三首误收录的非诗歌文章《书佛郎机遗事》至《文录》外集卷八。由此可见，嘉靖九年所刻《阳明先生诗录》收录诗歌体例方面存在一定的混乱，存在多收的情况。

将大秀宫首次误刻成火秀宫。今考江西著名风景名胜区相关史料及宋黄庭坚所作诗歌《大秀宫》，知姑苏版《火秀宫次一峰韵三首》当更改为《大秀宫次一峰韵三首》，单刻本《大秀宫次一峰韵》不误。通行本继续延续错刻，令人遗憾。

将单刻本第八十八首诗歌《归人》刻为《归怀》。

前文所述《啾啾吟》，嘉靖九年版《阳明先生诗录》在嘉靖三年版《居夷集》第九首诗歌《别友狱中》后面增刻。而姑苏版却将此一首诗歌挪移至《江西诗一百二十首》最后一首。即便是编辑者同为钱德洪，对《啾啾吟》写作年代存在不定的态度。

姑苏版《居越诗三十四首》部分，卷首首次新增《归兴二首》。

归兴二首

百战归来白发新，青山从此作闲人。峰攒尚忆冲蛮阵，云起犹疑见虏尘。岛屿微茫沧海暮，桃花烂漫武陵春。而今始信还丹诀，却笑当年识未真。

其　二

归去休来归去休，千貂不换一羊裘。青山待我长为主，白发从他自满头。种果移花新事业，茂林修竹旧风流。多情最爱沧州伴，日日相呼理钓舟。

《居越诗三十四首》在原单刻本第十二首《登香炉峰次萝石韵》后首次新增《观从吾登炉峰绝顶戏赠》《书扇赠从吾》。

观从吾登炉峰绝顶戏赠

道人不奈登山癖，日暮犹思绝栈云。岩底独行牙虎穴①，峰头清啸乱猿群。清溪月出时寻寺，归棹城隅夜扣门②。可笑中郎无好兴，独留松院坐黄昏。

书扇赠从吾

君家只在海西隈，日日寒潮去复回。莫遣扁舟成久别，炉峰秋月望君来。

---

① “牙”，甲库本始作“穿”。

② “扣”，浙古社本作“款”。

《居越诗三十四首》将原单刻本第十三首题目《与二三子登秦望》更改为《嘉靖甲申冬二十一日再登秦望自弘治戊午登后二十七年矣将下适董萝石与二三子来复坐久之暮归同宿云门僧舍》，盖吸收同门建议，题目更详细、更准确。

《居越诗三十四首》将原单刻本《江西稿》中的《示诸生》挪移于第十八首《咏良知四首示诸生》后。实际上，《咏良知四首示诸生》当更改为《咏良知四首》。此诗目录，甲库本、手写邹守益序本、通行本均缺。此题三章，第一章岑庄等校本作《别南浦勉诸生》。但由于后来刊刻者粗心，将后题《示诸生》目录误增入《咏良知》后，题录为《咏良知四首示诸生》，导致通行本承续错录，今说明之。宋仪望本、邵廉本均发现此一问题，进行一定程度的修正。正确的全文应该如下。

咏良知四首

个个人心有仲尼，自将闻见苦遮迷。而今指与真头面，只是良知更莫疑。

问君何事日憧憧？烦恼场中错用功。莫道圣门无口诀，良知两字是参同。

人人自有定盘针，万化根源总在心。却笑从前颠倒见，枝枝叶叶外头寻。

无声无臭独知时，此是乾坤万有基。抛却自家无尽藏，沿门持钵效贫儿。

示诸生三首

尔身各各自天真，不用求人更问人。但致良知成德业，谩从故纸费①精神。乾坤是易原非画，心性何形得有②尘？莫道先生学禅语，此言端的为君陈。

人人有路透长安，坦坦平平一直看。尽道圣贤须有秘，翻嫌易简却求难。只从孝弟为尧舜，莫把辞章学柳韩。不信自心原具足，请君随事反身观。

长安有路极分明，何事幽人旷不行？遂使蓁茅成间塞，尽教麋鹿自纵横。徒闻绝境劳悬想，指与迷途却浪惊。冒险甘投蛇虺窟，颠崖堕壑竟亡生。

《居越诗三十四首》中第二十五首《中秋》后首次增刻《嘉靖丙戌十二月庚申始得子年已五十有五矣六月静斋二丈昔与先公同举于乡闻之而喜各以诗来贺蔼然世交之谊也次韵为谢二首》。

嘉靖丙戌十二月庚申始得子年已五十有五矣六月静斋二丈昔与先公同举于乡闻之而喜各以诗来贺蔼然世交之谊也次韵为谢二首

海鹤精神老益强，晚途诗价重圭璋。洗儿惠比金钱贵，烂目光呈奎井祥。何物敢云绳祖武，他年只好共爷长。偶逢灯事开汤饼，庭树春风转岁阳。

其　二

自分秋禾后吐芒，敢云琢玉晚圭璋。漫凭先德余家庆，岂

① “费”，岑庄等校本作“废”。
② “有”，岑庄等校本作“染”。

是生申降岳祥。携抱且堪娱老况，长成或可望书香。不辞岁岁临汤饼，还见吾家第几郎？

《两广诗二十一首》将原单刻本第二首题目《嘉靖丁亥九月十九日癸巳书是日霜降》更改为《复过钓台》；将原单刻本第六首题目《寄石潭书并诗二绝》更改为《寄石潭二绝》，并删除单刻本后附注“嘉靖丁亥十一月四日，有事两广，驻兵新城。此城，予巡抚时所筑。峰山弩手，其始盖优恤之，以俟调发；其后，渐苦于送迎之役，故诗及之”。因阳明优待昔日平定宁王的一群战友“峰山弩手”，是一件当时颇为敏感的话题，可能引发阳明治军不严问题，钱德洪为照顾恩师声誉，故特意删除之。此点，学术者曾撰专文论之，可备参考。《两广诗二十一首》将原单刻本第十首题目《过宿新城》更改为《过新溪驿》，第十一首题目《谒伏波庙》有三首，前一首更改为《梦中绝句》，后二首题作《谒伏波庙二首》。

过新溪驿

犹记当年筑此城，广瑶湖寇正纵横。人今乐业皆安堵，我亦经过一驻兵。香火沿门惭老稚，壶浆远道及从行。峰山弩手疲劳甚，且放归农莫送迎。

梦中绝句

此予十五岁时梦中所[①]作。今拜伏波[②]祠下，宛如梦中[③]。

① “所”，《阳明先生诗录》作“之”。
② “拜伏波”，《阳明先生诗录》作“来”。
③ “梦中”，《阳明先生诗录》作“始寤”。

兹行，殆有不偶然者，因识其事于此。

卷甲归来马伏波，早年兵法鬓毛皤，云埋铜柱雷轰析①，六字题诗②尚不磨。

谒伏波庙二首

四十年前梦里诗，此行天定岂人为！徂征敢倚风云阵，所过须同时雨师。尚喜远人知向望，却惭无术救疮痍。从来胜算归廊庙，耻说兵戈定四夷。

楼船金鼓宿乌蛮，鱼丽群舟夜上滩。月绕旌旗千嶂静，风传铃柝九溪寒。荒夷未必先声服，神武由来不杀难。想见虞廷新气象，两阶干羽五云端。

《两广诗二十一首》挪移原刻本《两广稿》不属于诗歌体例的文章《田州立碑》《田州石刻》至外集卷九《平浰头碑》后，同时首次新增《破断藤峡》《平八寨》《南宁二首》《往岁破桶冈宗舜祖世麟老宣慰实来督兵今兹思田之役乃随父致仕宣慰明辅来从事目击其父子孙三世皆以忠孝相承相尚也诗以嘉之》《题甘泉居》《书泉翁壁》六题。

破 断 藤 峡

才看干羽格苗夷，忽见风雷起战旗。六月徂征非得已，一方流毒已多时。迁宾玉石分须早，柳庆云霓怨莫迟。嗟尔有司

① “析”，《阳明先生诗录》作“折”。

② “诗”，《阳明先生诗录》作“文”。

惩既往，好将恩信抚遗黎。

平八寨

见说韩公破此蛮，貔貅十万骑连山。而今止用三千卒，遂尔收功一月间。岂是人谋能奋胜？偶逢天助及师还。穷搜极讨非长计，须有恩威化梗顽。

南宁二首

一驻南宁五月余，始因送远过僧庐。浮屠绝壁经残燹，井灶沿村见废墟。抚恤尚惭凋弊后，游观正及省耕初。近闻襁负归瑶僮，莫陋夷方不可居。

劳矣田人莫远迎，疮痍未定犬犹惊。燹余破屋须先缉，雨后荒畲莫废耕。归喜逃亡来负襁，贫怜繻绔缀旗旌。圣朝恩泽宽如海，甑鲋盆鱼纵尔生。

往岁破桶冈宗舜祖世麟老宣慰实来督兵今兹思田之役乃随父致仕宣慰明辅来从事目击其父子孙三世皆以忠孝相承相尚也诗以嘉之

宣慰彭明辅，忠勤晚益敦。归师当五月，冒暑净蛮氛。九霄虽已老，报国意犹勤。五月冲炎暑，回军立战勋。

爱尔彭宗舜，少年多战功。从亲心已孝，报国意尤忠。

题甘泉居

我闻甘泉居，近连菊坡麓。十年劳梦思，今来快心目。徘徊欲移家，山南尚堪屋。渴饮甘泉泉，饥餐菊坡菊。行看罗浮云，此心聊复足。

书泉翁壁

我祖死国事，肇禋在增城。荒祠幸新复，适来奉初蒸。亦有兄弟好，念年思一寻。苍苍蒹葭色，宛隔环瀛深。入门散图史，想见抱膝吟。贤郎敬父执，童仆意相亲。病躯不遑宿，留诗慰殷勤。落落千百载，人生几知音。道同着形迹，期无负初心。

总之，姑苏本诗录部分对原单刻本《阳明先生诗录》进行大规模挪移，挪移的原因其实就是姑苏本的编辑者在交往和讨论中对阳明部分诗歌具体创作时间有新的认识。由于阳明诗歌主要以编年为原则，因此每一首诗歌具体写作时间的精准确定，对于阳明思想的精准把握具有重要的学术史意义。姑苏本诗录部分，作为仅次于单刻本《诗录》之后的第二个版本，对于保存、分类和重新编辑阳明诗歌具有重要的版本价值。其中，对原单刻本诗歌的合并、更名（增名），属于具体诗歌的修饰工作；而全书对单刻本的挪移和增刻新诗歌，则属于重大递修工作，在版本源流的考证方面，具有不可忽视的文献史料意义。

表 7.3　嘉靖十四年姑苏本文录对嘉靖九年《阳明先生诗录》的更题与增题

卷一	杂诗	忆龙泉山
		忆诸弟
		寄舅
		送人东归
		寄西湖友

续 表

<table>
<tr><td rowspan="7">卷一</td><td rowspan="3">杂诗</td><td>赠阳伯</td></tr>
<tr><td>故山</td></tr>
<tr><td>忆鉴湖友</td></tr>
<tr><td>谒濂溪祠萍乡道中</td><td>萍乡道中谒濂溪祠</td></tr>
<tr><td>—</td><td>赠刘侍御二首</td></tr>
<tr><td>—</td><td>白湾六章</td></tr>
<tr><td>—</td><td>归越诗五首</td></tr>
<tr><td rowspan="2">卷三</td><td>—</td><td>别易仲</td></tr>
<tr><td>—</td><td>六月五章</td></tr>
<tr><td rowspan="7">卷四</td><td>归人</td><td>归怀</td></tr>
<tr><td>与二三子登秦望</td><td>嘉靖甲申冬二十一日再登秦望自弘治戊午登后二十七年矣将下适董萝石与二三子来复坐久之暮归同宿云门僧舍</td></tr>
<tr><td>嘉靖丁亥九月十九日癸巳书是日霜降</td><td>复过钓台</td></tr>
<tr><td>寄石潭书并诗二绝</td><td>寄石潭二绝</td></tr>
<tr><td>过宿新城</td><td>过新溪驿</td></tr>
<tr><td>谒伏波庙</td><td>梦中绝句</td></tr>
<tr><td>—</td><td>谒伏波庙二首</td></tr>
</table>

表 7.4　嘉靖十四年姑苏本文录对嘉靖九年《阳明先生诗录》的合并与拆分

<table>
<tr><td rowspan="10">卷一</td><td>游牛峰寺</td><td rowspan="4">游牛峰寺四首</td></tr>
<tr><td>二</td></tr>
<tr><td>三</td></tr>
<tr><td>四</td></tr>
<tr><td>又四绝句</td><td rowspan="4">又四绝句</td></tr>
<tr><td>二</td></tr>
<tr><td>三</td></tr>
<tr><td>四</td></tr>
<tr><td>西湖醉中漫书</td><td rowspan="2">西湖醉中漫书二首</td></tr>
<tr><td>又</td></tr>
<tr><td rowspan="7">卷三</td><td>琅琊山中</td><td rowspan="2">琅琊山中三首</td></tr>
<tr><td>游琅琊用韵</td></tr>
<tr><td>山中示诸生</td><td rowspan="2">山中示诸生五首</td></tr>
<tr><td>用韵四绝</td></tr>
<tr><td>郑伯兴谢病还鹿门雪夜过别赋赠</td><td rowspan="3">郑伯兴谢病还鹿门雪夜过别赋赠三首</td></tr>
<tr><td>又</td></tr>
<tr><td>又</td></tr>
<tr><td rowspan="5">卷四</td><td>书草萍驿</td><td rowspan="2">书草萍驿二首</td></tr>
<tr><td>又</td></tr>
<tr><td>宿净寺</td><td rowspan="3">宿净寺四首</td></tr>
<tr><td>又</td></tr>
<tr><td>又</td></tr>
</table>

续 表

<table>
<tr><td rowspan="6">卷四</td><td rowspan="2">芙蓉阁</td><td>芙蓉阁</td></tr>
<tr><td>芙蓉阁二首</td></tr>
<tr><td>无相寺</td><td rowspan="2">无相寺三首</td></tr>
<tr><td>无相寺夜宿闻雨</td></tr>
<tr><td rowspan="2">登云峰望始尽九华之胜因复作歌二首</td><td>登云峰望始尽九华之胜因复作歌</td></tr>
<tr><td>双峰遗柯生乔</td></tr>
</table>

表 7.5　嘉靖十四年姑苏本文录对嘉靖九年《阳明先生诗录》的挪移

<table>
<tr><th>卷数</th><th>挪移诗歌题目</th><th>十四年姑苏本</th><th>九年本</th></tr>
<tr><td rowspan="6">卷一</td><td>祈雨辞</td><td>赋骚六首</td><td>赣州稿</td></tr>
<tr><td>九华山下柯秀才家</td><td>归越诗三十六首</td><td>江西稿</td></tr>
<tr><td>夜宿无相寺</td><td>归越诗三十六首</td><td>江西稿</td></tr>
<tr><td>题四老围棋图</td><td>归越诗三十六首</td><td>江西稿</td></tr>
<tr><td>无相寺三首</td><td>归越诗三十六首</td><td>江西稿</td></tr>
<tr><td>化城寺六首</td><td>归越诗三十六首</td><td>江西稿</td></tr>
<tr><td rowspan="6">卷二</td><td>答汪抑之三首</td><td>赴谪诗五十五首</td><td>狱中稿</td></tr>
<tr><td>阳明子之南也其友湛元明歌九章以赠崔子钟和之以五诗于是阳明子作八咏以答之</td><td>赴谪诗五十五首</td><td>狱中稿</td></tr>
<tr><td>南游三首</td><td>赴谪诗五十五首</td><td>狱中稿</td></tr>
<tr><td>忆昔答乔白岩因寄储柴墟三首</td><td>赴谪诗五十五首</td><td>狱中稿</td></tr>
<tr><td>一日怀抑之也抑之之赠既尝答以三诗意若有歉焉是以赋也</td><td>赴谪诗五十五首</td><td>狱中稿</td></tr>
<tr><td>梦与抑之昆季语湛崔皆在焉觉而有感因纪以诗三首</td><td>赴谪诗五十五首</td><td>狱中稿</td></tr>
</table>

续 表

卷数	挪移诗歌题目	十四年姑苏本	九年本
卷三	登阅江楼	南都诗四十七首	江西稿
	回军九连山道中短述	赣州诗三十二首	赣州稿
卷四	啾啾吟	江西诗一百二十首	狱中稿
	青原山次黄山谷韵	江西诗一百二十首	庐陵稿
	登蠔矶次草泉心刘石门韵	江西诗一百二十首	南都稿
	示诸生	居越诗三十四首	江西稿
卷八	书佛郎机遗事	外集卷八	江西稿
卷九	三箴	外集卷九	赣州稿
	田州立碑	外集卷九	两广稿
	田州石刻	外集卷九	两广稿
挪移诗歌总题数		22 题	

表 7.6　嘉靖十四年姑苏本文录对嘉靖九年《阳明先生诗录》的增刻

卷一	归越诗三十六首	李白祠二首
		双峰
		莲花峰
		列仙峰
		云门峰
		书梅竹小画

续　表

卷三	庐陵诗六首	古道
		立春日道中短述
		公馆午饭偶书
		午憩香社寺
	南都诗四十七首	游清凉寺三首
	赣州诗三十二首	通天岩
		茶寮纪事
卷四	居越诗三十四首	归兴二首
		观从吾登炉峰绝顶戏赠
		书扇赠从吾
		嘉靖丙戌十二月庚申始得子年已五十有五矣六月静斋二丈昔与先公同举于乡闻之而喜各以诗来贺蔼然世交之谊也次韵为谢二首
	两广诗二十一首	破断藤峡
		平八寨
		南宁二首
		往岁破桶冈宗舜祖世麟老宣慰实来督兵今兹思田之役乃随父致仕宣慰明辅来从事目击其父子孙三世皆以忠孝相承相尚也诗以嘉之
		题甘泉居
		书泉翁壁
增加诗歌总题数		23 题

第三节　甲库本对姑苏二十八卷本诗录部分的递修与增刻

甲库藏二十四卷本与姑苏二十八卷本均为每半页十行，每行十九字，鱼尾纹一致。可见，甲库藏本虽为二十四卷，但承袭了姑苏本的版式，或为同地同一批工人刊刻。事实上，甲库藏本相当于姑苏本的精简本，内容篇幅缩减四卷，主要集中在公移的四卷。甲库本，今国图藏二十四卷，台湾地区图书馆藏有二十二卷残本。甲库本《阳明先生文录》外集卷一至卷四收录诗歌。相比姑苏二十八卷本，甲库本有不少变动。

表 7.7　甲库藏二十四卷本诗录结构

卷　一				卷　二		卷　三				卷　四	
赋骚	7	京师诗	8	居夷诗	111	庐陵诗	6	滁州诗	36	江西诗	120
归越诗	35	狱中诗	14			京师诗	24	南都诗	47	居越诗	34
山东诗	6	赴谪诗	55			归越诗	5	赣州诗	32	两广诗	21

由表可见，甲库本诗录卷一诗歌数 125 首，卷二诗歌数 111 首，卷三诗歌数 150，卷四诗歌数 175，总计 561 首，不仅比嘉靖九年单刻本诗歌数 513 首多出 48 首，且比姑苏本诗歌数多出 11 首。这说明，钱德洪不断在改进诗录部分的编辑，增刻阳明诗歌。

甲库本《阳明先生文录》外集卷一《赋骚七首》，误补姑苏二十八卷本第三题《吊屈平赋》时间为丙寅，实际当为戊辰；增刻《守俭弟归曰仁歌楚声为别予亦和之》。

守俭弟归曰仁歌楚声为别予亦和之

庭有竹兮青青，上乔木兮鸟嘤嘤；妹之来兮，弟与偕行。竹青青兮雨风，鸟嘤嘤兮西东！弟之归兮，兄谁与同？江云暗兮暑雨，江波渺渺兮愁予。弟别兄兮须臾，兄思弟兮何处？

景翳翳兮桑榆，念重闱兮离居；路修远兮崎险，沮风波兮江湖。山有洞兮洞有云，深林窅窅兮涧道曛。松落落兮葛累累，猿啾啾兮鹤怨群。山之人兮不归，山鬼昼啸兮下上烟霏。风袅袅兮桂花落，草萋萋兮春日迟。

葺予屋兮云间，荒予圃兮溪之阳；驱虎豹兮无践我藿，扰麋鹿兮无骇我场。解予绶兮钟阜，委予佩兮江湄。往者不可追兮，叹凤德之日衰；将沮溺其耦耕兮，孰接舆之避予。回予驾兮扶桑，鼓予枻兮沧浪。终携汝兮空谷，采三秀兮徜徉。

《归越诗三十五首》，姑苏二十八卷本作《归越诗三十六首》，少一首，符合实际。《书梅竹小画》后“二首”误刻，当为“一首”。

《阳明先生文录》外集卷二收录《居夷诗一百一十一首》，《始得东洞遂改为阳明小洞天三首》诗题，更正原姑苏二十八卷本《始得东洞遂改为阳明小洞天二首》的误刻，收录诗歌实际为三首，非两首，符合真实。

《阳明先生文录》外集卷三收录《庐陵诗六首》，更正原姑苏本

《庐陵诗三首》误刻。

《阳明先生文录》外集卷三收录《京师诗二十四首》，《别湛甘泉二首·其二》将嘉靖九年版《诗录》、姑苏版诗“□□□毛羽”缺漏三字增补为“栋火及毛羽”。

《阳明先生文录》外集卷三再次收录《归越诗五首》，收录《滁州诗三十六首》，收录《南都诗四十七首》。

收录的《赣州诗三十二首》，在姑苏本《又次陈惟濬韵》后，增录诗歌四题《忘言岩次谦之韵》《圆明洞次谦之韵》《潮头岩次谦之韵》《天成素有志于学兹得告东归林居静养其所就可知矣临别以此纸索赠漫为赋此遂寄声山泽诸贤》,① 但诗歌数量未作相应地变动。

忘言岩次谦之韵

意到已忘言，兴剧复忘饭。坐我此岩中，是谁凿混沌？
尼父欲无言，达者窥其本；此道何古今？斯人去则远。
空岩不见人，真成面墙立。岩深雨不到，云归花亦湿。

圆明洞次谦之韵

群山走波浪，出没龙蛇脊。岩栖寄盘涡，沉沦遂成癖。
我来汲东溟，烂煮南山石。千年熟一炊，欲饷岩中客。

潮头岩次谦之韵

潮头起平地，化作千丈雪。棹舟者何人？试问岩头月。

---

① 此四首诗歌，薛宗铠本、姑苏二十八卷本、王杏本均缺，为甲库本首增。此四首诗歌均与邹守益有关，为邹守益保存王阳明手稿。后来，邹守益捐资刊刻甲库本，遂增刻此四首诗歌。

天成素有志于学兹得告东归林居静养其所就可知矣临别以此纸索赠漫为赋此遂寄声山泽诸贤

予有山水期，荏冉风尘际。高秋送将归，神往迹还滞。
回车当盛年，养疴非遁世。垂竿鉴湖云，结庐浮峰树。
爱日遂庭趋，芳景添游诣。掎生悟玄魄，妙静息缘虑。
眇眇素心人，望望沧洲去。东行访天沃，云中徜相遇。

总之，甲库藏本诗录部分总体上沿用姑苏二十八卷本的版式风格，但是，其对姑苏二十八卷本部分字词进行首次大规模修订，主要的成就就是首次增刻诗歌《守俭弟归曰仁歌楚声为别予亦和之》《忘言岩次谦之韵》《圆明洞次谦之韵》《潮头岩次谦之韵》《天成素有志于学兹得告东归林居静养其所就可知矣临别以此纸索赠漫为赋此遂寄声山泽诸贤》五题，从这个意义而言，甲库藏本是姑苏二十八卷本的递修本、增刻本。

云南省图书馆藏增刻甲库本文录二十四卷本，诗录部分与甲库本内容完全一致，且版式均为每半页十行，每行二十字，所刻版式亦一致。

云南省图书馆藏增刻甲库本之后刊刻的版本则为国图藏手写邹守益序本，二十四卷，是云南图书馆藏本的精修本。手写邹守益本外集卷九默认了云南藏本首次增刻《谥襄惠两峰洪公墓志铭》《祭洪襄惠公文》二篇阳明应酬之作的重要性。需注意的是，后来的阳明文献编辑者在诗歌数量方面一直是增加，重在保存诗歌文献，但对阳明书信和杂文的编辑却不一样，他们对阳明书信和杂文的编辑非常谨慎，精益求精，重在传播阳明学问，不在求全，故而删除了不少早期刻本的书信和杂文，同时也或多或少代之以其他书信杂文。

第四节　二十八卷本后出系列版本价值论

范庆嘉靖二十六年苏州府刻二十卷本文录，版式与嘉靖十四年姑苏二十八卷本相同，每半页十行，每行二十字。

诗录方面，范庆重刻本发现原嘉靖十四年的底板已经损坏，故而对于原姑苏本墨钉部分有进行适当地增字，具有重要的版本价值。

表 7.8　姑苏二十八卷本诗录墨钉部分与诸版本异同

卷数	题　目	姑 苏 本	嘉靖三年《居夷集》	嘉靖九年《阳明先生诗录》	甲库本	范庆本	通行本
卷一	化成寺六首	人间□雨结浮阴	—	—	微	细	微
	不寐	烟霞日□□	澒洞	澒洞	□□	澒洞	悠永
	广信元夕蒋太守舟中夜话	□地相求见古风	畏	□	远	畏	远
卷二	初至龙场无所止结草庵居之	匏	匏	匏	□樽映瓦豆		污
	溪水	一去□回停	无	无	无	无	无
	雪夜	屡经多□解安心	难	难	难	难	难
	答刘美之见寄次韵	万□宁期尚得身	死	死	里	死	里

续 表

卷数	题 目	姑苏本	嘉靖三年《居夷集》	嘉靖九年《阳明先生诗录》	甲库本	范庆本	通行本
卷三	别湛甘泉其二	□□□毛羽	—	□□□	栋火及	□□□	栋火及
卷四	舟中至日	岁寒□叹滞江滨	—	休	尤①	休②	尤
	白鹿洞独对亭	愧我□先变	—	鬓	鬓	颜	鬓
	游九华道中	此□那得有人家	—	中	中	中	中
	值时阴雾竟无所□		—	睹	睹	见	睹
	将游九华移舟宿寺山其二	竹杖穿云寻寺□	—	去	去	宿	去
	送邵文实方伯致仕	何似□舟逃海滨	—	扁	乘	扁	乘
	纪梦	谁□视死如轻尘	—	能	能	能	能
		伯仁见□底	—	其	其	蕴	其
		罔□□经与地义	—	顾天	顾天	顾天	顾天
	月夜二首	谁鸣□□鼓③	—	□□	涂毒	雷门	涂毒
	火秀宫次一峰韵其三	山昏□就云储眠④	—	且	□	欲	欲
		疏林月色□风泉⑤	—	鸣	□	冷	与

① 孙昭本此处亦作“尤”。
② 赣州本此处亦作“休”。
③ 此句中的□□，孙昭本作“钟声”，呈现出与其他诸本独有的特色。
④ 此句中的□，孙昭本、赣州本作“聊”，手写邹守益序本作“欲”。
⑤ 此句中的□，孙昭本、赣州本作“闻”，手写邹守益序本作“映”。

续　表

卷数	题　　目	姑苏本	嘉靖三年《居夷集》	嘉靖九年《阳明先生诗录》	甲库本	范庆本	通行本
卷四	方思道送西峰	过眼□尘迷①	—	黄	□	俱	被
		兼□云霞姿②	—	凛	□	抱	已

从上表可以看出，嘉靖九年单刻本对《居夷集》所收诗歌总体上承继，但姑苏二十八卷本的出现，对阳明诗歌进行重新校读，引发后来不同版本各自不同的理解。整体而言，诗歌部分，通行本源自胡宗宪刻本，胡宗宪刻本源自国图藏邹守益手写序本，邹守益手写序本源自云南藏本并对云南藏本进行全新的校读，而云南藏本则源自国图甲库藏本，甲库藏本对姑苏二十八卷本进行全新的校读。故而，经过姑苏二十八卷本、甲库藏本、手写邹守益序本三次大规模的全新校读，《阳明先生文录》版本不断优化，越来越精确。作为参校本而言，宋仪望本具有一定的文献学意义，但孙昭本、赣州本等二十八卷本意义更为重要，尤其是赣州本。

第五节　赣州版阳明江西诗歌重新排序的文献史料意义反思

在对二十八卷本四种版本的汇校过程中，我们发现，当时的部

① 此句中的□，孙昭本作“仍”，赣州本作“风”，手写邹守益序本作“被”。

② 此句中的□，孙昭本作“负”，赣州本作“抱”，手写邹守益序本作“已”。

分江西学者在编辑王阳明《滁州诗》《南都诗》《赣州诗》《江西诗》诗歌，与浙江籍编辑者存在很大的不同，尤其是《赣州诗》《江西诗》诗歌先后时间顺序存在较大的分歧。以钱德洪为代表的学者潜心编辑，多次对文录进行重刻和再版，在当时，钱氏主导的系列版本具有权威性学术意义。今呈现赣州版诗歌目录与钱德洪姑苏嘉靖十四年目录，以供学术界辨别研究。

对于《山中懒睡四首》，赣州版独树一帜，认为这首诗歌应该作于滁州时期，将之从姑苏二十八卷本的《南都诗》挪移至《滁州诗》第七题，这或许是当时参与赣州版编辑的弟子中曾有学生参与阳明在滁州的讲学活动，故而做出诗歌排序方面的变动。

表 7.9　赣州版与姑苏版《赣州诗三十一首》排序表

	嘉靖十四年姑苏版	嘉靖三十五年赣州版
1	丁丑二月征漳寇进兵长汀道中有感	丁丑二月征漳寇进兵长汀道中有感
2	回军上杭	回军上杭
3	喜雨三首	喜雨三首
4	闻曰仁买田霅上携同志待予归二首	闻曰仁买田霅上携同志待予归二首
5	祈雨二首	祈雨二首
6	还赣	回军九连山道中短述
7	借山亭	还赣
8	桶冈和邢太守韵二首	借山亭
9	通天岩	茶寮纪事

续 表

	嘉靖十四年姑苏版	嘉靖三十五年赣州版
10	游通天岩次邹谦之韵	桶冈和邢太守韵二首
11	又次陈惟濬韵	回军龙南小憩玉石岩双洞绝奇徘徊不忍去因寓以阳明别洞之号兼留此作三首
12	坐忘言岩问二三子	再至阳明别洞和邢太守韵二首
13	留陈惟濬	夜坐偶怀故山
14	栖禅寺雨中与惟乾同登	怀归二首
15	茶寮纪事	送德声叔父归姚（并序）
16	回军九连山道中短述	通天岩
17	回军龙南小憩玉石岩双洞绝奇徘徊不忍去因寓以阳明别洞之号兼留此作三首	游通天岩次邹谦之韵
18	再至阳明别洞和邢太守韵二首	又次陈惟濬韵
19	夜坐偶怀故山	坐忘言岩问二三子
20	怀归二首	留陈惟濬
21	送德声叔父归姚（并序）	示宪儿
22	示宪儿	赠陈东川
23	赠陈东川	游通天岩示邹陈二子

晚于姑苏本二十余年的赣州版，在王阳明赣州时期诗歌的具体创作方面与姑苏本存在很大的不同。今考《阳明先生年谱》，正德十二年二月，阳明出发平福建寇，四月班师。驻军上杭，祷于行台，得雨。闻曰仁在告，买田霅上。平乐昌、龙川诸贼。十月平横水、

桶冈诸寇。十一月破横水、左溪，再破桶冈。十二月班师。师至南康，百姓沿途顶香迎拜。闰十二月，奏设崇义县治，及茶寮隘上堡、铅厂、长龙三巡检司。正德十三年正月，征三浰。抵龙南。平大帽、浰头。平九连山诸寇。四月，班师，立社学。

另据束景南先生《王阳明年谱长编》，正德十二年四月初，阳明作《祈雨二首》，十三日作《喜雨》，七月作《借山亭》，九月攻横水，十月二十八日进桶冈，十一月十三日破桶冈，十二月九日刻平茶寮碑；正德十三年正月进兵龙南，正月八日进兵九连山，三月三日平九连山，三月八日班师回军，作《回军九连山道中短述》《回军龙南小憩玉石岩双洞绝奇徘徊不忍去因寓以阳明别洞之号兼留此作三首》《再至阳明别洞和邢太守韵二首》，时任部下杨璋、方任、邢珣三人皆作和诗《回军驻龙南》，三月十五日归至赣州，七月作《送德声叔父归姚（并序）》，八月作《示宪儿》。[1] 正德十四年四月，邹守益来学。[2]

综合《阳明先生年谱》与《王阳明年谱长编》两部重要文献，则似乎赣州版的诗歌排序更接近真实。赣州版与姑苏版在《赣州诗》最大的分歧在于王阳明与邹守益、陈九川等弟子游玩通天岩的时间与九连山战役谁前谁后的问题。姑苏版认为通天岩游览早于九连山战役，而赣州版则主张通天岩游览晚于九连山战役，故而赣州版甚至将《游通天岩示邹陈二子》放于卷末，凸显自己对阳明诗歌创作年代的理解。

① 束景南：《王阳明年谱长编》，第2册，第935—1014页。

② 束景南：《王阳明年谱长编》，第3册，第1108—1111页。

表 7.10　赣州版与姑苏版《江西诗一百二十首》排序不同表

嘉靖十四年姑苏版		嘉靖三十五年赣州版
14	过鞋山戏题	除夕伍汝真用待隐园韵即席次答五首
15	杨邃庵待隐园次韵五首	元日雾
16	登小孤书壁	二日雨
17	登蟂矶次草泉心刘石门韵二首	三日风
18	望庐山	立春二首
19	除夕伍汝真用待隐园韵即席次答五首	繁昌道中阻风二首
20	元日雾	江边阻风散步至灵山寺
21	二日雨	登蟂矶次草泉心刘石门韵二首
22	三日风	泊舟大同山溪间诸生闻之有挟册来寻者
23	立春二首	岩下桃花盛开携酒独酌
24	游庐山开先寺	江施二生与医官陶野冒雨登山人多笑之戏作歌
25	又次壁间杜牧韵	舟过铜陵野云县东小山有铁船因往观之果见其仿佛因题石上
26	舟过铜陵野云县东小山有铁船因往观之果见其仿佛因题石上	山僧
27	山僧	江上望九华山不见
28	江上望九华山二首	将游九华移舟宿寺山二首
29	观九华龙潭	游九华道中
30	庐山东林寺次韵	游九华

续 表

嘉靖十四年姑苏版		嘉靖三十五年赣州版
31	又次邵二泉韵	弘治壬戌尝游九华值时阴雾竟无所睹至是正德庚辰复往游之风日清朗尽得其胜喜而作歌
32	远公讲经台	芙蓉阁
33	太平宫白云	无相寺金沙泉次韵
34	书九江行台壁	重游无相寺次韵四首
35	又次李佥事素韵	登莲花峰
36	繁昌道中阻风二首	重游无相寺次旧韵
37	江边阻风散步至灵山寺	重游化城寺二首
38	泊舟大同山溪间诸生闻之有挟册来寻者	登云峰望始尽九华之胜因复作歌
39	岩下桃花盛开携酒独酌	登云峰二三子咏歌以从欣然成谣二首
40	白鹿洞独对亭	无题
41	丰城阻风	有僧坐岩中已三年诗以励吾党
42	江上望九华山不见	岩头闲坐漫成
43	江施二生与医官陶埜冒雨登山人多笑之戏作歌	观九华龙潭
44	游九华道中	双峰遗柯生乔
45	芙蓉阁	归途有僧自望华亭来迎且请诗
46	重游无相寺次韵四首	江上望九华山二首
47	登莲花峰	春日游齐山寺用牧之韵二首

续　表

	嘉靖十四年姑苏版	嘉靖三十五年赣州版
48	重游无相寺次旧韵	登小孤书壁
49	登云峰望始尽九华之胜因复作歌	登小孤次陆良弼韵
50	双峰遗柯生乔	过鞋山戏题
51	归途有僧自望华亭来迎且请诗	杨邃庵待隐园次韵五首
52	无相寺金沙泉次韵	望庐山
53	夜宿天池月下闻雷次早知山下大雨三首	游庐山开先寺
54	文殊台夜观佛灯	游庐山开先寺
55	书汪进之太极岩二首	又次壁间杜牧韵
56	劝酒	重游开先寺戏题壁
57	重游化城寺二首	庐山东林寺次韵
58	游九华	又次邵二泉韵
59	弘治壬戌尝游九华值时阴雾竟无所睹至是正德庚辰复往游之风日清朗尽得其胜喜而作歌	夜宿天池月下闻雷次早知山下大雨三首
60	岩头闲坐漫成	文殊台夜观佛灯
61	将游九华移舟宿寺山二首	书九江行台壁
62	登云峰二三子咏歌以从欣然成谣二首	游落星寺
63	有僧坐岩中已三年诗以励吾党	白鹿洞独对亭
64	春日游齐山寺用牧之韵二首	丰城阻风
65	重游开先寺戏题壁	远公讲经台

续　表

嘉靖十四年姑苏版		嘉靖三十五年赣州版
66	贾胡行	太平宫白云
67	送邵文实方伯致仕	劝酒
68	纪梦（并序）	青原山次黄山谷韵
69	无题	又次李佥事素韵
70	游落星寺	书汪进之太极岩二首
71	游通天岩示邹陈二子	睡起偶成
72	青原山次黄山谷韵	立春
73	睡起偶成	贾胡行
74	立春	送邵文实方伯致仕
75	游庐山开先寺	纪梦（并序）
76	登小孤次陆良弼韵	

赣州版与姑苏版《江西诗一百二十首》排序，前十三题完全一致，分别为《鄱阳战捷》《书草萍驿二首》《西湖》《寄江西诸士夫》《太息》《宿净寺四首》《归兴》《即事漫述四首》《泊金山寺二首》《舟夜》《舟中至日》《阻风》《用韵答伍汝真》；最后六题亦完全一致，分别为《月下吟三首》《月夜二首》《雪望四首》《火秀宫次一峰韵三首》《归怀》《啾啾吟》。赣州版与姑苏版《江西诗一百二十首》排序，所不同者为第十四题至七十六题，上表详细呈现。

由于《游通天岩示邹陈二子》，赣州版放置于《江西诗》中，而姑苏版则放置于《赣州诗》中，故而姑苏版少一首诗歌。

今据《王阳明年谱长编》，正德十四年十月，王阳明借首次南京献俘之便，经过镇江，拜访杨一清于隐园，作《杨邃庵待隐园次韵五首》。[①] 十一月上旬，因奸臣江彬至镇江，阻止阳明往南京，阳明遂过彭泽，登小孤山，作《登小孤书壁》；过湖口，登石钟山；过南康，登鞋山，作《过鞋山戏题》，约中旬还至南昌。十二月二十六日，武宗至南京，因江彬、张忠、许泰等奸臣诬陷阳明有造反之嫌，下诏面见，实命其献俘。[②]

是年除夕，阳明作《除夕伍汝真用待隐园韵即席次答五首》《用韵答伍汝真》。正月初一，第二次北上献俘，再赴南京，作《元日雾》《二日雨》《三日风》，恰逢天气恶劣，风雨大作，表达出被朝廷奸臣反复折腾的无奈与心酸；七日，作《立春》。八日，至芜湖，再次被江彬等人阻挡不得进，遂遁入九华山半月之久。[③] 在九华山，居草庵，与青阳诸生江学曾、施宗道等弟子布学，作《江施二生与医官陶埜冒雨登山人多笑之戏作歌》《游九华道中》《芙蓉阁》《重游无相寺次韵四首》《登莲花峰》《重游无相寺次旧韵》《登云峰望始尽九华之胜因复作歌》《双峰遗柯生乔》《归途有僧自望华亭来迎且请诗》《无相寺金沙泉次韵》《重游化城寺二首》《游九华》《弘治壬戌尝游九华值时阴雾竟无所睹至是正德庚辰复往游之风日清朗尽得其胜喜而作歌》；过休宁，吊汪仁峰，作《书汪进之太极岩二首》。

---

① 束景南：《王阳明年谱长编》，第 3 册，第 1206—1207 页。

② 束景南：《王阳明年谱长编》，第 3 册，第 1208—1219 页。

③ 束景南：《王阳明年谱长编》，第 3 册，第 1220—1225 页。

正德十五年正月二十三日，正德得知阳明无谋反之意，再招其往南京。再过彭泽，与陆相再登小孤山，作《登小孤次陆良弼韵》。第三次过芜湖，与陆相登蟂矶山，手书正德二年旧作《登蟂矶次草泉心刘石门韵二首》刻石。二十六日，至南京上新河，江彬等人第四次阻挠阳明见正德皇帝，再返江西。遂过繁昌，登灵山寺，作《繁昌道中阻风二首》《江边阻风散步至灵山寺》；过铜陵野云县，观名胜古迹大铁船，作《舟过铜陵野云县东小山有铁船因往观之果见其仿佛因题石上》；过安庆，安庆知府胡瓒宗来驿站练潭馆之皖口问学，为七日之留，大谈求心、致心之说。三十日，再至南康，与江西按察使唐龙等人，再游庐山，登开先寺，作《游庐山开先寺》《又次壁间杜牧韵》。二月十一日，往九江观兵，顺便再游庐山，过东林寺、天池、讲经台、太平宫、文殊台，作《书九江行台壁》《庐山东林寺次韵》《远公讲经台》《太平宫白云》《夜宿天池月下闻雷次早知山下大雨三首》《文殊台夜观佛灯》。①

三月，第四次前往南京献第二批俘，包括冀元亨等九十三人。归途，八日游九华山，作《将游九华移舟宿寺山二首》《江上望九华不见》，作《无题》《有僧坐岩中已三年诗以励吾党》赠周经和尚，有“五旬三过九华山”感叹，作《登云峰二三子咏歌以从欣然成谣二首》；九日游齐山寄隐岩，作《春日游齐山寺用牧之韵二首》。② 二十三日，再与唐龙、弟子朱节等人，往游庐山东林寺、开

① 束景南：《王阳明年谱长编》，第 3 册，第 1226—1246 页。

② 束景南：《王阳明年谱长编》，第 3 册，第 1247—1257 页。

先寺，作《重游开先寺戏题壁》。

五月，江西大水，与佥事李素（云南人，字元白）、弟子邹守益等人视察灾区，作《又次李佥事素韵》。六月十四日，游玉笥山，作《火秀宫次一峰韵三首》。十八日，与邹守益游青原山，作《青原山次黄山谷韵》。八月八日，与陈九川、邹守益等弟子同游通天岩，作《游通天岩示邹陈二子》《又次陈惟濬韵》《忘言岩次谦之韵》《圆明洞次谦之韵》《潮头岩次谦之韵》《坐忘言岩问二三子》。①

对于《忘言岩次谦之韵》《圆明洞次谦之韵》《潮头岩次谦之韵》三首诗的写作年代，因云南藏本首次增入，归入《赣州诗》，后世所有刻本均延续之，归入为《赣州诗》。今据束先生考证，则当归类为《江西诗》，为平宁王之后所作，则可作一观点。

另外，束先生考证，《丰城阻风》当为正德十五年庚辰作②；而《居越诗》中的《后中秋望月歌》为误，当归为《江西诗》，因庚辰年有两个中秋。③

后中秋望月歌

一年两度中秋节，两度中秋一样月。两度当筵望月人，几人犹在几人别？此后望月几中秋？此会中人知在否？当筵莫惜殷勤望，我已衰年半白头。

① 束景南:《王阳明年谱长编》，第 3 册，第 1258—1313 页。
② 束景南:《王阳明年谱长编》，第 3 册，第 1333 页。
③ 束景南:《王阳明年谱长编》，第 3 册，第 1326 页。

第六节　余姚版四卷本《文录》附录诗歌文献价值论

今九州大学藏约嘉靖九年余姚版四卷本《阳明先生文录》附录诗歌，为岑庄等人所校，其中部分字词，不仅与通行本多有不一致，而且与单刻本诗录亦有不一致。因海内外读者对该孤本难得一见，今抄录如下，以飨读者。

春日花间偶集示诸生　旧本无

闲来聊与二三子，单夹初成行暮春。改课讲题非我事，研几悟道是何人？阶前细草雨还碧，檐下小桃晴更新。坐起咏歌俱实学，毫厘须遣认教真。

观傀儡次韵

处处相逢是戏场，何须傀儡夜登堂？繁华过眼三更促，名利牵人一线长。稚子自应争诧说，矮人亦复浪悲伤。本来面目还谁识？且向樽前学楚狂。

前谒濂溪祠

木偶相沿恐未真，清辉亦复凛衣巾。簿书曾屑乘田吏，俎豆常怀畏垒民。碧水苍山俱过化，光风霁月自传神。千年私淑心丧后，下拜祠前荐蓼蘋。

后谒濂溪祠

曾向图书识面真，半生长自愧儒巾。斯文久已无先觉，圣世今应有逸民。一自支离乖学术，竞将雕刻费精神。瞻依多少高山意，水漫莲池长绿苹。

睡起写怀

江日熙熙春睡醒，江云飞尽楚山青。闲观物态皆生意，静悟天机入杳冥。道在险夷随地乐，心忘鱼鸟自流形。未须更觅羲黄事，一曲《沧浪》击壤听。

霁　　夜

雨霁僧堂钟磬清，春溪月色特分明。沙边宿鹭寒无影，洞口流云夜有声。静后始知群动妄，闲来还觉道心惊。问津久已惭沮溺，归向东皋学耦耕。

别希颜

何事憧憧南北行？望云依阙两关情。风尘暂息滁阳驾，鸥鹭还寻鉴水盟。悟后六经无一字，静余孤月湛虚明。从知归路多相忆，伐木山山春鸟鸣。

宿萍乡武云观

晓行山径树高低，雨后春泥没马蹄。翠色绝云开远嶂，寒声隔竹隐晴溪。已闻南去艰舟楫，漫忆东归沮杖藜。夜宿仙家见明月，清光还似鉴湖西。

送刘伯元

五月茅茨静竹扉，论心方洽忽辞归。沧江独棹冲风雨，白发高堂恋夕晖。谩道六经皆注脚，还随一语悟真机？相知若问年来意，已傍西湖买钓矶。

与郭完

相别翻怜相见时，碧桃开尽桂花枝。光阴如许成虚掷，世故催人总不知。云路不须朱绂去，归帆且得彩衣随。旧山风景濂溪近，此去还应自得师。

与俞子伸

不须买棹往来频，我亦携家向海滨。但得青山随鹿豕，未论黄阁画麒麟。丧心疾已千年痼，起死方存六籍真。归向兰溪溪上路，桃花春水正迷津。

岩坐

数日岩栖事若何？莫将佳境亦空过。未妨云壑淹留久，终是尘寰错误多。涧道风霜疏草木，洞门烟月挂藤萝。不知相继来游者，亦有吾侪此意么？

重游光孝寺①

爱山日日望山晴，忽到山中眼自明。鸟道渐非前度险，龙潭还比旧时清。会心人去空遗洞，识面僧来不记名。莫谓中丞喜忘世，前途风浪苦难行。

白云

白云冉冉出晴峰，客路无心处处逢。已逐肩舆度青一，还随孤鹤下苍松。此身愧尔长多系，他日从龙□托踪。断鹜残鸦飞欲尽，故山回首意重重。

春晴

林下春晴风渐和，高岩残雪已无多。游丝冉冉花枝静，青壁迢迢白鸟过。忽向山中怀旧侣，几从洞口梦烟萝。客衣尘土终须换，好与湖边长芰荷。

---

① 通行本作“重游化城寺二首”，多出“山寺从来十九秋”一首。

别 希 颜①

后会难期别未轻，莫辞行李滞江城。且留南国春山兴，共听西堂夜雨声。归路终知云外去，晴湖想见镜中行。为寻洞里幽栖处，还有峰头双鹤鸣。

移居胜果②

江上但知山色好，峰回始见寺门开。半空虚阁有云住，六月深松无暑来。病肺正思移枕簟，洗心兼得远尘埃。富春咫尺烟涛外，时倚层霞望钓台。

狮 子 山③

残暑初还一雨清，高峰极目快新晴。海门潮落江声急，吴苑秋生树脚明。烽火正防胡骑入，雁书愁见朔云横。百年未有涓埃报，白发今朝又几茎？

家僮作纸灯

寥落荒村灯事赊，蛮奴试巧剪春纱。花枝绰约含轻雾，月色玲珑隐绮霞。取办不徒酬令节，赏心兼是惜年华。何如京国王侯第，一盏中人产十家！

冬 日 山 行④

初日曈曈似晓霞，雨痕新霁渡头沙。溪深几曲云藏峡，树老千年雪作花。白鸟在边回驿路，青崖绝处见人家。遍行奇胜方经此，江上无劳绝九华。

---

① 通行本为二首，与后“中岁幽期亦几人”相并。

② 通行本为“移居胜果寺二首”，多出“病余岩阁坐朝曛”一首。

③ 此诗无题目，通行本题为“狮子山”。

④ 通行本作“陆广晓发”。

别南浦勉诸同志①

尔身各各自天真，不用求人更问人。但致良知成德业，谩从故纸废精神。乾坤是易元非画，心性何形得染尘？莫道先生学禅语，此言端的为君陈。

与武陵万秀夫②

绵绵圣学已千年，两字求仁是口传。欲识浑沦无斧凿，须从规矩出方圆。不离日用常行内，直造先天未画前。握手临歧更可语？殷勤莫愧别离延！

中 秋 三 首③

独坐中庭月色新，乾坤何处更闲人？高歌度与清风去，幽意自随流水春。千圣本无心外诀，六经须拂镜中尘。却怜扰扰周公梦，未及惺惺陋巷贫。

秋来万木发天声，点瑟回琴入夜清。绝调迥随流水远，余音细入晚云轻。洗心真已空千古，倾耳谁能辨九成？徒使清风传律吕，人间瓦缶正雷鸣。

万里中秋月正晴，四山云霭忽然生。须臾浊雾随风散，依旧青天此月明。肯信良知原不昧，从他外物岂相撄！老夫今夜狂歌发，化作钧天满泰清。

---

① 通行本题为“示诸生三首”，此为其中第一首。

② 通行本题为“别诸生”。

③ 此“中秋三首”之第一首，通行本题为“夜坐”，第二首题为“秋声”，第三首为“月夜二首”之一。

诸生夜坐①

莫厌西楼夜坐深，几人今夕此登临？白头未是形容老，赤子依然浑沌心。隔水明榔闻过棹，映窗残月见疏林。看君已得忘言意，不是当年只苦吟。

南霁云祠

死矣中丞莫漫疑，孤城援绝久知危。贺兰未灭空遗恨，南八如生定有为。风雨长廊嘶铁马，松杉阴雾卷灵旗。英魂千载知何处？岁岁边人赛旅祠。

过天生桥

水光如练落长松，云际天桥隐白虹。辽鹤不来华表烂，仙人一去石楼空。徒闻鹊驾横秋夕，谩说秦鞭到海东。移放长江还济险，可怜虚却万山中。

却巫

卧病空山无药石，相传上俗事神巫。吾行久矣将焉祷？众议纷然反见迂。积习片言容未解，舆情三月或应孚。也知伯有能为厉，自笑孙侨非大夫。

游通天岩②

天风吹我上丹梯，始信青霄亦可跻。俯视人寰成独慨，却怜人世尚多迷。东南绝境埋名久，闽楚诸峰入望低。莫道仙家全脱俗，三更日出亦闻鸡。

---

① 通行本题为“天泉楼夜坐和萝石韵”。

② 通行本作“游通天岩次邹谦之韵”。

闲　咏①

犹记垂髫共学年，于今鬓发两苍然。穷通只好浮云看，岁月真同逝水悬。归鸟长空随所适，秋江落木正无边。何时却返阳明洞，萝月松风扫石眠。

龙冈漫兴

投荒万里入炎州，却喜官卑得自由。心在夷居何有陋？身虽吏隐未忘忧。春山卉服时相问，雪寨篮舆每独游。拟把犁锄从许子，谩将弦诵比言游。

旅况萧条寄草堂，虚檐落日自生凉。芳春已共烟花尽，孟夏俄惊草木长。绝壁千寻凌杳霭，深崖六月宿冰霜。人间不有宣尼叟，谁信申枨未肯刚？

路僻官卑病益闲，空林惟听鸟间关。地无医药凭书卷，身处蛮夷亦故山。用世谩怀伊尹耻，思家独切老莱斑。梦魂兼喜无余事，只在耶溪舜水湾。

卧龙一去亡消息，千古龙冈漫有名。草屋何人方管乐，桑间无耳听咸英。江沙漠漠遗云鸟，草木萧萧动甲兵。好共鹿门庞处士，相期采药入青冥。

归与吾道在沧浪，颜氏何曾击柝忙？枉尺已非贤者事，斫轮徒有古人方。白云晚忆归岩洞，苍藓春应遍石床。寄语峰头双白鹤，野夫终不久龙场。

① 通行本题作“送德声叔父归姚（并序）”，前有长篇序言，以明此赋诗之由。

答毛拙庵①

野夫病卧成疏懒，书卷长抛旧学荒。岂有威仪堪法象？实惭文檄过称扬。移居正拟投医肆，虚席仍烦避讲堂。范我定应无所获，空令多士笑王良。

老桧

老桧斜生古驿傍，客来系马解衣裳。托根非所还怜汝，直干不挠终异常。风雪凛然存节概，刮摩聊尔见文章。何当移植山林下，偃蹇从渠拂汉苍。

别希颜

中岁幽期亦几人？是谁长负故山春？道情暗与物情化，世味争如酒味醇！耶水云门空旧隐，青鞋布袜定何晨？童心如故容颜改，惭愧年年草木新。

因雨和杜韵②

晚堂疏雨暗柴门，忽入残荷泻石盆。万里沧江生白发，几人灯火坐黄昏？客途最觉秋先到，荒径惟怜菊尚存。却忆故园耕钓处，短蓑长笛下江村。

无题③

江上月明看不彻，山窗夜半只须开。万松深处无人到，千里空中有鹤来。受此幽期真结托，怜予游迹尚风埃。年来病马秋尤瘦，不向黄金高筑台。

---

① 通行本作“答毛拙庵见招书院”。

② 薛宗铠本《赴谪稿》起首此处。

③ 此诗无题目，且为通行本所未收。

赠岑东隐先生

岑东隐老先生，余祖母族弟也，今年九十有四矣。双瞳炯然，饮食谈笑如少壮，所谓圣世之人瑞者非耶？涉江来访，信宿而别。感叹之余，赠之以诗：

东隐先生白发垂，犹能持竹钓江湄。身当百岁康强日，眼见九朝全盛时。寂寂群芳摇落后，苍苍松柏岁寒枝。结庐闻说临瀛海，欲问桑田几变移。

圣学工夫在致知，良知知处即吾师。勿忘勿助能无间，春到园林鸟自啼。

与徽州陈毕二子

句句糠粃字字陈，更于何处觅知音？紫阳山下多豪俊，应有吟风弄月人。

与徽州陈毕二子①

从来尼父欲无言，须信无言已跃然。悟到鸢鱼飞跃处，工夫元不在陈编。

睡 起 二 首

四十余年睡梦中，而今醒眼始朦胧。不知日已过亭户，起向高楼撞晓钟。

起向高楼撞晓钟，尚多昏睡正懵懵。纵令日暮醒犹得，不信人间耳尽聋。

---

① 通行本此处诗为“次栾子仁韵送别四首”之第一首。

题太极岩①

一窍谁将混沌开？千年样子道州来。须知太极元无极，始信心非明镜台。

始信心非明镜台，须知明镜亦尘埃。人人有个圆圈子，莫向蒲团坐死灰。

勉同志②

良知即是独知时，独知之外更无知。谁人不有良知在，知得良知却是谁？

门人岑庄、岑初、徐学校刻

① 通行本题作“书汪进之太极岩二首”。

② 此诗通行本为“答人问良知二首”之一。

第八章 《阳明先生奏疏》版本源流考

明嘉靖年间刊刻多种七卷《阳明先生奏疏》版本，完全收录王阳明奏疏的今存世版本分别是嘉靖十四年钱德洪增刻黄绾嘉靖十二年序《阳明先生文录》本（即闻人诠姑苏刻二十八卷本）、钱德洪选编嘉靖十四年《阳明先生文录》本（即钱德洪所谓越刻本，即国图藏本，与影印台湾地区原北图藏甲库《阳明先生文录》本同底本）、云南省图书馆藏二十四卷《阳明先生文录》本、邹守益手写序二十四卷《阳明先生文录》本、嘉靖三十二年宋仪望重刻二十四卷本、嘉靖三十四年孙昭重刻嘉靖二十九年间东天水二十八卷《阳明先生文录》本、嘉靖三十六年赣州董聪增刻二十八卷《阳明先生文录》本、嘉靖三十六年胡宗宪杭州天真书院重刻精选二十四卷《阳明先生文录》本，总计八种《阳明先生文录》。上述八种文录版本，总体上分为二十八卷本、二十四卷本两种版本体系，但具体篇目在不同的体系中数量略有不同。

根据我们掌握的大量阳明先生文录系列版本，存世的二十八卷本，分别由闻人诠、孙昭与董聪捐资刊刻，体现黄绾、欧阳德、程文德等阳明著名亲传弟子对阳明全集的编辑方针，有嘉靖十四年刻本、嘉靖三十四年刻本、嘉靖三十六年刻本，篇目数量整体不变，均未收录《传习录》，其中三十六年赣州刻本增加王阳明《与晋溪书》书信多篇，相当于增加一卷的篇幅。而二十四卷系列本在钱德洪、邹守益、王畿等人主持下，由于坚持“精选”编辑原则，便于传播阳明学，实现“归一”的阳明学传播目标，历经多次选编和增刻，晚出转精，最后成为郭朝宾本全书的底稿，并最后成为通行本底本。在二十四卷本流行和广泛接受的传播背景下，二十八卷本系列逐渐被边缘化，成为稀见珍本，存世数量极少。相反，二十四卷本《文录》在阳明心学名臣聂豹、胡宗宪、徐阶、宋仪望等人的努力推进与多次捐资刊刻下，反而成为权威定本，客观上导致后世学者很少有人知道二十八卷系列版本的存在。

王阳明奏疏最开始与王阳明公移合并成二十卷《阳明先生别录》，以单刻本形式公开出版。据钱德洪自述，首次刊刻《阳明先生别录》单行本，总计有二十卷。但据我们掌握的最早收录《阳明先生别录》的嘉靖十四年《文录》刻本，我们知道存世的《阳明先生别录》，总计十四卷，其中奏疏七卷，公移七卷。

由于存世所有的《阳明先生文录》均源于嘉靖十四年增刻黄绾嘉靖十二年序《阳明先生存稿》本，与阳明先生公移散佚大量公移相比，王阳明奏疏总体上保存完整，具体篇目数量保持稳定，这是很幸运的一件事。除范庆苏州刻本精选奏疏外，目前存世的各类嘉靖期间刊刻的文录本，无论是二十四卷本系列，还是二十八卷本系列，均收录王阳明奏疏七卷，总计八十一篇。这或许是由于王阳明奏疏为王阳明写给上级单位的奏章，本身就具有极大的权威性，由此制约钱德洪等人不敢随意大规模增删。隆庆时期，郭朝宾本增刻王阳明奏疏三篇，而万历重刻本保持这一增刻史料。

即便是王阳明奏疏幸运地被完整刊刻，但在后世的传播中，还是会出现一些小问题，比如奏疏目录的错刻，奏疏年月的不同，奏疏内容的修改，缺字、缺行或缺页等等。由此，弄清《阳明先生奏疏》版本源流，研究不同版本的异同，对于研究王阳明版本文献，去伪存真，还是具有重要的学术价值。

第一节　二十四卷本文录对《阳明先生奏疏》内容的删减

如前所述，二十八卷本对王阳明公移总体上未作改动，无论是题目内容，还是正文内容，总体上沿刻，只是在后世编辑中对部分字词进行校正。如嘉靖三十六年，胡直等吉安籍学者对王阳明奏疏进行全部内容的校对，对数百字进行修改，却也存在缺行、缺页等疏漏。但二十四卷本在“精编”的编辑方针下，还是对其中一篇奏疏进行删减。如，《别录》卷二《交收旗牌疏》（十二年九月二十五日）一文，对后半部分近两个页码内容直接删除。

计开[①]**：**

令字旗八副，并铁枪、头钻、木杆全

令字三百六十五号

令字四百一号

① 陆永胜主编：《王阳明珍本文献丛刊》，第2册，《阳明先生别录》卷二《奏疏二》，第1260—1262页。

令字四百十一号

令字四百二十一号

令字六百五十一号

令字六百六十二号

令字六百八十三号

令字六百八十七号

令字牌八面，并皮袋全

令字七十二号

令字一百号

令字一百二十号

令字一百三十七号

令字一百六十二号

令字四百五十五号

令字五百四十九号

令字六百四十七号

在钱德洪看来，奏疏中行军令旗和令牌的描写没有多大的文献意义。但今天看来，如果不收录上述文字，至少从文本意义上而言，是不完整的。王阳明撰写《交收旗牌疏》，势必要具体到哪些令旗、令牌，而八副令旗、八面令牌的具体情况有助于我们了解王阳明行军人员的具体人数与规模，有助于后世学者研究王阳明统帅具体将领和士兵的人数，尤其是每一个号码的可能含义，因此，从保存文献而言，上述文字还是不删除更好。

第二节　后世重刻《阳明先生奏疏》版本的得失

二十八卷本的三种版本总体上均能保持王阳明奏疏的原样，但由于部分编辑者对原书的重新校正，对正文内容有所改字。二十四卷本对王阳明奏疏精校重刻，文本亦未能尽善尽美，有改正原目录的错刻之处，但全文的刊刻还是有不少疏漏。

表 8.1　二十八卷本与二十四卷本重刻《阳明先生奏疏》得失例证

<table>
<tr><td colspan="2"></td><td>嘉靖十四年文录增刻本</td><td>二十四卷文录本</td></tr>
<tr><td colspan="2">目　　录</td><td>奏疏淮王助军饷疏</td><td>奏闻淮王助军饷疏</td></tr>
<tr><td>奏疏二</td><td>升赏谢恩疏</td><td>正德十二年十月初一日</td><td>正德十二年十月初□日</td></tr>
<tr><td>奏疏五</td><td>巡抚地方疏</td><td>十五年四月二十八日</td><td>十五年二十五日</td></tr>
<tr><td>奏疏六</td><td>赴任谢恩遂陈肤见疏</td><td>六年十二月初一日</td><td>六□十二月初一日</td></tr>
<tr><td rowspan="2">奏疏七</td><td>举能抚治疏</td><td>七年正月二十五日</td><td>七年五月二十五日</td></tr>
<tr><td>处置八寨断藤峡以图永安疏</td><td>以分制八寨瑶贼之□</td><td>以分制八寨瑶贼之势</td></tr>
</table>

第九章 《阳明先生公移》版本源流考

《阳明先生公移》六卷本（残本，存12册，十三卷，索书号01016，白口，四周单边，每半页十行，每行二十字）自“原北平图书馆甲库善本丛刊”的出版而得以被学术界研究和重视。今国图馆藏的《阳明先生公移》七卷本中第七卷（每半页十行，每行二十字）得以弥补“原北平图书馆甲库善本丛刊”缺失第七卷公移的遗憾。

2018年3月6日，笔者前往北京师范大学，得以阅读北京师范大学图书馆藏闾东嘉靖二十九年天水刻《文录》两函20册，二十八卷，收录《别录》十四卷，其中《公移》七卷，索书号为846.5/118－34。由于馆藏特殊规定，仅限于馆内阅读，无法全文复制和拍摄。但该书的重刻本，孙昭于嘉靖三十四年刊刻的闾东本，14册，二十八卷，藏于中国科学院图书馆，蒙罗琳主任善意，允许拍摄。孙昭本的清抄本则藏于上海图书馆，1353拍。

2019年3月11日，笔者前往南开大学津南校区图书馆，得以阅读两函14册嘉靖时期刊刻的《阳明先生公移》七卷（善本书号846.5/117－53），该书未标注何人捐资刊刻，亦未见前后序跋，题为《阳明先生别录》，共十四卷（《奏疏》七卷，《公移》七卷），每半页十行，每行二十字。

2022 年 7 月 19 日，我获得了任文利先生从北京首都图书馆购买的董聪赣州刻二十八卷本《文录》全文。而浙江省图书馆亦藏有正文内容相同的二十八卷本刻本，但书前缺钱德洪序言。该书亦每半页十二行，每行二十字。浙江省图书馆藏本索书号 5927,22 册，白口，四周单边。题为嘉靖三十五年董聪刻本。

2022 年 7 月 24 日，我又荣幸地获得孙昭本《公移》全文，研究更便利了。这是在王巨明先生的辛苦努力下，他从日本早稻田大学图书馆全文下载孙昭本二十八卷本《文录》，无偿赠予我电子版全文。

但七卷本《公移》在嘉靖年间，由于钱德洪遵循邹守益等同门编辑王阳明文集遵循精选精编的选本而非全本原则，不久就被删减到三卷，且在后世流传中成为《公移》版本的权威与流行版本，致使后世学者对七卷本《公移》注意不够。选本《公移》逐渐占据学术界主流地位，而全本《公移》淹没于历史长河中多年。幸运的是，隆庆时期，钱德洪嘉兴籍弟子沈启原在编辑王阳明全书的过程中，特别留意王阳明公移的散佚情况，将其收集整理的四卷本《公移》汇入王阳明全书，合并为两卷，部分地挽回全本《公移》的散佚悲剧。故而，今通行本实收王阳明公移五卷，但离全本公移收录数量仍然有一定差距，存在不少公移的失收。

故而永富青地先生对通行本《公移》缺失的部分进行了辑佚，钱明主持的《王阳明全集（新编本）》在卷四十八至五十，收入了永富青地辑佚的七卷本失收公移，由此成为目前学术界收录《公移》较全的阅读本。

第一节 存世七卷本《阳明先生公移》非全本论

不少学者会以为，存世的七卷本《阳明先生公移》按次序、年月时间顺序，分门别类，体系完备，应该为阳明公移的全本。但经过我们对王阳明全书与众多七卷本公移的深入比较研究，尤其是七卷公移与嘉兴沈启原整理的四卷本公移汇校，我们确信，存世七卷本《阳明先生公移》并非全本，而最早刊刻的单行本《别录》二十卷全本收录的公移数量比存世七卷本多。

三征公移逸稿

德洪昔裒次师文，尝先刻奏疏、公移，凡二十卷，名曰《别录》，为师征濠之功未明于天下也。既后刻《文录》，志在删繁，取《公移》三之二而去其一。沈子启原，冲年即有志师学，搜猎遗文若干篇，录《公移》所遗者类为四卷，名曰《三征公移逸稿》。将增刻《文录续编》，用以补其所未备也。

出以示余，余读而叹曰："吾师学敦大源，故发诸政事，澜涌川决，千态万状，时出而无穷。是稿，皆据案批答，平常说去，殊不经意，而仁爱自足以沦人心髓，思虑自足以彻人机智，文章又足以鼓舞天下之人心，若金沙玉屑，散落人世，人自不能弃之，又奚病于繁耶?"乃为条揭其纲以遗之，使读者即吾师应感之陈迹，可以推见性道之渊微云。

隆庆庚午八月朔日，德洪百拜识。

在数十种钱德洪主持的王阳明单刻本序言中，我们总是能发现钱德洪序言常常自相矛盾，而且他也有多次“造假”，使得我们容易怀疑他说的话，是不是可信。为了验证他所说是否属实，我们必须拿正文材料说话。

据任文利先生对王阳明版本源流的研究，他肯定地指出，早在嘉靖十四年增刻的姑苏闻人诠二十八卷本公开印刷前，钱德洪主持的最早的单刻本《别录》就公开出版了。事实上，嘉靖十二年九月，五十七岁时任礼部右侍郎的黄绾主持捐资刊刻的《阳明先生存稿》时所作首序并未提及收录《别录》情况。

（黄绾）及与欧阳崇一、钱洪甫、黄正之率一二子侄，检粹而编订之，曰《阳明先生存稿》，庶传之四方，垂之万世，使有志之士知所用心，则先生之学之道为不亡矣。

嘉靖癸巳秋九月望日，通议大夫、礼部右侍郎、前詹事府詹事兼翰林院侍读学士同修国典、经筵讲官、门生赤城黄绾识。①

两年后，黄绾升任礼部左侍郎，且在嘉靖十四年春三月主持贡举，故而得以在此年再序姑苏二十八卷本，增加几句话，而学术界很少有人注意到黄绾两篇不同时期的序言的细微变动之处。

① 陆永胜主编:《王阳明珍本文献丛刊》，第1册，《阳明先生存稿序》，第3—4页。

而贡举事毕，黄绾丁母忧，迟至十八年方被嘉靖特举为礼部尚书出山。

> （黄绾）及与欧阳崇一、钱洪甫、黄正之率一二子侄，检粹而编订之，曰《阳明先生存稿》。
>
> 洪甫携之吴中，与黄勉之重为厘类，曰《文录》，曰《别录》，刻梓以行，庶传之四方，垂之来世，使有志之士知所用心，则先生之学之道为不亡矣。
>
> 嘉靖乙未春三月。①

可见，黄绾明确说明钱德洪对王阳明文录分录，分为文录、别录。嘉靖九年，钱德洪在杭州胜果寺主持编辑《阳明先生诗录》在薛侃家族的资助下公开出版，并亲自作序。我们由此可以大胆地推断，其实，早在嘉靖十二年前，《别录》单刻本应该公开出版了，但没有对《别录》进行分门别类。很有可能，约在嘉靖十一年，《别录》就公开印刷了。另外一个大胆地假设就是，或许，所谓的单刻本《别录》并未单行过，而只是被收录于《阳明先生存稿》中公开印刷。所以，我们很有可能去推测，嘉靖十二年刊刻的《阳明先生存稿》收录了二十卷《别录》。

但至少可以肯定，嘉靖十四年刊刻的二十八卷本文录，对奏疏、公移进行系统分类，编排次序，标注每一篇公移的具体写作时间，为目前存世七卷本公移提供底本。但仅仅是以序言材料和假设，是

① 黄振萍主编：《王阳明文献集成》，第9册，《阳明先生文录序》，第3页。

很难服众的，我们需要更扎实的材料证据。最好的材料，莫过于沈启原编辑的四卷本《三征公移逸稿》。这个材料的编辑并非由钱德洪负责，而是沈启原主持，故而呈现出不一样的编辑原则，值得注意。

调用三省夹攻官兵（七月十五日）

……为此仰抄案回府，即行本官，密切整备衣装。［及将上杭县义官李福英名下打手，再行拣选，务要骁勇精悍者一千名，给与资装器械，］听候命下。另有公文至日，即便不分星夜，兼程前进军门，以凭调用施行。①

其十一　案行预委江西吉安府九江府福建汀州府广东惠州府程乡县等官领兵听调（八月十五日）

……为此仰抄案回府，即行本官，密切整备衣装，听候命下。另有公文至日，即便不分星夜，兼程前进军门，以凭调用施行。②

［ ］内字为隆庆本多出七卷本公移系列的正文内容。从隶属于王阳明平叛江西横水、桶岗盗匪系列的同一篇公移材料信息而言，沈启原编辑本比七卷本多出“及将上杭县义官李福英名下打手，再行拣选，务要骁勇精悍者一千名，给与资装器械”，说明沈启原可

① 郭朝宾本《王文成公全书》，第9册，卷三十《续编五》，第177—178页。
② 甲库藏残本《阳明先生文录》，卷八，第1723—1724页。

能得到《案行预委江西吉安府九江府福建汀州府广东惠州府程乡县等官领兵听调》公移底稿。而隆庆四年庚午，钱德洪“条揭其纲以遗之”，将公移题目简化为《调用三省夹攻官兵》，但刊刻时误将原公移写作时间“七月十五日”误刻为“八月十五日”。

类似这样七卷本公移在编辑时删减的史料，沈启原本均有保存，由此可见，沈启原本公移具有巨大的汇校价值。

> 该兵科给事中周文熙奏，该本部覆题，已经案仰湖广都、布、按三司，即行该道守巡、兵备等官［一体钦遵。各诣郴、桂、衡州等处，督同各该掌印等官，］相度山川险易之势，咨访贼情起伏之由，查照各官建言事理，从长议处方略。①

> 晓谕各该地方良善，向化村寨，务将逃躲各贼，尽数擒斩。［以泄军民之愤，获功解报，一体给赏。若是与贼通谋，容留隐蔽，访究得出，国宪难逃。如是各贼果有诚心悔罪，愿来投抚立功报效者，亦准免其一死，带来军门，抚谕安插。各官务要尽心竭力，上报国恩，下除民患，副军门之委托，立自己之功名。仍督平日与贼交通之人，令其向导追捕，痛加惩改，及此机会，立功自赎，果能奋不顾身，多获真正恶贼，非但免其既往之罪，抑且同受维新之赏。］若犹疑贰观望，意图苟免，

① 甲库藏残本《阳明先生文录》，卷九，《其二十七　钦奉敕谕处置湖广郴、衡瑶贼》（十二月十二日），第1760页；郭朝宾本《王文成公全书》，第9册，卷三十《续编五》，《再申明三省敕谕》（十二月十二日），第177—178页。

定行斩首示众，断不虚言。①

为此牌仰本官，即便亲诣省城，公同布、按二司掌印等官，将军门发去彩段、银花等物，照数备用鼓乐导送佥事汪溱等收领，用见本院嘉奖宴劳之意。仍行镇巡衙门知会。[计开：佥事汪溱：盘盏一副十两，段二匹十两，银花二枝二两，席面一桌银十两。都指挥谢珮：盘盏一副十两，段二匹十两，银花二枝二两，席面一桌银十两。部押指挥二员：每员银牌五两，银花一枝五钱，席面银二两。分押千户八员：每员银牌三两，银花一枝五钱，席面银一两。]②

为此牌仰本官，即便亲诣省城，公同布、按二司掌印等官，将军门发去礼物，照依后开数目，各用鼓乐送发宣慰彭明辅、彭九霄等收领，用见本院嘉奖宴劳之意。各宣慰官舍目兵人等，查照单开等项，逐一支出赏犒，就彼督发各兵回还休息。支过数目，开单查考，俱仍行镇巡衙门知会。[计开：保靖宣慰司宣慰彭九霄：盘盏一副十两，段二匹，一两重金花一枝，一两重银花一枝，席面银五十两。官男彭荩臣：银花二枝各一两，段二匹，席面银二十两。永顺宣慰司宣慰

① 陆永胜主编：《王阳明珍本文献丛刊》，第 4 册，《公移》卷七，《牌行副使翁素招复良民》（五月初一日），第 2566 页；郭朝宾本《王文成公全书》，第 9 册，卷三十《续编五》，《行右江道招回新民牌》（五月初六日），第 259—260 页。

② 陆永胜主编：《王阳明珍本文献丛刊》，第 4 册，《公移》卷七，《其二十三　牌行佥事吴天挺奖励监督官》（六月初十日），第 2578 页；郭朝宾本《王文成公全书》，第 9 册，卷三十《续编五》，《奖劳督兵官牌》（六月初十日），第 272—274 页。

彭明辅：盘盏一副十两，段二匹，一两重金花一枝，一两重银花一枝，席面银五十两。官男彭宗舜：银花二枝各一两，段二匹，席面银二十两。冠带把总头目每名三两重银牌一面，领征管队冠带头目每名二两重银牌一面，旗甲小头目洞老每名一两重银牌一面，随征土兵每名银二钱，家丁银一钱，病故头目每名银四两，病故土兵每名银二两。首级每颗银一两，贼首银三两，生擒每名银二两。]①

为此牌仰右江道分巡官，即行宾州，起拨夫役人等，将见贮军饷粮米，照依后开数目，运赴三里地方各目扎营去处，分给各兵，以见本院犒赏之意。开数缴报查考。[计开：卢苏二百石，王受一百五十石。]②

为此牌仰南宁府官吏，即便动支库贮军饷银两，照依后开则例，买办彩币羊酒分送各官，用见本院嘉劳之意。开报查考。[计开：副总兵张祐、副使翁素：各花二枝二两，段四匹十两，羊四只三两，酒四埕一两。参政沈良佐、佥事吴天挺、副总兵李璋、参将张经、冯勋：各花二枝二两，段二匹六两，羊二只、酒二埕共二两。

① 陆永胜主编：《王阳明珍本文献丛刊》，第4册，《公移》卷七，《其二十五　牌行佥事吴天挺奖劳统兵土官》（六月初十日），第2581页；郭朝宾本《王文成公全书》，第9册，卷三十《续编五》，《奖劳永保二司官舍土目牌》（六月初十日），第279—281页。

② 陆永胜主编：《王阳明珍本文献丛刊》，第4册，《公移》卷七，《其二十九　牌行右江道犒赏土目》（七月初三日），第2586页；郭朝宾本《王文成公全书》，第9册，卷三十《续编五》，《行右江道犒赏卢苏王受牌》（七月初三日），第284页。

知府桂鏊，同知陈志敬、林宽，推官冯衡，同上。]①

后因王禄等哀求免死，容令各领目兵杀贼赎罪。[该道守巡兵备等官亦为恳请，遂遵照钦奉敕谕，便宜事理，容令报效赎罪。]②

上述七段文字中，[ ] 内字均为隆庆时期首次增刻的公移史料，后因《王文成公全书》的广泛流行而为世人所知。但自嘉靖十四年（1535）姑苏本面世至隆庆六年（1572）四十七年的时期内，上述重要史料不为世人所知，因上述史料无论是二十八卷本还是二十四卷本均未曾刊刻过。但是，由于古代书籍刊刻没有脚注和出版说明，所以，读者一般也不会去做分辨，故而本文特此呈现并给予说明，以此引起学术界同仁重视《王文成公全书》与嘉靖时期刊刻的文录本不同的史料。在沈启原辑佚《三征公移逸稿》四卷本的过程中，显然与其恩师钱德洪坚持不一样的编辑原则，他似乎遵循黄绾、欧阳德等人"求全""求真"的原则，上述新增史料似可证明。

但在汇校的过程中，我们还是发现沈启原其实对公移底稿还是做了"精选"，对最开始的二十卷本《别录》进行全新选编而不是全编，在正文内容上与嘉靖十四年增刻本《文录》有所不同，这些

① 陆永胜主编:《王阳明珍本文献丛刊》，第4册，《公移》卷七，《其三十四　牌行南宁府犒赏官员》（八月十九日），第2591页；郭朝宾本《王文成公全书》，第9册，卷三十《续编五》，《奖劳剿贼各官牌》（八月十九日），第292—293页。

② 陆永胜主编:《王阳明珍本文献丛刊》，第4册，《公移》卷七，《其四十五　牌行柳州卫指挥李楠守备宾州》，第2613—2614页；郭朝宾本《王文成公全书》，第9册，卷三十《续编五》，《改委南丹卫监督指挥牌》，第300页。

歧异史料文献的存在也说明，他与恩师钱德洪在正文内容选取的编辑原则上有所不同。

第二节 《三征公移逸稿》所选公移亦非全本论

《三征公移逸稿》与嘉靖十四年刻本相比较，在同内容公移方面有进一步的优化，毋宁说，沈启原对嘉靖十四年刻本进行又一次编辑和修缮。从下文的【 】内容而言，七卷本公移内容更多，信息量更大，但多出的信息与公移本身需要表达的正文主旨无关，如“节该云云，奏外”“牌行赣州知府邢珣、临江府知府戴德孺、袁州府知府徐琏同”“照得当职云云，定夺”，在沈启原看来，诸如此类文字，与主旨无关，故而可以删除。《再禁词讼告谕》《开报征藩功次赃仗咨》两篇公移，更证明沈启原本优化和节选初刻本的特点，这与钱德洪编辑公移的方针协同。

> 【节该云云，奏外。】及照福建、浙江系江西邻省，今宁府逆谋既著，彼若北趋不遂，必将还取闽、浙，若不先行发兵，乘间捣虚，将来之【悔】噬脐何及?①

> 【节该云云，奏外。】为照前事系天下非常之变，宗社安危

① 陆永胜主编:《王阳明珍本文献丛刊》，第4册，《公移》卷三，《其九 行福建布政司督兵防截》，第2016页；郭朝宾本《王文成公全书》，第10册，卷三十一《续编六》，《行福建布政司调兵勤王》，第4页。

之机，虽今备行江西吉安等府，及湖广、福建、广东等处调集军兵、合势征剿外，但彼声言欲遂顺流东下，窃据南都。①

先具不致异同，重甘结状，并不违依准，随牌缴来。【牌行赣州知府邢珣、临江府知府戴德孺、袁州府知府徐琏同。】②

如田庄，要见坐落地名何处，田亩若干，山场树木若干，湖池广阔若干，　【如基屋，要见坐落何处，基地广阔若干，】③ 房屋几间。

【照得当职云云，定夺。】仰抄案回司，着落当该官吏，即便查照施行。仍呈钦差提督军务御马监太监张、钦差提督军务充总兵官安边伯朱知会，俱毋违错。④

---

① 陆永胜主编:《王阳明珍本文献丛刊》，第4册，《公移》卷三，《其十三　南京兵部集谋防守》，第2020页；郭朝宾本《王文成公全书》，第10册，卷三十一《续编六》，《预行南京各衙门勤王咨》，第5页。

② 陆永胜主编:《王阳明珍本文献丛刊》，第4册，《公移》卷三，《其五十八　牌饬吉安府知府伍文定等同心遵依方略》（七月二十五日），第2087页；郭朝宾本《王文成公全书》，第10册，卷三十一《续编六》，《督责吉安伍文定等同心剿贼牌》（七月二十五日），第14页。

③ 陆永胜主编:《王阳明珍本文献丛刊》，第4册，《公移》卷三，《其八十八　案行江西布、按二司处分乱后事宜》（九月十二日），第2126—2127页；郭朝宾本《王文成公全书》，第10册，卷三十一《续编六》，《行江西布按二司厘革抚绥条件》（九月十二日），第33页。

④ 陆永胜主编:《王阳明珍本文献丛刊》，第4册，《公移》卷四，《其十三　行江西按察司查照解回逆犯》，第2179页；郭朝宾本《王文成公全书》，第10册，卷三十一《续编六》，《行江西按察司知会逆党宫眷姓名》，第36页。

计开：本院系风宪大臣，职当秉持大体，正肃百僚，非琐屑听理词讼之官。今后军民人等，一应户婚、田土、斗争、债负、钱粮、差役等事，俱要自下而上；府、州、县问断不公，方许告守巡按察衙门；守巡按察问断不公，方许赴本院陈告。敢有越诉渎冒宪体者，痛责【枷号。地方强盗紧急重情及赃官污吏虐害切己者，亦许赴院直告。敢有因而扯捏前项名目告扰者，痛责枷号问发。词状止许直告一事，朱语不许过十字，俱要疏行大字，不得过两行，每行不得过三十字，不得牵告多人姓名。违者痛责，状词不行。告人俱于放告日，以次随牌入告，不许拦街截巷，非时告扰。违者并地方人等，通行拿治。】①

夺获诰命、符验，并各衙门印信关防，金银首饰赃仗等物：诰命一道，符验一道，印信关防一百零六颗，［金并首饰六百二十三两一钱二分，］银首饰、器皿八万三千八百九十七两一钱五分八厘五毫，赃仗一千八百九十件，器械一千一百九十九件，牛三十头，马一百零八匹，驴骡一十三头，鹿三只。追获金玺二颗，金册二副。烧毁贼船七百四十六只。阵亡兵六十八名。

【吉安府知府伍文定哨定下临阵官兵人等一千五百员名，共擒斩首从贼人贼级一千一百八名颗，审放一百零一名。

赣州府知府邢珣哨下临阵官兵人等一千二百一十员名，共擒斩首从贼人贼级一千二百二十六名颗，内审放二百六名。

① 陆永胜主编：《王阳明珍本文献丛刊》，第4册，《公移》卷四，《其二十四　再行告谕军民止息争讼》（十二月），第2204页；郭朝宾本《王文成公全书》，第10册，卷三十一《续编六》，《再禁词讼告谕》（十二月），第58—59页。

袁州府知府徐链哨下临阵官兵人等一千一十员名，共擒斩首从贼人贼级一千零二十八名颗，内审放九名。

临江府知府戴德孺哨下临阵官兵人等一千三百员名，共擒斩首从贼人贼级一千零四十八名颗，内审放一十九名。

赣州卫署都指挥佥事余恩哨下官兵人等六百七员名，共擒斩首从贼人贼级七百零一名颗。内审放一十二名。

抚州府知府陈槐哨下官兵人等四百三十五员名，共擒斩首从贼人贼级三百三十四名颗，内审放三十一名。

饶州府知府林瑊哨下官兵人等二千五百员名，共擒斩首从贼人贼级五百七十八名颗，内审放一百零五名。

广信府知府周朝佐哨下官兵人等四百三十一员名，共擒斩首从贼人贼级三百七十四名颗。内审放七名。

建昌府知府曾玙哨下官兵人等六百七十员名，共擒斩首从贼人贼级三百七十六名颗。内审放五十八名。

瑞州府通判胡尧元哨下官兵人等一百九十六员名，共擒斩首从贼人贼级二百五十三名颗。内审放一十一名。

吉安府通判谈储哨下官兵人等五百员名，共擒斩首从贼人贼级三百一十一名颗。

吉安府推官王暐哨下官兵人等三百员名，共擒斩首从贼人贼级一百七十五名颗，内审放三名。

泰和县知县李楫哨下官兵人等五百员名，共擒斩首从贼人贼级二百三十一名颗，内审放二十四名。

新淦县知县李美哨下官兵人等二百二十六员名，共擒斩首从贼人贼级一百三十名颗，内审放二名。

万安县知县王冕哨下官兵人等一千二百五十七员名，共擒斩首从贼人贼级八十八名颗，内审放一十四名。①

进贤县知县刘源清哨下官兵人等三百三十三员名，共擒斩首从贼人贼级一百六十一名颗，内审放二十八名。

奉新县知县刘守绪哨下官兵人等五百员名，共擒斩首从贼人贼级二百三十九名颗，内审放二十二名。

安义县知县王轼哨下官兵人等五百四十三员名，共擒斩首从贼人贼级九百四十三名颗，内审放三百七十三名。

先督各府县官军兵快人等于各该地方要路防守，陆续擒获首从贼人贼级共：

临江府知府戴德孺下获贼从一十四名，同知悉钺下获从贼四名，通判张郁下获从贼三名。

广信府知府周朝佐下获贼二十名，内审放十名。同知桂鍪下获从贼五名，内审放一名。通判安节下获从贼六名，推官严铠下获从贼二名。

广信守御千户所千户秦逊下获从贼七名，内审放一名。

瑞州府同知杨臣下获贼首从贼人七名。通判胡尧元下获首从贼三名。通判童琦下获从贼三名。推官金鼎下获从贼三名。

高安县县丞卢孔光下获从贼三名。主簿胡鉴下获从贼三名。

瑞州府吏聂富、高安县机兵总甲雷玄、唐交才等擒斩贼人贼级八十二名颗。

① 嘉靖十四年刻本自“广信府知府周朝佐哨下官兵人等四百三十一员名”后至此“内审放一十四名”缺两页，今据影印甲库本《别录》补录，见影印甲库《阳明先生别录》十三卷残本，《公移四》，第1821页。

饶州府余干县县丞梅霖下获从贼七十七名。

余干县龙津驿驿丞孙天佑下获从贼一十七名。

南昌府丰城县省祭官文栋材下获从贼二名。

南昌府安义县知县王轼下获从贼十二名。

后督各该官兵人等陆续辑捕擒斩首从贼人贼级共：

瑞州府同知杨臣下获首从贼人六名。

广信府通判俞良贵下斩获贼级二颗，推官严铠下获从贼七名。

南昌府丰城县知县顾佖下擒斩首从贼人贼级四十七名颗。

南康府安义县知县王轼下擒斩首从贼人贼级共五十三名颗，内审放三名。

建昌县知县方泽下擒斩首从贼人贼级共一百七十二名颗，内审放三十一名。

饶州府安仁县知县杨材下获从贼一十七名。

吉安府永新县知县柯相下获首从贼一名。

南昌府靖安县县丞彭龄下获从贼二名。

吉安府万安县县丞李通下获首从贼三名。

南昌府武宁县县丞张翔下获从贼二十一名。

饶州府余干县县丞梅霖下获从贼六名。

南昌府南昌县市汊驿驿丞陈文瑞获从贼五名。

南安府上犹县义官尹志爵下获从贼一名。

戴罪杀贼官一十七员：

九江兵备副使曹雷、九江知府汪颖、督同德安县知县何士凤、湖口县知县章玄梅、彭泽县知县潘琨，各率官兵共擒斩首从贼人贼级三百二十五名颗，内审放八十七名。

南康府知府陈霖下擒斩首从贼人贼级二百二十一名颗，内审放三十二名。同知张禄下擒斩贼人贼级一十二名颗。通判俞椿下擒斩贼人贼级五十四名颗。通判蔡让下擒斩贼人贼级一十二名颗。推官王诩下擒斩首从贼人贼级一十二名颗。

星子县主簿杨永禄下斩获贼级三颗。典史叶昌下斩获贼人贼级二名颗。

南昌府知府郑瓛下擒斩贼人贼级四十一名颗，招降从贼一百三十七名。同知何继周下获首从贼四十三名，内审放一名。通判张元澄下获首从贼人一十一名。

南昌县知县陈大道下获从贼二十九名，内审放二名。

新建县知县郑公奇下获从贼六十五名，内审放九名。

第一等有功官六员：

巡按两广监察御史谢源、巡按两广监察御史伍希儒、吉安府知府伍文定、赣州府知府邢珣、袁州府知府徐琏、临江府知府戴德孺。

第二等有功官一十八员：

署都指挥使佥事余恩、抚州府知府陈槐、建昌府知府曾玙、饶州府知府林珹、广信府知府周朝佐、瑞州府通判胡尧元、泰和县知县李楫、新淦县知县李美、万安县知县王冕、安义县知县王轼、吉安府通判谈储、瑞州府通判童琦、吉安府推官王暐、进贤县知县刘源清、奉先县知县刘守绪、乡官致仕都御史王懋中、养病痊可编修邹守益、丁忧御史张鳌山。

第三等有功官三十员：

南安府推官徐文英、临川县知县傅南乔、吉安府通判杨昉、吉安千户所指挥同知麻玺、赣州府同知夏克义、赣州府指挥佥事孟俊、永新千户所指挥同知高睿、南昌府通判陈旦、丰城县知县顾佖、袁州府推官陈辂、宁州知州汪宪、余干县知县马津、上高县知县张淮、高安县知县应恩、永新县知县柯相、建昌县知县方铎、靖安县知县万士贤、铅山县知县杜民表、永丰县知县谭缙、瑞州府同知杨臣、新昌县知县王廷、安仁县知县杨材、乡官养病郎中曾直、养病评事罗侨、调用佥事刘蓝、致仕按察使刘逊、闲住知府刘昭、依亲进士郭持平、参谋驿丞王思、参谋驿丞李忠。

第四等有功官二十五员：

广信府通判俞良贵、广信府通判安节、广信府推官严铠、临江府同知奚钱、临江府通判张郁、广信府同知桂鏊、瑞州府知府金鼎、赣州府赣县知县宋镕、赣州卫千户刘恺、广信守御千户秦逊、永丰县学训导艾珪、高安县县丞卢孔光、余干县县丞梅霖、靖安县县丞彭龄、万安县县丞李通、武宁县县丞张翔、武国县主簿于旺、高安县主簿胡鉴、余干县龙津驿驿丞孙天佑、南昌县市汉驿驿丞陈文瑞、吉水县致仕县丞龙光、赣县听选官雷济、丰城县省祭官文栋材、赣县义官萧庚、上犹县义官尹志爵。

合行开造咨报，为此今将前项手册一本，印封差人领赍前来外，合行移咨贵职。烦请查照裁处施行。】①

① 陆永胜主编：《王阳明珍本文献丛刊》，第4册，《公移》卷四，《其三十一　咨整理兵马粮草兵部左侍郎王查报功次》（三月初四日），第2225—2242页；郭朝宾本《王文成公全书》，第10册，卷三十一《续编六》，《开报征藩功次赃仗咨》（正德十五年三月初四日），第73—74页。

但初刻本所多出的信息，如“如基屋，要见坐落何处，基地广阔若干”，或为后世漏刻；初刻本所遗漏而沈启原本多出的信息，如“金并首饰六百二十三两一钱二分”，则为初刻本遗漏，沈启原试图恢复原稿内容。

仍转行镇守、主副参将等官，今后除地方机密重情，【不及会本听，各差人星驰奏报。若重大事情，】应该会奏者，各具本共差一人，于批文列会奏职衔。①

即今岁暮天寒，岂无室家之念？牌至，仰【本官即带兵夫，仍回本州岛驻扎。候元宵以后，天气渐和，】本官径自前来军门，面听发放。②

就将七处一城头拨与本目，［永远食用，流传子孙。］本目务要奉公守法，尽心答应。其或违犯节制，轻则该府官量行究治，重则具由三府军门治以军法。【右仰管七处一城头兼杂役土目蔡德政准此。】③

① 陆永胜主编：《王阳明珍本文献丛刊》，第4册，《公移》卷六，《其十九　案行两广按察司备奉钦依事理》（十二月十二日），第2373页；郭朝宾本《王文成公全书》，第9册，卷三十《续编五》，《行两广按察司稽查冒滥关文》（十二月十二日），第232页。

② 陆永胜主编：《王阳明珍本文献丛刊》，第4册，《公移》卷六，《其二十一　牌行那地州土官罗廷凤等放回本州岛》（十二月十七日），第2375—2376页；郭朝宾本《王文成公全书》，第9册，卷三十《续编五》，《省发土官罗廷凤等牌》（十二月十七日），第235页。

③ 陆永胜主编：《王阳明珍本文献丛刊》，第4册，《公移》卷六，《其五十　牌仰土目蔡德政统率各土目》（四月初一日），第2486—2487页；郭朝宾本《王文成公全书》，第9册，卷三十《续编五》，《委土目蔡德政统率各土目牌》（四月初一日），第250页。

如其苟且目前，虚文抵塞，欺上罔下，假公营私，非但明有人非、幽有鬼责，抑且物议不容。【国法难逭，各官勉之！戒之！】①

有违犯者，官府体访得出，或被人告发，定行拿赴军门，处以军法，决不轻恕。【访得该府地方有等奸恶十冬擅将投附僮民绑拿、杀死者，仰府通行访拿，从重究治。】②

仰按察司会同都、布二司，将各情词备加详审，及查立县始末缘由，其各都图应否归附某县，各县粮差应否作何区处，各民违抗逃叛之罪应否作何理断，通行议处呈夺。【安集反侧。】③

初刻本所具有的“不及会本听，各差人星驰奏报。若重大事情”“本官即带兵夫，仍回本州岛驻扎。候元宵以后，天气渐和”“访得该府地方有等奸恶十冬擅将投附僮民绑拿、杀死者，仰府通行访拿，从重究治”等诸多信息，有些内容为下达给下级官员的

---

① 陆永胜主编：《王阳明珍本文献丛刊》，第4册，《公移》卷七，《其三十八　牌行浔州府知府招抚残贼》，第2603页；郭朝宾本《王文成公全书》，第9册，卷三十《续编五》，《行浔州府抚恤新民牌》，第254页。

② 陆永胜主编：《王阳明珍本文献丛刊》，第4册，《公移》卷七，《其四十二　告谕十冬里》，第2611页；郭朝宾本《王文成公全书》，第9册，卷三十《续编五》，《告谕十冬里》（八月），第297页。

③ 陆永胜主编：《王阳明珍本文献丛刊》，第4册，《公移》卷五，《其三十七　批东乡叛民投顺状》（四月初九日），第2332—2333页；郭朝宾本《王文成公全书》，第10册，卷三十一《续编六》，《批东乡叛民投顺状》（四月初九日），第103页。

具体行政命令，具有重要的文献价值，而沈启原皆删之，不知何故。从上述公移内容而言，嘉靖十四年公移具有更丰富的文献史料价值，故而沈启原对原刻本的删除是值得商榷的，可以进一步探讨。

第三节 《三征公移逸稿》多出三十四篇公移文献价值论

相比存世嘉靖十四年苏州刻二十八卷本、嘉靖三十二年孙昭刻二十八卷本、嘉靖四十四年赣州增刻二十八卷本三个版本的公移而言，通行本《三征公移逸稿》多出 34 篇，其中，《南赣公移》多出 13 篇，时间跨度为正德十三至十四年；《征藩公移》多出 11 篇，时间跨度为正德十四年至十六年；《思田公移》多出 10 篇，时间跨度为嘉靖六年至七年。或许为了每卷篇幅字数相当，沈启原将《三征公移逸稿》入编王阳明全书时，将《思田公移》置前，与《南赣公移》合并一卷，《征藩公移》单列为一卷，导致时间错位，令读者颇为不便。具体情况见下文。

南赣公移

批准惠州府给由呈　正德十三年二月

批赣州府赈济呈　四月二十八日

批岭北道修筑城垣呈　五月十五日

查访各属贤否牌　六月十九日

行漳南道禁支税牌　六月二十八日

禁约驿递牌　七月初一日

犒赏新民牌　七月二十八日

优礼谪官牌　十一月二十七日

批赣州府给由呈　十二月二十五日

遵奉钦依行福建三司清查钱粮　（正德十四年）五月二十七日

议处添设县所城堡巡司咨　五月三十日

督责哨官牌　六月初七日

委分巡岭北道暂管地方事　六月初八日

思田公移

奖留佥事顾溱批呈　（嘉靖六年）十一月二十三日

给思明州官孙黄永宁冠带札付牌　［十二月］

给迁隆寨巡检黄添贵冠带牌　嘉靖七年正月初八日

批左州分俸养亲申　正月十八日

批右江道断复向武州地土呈　正月二十六日

批左江道推立土官呈　二月初一日

批遣还夷人归国申　二月十四日

批永安州知州乞休呈　三月十四日

行福建漳州府取回岑邦佐牌　［八月］

批佥事吴天挺乞休呈　八月二十五日

征藩公移

行吉安府踏勘灾伤　（正德十四年）七月初五日

委按察使伍文定纪验残孽　九月二十日

行袁州等府查处军中备用钱粮牌　十月初六日

行江西布按二司清查军前取用钱粮　［十一、十二月间］

防制省城奸恶牌　十二月十一日

行江西按察司查禁因公科索民财　十二月十一日

行岭北道清查赣州钱粮牌　（正德十五年）十月二十三日

申行十家牌法　（正德十五年）［十月底、十一月间］

批议赏获功阵亡等次呈　（正德十六年）三月初十日

覆应天巡抚派取船只咨　三月二十四

批江西布政司清查造册呈　四月十六日

相比二十八卷本公移而言，嘉兴知府徐必进《阳明先生文录续编》卷三增录2篇：《告谕庐陵父老子弟》《庐陵县公移》[①]，故而可知，二十八卷本所收公移亦非全本。而沈启原辑佚的《三征公移逸稿》多出34篇公移，为嘉靖十四年后在隆庆六年的第二次较大增录，更加证明嘉靖十四年二十八卷本所收七卷本公移非全录，故而，无论是沈启原辑佚本，还是二十八卷本，徐必进《文录续编》本公移，都具有重要的文献版本价值，合并考虑，能解决王阳明文献版本的诸多难题。按钱德洪自序，钱德洪曾经刊刻过二十卷《别录》单刻本，其中，公移应为十三卷。但目前我们看到嘉靖时期所有存世版本，公移最多七卷，远远低于十三卷。考虑到单刻本并入文录本可能导致卷数合并，或许存世的二十八卷本文录所收的七卷本公移可能相当于首刻单刻本十三卷公移，只是后世重刻本卷数调整

① 吴光、钱明、董平等编校：《王阳明全集》上，卷二十八《续编三》，上海古籍出版社，2011年，第44页。

而已。

据我们对嘉靖九年单刻本《阳明先生诗录》研究，诗录为四卷，且不按时间次序，而是根据钱德洪编辑原则，自滁州后诗歌为正录，滁州之前诗歌为附录。但嘉靖十四年八月，钱德洪重刻二十八卷本文录，而诗歌合并为两卷，且按照时间为顺序，不再分正录、附录。同理类推，嘉靖十四年八月，钱德洪在苏州重刻二十八卷本文录，公移很有可能合并，由十三卷合并为七卷，且公移数量可能会缺失前文所说的34篇，大约相当于一卷公移数量。公移本为王阳明批答公文，权威性远不如他自己写给朝廷的《奏疏》，故而通行本奏疏数量未敢大量失收。据统计，嘉靖十四年刻二十八卷本《奏疏》与通行本相比，除上述说的34篇外，仅少3篇:《自劾不职以明圣治事疏》《乞恩表扬先德疏》《辩诛遗奸正大法以清朝列疏》[①]，为嘉兴知府徐必进《阳明先生文录续编》卷三首次增录。

由此可见，如若我们要汇校王阳明公移，应该以嘉靖十四年苏州刻二十八卷本所收公移为底本，参校孙昭二十八卷本、赵时齐二十八卷本、徐必进文录续编本、隆庆三十八卷全书本、万历初年三十八卷全书本，旁校国图藏“苏州”二十四卷本、云南图书馆藏二十四卷本、国图藏邹守益手序二十四卷本、胡宗宪二十四卷本，以全书本多出36篇公移为附录。可总收总校公移数为439篇，其中，嘉靖十四年姑苏本公移403条，全书本多出36条；而隆庆本仅收公移281篇，其中《别录》收141条，续编2条，沈启原辑佚138条，且全书本每篇公移皆为选本，题目都有改动，失去初刻本题目所具

① 吴光、钱明、董平等编校:《王阳明全集》上，卷二十八《续编三》，第44页。

有的原始性、准确性。可见，与隆庆本全书相比，汇校可增收公移约 122 篇，且多个版本全面校对，可以优胜于永富青地先生仅仅对照两个版本的辑佚本，正文字数超过所收公移大约一半的字数规模，文献价值巨大。

第十章　嘉兴版《阳明先生文录续编》版本价值论

我有一次在网上检索王阳明相关文献的国家珍贵文录的收录情况，偶然与欣喜地发现首都师范大学图书馆藏有徐必进刻嘉兴版《阳明先生文录续编》。2019 年 3 月 11 日，征得屈南副馆长的同意，在馆员芦婷婷的帮助下，得以目睹奇珍，并做了阅读笔记。2022 年 11 月，在屈南副馆长等人的多方努力下，嘉兴版《阳明先生文录续编》孤本终于被公开影印出版。首都师范大学在王阳明诞辰五百周年之际推进徐必进版《阳明先生文录续编》的公开影印，对于校对郭朝宾版《王文成公全书》、万历重刻本全书系列，文献史料价值巨大。

第一节　八卷本《阳明先生文录续编》的章节结构

嘉靖四十五年钱德洪编辑整理的八卷本《阳明先生文录续编》，藏书号 846.6，一函 8 册，总计八卷，每半页九行，每行十九字，主要收录散佚论学书一卷、稀见书信一卷、散佚杂文一卷、《上国游》及稀见诗歌一卷、《家乘》三卷、《家乘》附录（请祀奏疏与祭祀文杂录）一卷。因该书刻于嘉靖皇朝最后一年即四十五年，且成为隆庆时期全书初刻本郭朝宾本的重要参照本，故而具有较大的学术史料价值，对于弄清楚从《续编》到《全书》的编辑过程演变，具有重大的版本文献价值与学术史料价值。

嘉靖四十五年版《阳明先生文录续编》与隆庆初年刊刻的郭朝宾本《王文成公全书》均为每半页九行，每行十九字，无论是字体、字形，还是刀工和部分字的漫漶，由于时间间隔不远，均有较多程度地一致，可能为同一批工人所刻。但郭朝宾本《王文成公全书》对嘉靖四十五年版《阳明先生文录续编》进行统稿，章节次序有所变动，删除 3 首诗歌、2 篇祭文（湛若水、费宏）、1 篇杂文（蔡文），增加 13 篇隆庆时期文官大臣请求恤典与祭祀的奏疏公文。

序言变动方面，徐必进本《阳明先生文录续编》与郭朝宾本《王文成公全书》在序末的记述存在着不一致，很容易误导后学对阳明文录版本源流的研究。

> 今年十月，洪过嘉禾，郡侯徐君必进方与诸生讲学于育才别馆，洪出示之，遂捐俸入，以嘉惠多士，凡五卷，题曰《文录续编》；师胤子王正亿尝录《阳明先生家乘》，凡三卷，并刻之。嘉靖丙寅一阳日，德洪百拜识。①
>
> 今年九月，虬峰谢君来按吾浙，刻师全书，检所未录，尽刻之，凡五卷，题曰《文录续编》；师胤子王正亿尝录《阳明先生家乘》，凡三卷，今更名《世德纪》，并刻于全书末卷云。

① 徐必进本《阳明先生文录续编》，卷一，钱德洪序，第 10—11 页。

隆庆壬申一阳日，德洪百拜识。①

如果读者没有阅读到嘉靖四十五年嘉兴刻《阳明先生文录续编》本，按照隆庆六年壬申本的钱德洪序言，“捡所未录，尽刻之”，让人以为五卷《续编》、三卷《家乘》以前并没有公开出版过，是隆庆时期第一次刊刻，为首出本。我们确信，钱德洪又一次公开对《阳明先生文录续编》版本源流造假。对于六安后学、嘉兴知府徐必进巨大捐资人功劳视若无睹，对于徐必进在嘉兴建设书院“育才别馆”一事，钱德洪绝口不提。

明明《阳明先生文录续编》于嘉靖四十五年丙寅公开出版了，且由地方政府嘉兴捐资刊刻。奇怪的是，六年后，隆庆六年壬申，钱德洪不仅不说以前出版过的事情，而且明确说“捡所未录”，由此来故意抬高谢廷杰通行本全书的权威版本价值！以我们掌握多种阳明文录的善本资料，钱德洪这样的公开作假，已经多次了。无论是在湖北崇正书院嘉靖三十五年刊刻的《传习录》版本中，对同门多种版本视而不见、默不作声，与王畿大规模改编南大吉嘉靖三年版《传习录》书信部分篇目，误导后学，还刻意打压德安府本《传习录》、管州版《传习录》、曾才汉版《遗言录》等阳明语录版本价值；而在杭州天真书院嘉靖三十七年刊刻二十四卷本《阳明先生文录》序言中，更是故意误导后学，他明确指出，闻人诠苏州刻本为最早、最权威的文录版本，抬高自己选本的权威价值，抹杀同门黄绾、欧阳德等人捐资刊刻文录多元更全本的巨大成绩。

---

① 郭朝宾本《王文成公全书》，卷二十六，钱德洪序，第239页。

章节变动方面，隆庆六年刊刻的全书本对《阳明先生文录续编》改动更为合理，见下图表，这是需要肯定的。应该说，钱德洪一生都全心投入阳明先生文献的整理和编辑工作，且非常细心，这是值得称许之处。且由于阳明去世之后，嘉靖当局一直对阳明心学处于打压状态，嘉靖皇帝早年发布对阳明学的“异端”“异学”的公开敌视态度，随之而后对白沙书院、阳明书院的禁止，在长达将近四十年的岁月长河里，对于阳明学的发展是致命的。可以说阳明学在没有得到权威当局的公开支持背景下，很多地方政府官员背着被免职、降职与“举报”的职业风险，因此，不难理解，钱德洪未将“求全”作为他一生整理阳明全书的原则，而是牢牢追随同门前辈邹守益“精益求精”的选本态度，客观上导致阳明全书不全的遗憾。尤其是，朝廷变换，隆庆朝对阳明学完全转弯，公开更正嘉靖朝对王阳明不公正的态度，国家和社会也需要一个最全的版本，对于一个将近八十岁的阳明著名亲传弟子重新汇集王阳明全书已经来不及，事实上，这显然是不可能的。幸运的是，通过多种王阳明单刻本，我

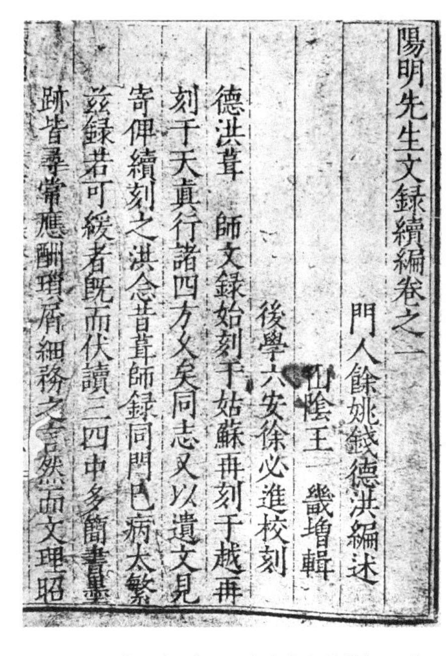

陽明先生文録續編卷之一
門人餘姚錢德洪編述
山陰王　畿增輯
後學六安徐必進校刻
德洪葺　師文録始刻于姑蘇再刻于越再
刻于天真行諸四方久矣同志又以遺文見
寄俾續刻之洪念昔葺師録同門已病太繁
兹録若可緩者既而伏讀三四中多簡書墨
跡皆尋常應酬瑣屑細務之言然而文理昭

图 10.1：嘉兴版《阳明先生文录续编》正文首页详细标注编辑者和捐资人

们可以最大限度复原王阳明全文。

表 10.1　嘉兴版《阳明先生文录续编》与郭朝宾版《王文成公全书》章节变动表

嘉兴版《阳明先生文录续编》		郭朝宾版《王文成公全书》	
《阳明文录》卷一（《大学问》等）	钱德洪编述、王畿增辑、徐必进校刻	卷二十六《续编一》	钱德洪编次、邹守益葺录、欧阳德校正、王畿增葺、严中考订
《阳明文录》卷二（《与郭善甫》等）	钱德洪编述、王畿增辑、徐必进校刻	卷二十七《续编二书》	—
《阳明文录》卷三（《自敕不职以明圣治事疏》等）	钱德洪编述、王畿增辑、徐必进校刻	卷二十八《续编三》	钱德洪编次、邹守益葺录、欧阳德校正、王畿增葺、严中考订
《阳明文录》卷四（《上国游》等）	钱德洪编述、王畿增辑、徐必进校刻	卷二十九《续编四》	—
《阳明文录》卷五《附录》（《辨忠谗以定国是疏》等）	钱德洪编述、王畿增辑、徐必进校刻	卷三十八《附录七世德纪附录》	钱德洪编次、王畿辑录、郦琥校阅
《阳明家乘》卷一	钱德洪编述、徐必进校刻、王正亿奉录		
《阳明家乘》卷二	钱德洪编述、徐必进校刻、王正亿奉录	卷三十七《附录六世德纪》	钱德洪编述、王畿校阅
《阳明家乘》卷三	钱德洪编述、徐必进校刻、王正亿奉录		

上述图表经过比较，我们可以发现，钱德洪序言中对《阳明先生文录续编》的章节论述，称《阳明先生文录续编》收录《文录续编》五卷、《阳明先生家乘》三卷，是不准确的。正确的说法应该是《阳明先生文录续编》收录《文录续编》四卷、《阳明先生家乘》三卷、附录一卷。而章节排序方面，徐必进本存在一些问题，而隆庆六年初刻本较为合理，有系统的统稿与题目优化工作。一方面，隆庆本对嘉兴本原置于书后部分的《家乘》三卷内容合并为一卷，并更名为《世德纪》，作为附录六。另一方面，隆庆本对嘉兴本来不及收录的新增奏疏、祭祀类公文进行增扩，同时将原刻本卷五《附录》（《辨忠谗以定国是疏》等）后移，置于《世德纪》（即《家乘》）之后，作为全书附录七，这样，时间上看，也符合《请恤典赠谥疏》等新增12篇奏疏、公移写作时间较晚的事实。

表10.2 《王文成公全书》较《阳明先生文录续编》新增12篇公文

卷三十八《附录七 世德纪附录》	平宁藩事略（蔡文）
	请恤典赠谥疏（礼部辛自修等，隆庆元年）
	辨明功罚疏（南京户部岑用宾等，隆庆元年）
	请从祀疏（提学巡按直隶监察御史耿定向，隆庆元年）
	题赠谥疏（吏部，隆庆元年四月甲寅）
	题遣官造葬照会（工部，隆庆元年六月）
	祭葬札付（浙江布政使司，隆庆二年二月）
	江西奏复封爵咨（任士凭，隆庆元年十一月）
	浙江抚巡奏复封爵疏（王得春）

续　表

卷三十八《附录七世德纪附录》	题请会议复爵疏（吏部）
	会议复爵疏（杨博，隆庆二年十月）
	再议世袭大典（吏部杨博等）

可见，钱德洪对于王阳明文集一直进行编辑增订工作，初心不改。从嘉靖四十五年到隆庆六年，由于政局变化，朝廷对阳明子嗣给予抚恤，相关的奏疏、公移大量涌现。根据时局的变化，钱德洪令其弟子郦琥等人对这些朝廷公文给予收录，首次增加的12篇公文，不仅有利于抬升阳明在国家和社会中的权威地位，也有利于阳明心学的公开传播。阳明心学自身学术所具有的启蒙、自由与鼓舞人心的特性，再配上朝廷当局的巨大影响力，由此，阳明心学风行天下，便得到很好的解释。

嘉靖四十五年十二月嘉靖帝崩于乾清宫。是日，徐阶等启请裕王入主丧事。辛丑，颁遗诏。诏曰："朕以藩王入继大统，获奉宗庙四十五年，深惟享国长久，累朝未有，乃兹弗起，夫复何憾？但朕念切惓惓，惟敬天勤民是务。祇缘多病，过求长生，遂致奸人乘机诳惑，祷祀日举，土木岁兴，郊庙之祀不亲，朝讲之仪久废，既违成宪，亦负初心。迩者，天启朕衷，方图改辙，而遽婴疢疾，每一追思，益增愧感。盖愆成美，端仗后贤，丧礼依旧制。自即位至今，建言诸臣，存者召用，殁者恤录。方士人等，查照情罪，各正刑章。诏告天下，咸使闻知。"穆宗即位。壬子，释户部主事海瑞于狱。[①] 可见，嘉靖

① 《国朝典故》，卷三十八《世宗实录、穆宗实录》。

遗诏所言的“建言诸臣，存者召用，殁者恤录”，朝臣所言隆庆新政“圣政光大”之要事，即包括王阳明恢复伯爵，其子正亿世袭伯爵之事。在隆庆初期万事更政的中央和地方的阳明心学名臣看来，积极推进王阳明恢复伯爵，对于振奋人心，无疑具有风向标意义。

今据郭朝宾本《王文成公全书》新增的数篇奏疏来看，礼部辛自修等人根据嘉靖遗诏内容率先奏疏恤典赠谥先朝旧臣，称赞阳明等人“奇勋大节，茂著于生前，令望高风，愈隆于身后”，“立朝则大节不亏，溯其居身则制行无议，公是在人，不容泯没”，“俱应得恤典”。[①] 而南京户科给事中岑用宾等人积极响应，特别表扬王阳明，“筮仕三十余年，扬历中外，所至有声”，“且博极经史，究心理学，倡明良知之训，洞畅本源，至今为人士所宗。不幸其殁也，遽为忌者疏论，遂削去伯爵并恤典赠谥，迄今人以为恨”。岑用宾等人的用意应该是秉承徐阶等人的想法，主要是新政提升社会风气，改进社会习俗，激励后学，并说“夫表扬善类，则天下皆知为善之利；排斥奸谀，则天下皆知肆恶之非，乃治世所不容缓者”。[②] 岑用宾等人把这样的举措上升到治国理政的高度，他说，“庶乎予夺明而恩威不忒，赏罚当而劝惩以昭矣”，给予阳明及其家族后裔“追补赠谥、祭葬、荫子”等合法身份与权利，有利于政治清明，惩恶扬善，官场风清气正。如果说，前面两位有点跟风媚俗的味道，那么，当时的阳明心学名臣耿定向则有些刻意为之。耿定向甚至从从祀的高度试图单列王阳明议题，建言从祀孔庙，称其“功在社稷，

① 《请恤典赠谥疏》。
② 《辨明功罚疏》。

道启群蒙，是犹未可以概凡论也”，使“千世可诵”“万代瞻仰”。[①] 耿定向不仅高度表扬王阳明的非凡事功，对王阳明的拔本塞源、万物一体论也有深入的分析。他指出“时宗社之危益如累卵矣，全赖守仁握兵上游，随机运变，各恶潜自震慑”，“其功甚巨，而为力尤难，其迹则甚隐矣”，“倡明道术，默赞化理，未易言述；即举所著拔本塞源一论，开示人心，犹为明切”，对阳明心学启迪人心向善、更新世俗的特质赞誉有加。同时，他也不忘对先朝的小人政治、奸臣当政与祸国殃民行为进行谴责和抨击，尤其对桂萼之流进行直接的公开攻击，他说，“维时辅臣桂萼者，妒其轧己，阴肆挤排，故荐令督师两广，竟使赍志以殁；寻复构煽，致削封爵。智士忠臣，至今扼腕悼叹而不置矣”。[②] 或许是耿定向对桂萼之流的批评引发当时有识之士的共鸣，时任江西巡抚的都察院右佥都御史任士凭也对先朝桂萼之流打击排挤王阳明的行为进行公开谴责，他说，王阳明口碑甚好，士论更是一流，无奈“江西辅臣有私憾本爵者，密为进谗以阻其进”，“力参其擅离职役，及参其处置广西思、田、八寨事恩威倒置，又诋其擒宸濠时军功冒滥，乞命多官会议”，次年“复进密揭，命多官会议，遂削世袭伯爵，并当行恤典皆不沾被矣”，详细地分析当时桂萼主导并打压王阳明的无耻行为。[③]

公道自在人心，天地良知，伟大而又属于王阳明的高光荣誉虽会迟到，但永远不会缺席。穆宗亲政四个月后，隆庆元年四月甲寅，

① 《请从祀疏》。
② 《请从祀疏》。
③ 《江西奏复封爵咨》。

吏部追赠王阳明新建侯，赐祭七坛，命有司治葬。隆庆新政第二年五月戊午，追录故新建伯王阳明平宸濠功，令世袭伯爵。十月壬寅，命新建伯王阳明男正亿世袭，岁给禄米千石。至此，时隔近四十年，王阳明家族终于获得朝廷当局的应有爵位，令人唏嘘万千。

遗憾的是，事情总有反复，好事不长久。由于徐阶、赵贞吉等阳明心学名臣相继离职，权臣高拱逐渐得势，左右性格软弱的穆宗皇帝，原积极建言的嘉靖旧臣合法地位仍未得到完全落实。隆庆四年九月辛未，大学士高拱言："大礼大狱及建言得罪诸臣，不宜一概褒显，雠视先帝。"上然之，以致《国朝典故》作者愤愤不平地说道："大礼大狱、建言诸臣，不过议之不合耳，未有可死之罪也。徐阶恤忠说而出累系，所以盖世宗之愆滞而彰穆宗之孝诚，风励海内之良法也。高拱创为此说以激朝廷，欲以中伤徐阶，败乃善类，此心为何心哉？"① 或许在这样不利的政治背景下，隆庆五年九月戊辰，诏以故礼部左侍郎薛瑄从祀孔子庙庭，而王阳明未能从祀孔庙。

第二节　八卷本《阳明先生文录续编》文献史料价值

文献价值方面，八卷本《阳明先生文录续编》保存不少稀见文献，尤其是具体诗、文、杂著等材料的细微字词句的改动，对于全面了解王阳明的交往与学术思想，具有独特的学术价值。

① 《国朝典故》，卷三十八《世宗实录、穆宗实录》。

表 10.3 《王文成公全书》删除《阳明先生文录续编》篇目

《阳明文录》卷四(《上国游》、贵州散佚诗歌等)	《雨中与钱二雁魏五松约游龙山次日适开霁钱公忽有归兴遂乘晚晴携酒登绝顶半酣五松有作即席次韵》
《阳明家乘》卷三	湛若水《奠王阳明先生文》
	费宏《祭文》

我们新发现王阳明散佚诗三首,《阳明先生文录续编》卷四著录《雨中与钱二雁魏五松约游龙山次日适开霁钱公忽有归兴遂乘晚晴携酒登绝顶半酣五松有作即席次韵》一题五诗,其中第一、第四、第五等三首诗歌均不见于通行本《王文成公全书》及各本阳明先生诗文集价值巨大。

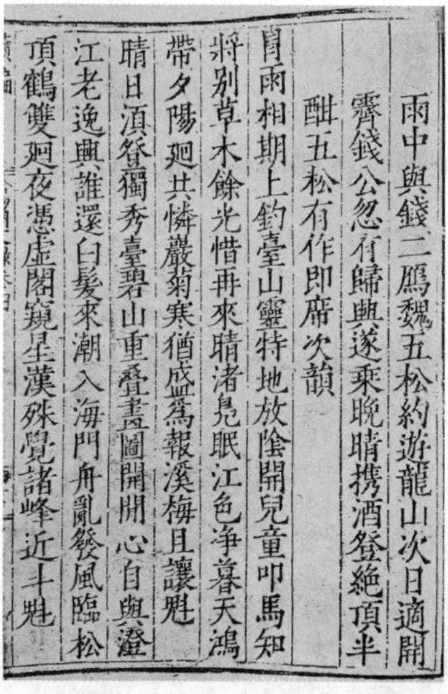
雨中與錢二鴈魏五松約遊龍山次日適開霽錢公忽有歸興遂乘晚晴携酒登絶頂半酣五松有作即席次韻
冒雨相期上釣臺山靈特地放陰開兒童叩馬知將别草木餘光惜再來晴渚鳧眠江色淨暮天鴻帶夕陽廻共憐巖菊寒猶盛爲報溪梅且讓魁
晴日須登獨秀臺碧山重叠畫圖開心自與滄江老逸興誰還白髮來潮入海門舟亂發風臨松頂鶴雙廻夜憑虛閣窺星漢殊覺諸峰近斗魁

图 10.2 嘉兴版《阳明先生文录续编》新增诗歌文献书影

冒雨相期上钓台,山灵特地放阴开。儿童叩马知将别,草木余光惜再来。晴渚凫眠江色净,暮天鸿带夕阳回。共怜岩菊寒犹盛,为报溪梅且让魁。

容易谁当到此台?草亭唯与子陵开。高风直节公何忝?野性疏才我亦来。斜日半江人欲醉,紫云双阙首重回。暮年不独雄文藻,豪兴犹堪四座魁。

日落沧江云满台,眼前诗景

逐时开。疏钟暝霭千峰寂，一鹤青霄万里来。身遇明时唯可饮，醉分禅榻未须回。行厨不用愁供给，一味山羹足芋魁。

嘉兴刻《续编》收录的《雨中与钱二雁魏五松约游龙山次日适开霁钱公忽有归兴遂乘晚晴携酒登绝顶半酣五松有作即席次韵》，郭朝宾版全书改作《雨霁游龙山次五松韵》，诗题更为简洁；而删除上述三首诗歌，应该是钱德洪"精而又精"的选本原则。阳明早年诗歌颇喜用典故，且诗歌意境幽深婉转，切好符合他与明朝"前七子"诗歌追求复古唐诗意境一致。阳明后学人物学术上偏于简易直接，故而其诗歌意境少有能与阳明诗歌意境相比者，诗歌韵味偏于清淡，未能令人反复咀嚼，失却诗歌的文学意味，甚为可惜。

【奠王阳明先生文】①　　［甘泉湛若水　兵部尚书］

【维嘉靖八年，岁在己丑，三月某日朔，越某日甲子，友人南京吏部右侍郎湛若水，谨以牲醴束帛之奠，寓告于故新建伯、兵部尚书、左都御史阳明王先生之灵曰：】

於呼哀乎！戚乎！而遽至于是乎！而止于是乎！前有南来，报兄病瘘，及传二诗，题我敝止，予曰小恙，未足为异。开岁以来，凶问叠至。余心惊怛，疑信未已。黄中绍兴，讣来的矣。

① 【 】字句，为《湛若水全集》增，参黄明同主编：《湛若水全集》，第17册，上海古籍出版社，第705—706页；［ ］字句，为《阳明先生文录续编》增。

於呼戚乎！於呼哀乎！而止于是乎！而遽至于是乎！谓天之生人，其有意邪？其无意邪？以为无意也，何以厚赋兄之智若是？以为有意也，则能笃生是，曷不永成是？

嗟惟往昔，岁在丙寅。与兄邂逅，会意交神。同驱大道，期以终身。浑然一体，程称“识仁”。我则是崇，兄亦有心①。既以言去，龙场之滨。赠诗《九章》②，致我殷勤。聚首长安，辛壬之春。兄复吏曹，于吾卜邻。自公退食，晤对日亲③。存神养气④，剖析疑义。我云圣学，“体认天理”。“天理”惟何，曰廓然尔。兄时心领，不曰非是。

【言圣枝叶，老聃、释氏。予曰同枝，必一根柢。同根得枝，伊尹、夷、惠；佛于我孔，根株咸二。奉使安南，我行兄止。兄迁太仆，我南子北。一晤滁阳，斯理究极。兄言迦、聃，道德高博，焉与圣异，子言莫错。我谓高广，在圣范围；佛无我有，《中庸》精微；同体异根，大小公私；斁叙彝伦，一夏一夷。夜分就寝，晨兴兄嘻。夜谈子是，吾亦一疑。】

【分手南北，我还京圻。遭母大故，扶柩南归。讶吊金陵，我戚兄悲。及逾岭南，兄抚赣师，我病墓庐。方子来同，谓兄有言，学竟是空，求同讲异，责在今公。予曰岂敢，不尽愚衷！莫空匪实，天理流行。兄不谓然，校勘仙佛，天理二字，岂由

① “有心”，《湛若水全集》作“谓然”。
② “赠诗”，《湛若水全集》作“我赠”。
③ “晤对日亲”，《湛若水全集》作“坐膳相以”。
④ “存神养气”，《湛若水全集》作“存养心神”。

此出？予谓学者，莫先择术，孰生孰杀，须辨食物。我居西樵，格致辨析。兄不我答，遂尔成默。】

【壬午暮春，予吊兄戚。云致良知，奚必故籍？如我之言，可行厮役。】

乙丙南雍，遗我书尺，谓我训规，实为圣则。兄抚两广，我书三投[①]，兄则杳然，不还一墨。及得病状，我疑乃释。遥闻风旨，开讲穗石，但致良知，可造圣域；体认天理，乃谓义袭，勿忘勿助，云匪学的[②]。离合异同，抚怀今昔。切磋长已，幽明永隔。

於呼！凌高厉空之勇，［超凡入圣之志］，强立力胜之雄，武定文戢之才，与大化者同寂矣！使吾伥伥而无侣，欲语而默默，俯仰大道，畴与共适？安得不动予数千里之嗟恻，而遥瞻恸哭[③]，以哀以戚哉！既返其真，万有皆息；死而不忘，岂借人力？兄其有知，可以默识！【尚飨。】

通过比较阳明弟子钱德洪与湛甘泉弟子洪垣（号觉山，婺源人）对《奠王阳明先生文》同一篇文章的不同编辑原则比较，我们可以发现，钱德洪还是贯彻“精选”的原则，对湛甘泉之文进行大规模删减，篇幅减少一半，全文变成节文，且做出多处修改，这应该是钱德洪刻意为之。一方面，钱德洪在精心编辑中，思考良久，坚决删除湛甘泉对王阳明出入佛老的长时期道德修养的论

① “投”，《湛若水全集》作“役”。
② “云”，《湛若水全集》作“言”。
③ “遥瞻”，《湛若水全集》作“望方”。

述，如“言圣枝叶，老聃、释氏”，如“兄言迦、聃，道德高博，焉与圣异”，如“学竟是空”，王阳明“校勘仙佛”的学术经历被抹去，绝对不让后学了解王阳明中年时期沉浸佛老之学的涵养，以此来保住王阳明专一儒家之学的高大正中的儒者形象。再一方面，钱德洪有意拉近王、湛二人关系，抹去王、湛二人最后几年没有学术交往的重要史料信息，即“兄不我答，遂尔成默”这一秘闻不让人晓，并有意增加一句“超凡入圣之志”来展现王阳明非凡的圣人志向，减、增之间，王阳明的光明人格境界顿时高大起来。又一方面，则对湛甘泉原文“坐膳相以”这样写实的一面，更改为“晤对日亲”，由此来展现阳明夫子和蔼可亲的一面，而王、湛二人的交往不仅仅是同宿同食的交往，更是有精神交往的共情共鸣。湛甘泉所谓的“存养心神”，偏于把王阳明心学定位于佛老来源，偏于空虚向度，钱德洪更改为“存神养气”，有意让阳明学接轨孟子的养气说，更有利于证明阳明心学接续孔、孟道统，而不是源出佛老之学。如果钱德洪全文照抄甘泉祭文，很容易让后学认为阳明心学与佛老之学渊源密切，这是钱德洪编辑恩师遗稿时最想避免的情况。总之，但就钱德洪对湛甘泉祭文的全新编辑与大规模修改，不仅展现王阳明“超凡入圣”的圣人志向，展现王、湛二位心学宗师和谐愉悦的密切交往，同气连枝，互相守望，而且展现王阳明心学接续孟子心学学脉，是儒学道统正脉，不是伪学异端，也符合祭文不贬低别人、抬高自己为贤者讳的惯例。但是，或许正因为钱德洪嘉靖四十五年的大规模修改，已经违背湛甘泉本人的意思，失去文献求真的基本原则，故而在数年后隆庆本郭朝宾版全书中就被直接拿掉了。

【祭文】 湖东费宏 内阁大学士

呜呼！公负超世之才、绝伦之智，名满海内，功在朝廷，固可垂诸百代而不朽矣。然而，经论之略未究而天遽夺之，是乃民之无禄，可以为天下痛，非公一身之不幸也。呜呼哀哉！

昔者，宏忤逆濠，恒忧祸及身。己卯之乱，自分无生，赖公处变以权，旋即勘定。一家百口，幸而保全，常愧无以报公。呜呼！公今已矣，宏卒无以为公报矣。

前腊过我，言笑怡怡。曾几何时，凶闻忽至。忆公颜面，有棕在舟。宴豆莫陈，奠觞爰举？无涯之恸，诔以斯文。呜呼哀哉！

费宏此文仅见于徐必进版《文录续编》，不见于嘉靖三十四年吴遵之刻《太保费文宪公摘稿二十卷》（《续修四库全书》集部别集类第1332册），亦不见于通行本王文成公全书。

表10.4 《王文成公全书》精修《阳明先生文录续编》题目、称谓细览

《王文成公全书》		《阳明先生文录续编》
卷二十九《续编四 序》		弘治己未季冬①（《来两山雪图赋》文末）

① “己未”，原书误刻为“乙未”，今更正之。今查史料，弘治时期，未有乙未年号，当为己未，即弘治十二年，公元1499年，时阳明二十八岁。

续　表

《王文成公全书》		《阳明先生文录续编》
卷三十七《附录六 世德纪》	传	传【墓志铭】【行状】
	王性常先生传　张壹民撰	【一世祖】王性常先生传　【同邑】张壹民撰
	遯石先生传　祭酒胡俨撰	【高祖】遯石先生传　【国子】祭酒【南昌】胡俨撰
	槐里先生传　编修戚澜撰	【曾祖】槐里先生传　【国史】编修【同邑】戚澜撰
	竹轩先生传　布政魏瀚撰	【祖】竹轩先生传　【江西右】布政【使同邑】魏瀚撰
		【墓志铭】
	海日先生墓志铭　［大学士］杨一清撰	【父】海日先生墓志铭　【光禄大夫、柱国、少傅兼太子太傅、尚书、武英殿大学士、知制诰官致仕、石淙】杨一清撰
	海日先生行状　国子司业门人陆深撰	海日先生行状①　国子司业门人【上海】陆深撰
	阳明先生墓志铭　甘泉湛若水撰	阳明先生墓志铭　【赐进士出身、资政大夫、前南京兵部尚书、国子祭酒、翰林侍读、同修国史、经筵讲官、赐一品服、八十一翁】甘泉湛若水撰
	阳明先生行状　门人黄绾撰	阳明先生行状　【资善大夫、礼部尚书兼翰林学士、前詹事府詹事兼侍讲学士、同修国典、经筵讲官】门人【黄岩】黄绾撰
	北源熊浃　吏部尚书［南昌］人	清溪熊浃　吏部尚书
	玉山知县吕应阳	玉山【县】知县吕应阳　【礼科给事中、少华詹泮作】
		【杂录】
	叶溥	叶溥　【玉山庠生程烨作】

① “日”，徐必进版《续编》误刻作“石”，今更正之。查史料，阳明父亲自号海日。

从《王文成公全书》精修《阳明先生文录续编》篇目细览表可以看出，为了通稿的必要，郭朝宾本删除《来两山雪图赋》文末“弘治己未季冬”数字，致使后世学者无法获悉此文写作的具体年月，对于王阳明年谱的写作有巨大损伤；另外，为了郭朝宾本的简洁，在原《家乘》有关王阳明家族关系的史料删去不少重要的历史信息，致使后世学者对撰写王阳明家族关系史料的籍贯、官职地位与具体身份无法获悉。郭朝宾本在《家乘》部分的删繁就简的编纂方针，删去不少重要的历史信息，足以可见徐必进刻《文录续编》具有重要的史料文献价值，保存一些不可替代的历史信息。具体来说，如有两篇祭文并非题录者所作，而是后面标注信息中的人所作，题录者因为特殊的原因邀请标注信息中的人代作祭文，署名玉山知县吕应阳与叶溥的两篇祭文就分别由礼科给事中詹泮（号少华）与玉山庠生程煇代作。但郭朝宾在重新编辑王阳明文稿时，这些特别重要的隐含信息就被删除了，很容易使后世学者误以为这两篇祭文是吕应阳与叶溥所作，而事实上是詹泮、程煇代作。

郭朝宾本除了改正徐必进本的错刻，对于《家乘》史料作者的官职身份与籍贯全部删除，杨一清（号石淙）当时为“光禄大夫、柱国、少傅兼太子太傅、尚书、武英殿大学士、知制诰官致仕”，湛若水当时“赐进士出身、资政大夫、前南京兵部尚书、国子祭酒、翰林侍读、同修国史、经筵讲官、赐一品服、八十一翁”，黄绾为“资善大夫、礼部尚书兼翰林学士、前詹事府詹事兼侍讲学士、同修国典、经筵讲官”，这些信息不仅有助于我们立刻掌握他们在当时朝廷中的重要地位，还能明确他们撰写史料的具体时间，对于全面掌握王阳明相关史料具有特别重要的历史价值。再比如，对于张壹民、胡俨、魏瀚、杨一清、陆深、湛若水、黄绾等人籍贯，专业性学者对于胡俨、杨一清、湛若水、黄绾等人籍贯耳熟能详，但一般读者对之并不熟悉，而对于张壹民、魏瀚、陆深这样一些即便是专业学者一般都很难知晓其籍贯。做这种删减，对于王阳明家族人物的交游活动的全面了解会有阻碍。

正文的改动方面，《王文成公全书》精修《阳明先生文录续编》，也是有得有失。

第三节　存世《阳明先生文录续编》重刻本论

首都师范大学图书馆藏嘉靖四十五年刊刻《阳明先生文录续编》书前除了钱德洪自序外，还保留有嘉靖三十七年胡宗宪刊刻杭州天真书院版二十四卷本《阳明先生文录》一书的序言。

重刊《阳明先生文录》叙①

阳明先生以致良知立教，天下士靡不翕然向风。自先生没，凡若干年，人愈益仰慕，凡先生生平制作，虽一字一句，皆视如连珠拱璧，不忍弃。而绪山钱子复诠次成编，名曰《阳明先生文录》，首刻于姑苏。今闽、越、河东、关中皆有刻本，亦足以征良知之达诸天下矣。

天真书院，为先生崇祀之所，四方士来游于此，求观先生

① 日本国立公文书馆藏二十四卷本《阳明先生文录》胡宗宪序言。

發明自孟氏沒而斯道失其傳漢晉諸
儒皆以記誦詞章為學說愈繁而道愈
晦學愈博而道愈離以及五季之衰晦
蝕甚矣有宋大儒周程張朱諸子者出
以斯道為己任不得已而有言精一之
旨賴以復明而學者流弊或不免墮落
漢晉幾失宗旨至胡元之變而斯道且

图 10.3　胡宗宪版《阳明先生文录》序

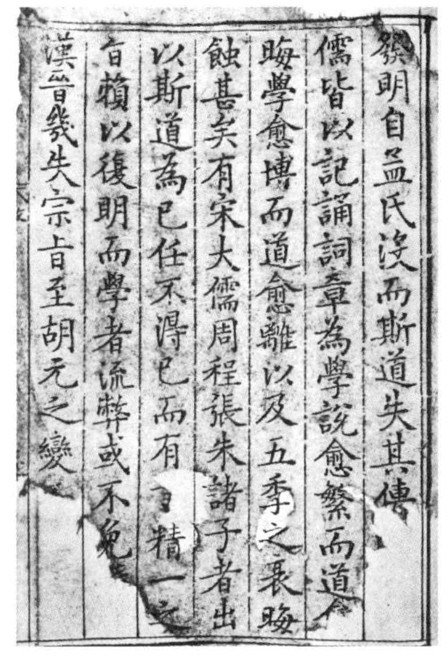

發明自孟氏沒而斯道失其傳
儒皆以記誦詞章為學說愈繁而道
晦學愈博而道愈離以及五季之衰晦
蝕甚矣有宋大儒周程張朱諸子者出
以斯道為己任不得已而有 精一之
旨賴以復明而學者流弊或不免
漢晉幾失宗旨至胡元之變

图 10.4　徐必进版《阳明先生文录续编》序

之文者，每病其难得。钱子偕龙溪王子谋于予曰：“古人有倚马论道者，兵事虽倥偬，亦不可无此意。愿以姑苏本再加校正，梓藏于天真，以惠后学何如?”予曰：“诺。”遂捐俸金若干两，命同知唐尧臣董其事，以九月某日刻成。钱子谓予宜有言。予素不文，然慕先生之道久矣，何敢以不文辞?

予惟千圣一心，万古一道，惟心一，故道一；道一，故学亦一。昔尧之告舜，曰：“允执厥中。”及舜命禹，又加以“人心惟危，道心惟微，惟精惟一”之三言。夫“道心”即“中”也，“精一”者“允执”之功，而“精”又“一”之功也。“惟精”故“一”，“惟一”故“中”，此万世心学之源，盖蔑以复加矣。其后孔门一贯博约之教，诚正格致之说，亦不过发明“精一”之旨。而“予欲无言”，夫子亦已自病其言之详矣。至孟轲氏，又有知言养气、尽心知性之说，而指出孝弟为良知良能，言虽益详，而于孔门之教实多发明。自孟氏没，而斯道失其传。汉晋诸儒皆以记诵词章为学，说愈繁而道愈晦，学愈博而道愈离。以及五季之衰，晦蚀甚矣。有宋大儒，周、程、张、朱诸子者出，以斯道为己任，不得已而有言“精一”之旨，赖以复明；而学者流弊，或不免堕落汉晋，几失宗旨。至胡元之变，而斯道且沦没矣。

明兴百有余年，文教虽盛而流弊亦浸以滋，先生亦不得已而揭“致良知”一语以示人，所以挽流弊而救正之，无非发明孔门致知之教，而羽翼斯道之传。要其指归，则“良知”即“道心”也，“致”即“精一”也，即周子之所谓“纯心”，程子之所谓“定性”也。夫岂外诸儒而别立一门户耶？是故，良知皆实理，致知皆实学，固非堕于空虚，一与事物无干涉，如禅家者流也。然“明心见性”与先生“致良知”之说亦略相似，若认错本旨，则高者必以虚寂为务，而离形厌事；卑者则认知觉为性，而自信自便。此则所谓毫厘之差，千里之谬，非先生立教之本旨矣。

至哉！孔子之告哀公曰：“天下之达道五，所以行之者三。君臣也，父子也，夫妇也，昆弟也，朋友之交也，五者天下之达道也。知、仁、勇三者，天下之达德也，所以行之者一也。”噫，尽之矣！夫为人臣者，无不知忠其君；为人子者，无不知孝其亲，此良知也。知此，体此，强此，而一于诚。为臣尽忠，为子尽孝，此致良知也。尧、舜之道，孝弟而已矣。舍人伦日用之常，而曰“吾得不传之秘”，立门户以自高，非予所望于来学也。钱子起而揖予曰：“子言真有裨于先师之教也，夫吾党其共勖诸。”

嘉靖丁巳仲冬吉旦，后学新安梅林胡宗宪顿首拜撰。

需要指出的是，在数十个历代《阳明先生文录》版本中，上篇序言仅仅见于日本国立公文书馆（即日本内阁文库）藏《阳明先生文录》本、我国首都师范大学图书馆藏《阳明先生文录续编》本，而无论是郭朝宾全书本还是后来的谢廷杰重刻通行本等多种全书本版本，胡宗宪序言均未被收录，以致此文被埋没于孤本文献中，学术界同仁一直未睹其真面目。

而在日本国立公文书馆收藏的郭朝宾版《王文成公全书》收录阳明心学著名政治家徐阶的序言《阳明先生文录续编序》，可以佐证存世的《阳明先生文录续编》应该为后世重刻本，非初刻本。这一观点应该是可以成立的。

《阳明先生文录续编》序①

余姚钱子洪甫既刻阳明先生文录以传，又求诸四方，得先生所著《大学或问》《五经臆说》序记书疏等若干卷，题曰《文录续编》，而属嘉兴守六安徐侯以正刻之。刻成，侯谋于洪

① 本文依据日本国立公文书馆（即日本内阁文库）藏郭朝宾版《王文成公全书》（广陵书社 2020 年影印，第 1 册，第 41—45 页）。

甫及王子汝中，遣郡博张编、海宁诸生董启予问序于阶。

阶曰：先生之文，非浅薄所敢序也。虽然，阶尝从洪甫、汝中窃闻先生之学矣。夫学，非独倡始难也，其传而不失其宗，盖亦不易焉。自孔子没，大学格致之旨晦，其在俗儒，率外心以求知，终其身汩溺于见闻记诵；而高明之士，又率慕径约，贵自然，沦入于二氏而不自觉。

先生崛起千载之后，毅然以谓“致知者，致吾心之良知也”，“吾心之良知，不待虑而知，不待学而能”，是乃天命之性，吾心灵昭明觉之本体也。惟不自欺其良知，斯知致而意可诚矣。格者正也，正其不正以归于正也；物者事也，事各归于正，而吾良知之所知始无亏缺障蔽，得以极其致矣。举知而归诸良，举致知而归诸正物。盖先生之学不汩于俗，亦不入于空，如此。于时闻者幸知口耳之可耻，然其辟之或激于太过，幸有见夫心体之当求，然其拟之或涉于太轻。于是，超顿之说兴，至举践履之实、积累之功，尽诋以为不足务；脱于俗，顾转而趋于空，则先生之学有不待夫传之既久乃始失其宗者，兹岂非学先生者之所忧乎？

洪甫辑为是编，其志固将以救之。其自序曰：“言近而旨远，此吾师中行之证也。”又曰：“吾师之教平易切实，而圣智神化之机固已跃然，不必更为别说。”洪甫之于师传，其阐明翼卫，视先生之于孔氏，有功等矣。

夫三代以前，学与政合而出于一，虞廷之命官与其所陈之谟，皆“精一执中”之运用也，故曰：“三代之治本于道，三代之道本于心。”而后世论学，既指夫俗与空者当之，其论政又指夫期会簿书当之，谬迷日甚而未已也。

徐侯方从事于政，独能聚诸生以讲先生之学，汲汲焉刻是编以诏之，其異于世之为者欤？使凡领郡者，皆徐侯其人，先生之学明而洪甫之忧可释也。

阶生晚，不及登先生之门。然昔孟子自谓于孔子为私淑，至其自任闲先王之道以承孔子，则虽见目为好辩而不辞。故辄以侯请，僭为之序。呜呼！观者其尚亮阶之志也夫！

从徐阶序言来看，钱德洪将阳明“所著《大学或问》《五经臆说》序、记、书、疏等若干卷，题曰《文录续编》，而属嘉兴守六安徐侯以正刻之。刻成，侯谋于洪甫及王子汝中，遣郡博张编、海宁诸生董启予问序于阶”。如果仅仅依据徐阶所说的《文录续编》章节目录，似乎初版《文录续编》没有收录《家乘》。

综合全文提及的徐阶、钱德洪序，及全书内容，有两大疑点：一是首都师范大学藏本为何会有胡宗宪序呢？刊刻者收录一篇与全书内容无关的序言目的何在？二是徐阶的序言，本应出现在《文录续编卷首》，为何不见于首都师范大学藏本呢？

胡宗宪从嘉靖二十六年三十六岁始，长期在浙江从政，公务之余，并积极捐资刊刻王阳明文集，功勋卓著。嘉靖四十一年五月后，严嵩、严世藩等权臣纷纷落马，而先前胡宗宪因严嵩义子赵义华举荐而被急需上位的权臣徐阶等人认为“严党”，年底以贪军饷、滥征赋、庇严嵩等十大罪系狱。四十二年春，因嘉靖皇帝念其功劳难得而被准回籍闲住。但仅仅闲居两年后，四十四年十月，因属下罗龙文案发牵连假拟圣旨罪名，御史弹劾其依附严世蕃案而再度被押解入京狱，作为曾经风光一时的边疆大吏，因不堪屈辱，次月初三日在狱中写下“宝剑埋冤狱，忠魂绕白云”后自杀，年仅五十四岁，令人遗憾。可见，围绕严、徐权力之争的背后，是潜在的胡、徐权力之争。而在激烈的权力争夺之后，再重新评估八卷本《阳明先生文录续编》序言置换的变迁过程，反映了安徽籍社会人士与学术界对胡宗宪与徐阶二人的不同态度。

或许，捐资人徐必进为安徽六安人，与胡宗宪为同乡，为敬畏安徽乡贤，故表彰胡宗宪在捐资刊刻王阳明文录的巨大贡献。或许，钱德洪为感谢安徽籍阳明心学名臣胡宗宪在嘉靖三十六年九月捐资刊刻二十四卷本《阳明先生文录》精校本所做出的杰出贡献，特意将胡宗宪序放于嘉兴版《阳明先生文录续编》书前，以示怀念胡宗宪冤屈离世。后一条推测，概率更大。由此可知，原刻本的徐阶序被拿掉，是因为刻者不认可徐阶的人品、作为；而原胡宗宪嘉靖三十六年刻《阳明先生文录》序言却被保留，则是刻者认可胡宗宪的人品、作为，可以由此推测，今首都师范大学藏本很有可能是后世重刻本。

但本应刻于嘉靖四十年辛酉的《阳明先生文录续编》，为何迟至五年后，拖延多年才最终公开出版呢？其中，隐含着哪些隐秘的内情呢？

是卷师作于弘治初年，筮仕之始也，自题其稿曰《上国游》。洪葺师录，自辛巳以后文字，厘为《正录》；已前文字，则间采《外集》，而不全录者。盖师学静入于阳明洞，得悟于龙场，大彻于征宁藩；多难殷忧，动忍增益，学益彻，则立教益简易，故一切应酬诸作，多不汇入。是卷，已废阁逸稿中久矣，兹刻《续录》，复捡读之。见师天禀夙悟，如玉出璞，虽未就追琢，而暗暗内光。因叹师禀夙智，若无学问之全功，则逆其所造，当只止此。使学者智不及师，肯加学问之全功，则其造诣日精，当亦莫御；若智过于师，而功不及师，则终无所造，自负其质者多矣。乃复取而刻之，俾读师《全录》者，闻道贵得真修，徒恃其质无益也。嘉靖辛酉，德洪百拜识。[①]

德洪葺师文录，始刻于姑苏，再刻于越，再刻于天真，行诸四方久矣。同志又以遗文见寄，俾续刻之。洪念昔葺师录，同门已病太繁，兹录若可缓者。既而伏读三、四，中多简书墨迹，皆寻常应酬、琐屑细务之言，然而文理昭察，仁爱恻怛，有物各付物之意。此师无行不与，四时行而百物生，言虽近而旨实远也。且师没既久，表仪日隔，苟得一纸一墨，如亲面觌。况当今师学大明四方，学者徒喜领悟之易而未究其躬践之实，或有离伦彝日用、乐悬虚妙顿以为得者，读此能无省然激衷？此吾师中行之证也，而又奚以太繁为病邪？同门唐子尧臣佥宪吾浙，尝谋刻未遂。[②]

今查多种方志知，唐尧臣，字士良，明南昌府人。早年跟随阳明先生学习，有才名。据《阳明先生年谱》载，嘉靖六年十月，阳

① 徐必进刻嘉兴版《阳明先生文录续编》，卷四，序言，第217—218页。
② 徐必进刻嘉兴版《阳明先生文录续编》，卷一，序言，第10—11页。

明先生至南昌，不久，谒文庙，讲《大学》于明伦堂，诸生屏拥，多不得闻。唐尧臣献茶，得上堂旁听。初尧臣不信学，闻先生至，自乡出迎，心已内动。比见拥谒，惊曰："三代后安得有此气象耶!"及闻讲，沛然无疑。同门有黄文明、魏良器辈笑曰："逋逃主亦来投降乎?"尧臣曰："须得如此大捕人，方能降我，尔辈安能?"嘉靖七年举人。嘉靖二十九，授湖州府通判，官署在乌程县。吏事明敏，才辨英华，尤善兵家言。① 其军事才能，后颇得唐顺之、胡宗宪欣赏，并被二人推荐、提拔。嘉靖三十二年刊《墨子》十五卷，阳明心学名臣陆稳为之作序。文献学家赞说，此本于吴兴陆氏得内府本以刻，较明蓝本为胜。旧为洞庭叶氏藏书。迁桂林府同知，首设方略，擒土酋萧公，反赦而赉之，令稽首受约于麾下，平定土司之乱。嘉靖三十五年，以功升杭州府同知。② 据《阳明先生年谱》载，嘉靖三十六年春，胡宗宪平海夷而归，思敷文教以戢武士，命同门杭二守唐尧臣重刻先生《文录》《传习录》于（杭州天真）书院，以嘉惠诸生。盖先生全程董其事，出力甚多，刻成于九月。嘉靖三十七年元旦，唐尧臣跋钱德洪、王畿编二十四卷《阳明先生文录》精选本，题作《跋重刻阳明先生文录后》，附于书末。③ 正月初七，唐尧臣又序《传习录》，作《读〈传习录〉有言》。嘉靖三十九年，擢浙江按察佥事，备兵台，严料理，军饷不绝。④ 嘉靖四十

① 《乾隆乌青镇志》，民国七年刊本，卷八《职官》，第3页。

② 《乾隆杭州府志》，乾隆四十九年刻本，卷六十二《职官》，第51页。

③ 《江西通志》，四库全书第515册，卷六十八《南昌府》，第409页。可参阅沈德寿《抱经楼藏书志》所涉资料。天津社会科学院李会富博士亦曾注意到唐尧臣、吴子金二儒事迹，见其《魏水洲兄弟生平事迹与佚文》。

④ 《康熙杭州府志》，康熙三十三年重刻本，卷十九。

年四月，倭犯台州，尧臣以戚继光兵连破于新河。九月，胡宗宪奏，尧臣与戚继光、赵大河等著录军功，增俸级一等。寻归，著有《雨余阁笔》二卷。

综合本节多种史料，尤其是两篇钱德洪自述序言，应该来说，钱德洪本于嘉靖四十年就兴高采烈写好了序言，而且胡宗宪、唐尧臣答应捐资刊刻《文录续编》八卷，就是要继续推进系列《阳明先生文录》公开出版。但次年，由于朝局风云诡谲，严党垮台，徐阶打压功高震主的胡宗宪，为了自保，"增俸级一等"受恩公胡宗宪牵连的阳明文献得力功臣唐尧臣为了自保不得不辞职申请提前退休，导致没有了捐资人，出版费无法落实。嘉靖四十五年钱德洪序言所说的唐尧臣"佥宪吾浙"，恰好符合嘉靖四十一年那段对阳明文献刊刻不利的时间。事实上，嘉靖三十九年左右，因为阳明心学名臣唐顺之与胡宗宪的积极举荐，唐尧臣得以顺利升迁至浙江按察佥事，这自他嘉靖二十九年从湖州乌程通判踏上仕途满十年，历经桂林府同知、杭州府同知（即杭二守）多年官宦生涯打磨，颇为不易。应该来说，从嘉靖七年中举人，唐尧臣科举非常不顺，耗费很长的青春岁月，迟至二十二年后方求得一地方通判的低微官职，实属不易。纵观唐尧臣的一生，较为坎坷，从政大约十二年左右时间，从通判到兵备副使，幸运的是，他酷爱军事，正好遇上倭寇乱浙大事件，让他晚年官运颇为顺利。可见，客观上由于"严党"失势的政治背景，胡宗宪与唐尧臣两位阳明心学名臣的离开，导致八卷本《阳明先生续编》未能在嘉靖四十年顺利公开印刷。

幸运的是，四年后，嘉靖四十四年，徐必进出任嘉兴知府。次年，因钱德洪与徐必进早就熟识，私人关系密切，亲携书稿前往嘉兴拜访徐必进，请求其捐资刊刻，而徐必进素喜阳明心学，见之，曰："此于师门学术皆有关切，不可不遍行。"[①] 至此，刊刻流产的八卷本《阳明先生续编》得到重新捐资，于嘉靖四十五年公开印刷出版。

查阅史料可知，徐必进，号镜川，原安徽六安州人。赋质端方，天性仁孝。嘉靖三十四年举人。弱冠登嘉靖三十五年进士，授福州府司理。历礼、刑部二曹郎。嘉靖四十四年，徐必进任嘉兴知府。[②] 历任嘉兴府七载，升福建按察司副使而去。但因隆庆时期著名"汪（在前）、徐（必进）之仇"，即所谓"东门之役"，遇上当时权臣高拱刻意治理贪腐官员，隆庆五年正月甲子，朝廷以"贪酷"罪下徐必进等三十五人御史按问，徐必进于福建任上下狱。据《万历野获篇》载，时新郑高文襄兼领吏部，正加意惩贪，得旨提问追赃，则徐已升福建海道副使行矣，遂从闽中逮至对簿，则所坐皆实，锢浙江按察司狱。久之，赃完始发遣。[③]

恰恰因为隆庆五年被同乡汪在前实名举报贪污致使徐必进入狱，而徐必进又是八卷本《阳明先生文录续编》捐资人，故而隆庆六年钱德洪编辑刊刻王阳明全书时，对于徐必进这样有"污点"的阳明文献重要捐资人，为贤者讳，势必不敢多说。

胡宗宪刻《文录》《传习录》重要珍本文献多有散落遗失，徐必进刊刻的《续编》亦为重要珍本文献亦散佚如此，不禁令人唏嘘万千。

---

① 郭朝宾本《王文成公全书》，第11册，《年谱·附录四》，第243—244页。

② 《万历嘉兴府志》卷九，万历二十八年刊本，第14页。

③ 《万历野获篇》卷十一，《补遗卷二》，同治八年补修本，第27—28页。

第十一章 《阳明先生年谱》形成过程初探

2017年底，束景南先生费数十年之功的《王阳明年谱长编》终于完成，其考证之功至伟。2018年底，罗洪先嘉靖四十四年刊刻于赣州的《阳明先生年谱》由龚晓康先生等整理出版。[①] 2021年底，采薇阁书院获得日本名古屋市蓬左文库收藏的七卷本天真书院版《阳明先生年谱》。而后，向辉与彭启斌两位博士合作，编校整理了天真书院版《阳明先生年谱》[②]。向辉先生并撰写天真版《年谱》长篇论文，提出著名的捐资人理论，是王阳明文献版本学研究的重大突破。[③]

《阳明先生年谱》版本源流考订工作为近期阳明文献版本的前沿热点、难点与重点课题，但尚未有《阳明先生年谱汇校》公开出版，且天真版七卷本《阳明先生年谱》近两年刚刚从日本流入内地，未在市场上公开流通，仅限于少数学者阅读研究，故而本文的写作仍有必要。向辉先生已经做出有关阳明年谱优秀

---

① 龚晓康等整理：《王阳明年谱辑存》，贵州大学出版社，2018年。

② 向辉、彭启斌整理：天真版《阳明先生年谱》，北京燕山出版社，2023年。

③ 向辉：《学术赞助与版本之谜：以天真书院刻〈阳明先生年谱〉为例》，《版本目录学研究》，2022年第13辑。

的前期相关研究，但似乎未对天真版、赣州版与全书本正文内容进行细致的比较，笔者结合近六七年汇校杭州版、赣州版与全书本《阳明先生年谱》的相关成果，详人所略，略人所详，谈谈杭州版、赣州版与全书本三种《阳明先生年谱》的异同，以饷学术界。

第一节　三种《阳明先生年谱》创作“接力赛”

天真本刻于嘉靖四十二年，赣州本刻于嘉靖四十四年，存世全书本于隆庆六年首刻于杭州，故而阳明年谱为仅次于《阳明先生文录续编》刊刻的单刻本文献。且隆庆六年全书本增刻原天真版、赣州版未曾撰写的王阳明去世后全国的阳明弟子讲学活动、祭祀王阳明与新建阳明书院，正文字数规模相当于阳明本人事谱与学谱，说明从王阳明去世后至隆庆六年，阳明众多弟子与再传弟子纷纷撰写王阳明年谱，不断优化与增订，时间跨度长达四十三年，将近半个世纪，这是一项漫长的学术旅途。三种《阳明先生年谱》的先后创作，承前启后，后出转精，涉及数十人，辗转全国各地，不啻为创作长跑的学术“接力赛”，殊为不易，令人感动。

今比较正德十三年八月、九月三种年谱正文内容的不同，探究钱德洪主持年谱的不断精进过程。先看王阳明年谱辑正德十三年八月史料的写作。

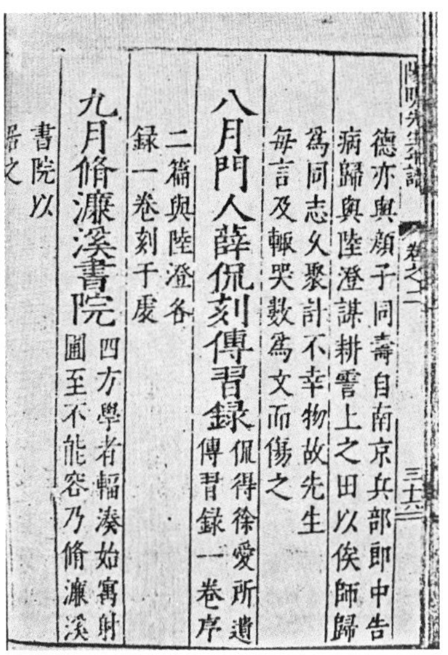

陽明先生年譜　卷之二　三十六

德亦與顏子同壽自南京兵部郎中告病歸與陸澄謀耕雪上之田以俟師歸爲同志久聚計不幸物故先生每言及輒哭數爲文而傷之

八月門人薛侃刻傳習録 侃得徐愛所遺傳習録一卷序二篇與陸澄各録一卷刻于虔

九月脩濂溪書院 四方學者輻湊始寓射圃至不能容乃脩濂溪書院以居之

图 11.1　嘉靖四十二年天真书院刻本《阳明先生年谱》

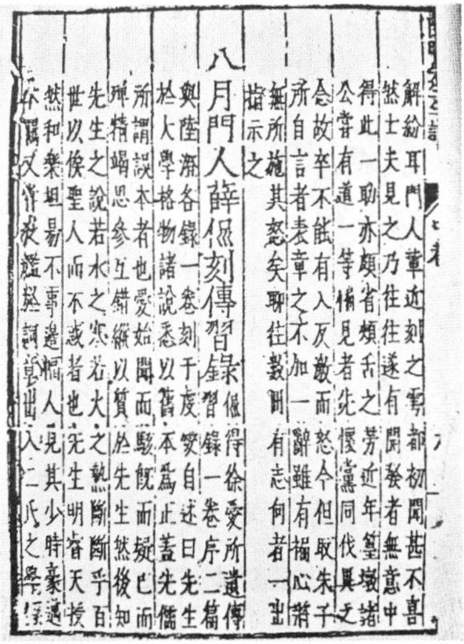

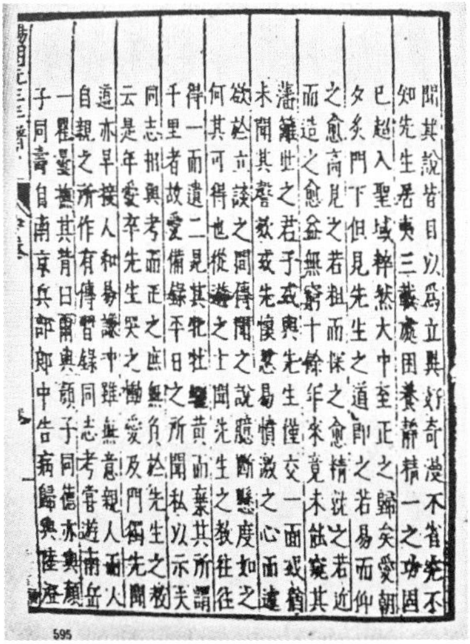

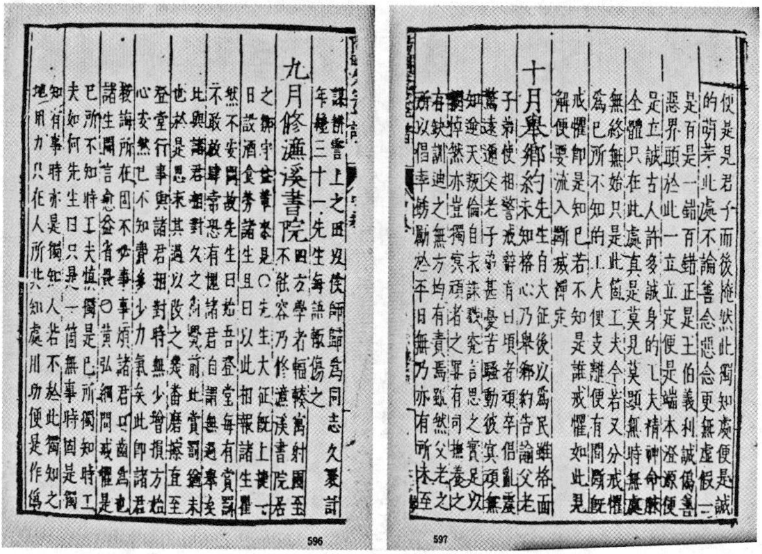

图 11.2　嘉靖四十四年赣州刊刻《阳明先生年谱》

今分别整理天真版、赣州版年谱正德十三年八月史料，由此管窥阳明弟子们，尤其是从钱德洪到阳明私淑弟子罗洪先写作年谱后出转精的具体过程。

是年（七月），门人徐爱卒，先生哭之恸。始爱及门问学于同门独先。闻师教，即能洞悟真修，不以影响、敏颖为得。其闻道也，于同门亦独先。首录《传习录》《同志考》，以辅师教，接人和易谦冲，虽无意亲人，而人自亲之。

尝游南岳，梦一瞿昙抚其背曰："尔与颜子同德，亦与颜子同寿。"自南京兵部郎中告病归，与陆澄谋耕雪上之田以俟师，归为同志久聚计。不幸物故，先生每言及，辄哭，数为文而伤之。

八月，门人薛侃刻传习录。侃得徐爱所遗《传习录》一卷，序二篇，与陆澄各录一卷，刻于虔。①

八月，门人薛侃刻传习录。侃得徐爱所遗《传习录》一卷，序二篇，与陆澄各录一卷，刻于虔。

爱自述曰：先生于《大学》“格物”诸说，悉以旧本为正，盖先儒所谓误本者也。爱始闻而骇，既而疑，已而殚精竭思，参互错综，以质于先生，然后知先生之说若水之寒，若火之热，断断乎百世以俟圣人而不惑者也。

先生明睿天授，然和乐坦易，不事边幅。人见其少时豪迈不羁，又尝泛滥于词章，出入二氏之学，骤闻其说，皆目以为立异好奇，漫不省究。不知先生居夷三载，处困养静，精一之功，固已超入圣域，粹然大中、至正之归矣。爱朝夕炙门下，但见先生之道，即之若易而仰之愈高，见之若粗而探之愈精，就之若近而造之愈益无穷。十余年来，竟未能窥其藩篱。

世之君子，或与先生仅交一面，或犹未闻其謦欬，或先怀忽易愤激之心，而遽欲于立谈之间、传闻之说，臆断悬度，如之何其可得也？从游之士，闻先生之教，往往得一而遗二，见其牝牡骊黄而弃其所谓千里者。

故爱备录平日之所闻，私以示夫同志，相与考而正之，庶无负先生之教云。是年，爱卒，先生哭之恸。爱及门独先，闻

① 日本名古屋蓬左文库藏七卷本《阳明先生年谱》，第2册，第77拍。

道亦早，接人和易谦冲，虽无意亲人，而人自亲之。所作有《传习录》《同志考》。

尝游南岳，梦一瞿昙抚其背曰："尔与颜子同德，亦与颜子同寿。"自南京兵部郎中告病归，与陆澄谋耕雪上之田以俟师，归为同志久聚计。年才三十一。先生每语，辄伤之。①

由天真版、赣州版关于王阳明四十七岁年谱正文内容的不同，我们明显感知，天真版属于初稿本，且将徐爱卒年系于七月，而非八月；而赣州版史料则更为详细，不仅增加徐爱《传习录序》，史料得以丰富；删除了"闻师教，即能洞悟真修，不以影响、敏颖为得"这样与禅宗心境相关容易引发争议的史料；赘语"以辅师教""不幸物故"删去，原稿的"每言及，辄哭，数为文而伤之"似乎过度宣泄王阳明感情，有违圣人之道，罗洪先优化为"先生每语，辄伤之"，后出转精，年谱史料更多更精，由此管窥罗洪先作为状元出色的润笔增订技术。

罗洪先对天真版的大规模修订，尤其是增录徐爱自述几大段，似乎出乎钱德洪的预料。在钱德洪看来，增录徐爱自述几大段，亦有赘语之嫌。但由于杭州捐资人的离职、转岗或去世，钱德洪不得不加快天真版的刊刻速度，以至于罗洪先修订的后半部分天真版年谱来不及增刻补录，导致存世天真本存在不全、不精的缺陷故而流传不广。

① 国图藏三卷本赣州本《阳明先生年谱》，中卷。

心將無所施其怒矣有志向者一出指示之
八月門人薛侃刻傳習錄
侃得徐愛所遺傳習錄一卷序二篇與陸澄
各錄一卷刻于虔○是年愛卒先生哭之慟
愛及門獨先聞道亦早嘗遊南岳夢一瞿曇
撫其背曰爾與顏子同德亦與顏子同壽自
南京兵部郎中告病歸與陸澄謀耕霅上之
田以俟師年纔三十一先生每語輒傷之
九月脩濂溪書院
四方學者輻輳始寓射圃至不能容乃脩濂
溪書院居之○先生大征既上捷一日設酒
食勞諸生且曰以此相報諸生瞿然問故先
生曰始吾登堂每有賞罰不敢肆常恐有愧
諸君比與諸君相對久之尚覺前此賞罰猶
未也於是思求其過以改之直至登堂行事
與諸君相對時無少增損方始心安此即諸
君之助固不必事事煩口齒爲也諸生聞言
愈省各畏

图 11.3　隆庆六年《王文成公全书》中的《阳明先生年谱》

八月，门人薛侃刻传习录。侃得徐爱所遗《传习录》一卷，序二篇，与陆澄各录一卷，刻于虔。

是年，爱卒，先生哭之恸。爱及门独先，闻道亦早。

尝游南岳，梦一瞿昙抚其背曰："尔与颜子同德，亦与颜子同寿。"自南京兵部郎中告病归，与陆澄谋耕霅上之田以俟师。年才三十一。先生每语，辄伤之。①

从全书本《阳明先生年谱》对赣州版的递修来看，体现出后出

① 广陵书社影印日本国立公文书馆藏《王文成公全书》，第 236 页。

转精。如前文所述，钱德洪更正原稿错误系年，承认徐爱捐馆这条史料应置于八月，肯定罗洪先赣州本考订历史的可信性。钱德洪不同意罗洪先大规模增录徐爱序言，有违年谱求精的原则，故而他把罗洪先增录的徐爱序言重新拿掉了。另外，全书本删除“接人和易谦冲，虽无意亲人，而人自亲之。所作有《传习录》《同志考》”“归为同志久聚计”，使得通行本年谱更精良，不愧为精益求精。可见，钱德洪全书本年谱并不是在嘉靖四十二年本基础上直接修订，而是充分吸收嘉靖四十四年罗洪先考订本的合理部分，去粗求精，优化罗洪先考订本。这样，从嘉靖四十二年至隆庆六年，短短十年间，当时社会出现三种不同的《阳明先生年谱》，可谓一场年谱不断刊刻的“接力赛”，阳明弟子与后学花费不少的精力，以致流传久远。

再看王阳明年谱正德九月史料。

> 九月，修濂溪书院。四方学者辐辏，始寓射圃，至不能容，乃修濂溪书院以居之。①

> 九月，修濂溪书院。四方学者辐辏，始寓射圃，至不能容，乃修濂溪书院居之。【邹守益辈来见。】
>
> 先生大征既上捷，一日，设酒食劳诸生，且曰：“以此相报。”诸生瞿然【不安】，问故。先生曰：“始吾登堂，每有赏罚，不敢【放】肆，常恐有愧诸君，【自谓无过举矣。】比与诸

① 日本名古屋蓬左文库藏七卷本《阳明先生年谱》，第2册，第77拍。

君相对久之，尚觉前此赏罚犹未也，于是思求其过以改之。【几番磨擦,】直至登堂行事，与诸君相对时，无少增损，方始心安。【然已不知费多少力气矣。】此即诸君【教诲所在】[之助]，固不必事事烦【诸君】口齿为也。”诸生闻言，【愈益省畏】[愈省各畏]。

【黄弘纲问:“戒惧是己所不知时工夫，慎独是己所独知时工夫，如何?”先生曰:“只是一个。无事时，固是独知；有事时，亦是独知。人若不于此独知之地用力，只在人所共知处用功，便是作伪，便是见君子而后掩然。此独知处便是诚的萌芽，此处不论善念、恶念，更无虚假，一是百是，一错百错，正是王伯义利、诚伪善恶界头，于此一立，立定便是端本澄源，便是立诚。古人许多诚身的工夫，精神命脉全体只在此处，真是莫见莫显、无时无处、无终无始，只是此个工夫。今若又分戒惧为己所不知的工夫，便支离，便有间断。既戒惧即是知，己若不知，是谁戒惧?如此见解，便要流入断灭禅定。”】

【 】为赣州本多出，[ ] 为全书本多出。比较三种不同时期的王阳明年谱，天真版年谱正德十三年九月条仅一句“四方学者辐辏，始寓射圃，至不能容，乃修濂溪书院以居之”，可知天真版年谱之初稿本特点，太过简单了。罗洪先注意到天真版的问题，利用江西籍学者的优势，广泛吸收史料，增加邹守益首次求学时间，增加王阳明馈劳学生从军参谋，并详细而又生动地再现师生共同平叛、政学相长的感人画面。王阳明的教法是严谨的，也是严肃的，亲临一线，身临战场，热血维护地方安宁，师生一起学习成长，这是阳明教学超越众多前辈的比较优势。罗洪先除了增加王阳明诗歌由此展示王阳明多面生活，还对《传习录》语录大规模增加，增加阳明著名弟子黄弘纲求教阳明“独知”的问答。而黄弘纲这条独知问答，其实暗示王阳明良知学早在正德十三年就在酝酿之中了，“独知处便是诚的萌芽”，“于此一立，立定便是端本澄源”，这些话语与良知话头何其的相似，良知学体系开始萌芽发育。当王阳明说，“人许多诚身的工夫，精神命脉全体只在此处，真是莫见莫显、无时无处、无终无始，只是此个工夫”，似乎预示良知学很快要破土而出了。恰恰从这个意义上而言，束景南先生在其阳明年谱大作中，把阳明良知学提出时间比学术界通常所谓的时间提前一年了。全书本注意到罗洪先考订本大量史料的涌现，阳明“设酒食劳诸生”条有助于凸显夫子辅仁美德，故将之保留，并优化精善，但却删除江西籍学者邹守益、黄弘纲求学阳明门下的两条史料信息。

今天看来，全书本对罗洪先“设酒食劳诸生”条的修改有利有弊。“几番磨擦”，“然已不知费多少力气矣”，更真实，似乎更能生动传神，“不安”则有反衬意味，删去之后，缺少灵动，略显呆板，似乎保留罗洪先这三条论述为妙。至于删去“自谓无过举矣”，“教诲所在”更为“之助”，“愈益省畏”改为“愈省各畏”，“自谓无过举矣”似乎有过度拔高之嫌疑，而“教诲所在”有贬低阳明嫌疑，一删一改，有助于保持一个更真实、更平易的王阳明教育家形象，更容易被大多数人接受。

通过对比正德十三年八月、九月条三种年谱的写作，总体而言，罗洪先付出很大的精力修缮天真版年谱，而全书本则在罗洪先考订本基础上进行优化，删除罗洪先辑录《阳明先生文录》《传习录》

有关阳明诗歌、阳明弟子论述部分（接近一半字数）内容，同时优化罗洪先增录的部分合理内容，使得全书本对王阳明年谱的撰写后出转精，流传四百多年而被广泛接受。

第二节　天真版阳明年谱文献价值论

天真版阳明年谱文献价值主要体现为其初稿本性质，对王阳明全书相关奏疏、书信与记文进行大规模引用，并未进行深度精选精校，因而得以窥见钱德洪费时九个月写作阳明年谱的具体规模与相关情况。对王阳明文集深度精选精校的工作，则需要罗洪先完成，大约费时与钱德洪相当。

时任江西巡抚的胡松参与天真版的校阅，读完钱德洪嘉靖四十二年春编订的阳明年谱，在当年夏日发了一通感慨。

> 绪山钱子，先生高第弟子也，编有先生《年谱》旧矣，而犹弗自信。溯钱塘，逾怀玉，道临川，过洪都，适吉安，就正于念庵诸君子。念庵子为之删繁举要，润饰是正，而补其阙轶。信乎！其文则省，其事则增矣，计为书四卷。①

处于第三者的胡松，对天真书院版年谱评价较为公允，且符合我们对钱德洪主持的三种不同时期阳明年谱汇校结论。胡松所说的

① 日本名古屋市蓬左文库藏七卷本《阳明先生年谱》，胡松序言，第6拍。

罗洪先的主要作用，体现在文、事两个面向，其中，“其文则省，其事则增”，“删繁举要，润饰是正，而补其阙轶”，主要是在王阳明事功方面，尤其是王阳明在江西区域的重要功绩，有大规模增加，弥补天真书院版缺失王阳明事功的大量记载。而以罗洪先同年七月自述，他对天真版修改条数达八百多条，以至于他自己都感觉到诚惶诚恐，“于兄原本，似失初制，诚为僭妄”，似乎这样大规模的修订有违钱德洪编纂的初衷，使其不安。

胡汝茂巡抚江右，擢少司马，且行，刻期入梓，敌以旬日毕事。已而即工稍缓，复留月余。自始至卒，手自更正，凡八百数十条。其见闻可据者，删而书之，岁月有稽，务尽情实，微涉扬诩，不敢存一字。大意贵在传信以俟将来，于是，年谱可观。①

柏泉公（胡松）七月发《年谱》来，日夕相对，得尽寸长。平生未尝细览《文集》，今一一详究，始知先生此学进为始末之序。因之颇有警悟，故于《年谱》中，手自披校，凡三四易稿，于兄原本，似失初制，诚为僭妄。弟体兄虚心求益，不复敢有彼我限隔耳。如己卯十一日，始自京口返江西，游匡庐；庚辰正月，赴召归，重游匡庐，二月九江还南昌；又乙亥年《自陈疏》，乃己亥年考察随例进本，不应复有纳忠切谏之语，亦遂举据《文集》改正之。其原本所载，本稿不敢滥入，

① 国图藏赣州刻罗洪先增订本《阳明先生年谱》，《阳明先生年谱考订序》。此序亦见于全书本，此处参阅涵芬楼影印《王文成公全书》，卷三十六，第2通。

岂当时先生有是稿未上欤？愚意此稿只入集，不应遂入年谱。不及请正，今已付新建君入梓，惟兄善教之。①

罗洪先为修订阳明年谱耗费元气，且已六十岁，兼又参与地方基层经济事务，破耗心神，次年便捐馆，令人遗憾。罗洪先非常认真且严谨地修缮阳明年谱，“岁月有稽，务尽情实，微涉扬诩，不敢存一字”，以至于钱德洪说，“先师千百年精神，同门逡巡数十年，且日凋落，不肖学非夙悟，安敢辄承？非兄极力主裁，慨然举笔，许与同事，不敢完也”②。可见，如果没有状元罗洪先细心与认真的撰写，用优美的语言润色，阳明年谱是不可能高质量完成的。当然，嘉靖四十二年，钱德洪也已是六十八岁高龄，“弟心力已竭，虽闻指教，更不能再著思矣，惟兄爱谅之”③。钱德洪比罗洪先大几岁，相对写作的精神状态而言，罗洪先尚比钱德洪好些，故而钱德洪“心力已竭”，“更不能再著思”，显然无法继续对王阳明年谱的修订了。事实上，钱德洪曾先后在江苏溧阳嘉义书院、江西上饶怀玉书院闭关写作，面对大量的史料，花费近九个月的时间，颇为艰辛。直到在隆庆六年的第三次刊刻王阳明年谱时，钱德洪才完全吸纳罗洪先大量修改之处，充实进去。

天真版存在大量的衍文，多出自《别录》（奏疏、公移）、论学书信、阳明家族人物史料，经过罗洪先的优化，原有引文删减一半，整体上年谱引文篇幅减少，言简意赅。今举其要者，罗列如下。

---

① 涵芬楼影印《王文成公全书》，卷三十六，第 15 通。

② 涵芬楼影印《王文成公全书》，卷三十六，第 24 通。

③ 涵芬楼影印《王文成公全书》，卷三十六，第 24 通。

正德四年，席书问朱陆之辩。

十二年九月，申请旗牌疏、抚谕贼巢；十月，横水、桶岗捷音疏。

十三年三月，袭大帽、浰头条。

十四年六月，返吉安条；十九日，疏告变；平宁王。

十五年三月，疏请宽租；八月，咨部院冀元亨冤状；闰八月，疏省葬。

十六年正月，牌行抚州府金溪县官吏录陆象山子孙；六月，嘉靖敕旨；十二月，新建伯条。

嘉靖元年七月，再疏辞封爵。

四年四月，《尊经阁记》；九月，与顾东桥书。

五年四月，复门人南大吉书；十一月，子正亿生条。

六年十一月乙未至梧州，上《谢恩疏》。

七年二月，思田平疏；四月，议迁都台于田州疏；五月，抚新民疏；七月，疏请经略思、田及八寨、断藤峡。

上述天真版年谱所收录的奏疏、公移、史料引文中，尤其以奏疏字数较多，罗洪先删去与王阳明军功事迹无关或重复论述，使得年谱更显精良。总体来说，钱德洪天真书院本呈现出初稿本特性，引文较多，对不少奏疏多为全文引用，占据不少篇幅；而经过罗洪先的精心编辑，“三四其稿”，可谓精当。今奏疏、论学书信各举二例，由此管窥罗洪先精编年谱、删减选文的优势。

首先，从奏疏的精修精选看罗洪先的笔法。下文为正德十二年丁丑，王阳明在赣第一年，九月申请提督军务旗牌，统帅军务，防止监军制约，以便更好在江西平叛地方骚乱。

【据兵备副使杨璋呈《大明律失误军事条》，领兵官已承调遣，不依期进兵策应。若承差告报，军期违限，因而失误军机者，并斩。《从军违期条》，若军临敌境，托故违期三日不至者，斩。《主将不固守条》，官临阵先退，及围困敌城而逃者斩。此罚典也。又见行原拟直隶山东、江西等处征剿流贼升赏事例，一人并二人为首就阵，擒斩以次剧贼一名者五两，二名者十两，三名者升实授一级。不愿者，赏银十两。阵亡者，升一级，俱准世袭。不愿者，赏银十两。擒斩从贼六名以上至九名者，升实授二级，余功加赏。不及六名，除升一级之外，加算赏银。三人四人五人以上共擒斩以次剧贼一名者，赏银十两均分。从贼一名者，赏五两均分。领军把总等官自斩贼级不准升赏。部下获功七十名以上者，升署一级。五百名者，升实授一级。不及数者量赏。一人捕获从贼一名者，赏银四两。二名者，赏银八两。三名者，升一级。以次剧贼一名者，升署一级，俱不准世袭。不愿者，赏银五两。此皆赏格也。赏罚如此，宜乎人心激劝，功无不立。然而有未能者。】**盖以罚典止行于参提之后，而不行于临阵对敌之时；赏格止行于大军征剿之日，而不行于寻常用兵之际，故无成功**。

【且以岭北一道言之，四省连络，盗贼渊薮。近如贼首谢志珊等数千余徒，每督兵追剿，仅得解围退散，卒不敢决一胜者，以无赏罚为之激劝耳，宜申明旧典。】

今后凡遇讨贼，领兵官不拘军卫有司，所领兵众，有退缩不用命者，许领兵官军前以军法从事；领兵官不用命者，许总统官军前以军法从事。所领兵众，有对敌擒斩功次，或赴敌阵亡，从实具报，覆实奏闻，升赏如制。若生擒贼徒，问明即押赴市曹，斩之以徇，庶使人知警畏，亦可比于令典决不待时者。如此，则赏罚既明，人心激励；盗起即得扑灭，粮饷可省，事功可建。

【呈乞奏闻议处，臣卷查三省盗贼，二三年前，总计不过三千有余；今据所在官司申报，殆将数万，不啻十倍于前。臣尝深求其故，询诸官僚，访诸父老，采诸道路，验诸田野，皆以为盗贼日滋，由于招抚太滥；招抚太滥，由于兵力不足；兵力不足，由于赏罚不行；诚有如璋所言者。臣请为陛下略言其故。】

【盗贼之性虽皆凶顽，固亦未尝不畏诛讨。夫惟为之而诛讨不及，又从而招抚之，然后肆无所忌。盖招抚之议，但可偶行于无辜胁从之民，而不可常行于长恶怙终之寇；可一施于回心向化之徒，而不可屡施于随招随叛之党。南、赣之盗，其始也，被害之民恃官府威令，犹或聚众而与之角，鸣之于官；而有司以为既招抚之，则皆置不问。盗贼习知官府之不彼与也，益从而雠胁之。民不任其苦，知官府之不足恃，亦遂靡然而从贼。由是，盗贼益无所畏，而出劫日频，知官府之必将己招也；百姓益无所恃，而从贼日众，知官府之不能为己地也。】

【夫平良有冤苦无伸，而盗贼反无求不遂；为民者困征输之剧，而为贼者获犒赏之勤；则亦何苦而不彼从乎？是故近贼者为之战守，远贼者为之乡导；处城郭者为之交援，在官府者为之间谍；其始也出于避祸，其卒也从而利之。故曰“盗贼日滋，由于招抚太滥”者，此也。】

【夫盗贼之害，神怒人怨，孰不痛心！而独有司者必欲抚之，岂得已哉？诚使兵力足以歼渠魁而荡巢穴，则百姓之愤雪，地方之患除；功成名立，岂非其所欲乎！然而南、赣之兵素不练养，类皆脆弱骄惰，每遇征发，追呼旬日而始集；约束赍遣，又旬日而始至；则贼已捆载归巢矣。即使遇贼，望尘先奔，犹驱群羊而攻猛虎，安得不以招抚为事乎？故凡南、赣之用兵，不过文移调遣，以苟免坐视之罚；应名剿捕，而聊为招抚之媒。求之实用，断有不敢。何则？兵力不足，则剿捕必不能克；剿捕不克，则必有失律之咎，则必征调日繁，督责日至；纠举论劾四面而起，往往坐是落职败名者有之。招抚之策行，则可安居无事，可无调发之劳，可无戴罪之责，可无迁转之滞。夫如是，亦孰不以招抚为得计！是故宁使百姓荼毒，而不敢出一卒以抗方张之虏；宁使孤儿寡妇之颠连疾苦，而不敢提一旅以忤招抚之议，其始也，出于不得已；其卒也，遂守以为常策。故曰“招抚太滥，由于兵力不足”者，此也。】

【古之善用兵者，驱市人而使战，收散亡之卒以抗强虏。今南、赣之兵尚足以及数千，岂尽无可用乎？然而金之不止，鼓之不进；未见敌而亡，不待战而北。何者？进而效死，无爵赏之劝；退而奔逃，无诛戮之及；则进必有死而退有幸生也，何苦而求必死乎？吴起有云：“法令不明，赏罚不信，虽有百万，何益于用？凡兵之情，畏我则不畏敌，畏敌则不畏我。”

今南、赣之兵，皆“畏敌而不畏我”，欲求其用，安可得乎！故曰“兵力不足，由于赏罚不行”者，此也。】

【今朝廷赏罚之典具在，但未申明而举行耳。】

又曰：古者赏不逾时，罚不后事。过时而赏，与无赏同；后事而罚，与不罚同。况过时而不赏，后事而不罚，其何以齐一人心，作兴士气？虽使韩、白为将，亦不能有所成。

【况如臣等腐儒，素不知兵者，亦复何所冀乎？议者以南、赣诸贼，连络数万，盘据四省，非奏调狼兵，大举夹攻，不足扫荡。然臣以为狼兵之调，非独所费不赀，兼其所过残掠，不下于盗。况大兵之兴，旷日持久，声势彰闻；比及举事，渠魁悉遁；所可得者，不过老弱胁从。于是乎有横罹之惨，于是乎有妄杀之弊。班师未几，而复以啸聚。此皆往事之验。臣亦近拣南、赣精锐，得二千有余，部勒操演，略有可观。】

诚得以大军诛赏之法，责而行之于平时，【假臣等以便宜行事，不限以时而惟成功是责，则比于大军之举，臣窃以为可省半费而收倍功。臣请以近事证之。臣于本年正月十五日抵赣，卷查兵部咨行题准申明律例，今后地方但有草贼生发，事情紧急，该管官司即依律调发策应；凡系军情，即为驰奏。敢有迟延隐匿，巡抚巡按三司官即便参问，罢职充军如律。虽不系聚众草贼，但系有名强盗肆行劫掠，贼势凶恶，白昼拦截，或明火持杖。无论为徒众寡，亟为设法缉捕，即为申报上司，具申兵部处分。如有仍前隐蔽，以致滋蔓贻患，从重参究。时以缺官久，未及行，臣至即刊布远近。未及一月，而大小诸司以贼情来报者接踵，亦遂屡有斩获者。盖兵得随时调用，官无观望掣肘，自然无可退托，思效其力。是律例具存，前此惟不申明而举行耳。今使赏罚之典悉从而举明之，其获效亦未必不如是之速也。伏望念盗贼之日繁，哀民生之日蹙；悯地方荼毒之愈甚，痛百姓冤愤之莫伸；特敕兵部俯采前议，亦如往者律例更为申明。特】**假臣等令旗令牌，便宜行事。如是而兵有不精，贼有不灭，臣等亦无以逃其死矣！**

【夫任不专，权不重，赏罚不行，以致于偾军败事，然后选重臣，假以总制之权而往拯之，纵善其后，已无救于其所失矣。臣才弱多病，自度不足办此，行从陛下乞骸骨。但今方待罪于此，心知其弊，不敢不为陛下尽言。陛下从臣之请，使后来者得效其分寸，收讨贼之功，臣亦得以少逭死罪于万一矣。】

【 】内为天真书院版文字，为赣州本所删，几乎删去十分之九，可见罗洪先的霹雳手法，不可不谓雷厉风行。粗体字为赣州本定稿后的文字，修改后的申请旗牌文言简意赅，主旨突出。天真版引文多为虚文之词，本为王阳明申请旗牌之理由，敷衍之词甚多，实在没有必要进入年谱正文，罗洪先状元笔法之精妙，此篇奏疏最能体现。另外一处罗洪先较大规模的删减，则见于王阳明广西平思田疏。

臣奉成命，与巡按纪功御史石金、布政使林富等，副使祝品、林大辂等，参将李璋、沈希仪等，会议思、田之役，兵连祸结，两省荼毒，已逾二年，兵力尽于哨守，民脂竭于转输，官吏罢于奔走。今日之事，已如破坏之舟，漂泊于颠风巨浪，

覆溺之患，汹汹在目，不待知者而知之矣。

【今若必欲穷兵雪愤，未论其不克，纵复克之，亦有十患。何者?】

【皇上方以孝治天下，仁覆海宇，惟恐一物不得其所，虽一夫之狱，犹虑有怨，亲临断决，况兹数万无辜之赤子，而必欲穷搜极讨，使无噍类，伤伐天地之和，亏损好生之德，其患一也。】

【屯兵十万，日费千金，自始事以来，所费银米各已数十余万。未尝与贼交一矢，今若复欲进兵，以近计之，亦须数月，省约其费，亦须银米各十余万。计今梧州仓库所余银不满五万，米不满一万，财匮粮绝，其患二也。】

【调集之兵，远近数万，屯戍日久，人怀归思。兼之水土不服，疫疠时行，溃散逃亡，捕斩不禁。其未见敌而已，若此今复驱之锋镝之下，必有土崩瓦解之势，其患三也。】

【用兵以来，两广之民，男不得耕，女不得织，已余二年；衣食之道日穷，老稚转乎沟壑。今春若复进兵，又将废耕，饥寒切身，群起为盗，不逞之徒，因而号召之，其祸殆有甚于思、田之乱者，其患四也。】

【论者以为不诛二酋为无以威服土官，其殆不然。今所赖以诛二酋者，乃皆土官之兵，而在我曾无一旅可恃。又不能宣威布德，明示赏罚，而徒以市井狙狯之谋相欺相诱，计穷诈见，益为轻侮。每一调发旗牌之官，十余往反，而彼犹骜然不出，反挟肆贪求，纵其吞噬。我方有赖于彼，纵之不问。彼亦知我之不能彼禁也，盖狂无所忌。岑猛之僭妄，亦由积渐成之。是

欲诛一二逃死之遗孽，而养成十数岑猛，其患五也。】

【两广盗贼，徭、僮之巢穴动以数千百计，军卫有司营堡关隘之兵，时常召募增补，然且不敷。今复尽聚之思、田之一隅，山徭海寇，乘间窃发，遂至无可捍御。今若复闻进兵，彼知事未易息，为患愈肆，我兵势难中辍，救之不能，弃之不可，其为惨毒可忧，犹有甚于饥寒之民，其患六也。】

【军旅一动，运夫征马，各以千计。一夫，顾直一两；一马四两；马之死者则又追偿其直；是皆取办于南宁诸属县。百姓连年兵疫，困苦已极，而复重之以此，其不亡而为盗者，则亦沟中之瘠矣，其患七也。】

【两省土官于岑猛之灭，各怀唇齿之疑，各州土目于苏、受之讨，皆有狐兔之憾，是以迟疑观望，莫肯效力。所恃者，独湖兵。然前岁之役，湖兵死者过半，其间固多借倩而来，兵回之日，死者之家例有偿命银，总其所费，亦以万数。今兹复调，踣顿道途。不得顾其家室，亦已三年，劳苦怨郁，逃者相望诛之不能，止因一隅之小愤，而重失三省土人之心，其间伏忧隐祸，殆难尽言，其患八也。】

【田州外捍交趾，内屏列郡，中间深山绝谷，又皆徭、僮盘据。若必尽诛其人，异时虽欲改土设流，亦已无民可守。非独自撤藩篱，势有不可，抑且借膏腴之田以资徭、僮，而为边夷扩土开疆，其患九也。】

【既以兵克，必以兵守，岁岁调发，劳费无已。秦时胜、广之乱，实兴于闾左之戍。且一夫制驭，乱变随生，反复相寻，祸将焉极，其患十也。】

【故为今之计，莫善于罢兵而行抚。抚之有十善。】

【活数万无辜之死命，以明昭皇上好生之仁，同符尧舜有苗之征，使远夷荒服无不感恩怀德，培国家元气以贻燕翼之谋，其善一也。】

【息财省费，得节赢余以备他虞，百姓无摧脂刻髓之苦，其善二也。】

【久戍之兵得遂其思归之愿，而免于疾病死亡脱锋镝之惨，无土崩瓦解之患，其善三也。】

【又得及时农作，虽在困穷之际，然皆获顾其家室，亦各渐有回生之望，不致转徙自弃而为盗，其善四也。】

【罢散土兵，归守境土，使知朝廷自有神武不杀之威，而无所恃赖于彼，阴消其桀骜之气，而沮慑其僭妄之心，反侧之奸自息，其善五也。】

【远近之兵，各归旧守，穷边沿海，得修备御，盗贼敛戢，家室相保，无虚内事外，顾此失彼之患，其善六也。】

【息馈运，省夫马，贫民解于倒悬，其善七也。】

【土民释兔狐之憾，土官无唇齿之危，湖兵遂全归之愿，莫不安心定志，慕德感化，其善八也。】

【思、田遗黎得归旧土，其土俗，仍置酋长，人自为守，内制徭、僮，外防边夷，中土得以安枕无事，其善九也。】

【土民心服无事，戍守官省调发，民无骚屑，商旅通行，德威覃被，其善十也。】

【夫进兵行剿之患既如彼，罢兵行抚之善复如此，然而当事犹往往利于进兵者，其间又有二幸四毁焉。下之人幸有数级之获，以要将来之赏；上之人幸成一时之捷，以盖日前之愆；是谓二幸。始谋请兵而终鲜成效，则有轻举妄动之毁；顿兵竭饷而得不偿失，则有浪费之毁；聚数万之众，而无一战之克，则有退缩畏避之毁；循土夷之情，而拂士夫之议，则有形迹嫌疑之毁；是谓四毁。】

【二幸蔽于其中，而四毁惕于其外，是以宁犯十患而不顾，弃十善而不为。夫人臣之事君也，杀其身而有利于国，皆甘心焉；岂以侥幸之私，毁誉之末，而足以挠乱其志者！今日抚剿，利害较然，事在必行。于是众皆以为然。】

［因详其十患十善、二幸四毁，反复言之。］

［且曰：］臣至南宁乃下令尽撤调集防守之兵。数日之内，解散而归者数万。惟湖兵数千，道阻且远，不易即归，仍使分留南宁，解甲休养，待间而发。初苏、受等闻臣奉命处勘，始知朝廷无必杀之意，皆有投生之念，日夜悬望，惟恐臣至之不速。已而闻太监、总兵相继召还，至是又见守兵尽撤，其投生之念益坚，乃遣其头目黄富等先赴军门诉苦，愿得扫境投生，惟乞宥免一死。臣等谕以朝廷之意，正恐尔等有所亏枉，故特遣大臣处勘，开尔等更生之路。尔等果能诚心投顺，决当贷尔之死。因复开陈朝廷威德，使各持归省谕，刻期听降。

苏、受等得牌，皆罗拜踊跃，欢声雷动，率众扫境，归命南宁城下，分屯四营。苏、受等囚首自缚，与其头目数百人赴军门请命。臣等谕以朝廷既赦尔等之罪，岂复亏失信义？但尔等拥众负固，虽由畏死，然骚动一方，上烦九重之虑，下疲三省之民，若不示罚，何以泄军民之愤？于是下苏、受于军门，

各杖之一百，乃解其缚，谕于今日宥尔一死者，朝廷天地好生之仁，必杖尔示罚者，我等人臣执法之义。于是众皆叩首悦服，臣亦随至其营，抚定其众，凡一万七千①**，濈濈道路，踊跃欢闻，皆谓朝廷如此再生之恩，我等誓以死报，且乞即愿杀贼，立功赎罪。臣因谕以朝廷之意，惟欲生全尔等，**【今尔等方来投生，岂忍又驱之兵刃之下。尔等】**逃窜日久，且宜速归，完尔家室，修复生理。至于诸路群盗，军门自有区处，徐当调发尔等。于是，又皆感泣欢呼，皆谓朝廷如此再生之恩，我等誓以死报。臣于是遂委布政使林富、前副总张佑督令复业，地隅平定。是皆皇上至孝达顺之德，感格上下；神武不杀之威，震慑鬼神，风行于庙堂之上，而草偃于百蛮之表，是以班师，不待七旬，而顽夷即尔来格；不折一矢，不戮一卒，而全活数万生灵。是所谓“绥之斯来，动之斯和”者也。**

【疏入，制曰：王守仁受命提督军务，莅事未久，乃能开诚宣恩，处置得宜，致令叛夷畏服，率众归降，罢兵息民，其功可嘉写。敕遣行人奖励，赏银五十两，纻丝四袭，所司备办羊酒。张赐石金各赏银二十两，纻丝二袭，自其余各给赏有差。】

【事竣，并论功赏。】

【 】内为原天真版内容，［ ］内为赣州版内容。加粗字体，为罗洪先对钱德洪初稿本的修改定稿本，删除规模约四分之三，后全

---

① “一万七千”，天真书院本、赣州本均作“七万一千”。

书本在罗洪先改本之上，进一步修缮。罗洪先大规模修改，令人震动，“十患十善”简单四字将钱德洪原稿上千字尽数概括，这或许与嘉靖对阳明关西思田之功“夸大其词”的评价有关，阳明奏疏似乎也有虚文之嫌，这也与其“绥靖”政策有关。王阳明去世后，嘉靖权臣以阳明恩威倒置、夸大其词贬低阳明，故王阳明上疏之后朝廷的奖励情况，罗洪先一并删除。但全书本则并未吸收罗洪先的意见，而是选取一部分内容，保留了朝廷奖励事实，这与全书本写作时间高度相关。隆庆时期，朝廷更改嘉靖朝敌视、打压王阳明的态度，不仅王阳明爵位和待遇得以恢复，由其子孙世代承袭，且全书得以定稿、刊刻，阳明学已经成为显学。

再来看罗洪先对王阳明与弟子们的论学书信与记文的精心修订。先从王阳明论学书信来看，南大吉前往北京述职，因大力改革得罪绍兴地方乡绅，被弹劾；嘉靖五年四月，归陕西途中，无限伤感，故寄信给恩师阳明，阳明答复，故有此信，且传于同门之间，互相观阅。

> **世之高抗通脱之士，捐富贵，轻利害，弃爵禄，决然长往而不顾者，亦皆有之。彼其或从好于外道诡异之说，投情于诗酒、山水、技艺之乐，又或奋发于意气，感激于愤悱，牵溺于嗜好，有待于物以相胜，是以去彼取此而后能。及其所之既倦，意衡心郁，情随事移，则忧愁悲苦随之而作，果能捐富贵，轻利害，弃爵禄，快然终身，无入而不自得已乎？夫惟有道之士，真有以见其良知之昭明灵觉，圆融洞彻，廓然与太虚而同体。太虚之中，何物不有？而无一物能为太虚之障碍。**

【盖吾良知之体，本自聪明睿智，本自宽裕温柔，本自发强刚毅，本自齐庄中正文理密察，本自溥博渊泉而时出之，本无富贵之可慕，本无贫贱之可忧，本无得丧之可欣戚，爱憎之可取舍。盖吾之耳而非良知，则不能以听矣，又何有于聪？目而非良知，则不能以视矣，又何有于明？心而非良知，则不能以思与觉矣，又何有于睿知？然则，又何有于宽裕温柔乎？又何有于发强刚毅乎？又何有于齐庄中正文理密察乎？又何有于溥博渊泉而时出之乎？】

故凡慕富贵、忧贫贱、欣戚得丧、爱憎取舍之类，皆足以蔽吾聪明睿知之体，窒吾渊泉时出之用。如明目之中而翳之以尘沙，聪耳之中而塞之以木楔也。其疾痛郁逆，将必速去之为快，而何能忍于时刻乎？

【故凡有道之士，其于慕富贵，忧贫贱，欣戚得丧爱憎之相，值若飘风浮霭之往来变化于太虚，而太虚之体，固常廓然其无碍也。元善今日之所造，其殆庶几于是矣乎！是岂有待于物以相胜而去彼取此？激昂于一时之意气者所能强？而声音笑貌以为之乎？元善自爱！元善自爱！】

关中自古多豪杰。其忠信沉毅之质，明达英伟之器，四方之士，吾见亦多矣，未有如关中之盛者也。然自横渠之后，此学不讲，或亦与四方无异矣。自此有所振发兴起，变其气节为圣贤之学，将必自吾元善昆季始也。今日之归，谓天为无意乎？

【 】字为原天真版多出内容，后被罗洪先删去，加粗字体为赣州版定稿后的正文内容。参考《王阳明全集》中所收该信件的完整文章可知①，除此信前后两段背景史料未引用外，钱德洪全部抄录王阳明对南大吉阐述“穷且弥坚”独善其身的思想，亦如下文《尊经阁记》。姑不论罗洪先删去内容是否具有更强烈的学术性，但从字数而言，几乎删减一半，留出较多的篇幅正好可以让其填充王阳明在江西的军功事迹和教学思想。全书本对罗洪先删减本又进行删减，从而使引文更专精。

【经，常道也。其在于天谓之命，其赋于人谓之性，其主于身谓之心。心也，性也，命也，一也。通人物，达四海，塞天地，亘古今，无有乎弗具，无有乎弗同，无有乎或变者也。是常道也，其应乎感也，则为恻隐，为羞恶，为辞让，为是非；其见于事也，则为父子之亲，为君臣之义，为夫妇之别，为长幼之序，为朋友之信。是恻隐也，羞恶也，辞让也，是非也；是亲也，义也，序也，别也，信也；一也。皆所谓心也，性也，命也。通人物，达四海，塞天地，亘古今，无有乎弗具，无有乎弗同，无有乎或变者也，是常道也。是常道也，以言其阴阳消息之行焉，则谓之《易》；以言其纪纲政事之施焉，则谓之《书》；以言其歌咏性情之发焉，则谓之《诗》；以言其条理节文之著焉，则谓之《礼》；以言其欣喜和平之生焉，则谓之《乐》；以言其诚伪邪正之办焉，则谓之《春秋》。是阴阳消息之行也，以至于诚伪邪正之辩也，一也。皆所谓心也，性也，命也。通人物，达四海，塞天地，亘古今，无有乎弗具，无有

① 吴光、钱明、董平等编校：《王阳明全集》，第234—236页。

乎弗同，无有乎或变者也，夫是之谓《六经》。《六经》者非他，吾心之常道也。故《易》也者，志吾心之阴阳消息者也；《书》也者，志吾心之纪纲政事者也；《诗》也者，志吾心之歌咏性情者也；《礼》也者，志吾心之条理节文者也；《乐》也者，志吾心之欣喜和平者也；《春秋》也者，志吾心之诚伪邪正者也。君子之于《六经》也，求之吾心之阴阳消息而时行焉，所以尊《易》也；求之吾心之纪纲政事而时施焉，所以尊《书》也；求之吾心之歌咏性情而时发焉，所以尊《诗》也；求之吾心之条理节文而时著焉，所以尊《礼》也；求之吾心之欣喜和平而时生焉，所以尊《乐》也；求之吾心之诚伪邪正而时辩焉，所以尊《春秋》也。】

盖圣人之扶人极，忧后世而述《六经》也，犹之富家者之父祖，虑其产业库藏之积，其子孙者或至于遗亡失散，卒困穷而无以自全也，而记籍其家之所有以贻之，使之世守其产业库藏之积而享用焉，以免于困穷之患。故《六经》者，吾心之记籍也，而《六经》之实则具于吾心；犹之产业库藏之实，种种色色，具存于其家，其记籍者，特名状数目而已。而世之学者不知求《六经》之实于吾心，而徒考索于影响之间，牵制于文义之末，硁硁然以为是《六经》矣。是犹富家之子孙，不务守成规、享用其产业库藏之实，积日遗忘散佚，至于窭人、丐夫，而犹嚣嚣然，指其记籍曰："斯吾产业库藏之积也。"何以异于是？

【呜呼！《六经》之学，其不明于世，非一朝一夕之故矣。尚功利，崇邪说，是谓乱经；习训诂，传记诵，没溺于浅闻小见以涂天下之耳目，是谓侮经；侈淫辞，竞诡辩，饰奸心，盗行逐世，垄断而自以为通经，是谓贼经。若是者，是并其所谓记籍者而割裂弃毁之矣，宁复知所以为尊经也乎!】

【 】内字句，为罗洪先较天真本删除的段落，加粗字体为赣州版年谱最后定稿，赣州版相关条字数减少四分之三。原天真书院版年谱全文引用王阳明为南大吉稽山书院所作《尊经阁记》论述六经的思想，除去《尊经阁记》最后一段介绍稽山书院尊经阁修建情况的背景史料未引用。

《传习录》所收顾东桥、聂文蔚二人书信，是良知学的立论宗旨，最见阳明晚年万物一体思想之博大精深，相比较而言，《尊经阁记》所蕴含的心学思想多为批判程朱理学，有破无立，无法体现阳明晚期良知学思想的主旨，由此，罗洪先敢于大规模删减《尊经阁记》，删除两大段，仅存一小段文字，体例精当，删得合理，能准确捕捉王阳明思想的精髓。

故而，经过罗洪先的第二次修缮，相比第一版年谱，其优良性顿时体现出来了。故而，全书本完全吸收罗洪先的修改意见，此处照抄罗洪先修改刊刻的赣州本。总体而言，罗洪先对天真版引文的类似删减，是比较多的。

但是，罗洪先或受制于嘉靖时期对阳明打压、遏制的敌视态度，他对于钱德洪的王阳明学术评价有所保留，且对舒芬是否是阳明亲传弟子也持保留意见，故而删去一些比较有文献价值的史料，且有些史料未被收录于全书本中，致使王阳明某些重要史料的散佚，而这恰恰是天真版的独特优势。因天真版具有初稿本的独特属性，故而我们觉得有必要重新恢复这些史料，供学术界研究使用。

正德五年十二月

先生立教皆经自身实践，故所言真切、恳笃若此。自揭良知宗旨后，吾党又觉领悟太易，闻言之下，即见本体，认虚见为真得，兀兀保任虚见，无复向里著已之功矣。故吾党颖悟承速者，往往多无成功，甚可忧也。

正德七年三月

是年，林以吉归省，宗伯乔白岩之南都，给事王尧卿归终南，太史张常甫归四明，俱有赠序，致同学相规之意。

正德八年十月

或以静悟入，或以词章入，或以仙佛入。

嘉靖癸丑秋，太仆寺少卿吕怀聚徒于师祠，洪往游焉。同门高年朱勋辈尚有能道师遗事者，后辈多喜谈静中光景。洪与吕子讲师门立教与前不同，乃指掇良知宗旨，闻之皆相庆，以为新得。

正德十年五月

谓儒者不足学，……悔错用功三十年。……惟笃志圣学者，始能悟破，非言语、测亿所及也。

正德十二年正月

古之善用兵，驱市人而使战，假闾戍以兴师，岂以十州八府之地无奋勇敢战之夫乎?

二月

无失机事，召募智勇，集于辕门。

正德十三年三月

先生以为兵无常势，因敌制胜，今贼谓必待狼兵，此所以不必狼兵而可以攻之也。

如攻坚木，先其易者，后其节目。

至是，诸巢扑灭，尽酬前议，而二省依期进兵，贼已荡平矣。

四月

惟时，当事者尚以欺诳失信见责。噫！执尾白之信而趋，必无可成之功。毒民误国，甚矣。大信不约，善计者，为之乎！

观者莫不兴叹，谓古称王道易易者，诚非虚语。

五月

厥后，州县既废，声教不及。

正德十四年六月

而刘养正者，安成举人也。素有诗文名，濠屈己招致，遂为知己。尚书陆完尝为按察使，濠独器重，以故陆亦心附之，及是完为本兵，遂托之谋复护卫。羽翼既成，逆谋益急，其内官阎顺等。

会奏至忠因密言于上，曰：闻钱宁、臧贤者，交通宁王，将为不轨耳。上疑之。……会南昌人熊兰时为御史，因父仇濠，见保奏，至不胜忿，播言王必反，密谋于仪，求锐内应。……因许共成仪计，于是忠等乃泄濠计上前，且指奸细潜住交通为证。上乃令太监韦霖传旨：故事，凡王入奏事，事竣辞回，无有愆期。近或有迁延数月或经年者，占居公馆，有妨夷使。自今但有差奏事，及入贺进贡人员，所司克期遣还。如或故违，所司并刺事衙门，督促起程。托故潜住者，具奏治罪。盖入忠等语也。于是试御史萧淮闻张仪述濠事甚悉，遂暴发其事。

如致仕侍郎李仕实等，仪宾顾官祥、指挥葛江、王信、引礼丁玺、内使陈贤、王寿山、熊寿、涂钦、梁伟、义官倪庆、卢孔彰、徐纪、赵七、谢涪、省祭官王海、秦梁、舍人李显忠、罗黄、卢荣、校尉查伍、火信、伶人秦镕、贼首凌十一、闵念四等，或为腹心，或为爪牙，共图逆谋，待时而发，实为今日乱臣贼子，关系宗社生灵安危，非细故也。陛下已著离明，宜奋乾断，特敕锦衣卫逮系党与至京，明正典刑。其潜住京师者，究治无失；其占夺官民事产，令所司尽为覆实追给；谋复护卫、屯田，勅兵部蚤为革削，以快人心，以遏乱萌。前镇守太监毕真等，辄为保奏贤行；副使李梦阳、佥事李淳、王奎、参政白金、参议王泰，皆附势为害者，宜即加罢削。布政使郑岳、谪戍副使胡世宁，皆守正蒙害者，宜亟为起用，庶几人知顺逆，尚有典刑，而祸变可弭矣。

值濠生辰，方宴诸司、官僚。华请间，具言之，且曰："差官兼程且至，嗣闻宣召兵部，不知何事也？"濠大惊。

予尝疑师既蹈疑迹，使其时未及擒贼而身或先亡，其心何由白于天下。及为师辑奏疏、文移，六月二十一日牌行各府州县，集兵策应；咨报各省巡抚共勤国难，反覆暴宸濠之秽恶，明臣子之大义，以激天下之忠愤，以鼓志士之义气。一日齐发者二百余纸，是近师左右尚未知信，而不知其心已遍布于天下矣。乃怃然自叹曰："人须辨得真心。真心所在，千古不磨，况一时毁誉之迹乎？古人学明而知达，出入变化，妙应圆神，其潜若鬼神而莫测其端，其发若雷霆而莫究其至，卒能成天下之事，以济国家之难，此圣学之全功，三王之遗智也。区区一时毁誉，乌足以动其衷哉！”

初公尝使门人常德冀元亨者，因讲学说濠以君臣大义，或格其奸，濠意不怿。元亨辞去，曰：“濠必反。公宜早计。”遂遁去。及闻变，知必起师，即潜行赴难。先生曰：“见素公在莆阳，周官上杭，冀在常德，去南昌各三千余里，乃皆同日而至，事若有不偶然者。因作《佛郎机赞》，并以识其事云。”

九月

忠等方挟宸濠，搜求隐伏，罗织善良，滥指妄戮以为功，而籍没其赀者无算。军马屯聚，靡费困疲，民不堪命，续纶辈承望风旨，从曳附会，忌功嫉能，多为飞语以中伤当事，为贼报仇，时论不平。

正德十五年二月

盖武宗好巡游，诸奸协异志，贼难就擒，而预知后患未已也。忠、泰辈屡追还宸濠，并不听。至玉山，闻王师已至徐、淮，乘夜过草萍驿，惟欲早脱江西以免百姓重困。见永与言，乃知其有忧时报主之心，遂以浮馘畀之。使当时苟有计私自利之心，其能以已成之功，脱若遗迹，一毫无介烈中耶？及与忠等酬对，守正而不屈，旁行而不流，出入变化，妙应无迹，而奸党终不敢逞身，亦免难。三代以下，证圣学之全功，征矣哉！

闰八月

（福州）三卫有叛军之变，尚书王琼具奏，降勅差先生往勘之。军变事微，本不必烦重臣。琼盖因南赣、溪洞已靖，欲假师便宜，勅书以待他变也。先生初欲从汀漳入冀，了事遂从广信乞归。因夫人、公子在，乃从舟行。不意中途遭变。先生疏请，命将讨贼，因乞省葬。朝廷许以“贼平之日来说”。濠就擒，江西底宁，疏再上不报。至是，凡四上。

九月

至是，先生开新府，乃多兴工役，以济民饥。察院各司道，俱取宁藩入官废屋改造，又取逆产银以代民税，于是境内稍安，朋友日渐来集。

虞佐劝先生彻讲择交，彻讲可以息天下之疑谤，择交可以得天下之真才。

正德十六年正月

譬之人有冒别姓坟墓为祖墓者，邻佑少年见其经管既久，俱不为非。虽有知者，又先受赂鸣之于官，何以为辨？只得开圹验其志石，然志石又为前人改过，又何以辨？幸有骸骨，将子孙滴血，真伪无可逃矣。我此“良知”二字，实千古圣圣相传一点滴骨血也。

九月

父老子弟忘其崇贵，日亲洽，如草木披拂春风，有忻忻向荣之意焉。德洪昔闻先生讲学江右，久思及门。乡中故老，犹执先生少年豪旷，不拘绳束，私窃诋笑。但四方辩学同异正，竞为党伪之虑，人情恐恐，疑阻者哄然而起。

十二月

亲朋咸集，先生捧觞为寿。翁蹙然曰：“吾父子不相见，几年矣。始汝平寇南赣，日夜劳瘁，吾虽忧汝之疾，然臣职宜尔，不敢为汝忧也。宁濠之变，皆以汝为死矣而不死，皆以事难平矣而卒平。吾虽幸汝之成，然此实天意，非人力可及，吾不敢为汝幸也。谗构朋兴，祸机四发，前后二年，岌乎知不免矣。人皆为汝危，吾能无危乎？然于此时，惟有致命遂志而动心忍性，不为无益。虽为汝危，又复为汝喜也。天开日月，显忠遂良，穹官高爵，滥冒封赏，父子复相见于一堂，人皆以为荣，吾谓非荣。然盛者衰之始，福者祸之基，虽以为幸，又以为惧也。夫知足不辱，知止不殆。吾老矣，得父子相保于牖下，孰与犯盈满之戒，覆成功而毁令名者耶！”先生洗爵而跪曰：“大人之教，儿所日夜切心者也。”闻者皆叹会遇之隆，感盈成之戒。一时相传，以为盛德获福之征云。

嘉靖三年八月

门人在侍者，百余人。……或催花，或泛舟碧霞池中……见诸生兴剧，自退密室，作诗。……明日，诸生进见谢过。

家君（心渔翁）三岁双瞽，性雅好山水，随地赋诗，登高择胜，顿忘其归也。

家君（心渔翁）深以为然。初至越，尚疑二弟弃举业。及归，□乡中父老教子弟，须使闻道以务求□得；若徒慕富贵，志亦未矣。……后季弟与诸侄交相继科第。

朝臣议大礼，纷纷不决，先生曰：“皇上大孝尊亲，正宜将顺扩充，以孝治天下，此一大机会也。顾乃多议纷纷，以阻遏之，何也？议礼不本于至情，徒泥以往之陈迹，是亦青天之宿尘耳。”又曰：“后世学术不明，非特邪说诬民，虽六经圣言不得于心，徒以其词，亦境中之尘耳。”先生有感时事，二诗

已示其微矣。

嘉靖五年四月

同门递观（《复南大吉书》），传诵，相与叹仰歆服，因而兴起者，多矣。

八月

豹初见**先生**称晚生。后六年，出守苏州，先生已违世四年矣。**欲刻所答二书于石**，见德洪、王畿曰：“吾学诚得诸先生，尚冀再见称赞，今不及矣。兹以二君为证，具香案拜先生。”遂称门人**于石刻**。

十一月

继母张氏，贞静任惠，克敦师教，内外顺德，不言而肃。**时当旌年，未及表闻而卒**。**岁癸亥，以正亿锦衣贵，赠宜人**。

上述加粗部分史料，仅见于天真书院版年谱，今辑录。其中，钱德洪引王阳明语：“皇上大孝尊亲，正宜将顺扩充，以孝治天下，此一大机会也。顾乃多议纷纷，以阻遏之，何也？议礼不本于至情，徒泥以往之陈迹，是亦青天之宿尘耳。”又曰：“后世学术不明，非特邪说诬民，虽六经圣言不得于心，徒以其词，亦境中之尘耳。”王阳明众多弟子门人分成两派，邹守益、应典等保守派人数众多，持反对态度，很多弟子或被打死，或贬官于偏僻之地，或提前致仕；而方献夫、黄绾、黄宗明等少数激进派，则是迎合嘉靖皇帝之意，纷纷急速升官，一跃而成为权臣，所谓后世的“投机主义者”。在嘉靖三年这样的纷乱年代，正如赣州版、通行版对王阳明大礼议的定论，王阳明是持默不发声的态度。今根据史料，天真版则以阳明暗地里持激进派态度，似乎与众论相反。故而，罗洪先在看到这则史料，坚决给予删除，这样的态度是完全有必要的。历史最终证明，那些激进派，后来在历史上的名声都很差，清人所编撰的《明史》对之亦是批判态度。

我们反思这则史料，可以看出，即便是王阳明本人暗地里支持嘉靖，但在公开场合，也不可能表态。而且，王阳明众多弟子由于传习良知学，注定他们和以杨廷和为代表的保守派一样，是持反对态度的。如果王阳明公开表态支持嘉靖，也容易与弟子们关系紧张，这样的结果，肯定是王阳明竭力想要去避免的。因此，在撰写王阳明年谱这样一种重要的文献著作而言，不书王阳明的非官方意见，或许是最好的写作原则。所以，曾为状元的保守派罗洪先势必要删除类似这样容易引发争议的史料，为的是让阳明年谱可以传得更久一些，成为后世名人年谱写作的典范之作。

第三节　赣州版阳明年谱文献价值论

相比天真版年谱，赣州版阳明年谱删除了大量的奏疏、公移引文，空出来大量篇幅，罗洪先留给事迹、语录和诗歌。除了大量收录《传习录》中王阳明关于良知学的语录，由此衬托阳明思想的丰富性；另外一个重要的特点，罗洪先由于自身具有文学家的气质，故而对王阳明诗歌做了不少的引用，增加篇幅，提升王阳明思想传播的美学色彩，尤其是蒙学功能。

赣州版年谱增加了大量的诗歌，遗憾的是，通行本对罗洪先在诗歌方面的增写并未给予尊重，几乎没有增入通行本全书。或许正因为钱德洪未能吸收罗洪先这一文学特性，更能体现钱德洪对王阳明年谱撰写的弘学讲道的编辑宗旨。

在诗歌增写方面，罗洪先主要增录《狱中读〈易〉》《别湛元明》《答乔白岩》《梦抑之昆季》《武夷次壁间韵》《霁夜》《睡起写怀》《再过濂溪祠用前韵》《别方叔贤》《答朱汝德用韵》《送蔡希颜》《次韵寄张东所》《次韵别栾子仁》《重游化城寺》《有僧坐岩中三年诗励吾党》《归兴》《别谦之》《九月秋声》《示诸生》《别诸生》《过钓台》《西安雨中诸生出候因寄德洪汝中并示书院诸生》《德洪汝中方卜书院盛称天真之奇并寄及之》《长生》《破断藤峡》《平八寨》《谒伏波庙》《题甘泉居》《书泉翁壁》，或举例其为阳明重要弟子，或说明其教学之功，或反映王阳明重要事件，并没有特别的主题呈现，且放于某年条末。

史料部分，为了体现年谱可信、可传与可久的三大特点，通行本对罗洪先赣州本的部分史料也做出删除，如下史料被删除，不见于通行本全书年谱。

正德四年己巳

书院旧有妖，守者以告。先生藏灯按剑坐后堂，将二鼓，黑气撞门入，拔剑腰斩之，血淋淋，逾墙大喊去，妖遂息。

夷俗多蛊，恶中土人，辄害之。初卜先生蛊神，神不许，命敬事之。

正德十二年丁丑

先生在赣，悬弓壁上，暇则就壁挽数十回，不令臂软。少年酷好弓马，奉命造威宁伯坟，坠马吐血，盖平生强力不懈若此。

先生在赣平诸寇，未尝调狼、土一人。每有大征，密檄吉安各县，发机兵若干人往，即羸弱无损坏者，由先生能以身先，且善部勒，聚散不在兵耳。

先生在赣，院左有旁门通射圃，暇即走其中，与诸生论学，多至夜分。次早，诸生入揖为常。一夕夜坐，诸生请休朝，叩门，守者曰："昨夜公返，未几即出兵，不知何往？今可至数十里外矣。"其神速机变若此。

正德十三年戊寅

先生既遣参随数人馆伴，复制长青衣油靴，教之习礼，而时试之。一日漫给赏，老少互争，参随以告，先生曰："多事！忘分别耳。汝何不开手本来？"次日依序给赏，老少不乱，众始安，而私入卫狱觇珂。参随先期故匣系珂甚苦，众莫不唾骂数之。逾日辞归，先生曰："自此至三浰八九日，今即往，岁前未必至家；即至，又当谒正，徒取劳苦。闻赣州今岁有灯，曷以正月归乎？"其少者固喜观灯冶游，不禁诸参随复代之银，闻言，欣然忘归。既复辞，先生曰："汝谒正尚未犒赏，奈何？"

初二日，令有司大烹于宫，以次日宴。是夕，潜入甲士，六百人射圃，以六人制其一，复密语参随、吉水致仕县丞龙光曰："每了十人，汝可立屏下安我，否则入告。"计既定，诘旦集仲容等院中，盛设鼓乐，内外不得闻声。乃召屠人封牛豕阶下，与银历酒肉，两手莫胜，复以花朵绊系，已乃劳之酒。三叩头，出令谢。兵道既出，甲士尽歼之外门。然人封肉劳酒，不令得见前后，故数刻始一发，而强甚者须七八人乃屈，至八十七人，光以甲士且尽，入告先生，遥见色变，光故缓行上阶，取茶造膝，曰："人尽矣。"先生即指所赏者，曰："汝后生昨日何得先长行，须绑以示教。"已而历指未赏者六人，曰："是皆先长者，尽绑押出。"

黄昏，光入问，先生曰："劳甚。得此，幸食薄粥，坐数时，无伤也。"光密曰："遣人乎？"先生大呵之。盖先时尝密遣千户孟俊督珂弟兵，又为伪牌以捕珂党为言，故经池巢相绐。及是珂已先归。

绐仲容事难显言，故上捷之辞稍异。

先生既平南赣，其相近各巢，今自取便利，分辖诸地。有警署之，其后一二恃强相抗者，先生自携大兵剿之，虽幸逭诛，终来投者。至今饮食必祭，言及，多泣下者。

正德十四年己卯

孝宗为李广所误，抱养民间子。我祖宗不血食者，十四年于兹矣。太后有旨，令起兵讨贼，共伸大义，汝等知否？燧曰："请旨看。"濠曰："不必多言。我往南京，汝保驾否？"燧曰："天无二日，民无二王，此是大义，不知其他。"濠戟手怒曰："你既说我孝行如何？又遣人奏我，如此反覆，岂知大义？"令缚之。按察副使许逵从下大呼曰："孙都御使，朝廷所遣大臣，汝反贼敢擅杀耶？"

刘养正，字子吉。尝举奇童。会试时，误入飞语，有诗曰："桃红李白年年是，谁识园林旧主非？"辛未后，不复会试。制隐士服，部使者候其门，得而为幸。而士宾以名士，数受濠馈，闻变就缢，为群妾所守，不得死。白沙尝简以诗曰："风光何处可怜生，共把闲愁向酒倾。今日花卷前日看，少年人到老年更。秦倾武穆凭张后，蜀取刘璋病孔明。千古此冤谁洗得？老夫无计挽东溟。”若豫为悲叹者吁，异哉！

先生发赣，时参随取敕印作一扛，留后堂，俟随舆出。少倾，仓卒封门，遂忘之。行之吉安，先生登岸取敕印，左右始觉。乃发指挥某往取，以是沿途迟留。不尔，正遘宸濠宴期，不闻报于丰城矣。於乎！天乎！

丰城令顾佖别后，风迅舟驶，已至曲江，先生亟召参随入。参随望见色变，已疑有它，问曰：“曾闻顾言否？”曰：“未。”曰：“宁王反矣！”参随口噤莫能对。先生曰：“汝谋走计，何为若此？”且曰：“若辈盘缠少，吾有俸银可分。”又曰：“自此西可入瑞州，吾善行无忧也。”光曰：“夫人在舟，奈何？”先生曰：“彼意在我，得老妪何为？”光曰：“善行莫如马，顷刻十里，曷若舟便？”于是始定小舟计。计甫定，舟已至黄土脑矣。参随牵小舟，苦风逆，先生自至舟首。

先生登小舟时，问光等，“何故遗忘一物？”曰：“何？”“黄伞。”比过临江，语实，皆曰：“是何诳我。”及张盖，舟夫始渡江来。至新淦，方登战船。邑令李美善练士，坚请留。先生登城曰：“汝意甚善，惜城小耳。”

初欲登台誓师，以事多病作，乃自书牌曰：“伍不用命者，斩队将。队将不用命者，斩副将。副将不用命者，斩主将。”次早乙酉，呼文定四知府入，手是牌授□曰：“此是实语，不相诳也。”师遂行。

龙光问曰：“不问武艺，何也？”先生曰：“膂力难得，有膂力学武艺，将易易耳。”

正德十五年庚辰

先生官中稍暇即静坐。比在都府，无事，一日嘿嘿坐花园亭中。龙光外侍，先生呼光入，问曰：“外间有何闻?”曰：“无有。”光喜得间，因造膝密告曰：“光有一语，怀之甚久，不敢言。”先生曰：“弟言之。”光曰：“宸濠就擒，江西人人自庆再生。但后主未立，光辈报恩无地，以此耿耿耳。”先生慰起之，良久曰：“汝所言，吾亦思之。天地生人，自有分限，吾亦人耳。此学两千年来，不意忽得真窍，已为过望。今侥幸成此功，若又得子，不大完全乎? 汝不见，草木哪有千叶石榴结果者?”光闻之悚然。

嘉靖三年甲申

郡守南大吉以座主称门生，然性豪旷，不拘小节，不甚相信，见门人日益，心疑焉。故遣弟逢吉觇之，闻言归，备以告。如是数日，语曰“所学是也”，始数来见。

嘉靖七年戊子

岭南士人曰：“先生田州之兵，未尝不善。田州南接交夷，须有障蔽。岑氏世有其地，裂土而官之，使自为守。彼力既分，又可藩我。故田州自用兵后，迄今无变，而谤不止，岂君子所为，众人固不识也乎。”

岭南士人曰：“先生田州、断藤峡、八寨实为伟功，至今民受其福，尚不之知。但为当时用事所忌，故其言不尽行。且公之力，止可及此北流。断藤不肯改设府县，而思、恩以流官知府分八寨为八巡检统之，以分其势，亦羁縻策也。今流官不随俗为治，而又多索贿，取侮蛮夷；八巡检又非知府可制，遂各分争土地，专制生杀，将来尾大不掉之患，可胜言哉？盖土官以夷治夷，为夷所信。且供亿差役，简而不扰。流官文法大多，夷不堪命，况有八巡检耶？此后来总督责也。天不慭遗，使至此极，悲夫！”

十一月，先生卒于南安。侍者垂泣，以家事、嗣子问，先生叹曰：“何须及此！”少顷，曰：“惟未得与诸友了学问一事为可恨耳。时时作越声，讶吉安何无一人至者。”

上述罗洪先增补的史料中，以江西史料最多，兼有贵州、广西史料。即便如王阳明无嫡子的史料，可能为王阳明亲述，但或带有宿命论色彩，钱德洪亦删之。而王阳明在贵州书院“旧有妖”这样荒诞不经的史料，似乎更没有存在的必要，钱德洪亦删之。而王阳明正德十三年大肆屠杀池仲容等寇的具体过程颇显暴力，太过残忍，钱德洪亦删之。在王阳明被恢复伯爵身份后，广西士人为阳明抱不平的传言，更无必要了。上述史料有失客观，或过度神话，或过度暴力，或不合时宜，离“讲学传道”甚远，本着与时俱进的时代风气，不适合新版年谱，故全书本删去。

第四节　通行版阳明年谱文献价值论

天真本为七卷二册。赣州本考订为上中下三卷。而通行版阳明年谱五卷，整合吸收天真本与赣州本正文内容与篇幅的双重优势，且在字数上大规模删减，为王阳明去世后，全国建设祠堂、书院与门人弟子讲学等情况而增加的两卷篇幅腾出空间，保持三种阳明年谱字数上总体一致。通行版阳明年谱流传最广，撰写体例独特，且有创新，亦最为学术界所知、所重。

但由于钱德洪选择性增录资料，以致很多具有重要的文献价值的史料均未呈现，令人遗憾。书稿前文已述，有很多重要的捐资人冒着政治风险甚至是赌上自己的政治前程刊刻王阳明文录单刻本，钱德洪都避而不谈。如果说，嘉靖时期尚有一些忌讳与顾虑，但隆庆朝代更化，无论是朝廷还是社会都对阳明心学持欢迎态度，理应表彰那些在过去做过重要贡献的阳明心学名臣，正是他们积极与踊跃捐资，王阳明文献如雨后春笋般地出现在当时的社会中，并为隆庆六年的王阳明全书的编订打下很好的基础。

比如，嘉靖十二年，黄绾捐资刊刻阳明存稿，钱德洪在年谱中避而不谈。另外，如黄廷纲、薛侃、王杏、王世隆、欧阳德、程文德、洪楩、闾东、孙昭、赵时齐、王春复、王宗沐、宋仪望、张九一等人捐资刊刻王阳明文录之事，均避而不谈，有意遮蔽历史真相，选择性表录与己有关的二十四卷版刊刻出力的人和事，如邹守益、刘起宗、胡宗宪、胡松、徐必进等人事。甚至部分史料存在明显错录，与历史事实不符。

嘉靖三十四年乙卯，欧阳德改建天真仰止祠。

德揭天真祠曰："据师二诗，石门、苍峡、龟畴、胥海皆上院之景，吾师神明所依也。今祠建山麓，恐不足以安师灵。"适其徒御史胡宗宪、提学副使阮鹗，俱有事吾浙，即责其改建祠于其上院，扁其额曰"仰止"。

欧阳德嘉靖三十三年甲寅就已经去世，享年五十九岁，不可能存在嘉靖三十四年欧阳德改建天真仰止祠之事。此则史料，属于明显错录。

另一方面，全书本年谱毕竟增添大量的嘉靖年间讲学史料，且多数不见于《明实录》，可补充不少地方志未曾记录的重要史料，为我们呈现阳明门人后学传播良知学的生动而又宏大场面。

嘉靖十一年壬辰正月，门人方献夫合同志会于京师。

自师没，桂萼在朝，学禁方严。薛侃等既遭罪谴，京师讳言学。至是年，编修欧阳德、程文德、杨名在翰林，侍郎黄宗明在兵部，戚贤、魏良弼、沈谧等在科，与大学士方献夫俱主会。于时黄绾以进表入，洪、畿以趋廷对入，与林春、林大钦、徐樾，朱衡、王惟贤、傅颐等四十余人始定日会之期，聚于庆寿山房。

嘉靖十二年癸巳，门人欧阳德合同志会于南畿。

自师没，同门既襄事于越。三年之后，归散四方，各以所入立教，合并无时。是年，欧阳德、季本、许相卿、何廷仁、刘阳、黄弘纲嗣讲东南，洪亦假事入金陵。远方志士四集，类萃群趋，或讲于城南诸刹，或讲于国子鸡鸣。倡和相稽，疑辩相绎，师学复有继兴之机矣。

上述这两则史料特别关键，暗示“京师讳言学”仅仅只有两年左右时间，嘉靖十一年后，由于大礼议依附宠臣方献夫在嘉靖皇帝的督促下重新出任大学士，北京地区又重新恢复阳明心学教学活动，颇令人意外。方献夫在阳明去世后，承担保护王阳明后裔与领袖王阳明讲学的重任，值得嘉许。

夏，门人大学士方献夫署吏部，择刑部员外王臣升浙江佥事，分巡浙东，经纪其家，奸党稍阻。弘纲以洪、畿拟是冬赴京殿试，恐失所托。适绾升南京礼部侍郎，弘纲问计。绾曰："吾室远莫计，有弱息，愿妻之。情关至戚，庶得处耳。"是月，洪、畿趋金陵为正亿问名。绾曰："老母家居，未得命，不敢专。"洪、畿复走台，得太夫人命，于是同门王艮遂行聘礼焉。

嘉靖十一年夏，方献夫让阳明知名亲传弟子王臣外任浙江佥事，分巡浙东，经纪恩师阳明家，为阳明弟子正亿的安全成长做好了最为重要的政治保证。但或许仅持续两年，因嘉靖十三年方献夫离任，而欧阳德嘉靖十二年开始其在南京长达多年的虚职为政时间，讲学阵地转移至南京地区。从钱德洪提供的阳明心学参与者可知，阳明后学接续的讲学活动不仅仅限于亲传弟子，还有沈谧、林春、林大钦、朱衡、王惟贤、傅颐等阳明私淑弟子或再传弟子。

一般来说，大规模讲学必须要有阳明文录做支持方可持续，尤其是方献夫、黄绾、黄宗明等权臣在中央的支持，故而，嘉靖十二年刊刻阳明存稿是很有可能的。但在钱德洪看来，阳明存稿存在与"讲学明道"不默契之处，于是他开始重新编辑完善阳明文录，尤其是阳明讲学中心于嘉靖十四年后转移至南京，而欧阳德也在南京为官，故而得以在嘉靖十四年八月鼓动闻人诠捐资刊刻。钱德洪嘉靖十四年二十八卷本阳明文录是在阳明存稿基础上的第一次大规模修订，也是目前存世阳明文录收录阳明文稿最多的文集，请黄绾再次作了修订版序言。

但新中心南京讲学不如北京影响力大，从名单上看，有季本、许相卿、何廷仁、刘阳、黄弘纲等人，人数较少，且全为王阳明早期弟子，他们意志坚定，不怕讲学影响仕途，但未见再传弟子、私淑弟子名单。或许，没有如方献夫那样著名权臣的引领，南京讲学影响力不大，仅限于精英讲学，尚未在民间社会引发震动，反证南京讲学传播的难度。

随后，地方上，王阳明祭祀、讲学活动开始增加。全书本年谱特别表彰徐阶嘉靖十五年在浙江、嘉靖十八年在江西修建祠堂祭祀阳明先生的重要举措，不惜笔墨。

> 自阶典江西学政，大发师门宗旨，以倡率诸生。于是同门吉安邹守益、刘邦采、罗洪先，南昌李遂、魏良弼、良贵、王臣、裘衍，抚州陈九川、傅默、吴悌、陈介等，与各郡邑选士，俱来合会焉。魏良弼立石纪事。

其实，早在嘉靖十年至十二年，徐阶就在福建延平地区专心宣讲阳明心学，且出版讲学语录《学则》，为时人所皆知。嘉靖十六年至十八年期间，由于徐阶出任提学副使，江西南昌成为除北京、南京、杭州天真精舍、贵州之外讲学的第五个中心地。从名单上看，除亲传弟子外，李遂、傅默、吴悌、陈介等阳明私淑弟子和再传弟子也参与了讲会，地方官员的权力“赋能”，江西地区的阳明心学讲学活动也开始兴盛起来。

承前所述，如此大规模讲学活动，势必需要新的王阳明文录作为讲学教材，或在此时此地，王阳明文录也有可能被刊刻于南昌。一如嘉靖十三年至十五年，徐阶在浙江任提学佥事，是很有可能在杭州刊刻王阳明文录。或许，所谓“苏州本”二十四卷本，可能刊刻于那时那地。学术界有多达三种“无主”文录（“苏州本”、云南图书馆藏二十四卷本、邹守益手写序本），由于没有捐资人提示，我们很难判定是谁在何时何地捐资刊刻？如果“苏州本”二十四卷本不是由徐阶捐资刊刻于浙江或江西，则很有可能由邹守益捐资刊刻于嘉靖二十一年左右，其时任南京国子监祭酒，是很有可能出任捐资人。

由此我们断定，三个“无主”二十四卷文录版本，“苏州本”二十四卷本可能刻于嘉靖十三年至二十二年之间，云南图书馆藏二十四卷本可能刊刻于嘉靖二十三至二十八年之间，邹守益手写序本可能刊刻于嘉靖二十九至三十五年之间，三个版本均为先后递修本，承前启后，一脉相承，均为二十八卷本之后的二十四卷文录选本。幸运的是，二十八卷本均有明确的捐资人，也先后经历欧阳德（程文德作序）、范庆、闾东、孙昭、董聪（王春复、赵时齐参与捐资）等人捐资修刻，均为“有主”版本，刊刻者多为欧阳德及其亲传弟子或门人，这或许与二十八卷本最开始源自欧阳德参与编辑有关。欧阳德长期在南京工作，他应该获得阳明文录二十八卷本的底版。

徐阶以讲学起家。可以说，徐阶是以自己的政治前途赌注来献身阳明心学的宣讲活动的，这主要与其恩师聂豹和同年欧阳德、同事程文德等阳明著名弟子交往、论学有关。但遗憾的是，对于嘉靖三十二年、三十三年时期徐阶倡导的北京地区著名的灵济宫讲学活动，钱德洪在年谱中并未提及，是否另有隐情？

据陈时龙先生研究①，北京灵济宫不仅是士子参加科举的集散地，亦是地方官员往来的重要落脚点，是当时读书人的信息汇集中心。无论是嘉靖二十三年还是嘉靖三十三年，著名阳明学家罗近溪均参与上述两次大规模阳明后学讲学活动，先后与徐樾、颜钧、徐阶、欧阳德、聂豹、程文德、李春芳、张元冲、王宗沐等人参与讲学，规模宏大，热闹非凡。传说会讲持续时间长达两个月，参加官员三百五十多人，会试举人七百多人，听者数千人，而作为辅臣的徐阶当仁不让成为会讲的主要保护者和召集人。黄宗羲《明儒学案》与《明史》均详述其事，高度赞誉，但远离北京、深居乡野的钱德洪却对如此重要之事避而不谈，令人生疑。

这或许与阳明后学讲学的弊端有关，后世学者如沈德符、王世贞、谈迁所论阳明后学在北京地区引发非常不好的后果，以讲学谋官场，讲学人士成为一股朝廷无法忽视的巨大势力，讲学成为一种政治投机，引发高拱、张居正等人的警惕和反击，最后致使讲学短期被禁。或许从这个意义上而言，钱德洪的避而不谈，可能是察觉到一些端倪，有意遮蔽北京讲学这段辉煌的讲学历史。

① 陈时龙:《明代中晚期讲学运动（1522—1626)》，复旦大学出版社，2007 年。

第十二章 《王文成公全书》版本源流考

对明嘉靖时期稀见阳明文录版本的收集、复制与研究，学术界已取得可喜的成就，但还有不少亟待深入研究的空间。本书则立足于近几年国内外新发现阳明先生文录嘉靖稀见版本 7 种，包括日本九州大学图书馆藏增刻广德版阳明文录四卷本、国图藏嘉靖十四年钱德洪增刻黄绾阳明存稿二十八卷本、云南省图书馆藏增刻阳明文录二十四卷本、国图藏修缮云南省图书馆藏本二十四卷本、嘉靖三十二年孙昭重刻闾东二十八卷本、日本国立公文书馆藏胡宗宪嘉靖三十七年刻阳明文录二十四卷本、首都图书馆藏赣州嘉靖四十四年吴百朋增刻董聪二十八卷本孤本，与广泛影印出版的阳明先生文录版本 5 种比较，即中国人民大学图书馆藏嘉靖十八年重刻广德版文录四卷本、孔学堂书局影印上海图书馆藏嘉靖十四年《新刊阳明先生文录续编》四卷本、"苏州版"二十四卷本、嘉靖二十六年范庆苏州刻文录二十卷本、广西师范大学出版社影印首都师范大学图书馆藏嘉靖四十四年嘉兴刻《阳明先生文录续编》八卷本，通过汇校 12 种嘉靖时期的王阳明文录，探索嘉靖时期阳明文录版本源流的真实情况。

时任南京礼部右侍郎的黄绾于嘉靖十二年九月刊刻《阳明先生存稿》，但此本散佚。今藏国图二十八卷文录本，仅收录黄绾嘉靖十二年九月十五日独序，但该书公移三最后一篇公移附录正文末尾最后一句，却明显记载为“嘉靖十四年乙未八月钱德洪书于苏州府学”的字句，说明该本并非刻于嘉靖十二年，而是刻于嘉靖十四年八月，早已非黄绾刊刻的嘉靖十二年九月版本。范庆在嘉靖二十六年重刻苏州府藏版文录，其序言中明确说，黄绾《存稿》早于“苏州府版”，是与《别录》平行的版本，钱德洪在苏州合并为文录，即“姑苏本”，而国图藏二十八卷本正文内容恰好符合范庆的自述。因此，任文利先生撰文指出，苏州本实际应改为二十八卷本。而今存世的题录“苏州本”只有二十四卷，国内外图书馆均有收藏，且经过邹守益、钱德洪的再次修订。后世影印题录“苏州本”二十四卷文录本，其实是姑苏二十八卷本的递修本、节本与选本，不仅删去四卷公移，七卷公移减少到三卷，更改每一篇公移的题目，且对二十八卷本进行全面改编，增录与邹守益相关诗歌四篇，增加其他文录多篇。云南省图书馆藏文录本则是所谓“苏州本”的增刻，除题录“苏州本”序言改动外，仅仅增加杭州洪钟相关墓志铭、祭文2篇，全书其他部分未做任何改变。国图藏重刻云南省图书馆藏本没有序言，对杭州洪钟相关墓志铭、祭文2篇进行精校，改动墓志铭、祭文的重复错误和刊刻错误，全书校对精良。胡宗宪嘉靖三十七年重刻文录二十四卷本，除序言变动外，与国图藏重刻云南省图书馆藏本内容完全一样。而二十八卷本后来多有重刻，如欧阳德、程文德就曾在嘉靖二十五年左右重刻，可惜亦未能传世；闾东嘉靖二十九年重刻二十八卷本，可惜的是，闾东初刻本今不见；孙昭嘉靖三十二年重刻闾东本，存世的即为孙昭重刻本，未收《传习录》《传习则言》；嘉靖四十四年吴百朋赣州重刻二十八卷本，增录阳明与王琼书信 15 通，且赣州诗、江西诗先后次序均有变动。

第一节　隆庆六年谢廷杰在杭州汇编单刻本旧版刷印

相对于南京刊刻的《王文成公全书》本，杭州全书本较为“诚实”，且遵循一般文献的刊刻体例，即在每卷卷首体现出编辑者、增录者、考订者、校阅者、刊刻者姓名。王阳明文献单刻本众多，且历经近半个世纪数十人的不断捐资，不断重刻。谢廷杰不仅主持杭州全书本的统稿与协调捐资事务，且在南京再次捐资重刻杭州版，对于全书本的广泛流传，贡献最大，居功至伟，值得大书特书。

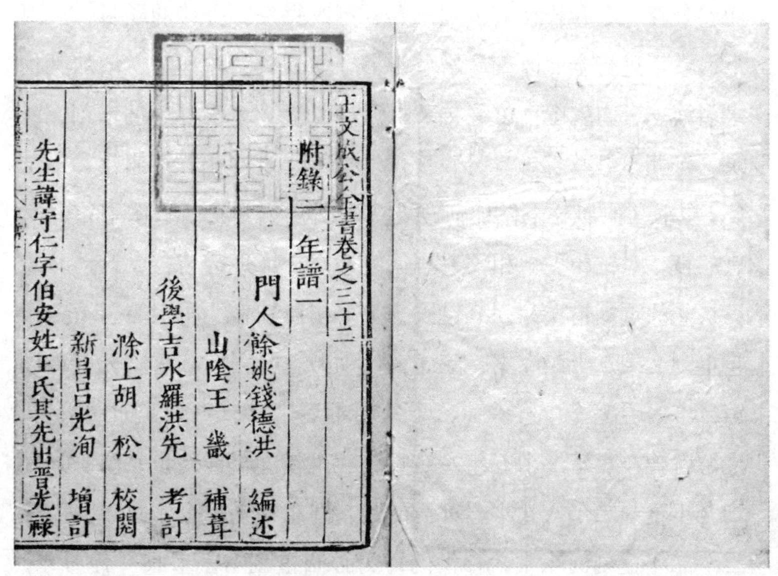

王文成公全書卷之三十二

附錄一　年譜一

門人餘姚錢德洪　編述

山陰王畿　補葺

後學吉水羅洪先　考訂

滁上胡松　校閲

新昌呂光洵　增訂

先生諱守仁字伯安姓王氏其先出晉光祿

图 12.1　全书本年谱卷一所示增订者为吕光洵

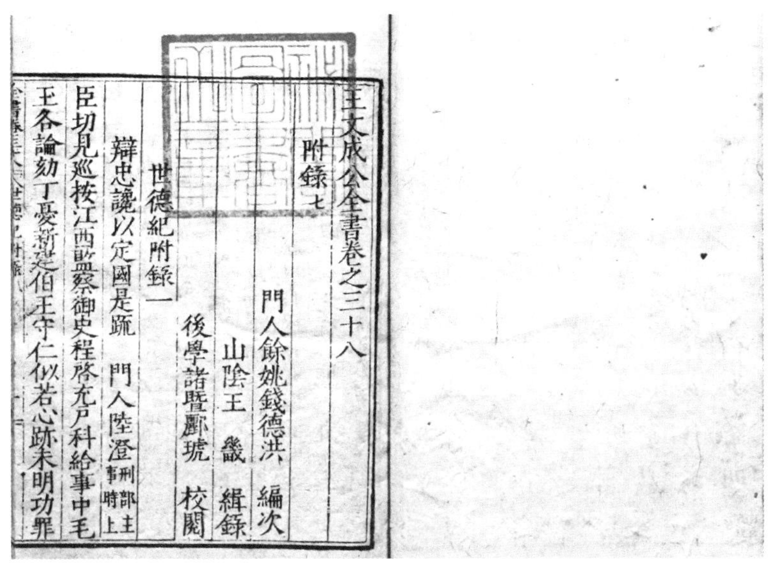
王文成公全書卷之三十八

附錄七

門人餘姚錢德洪　編次

山陰王　畿　緝錄

後學諸暨酈琥　校閱

世德紀附錄一

辯忠讒以定國是疏　門人陸澄刑部主事時上

臣切見巡按江西監察御史程啓充戶科給事中毛

王各論劾丁憂新建伯王守仁似若心跡未明功罪

图 12.2　全书本卷三十八所示最后辑录、校阅者为王畿、郦琥

王强和彭启斌等成都采薇阁学者通过多年的努力，派人前往日本、美国各地图书馆采购王阳明单刻本与全书本诸种版本，并进行细心比对，发现，隆庆六年版存在对王阳明嘉靖时期单刻本旧版大规模刷印汇入全书这一重大文献刊刻事实，主要是胡宗宪刊刻的《传习录》《阳明先生文录》，还有徐必进刊刻的《阳明先生文录续编》，旧版刷印融入全书本，涉及卷数三十一卷，只需重新增刻《三征公移逸稿》《阳明年谱》七卷即可。①

① 全面与细致的旧版刷印具体情况，参阅王强、彭启斌：《郭朝宾本〈王文成公全书〉的版本及其有关问题》，采薇阁微信公众号，2023 年 2 月 13 日。另 2023 年 2 月初，王强先生从成都来宁波，公干之余，与我详细谈论他们最近的研究成果，先生大胆地指出，隆庆六年，因为时间紧迫，谢廷杰不得不依旧版刷印，故而隆庆版全书很快刊印完成。短时期内，全书能够顺利出版，是需要对旧版重刷的，全新重刻是当时时间不允许的。

隆庆六年谢廷杰杭州刊刻全书，在全书中发现每行字数存在不一的情况，如“郑朝朔条”，全书本《语录》左半页每半页九行，每行十九字，同于胡宗宪《传习录》本左半页；全书本《语录》右半页每半页九行，第二至八行每行十九字，但第一行二十字，比胡宗宪本右半页第一行十九字多一字。而全书此卷语录部分，自郑朝朔条后，保持与胡本行数、字数一致。故而，王强、彭启斌说，全书旧版刷印“卷首版面存在文字压缩或扩展的情况”。

要盡此心之孝恐怕有一毫人欲間雜只是講求得此心此心若無人欲純是天理是箇誠於孝親的心冬時自然思量父母的寒便自要去求箇溫的道理夏時自然思量父母的熱便自要去求箇凊的道理這都是那誠孝的心發出來的條件却是須有這誠孝的心然後有這條件發出來譬之樹木這誠孝的心便是根許多條件便是枝葉須先有根然後有枝葉不是先尋了枝葉然後去種根禮記言孝子之有深愛者必有和氣有和氣者必有愉色有愉色者必有婉容須是有箇深愛做根便自然如此

鄭朝朔問至善亦須有從事物上求者先生曰至善只是此心純乎天理之極便是更於事物上怎生求且試說幾件看朝朔曰且如事親如何而爲溫凊之節如何而爲奉養之宜須求箇是當方是至善所以有學問思辨之功先生曰若只是溫凊之節奉養之宜可一日二日講之而盡用得甚學問思辨惟於溫凊時也只要此心

图 12.3　嘉靖三十七年胡宗宪本《传习录》郑朝朔条

反复观胡本、全书本，两种版本字体形状、刀工刻法完全一致，只是旧版新刷，行数不变，但行内具体字数调整，且新刷招聘的誊抄与刀刻的工人为同一批人，体现出全书版对胡宗宪刻本的利用特征。

全書卷一 傳習錄上 四

是要盡此心之孝恐怕有一毫人欲間雜只是講求得此心此心若無人欲純是天理是箇誠於孝親的心冬時自然思量父母的寒便自要去求箇溫的道理夏時自然思量父母的熱便自要去求箇清的道理這都是那誠孝的心發出來的條件却是須有這誠孝的心然後有這條件發出來譬之樹木這誠孝的心便是根許多條件便是枝葉須先有根然後有枝葉不是先尋了枝葉然後去種根禮記言孝子之有深愛

全書卷之一 傳習錄上 五

者必有和氣有和氣者必有愉色有愉色者必有婉容須是有箇深愛做根便自然如此

鄭朝朔問至善亦須有從事物上求者先生曰至善只是此心純乎天理之極便是更於事物上怎生求且試說幾件看朝朔曰且如事親如何而為溫清之節如何而為奉養之宜須求箇是當方是至善所以有學問思辯之功先生曰若只是溫清之節奉養之宜可一日二日講之而盡用得甚學問思辯惟於溫清時也只要此心

图 12.4 隆庆六年谢廷杰全书本《语录》郑朝朔条

外集 陽明文錄卷 三

杜列仙舞於晴昊儼雙椒之闢門眞人駕陽雲而獨蹐翠蓋平臨乎石照綺霞掩映乎天姥二神升於翠微九子隣於積稻炎巘起於玉甑爛石碑之文藻回澄秋於枕月建少微之星旄覆𪥞承滴翠之餘瀝展旗立雲外之旌纛下安禪而步逍遥覽雙泉於松杪踰西洪而憇黃石懸百丈之灝灝瀨流觴而縈紆遺石船於澗道呼白鶴於雲峯釣嘉魚於龍沼倚透碧之巑岏謝塵寰之紛擾攀齊雲之巉嶒鑑琉璃之浩蕩沿東陽而西歷飡九節之

外集 陽明文錄卷 四

蒲草樵人導余以冥探排碧雲之瑤島群巒翳其繆蔃失陰陽之昬曉垂七布之沉沉靈龜隱而復兆履高僧而犧招賢開白日之杲杲試明茗於春陽汲垂雲之淵湫凌繙壁而據石屋何文殊螺髻之蟠糾梯拱辰而北眄瞭遺光於拾寶緇裳迓於黃匏休圓寂之幽俏烏乎春於叢篁和雲韶之鶯鷺皷起促余之晨輿落星河於簷橑護山嘎其鶩飛怍遊人之太早攬卉木之如濯被晨暉而爭姣靜鐘聲之剝啄幽人劚參蕨於冥杳碧鷄啼於青

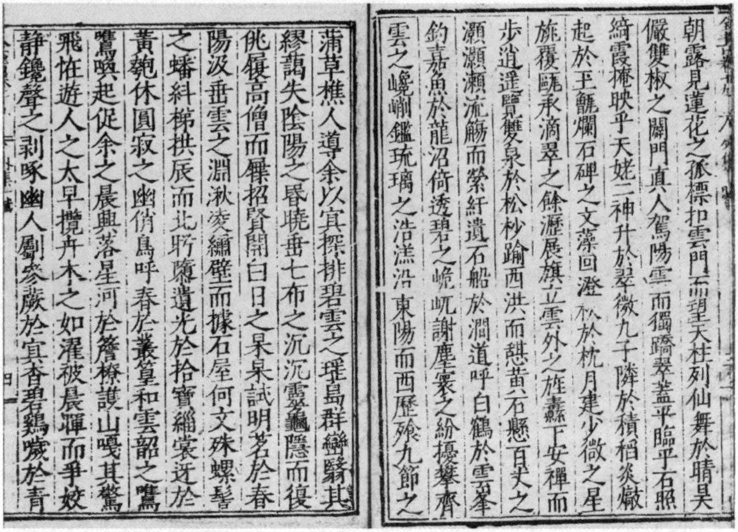

朝露見蓮花之孤標扣雲門而望天柱列仙舞於晴昊
儼雙椒之闕門真人駕陽雲而獨蹻翠蓋平臨乎石照
綺霞掩映乎天姥二神升於翠微九子降於積稻炎巘
起於玉甑爛石碑之文藻回澄秋於杭月建少微之星
旄覆匙承滴翠之餘瀝展旗立雲外之旌纛下安禪而
步逍遥覽雙泉於松杪踰西洪而憩黃石懸百丈之
灝灝瀨流觴而縈紆遺石船於澗道呼白鶴於雲峯
釣嘉魚於龍沼倚透碧之峞峴謝塵寰之紛擾攀齊
雲之巉巗鑑琉璃之浩溔沿東陽而西歷殊九節之

蒲草樵人導余以宜探排碧雲之瑤島群巒騁其
繆譎失陰陽之昏曉垂七布之沉沉霙龜隱而復
佻履高僧而肆招賢開白日之杲杲試明茗於春
陽汲垂雲之淵湫夌繡壁而據石屋何文殊螺髻
之蟠糾梯拱辰而北眄隨遺光於拾寶緇裳迓於
黃藥休圓寂之幽俏鳥呼春於叢篁和雲韶之嚶
鷺喚起促余之晨興落星河於簷椽謨山嘎其鶩
飛恠遊人之太早攬卉木之如濯被晨暉而爭姣
靜鑱聲之剝啄幽人劚麥蕨於宜香碧鷄啄於青

图 12.5　全书版《外集》对胡宗宪《文录》版《外集》的文字压缩比较（上图为胡宗宪本，下图为全书本）

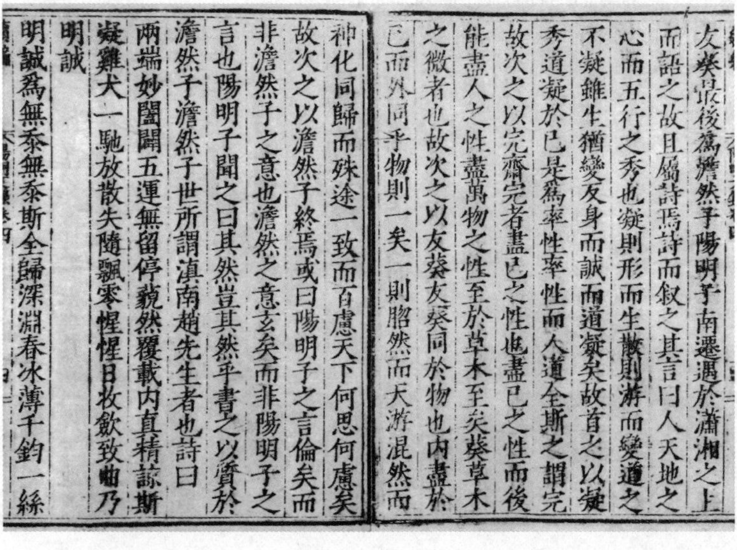

友癸最後為澹然子陽明子南遷遇於瀟湘之上
而語之故且屬詩焉詩而叙之其言曰人天地之
心而五行之秀也凝則形而生散則游而變道之
不凝雖生猶變反身而誠而道凝矣故首之以凝
秀道凝於己是為率性率性而人道全斯之謂完
故次之以完齋完者盡己之性也盡己之性而後
能盡人之性盡萬物之性至於草木至矣葵草木
之微者也故次之以友葵友葵同於物也內盡於
己而外同乎物則一矣一則胳然而天游混然而

神化同歸而殊途一致而百慮天下何思何慮矣
故次之以澹然子終焉或曰陽明子之言倫矣而
非澹然子之意也澹然之意玄矣而非陽明子之
言也陽明子聞之曰其然豈其然乎書之以質於
澹然子澹然子世所謂滇南趙先生者也詩曰
兩端妙闔闢五運無留停藐然覆載內真精諒斯
凝雖犬一馳放散失隨飄零惺惺日收斂致曲乃
明誠
明誠為無黍無黍斯全歸深淵春冰薄千鈞一絲

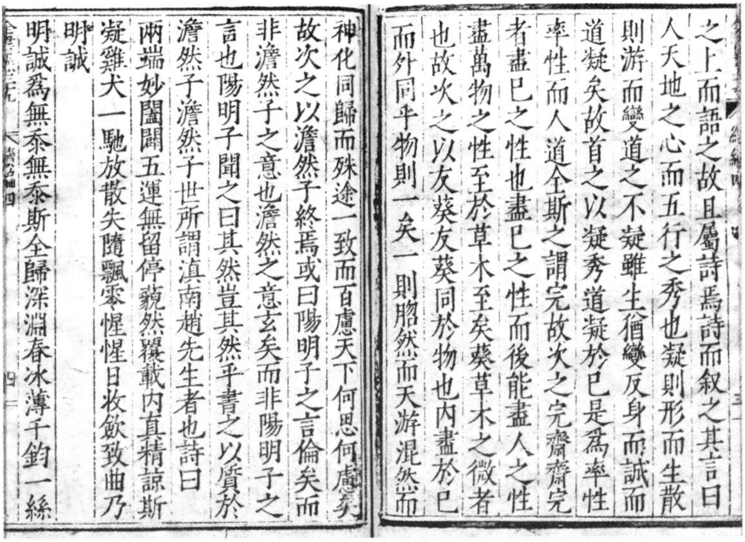
之上而語之故且屬詩焉詩而敘之其言曰人天地之心而五行之秀也凝則形而生散則游而變道之不凝雖生猶變反身而誠而道凝矣故首之以凝秀道凝於巳是爲率性率性而人道全斯之謂完故次之完齋齋完者盡巳之性也盡巳之性而後能盡人之性盡萬物之性至於草木至矣葵草木之微者也故次之以友葵友葵同於物也內盡於巳而外同乎物則一矣一則脗然而天游混然而

神化同歸而殊途一致而百慮天下何思何慮矣故次之以澹然子終焉或曰陽明子之言倫矣而非澹然子之意也澹然之意玄矣而非陽明子之言也陽明子聞之曰其然豈其然乎書之以質於澹然子澹然子世所謂滇南趙先生者也詩曰

兩端妙闔闢五運無留停窺然豁載內真精諒斯凝雖大一馳放散失隨飄零惺惺日收斂致曲乃明誠

明誠爲無忝無忝斯全歸深淵春冰薄千鈞一絲

图 12.6　全书版《续编》对徐必进《续编》版的文字压缩比较（上图为徐必进本，下图为全书本）

诚如《郭朝宾本〈王文成公全书〉的版本及其有关问题》所说，谢廷杰隆庆六年杭州刊刻全书的这种旧版新刷，还体现在对漫漶字亦未曾补刻，完全一致。

徐必进版存放于杭州天真书院，但不到六年，就出现镂板漫漶情况，这或许与其靠近西湖有关，西湖潮湿，不利于木板保存，故而隆庆版全书亦未对满患处进行修缮补刻，一如其旧。因此，王强、彭启斌下结论，指出谢廷杰刊刻全书位于任期末，因升任南京新职之故，可能存在“赶工期”的急迫突发情况，不得已旧版新刷，新、旧版混刻。

隆庆六年全书本是在语录三卷本（《传习录》三卷本）、胡宗宪刻文录二十二卷本（四卷诗歌合并为二卷）、嘉靖四十四年刻《阳

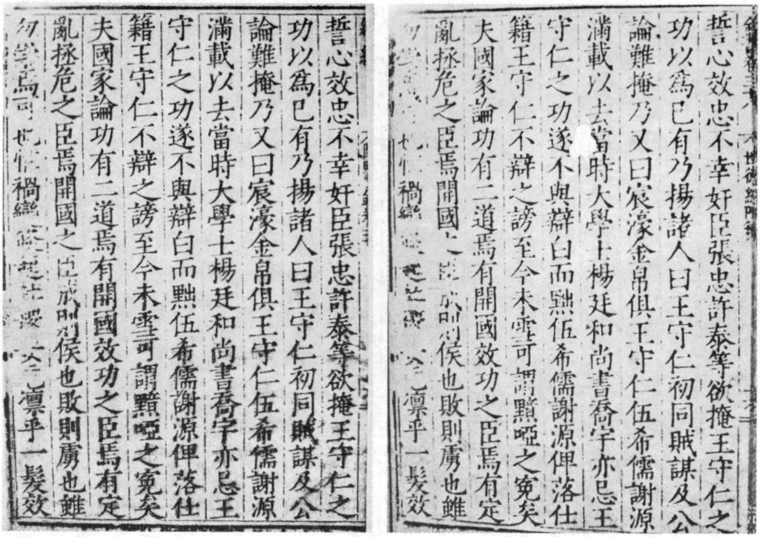

誓心效忠不幸奸臣張忠許泰等欲掩王守仁之
功以爲己有乃揚諸人曰王守仁初同賊謀及公
論難掩乃又曰宸濠金帛俱王守仁伍希儒謝源
滿載以去當時大學士楊廷和尚書喬宇亦忌王
守仁之功遂不與辯白而黜伍希儒謝源俾落仕
籍王守仁不辯之謗至今未雪可謂黯啞之冤矣
夫國家論功有二道焉有開國效功之臣焉有定
亂拯危之臣焉開國之臣成則侯也敗則虜也雖

图 12.7　全书版《续编》与徐必进《续编》版文字漫漶比较（左图为徐必进本，右图为全书本）

明先生文录续编》六卷本（原八卷）基础上，加上阳明年谱五卷本、《三征公移逸稿》二卷，总计三十八卷。万历初年重刻三十八卷本，万历二十四年、三十五年分别重刻。今存世四部丛刊本比隆庆本、万历初年本均多出《山东乡试录》一小卷，为后世重刻时增录。

第二节　全书初刻本对王阳明单刻本的汇编与递修

隆庆六年，官刻《王文成公全书》收录胡宗宪刻《传习录》，置全书卷一至卷三，更名为《语录》，为《传习录》上中下三卷。

其中，原胡宗宪刻本《传习录下卷》，即《续录》三卷，统合为完整的一卷，更名为卷之三语录三《传习录下》，依次为陈九川 21 条、门人黄直录 15 条、黄修易录 11 条、黄省曾录 12 条（挪移原胡宗宪刻本第 12 条“此道至简至易”于后黄以方录第 25 条）、钱德洪与王畿录 57 条、黄以方录 27 条（实钱德洪选编，比胡宗宪刻本缺“知者，良知也”条），计六部分，总计 143 条，比胡宗宪刻本少 1 条。

至此，钱德洪潜心编刻的《传习录》成为以后历代通行的权威版本，亦未再有人提出异议了。

阳明年谱有赣州本三卷本、杭州天真书院七卷本。

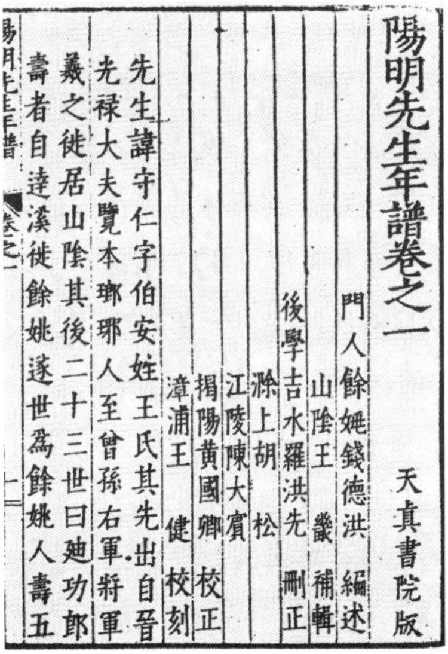
陽明先生年譜卷之一　天真書院版
門人餘姚錢德洪　編述
山陰王畿　補輯
後學吉水羅洪先　刪正
滁上胡松
江陵陳大賓
揭陽黃國卿　校正
漳浦王健　校刻
先生諱守仁字伯安姓王氏其先出自晉
光祿大夫覽本瑯琊人至曾孫右軍將軍
羲之徙居山陰其後二十三世曰廸功郎
壽者自達溪徙餘姚遂世爲餘姚人壽五
陽明先生年譜　卷之一　一

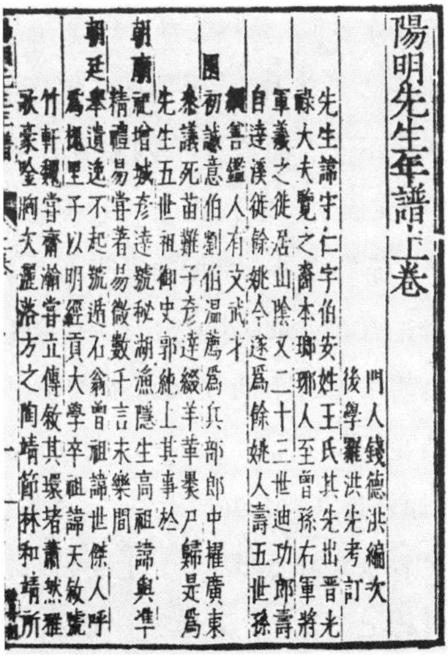
陽明先生年譜上卷
門人錢德洪編次
後學羅洪先考訂
先生諱守仁字伯安姓王氏其先出晉光
祿大夫覽之裔本瑯琊人至曾孫右軍將
軍羲之徙居山陰又二十三世廸功郎壽
自達溪徙餘姚今遂爲餘姚人壽五世孫
綱善鑑人有文武才
國初誠意伯劉伯溫薦爲兵部郎中擢廣東
參議死苗難子彥達綴羊革裹尸歸是爲
先生五世祖御史郭純上其事於
朝廟祀增城彥達號秘湖漁隱生高祖諱與準
精禮易嘗著易微數千言永樂間
朝廷舉遺逸不起號遯石翁曾祖諱世傑人呼
爲槐里子以明經貢大學卒祖諱天敘號
竹軒魏瀚嘗立傳敘其環堵蕭然雅
歌豪吟胸次灑落方之陶靖節林和靖所
陽明先生年譜　上卷　一

图 12.8　天真书院版（左）、赣州版《阳明先生年谱》（右）书影比较（采薇阁供图）

其中，赣州本为罗洪先定稿本，天真书院本为钱德洪手稿本，二人编辑意见有很多分歧，约在嘉靖四十二年、四十三年之间均得到公开刊刻，二书写作时间截至阳明去世，均未收阳明去世后全国各地修建书院的情况。隆庆六年将刊刻全书，钱德洪弟子增加嘉靖九年至隆庆二年时期阳明书院等相关史料，最终收录阳明年谱五卷。

嘉靖四十四年，嘉兴知府赞助刊刻《阳明先生文录续编八卷》；而隆庆四年，钱德洪弟子沈启原定稿《三征公移逸稿二卷》，最后均被合并至隆庆六年《全书》中。

总之，通行本《王文成公全书》为二十八卷本缩减基础上二十四卷选本的增修本，相比二十八卷本失收公移四卷。隆庆六年，谢廷杰、钱德洪想做全本，但时间紧迫，新增《传习录》三卷（朱子晚年定论）、公移二卷、年谱五卷、《阳明先生文录续编》六卷，不能说“未全书”，而是杂乱无章的选本、单刻本混合，且与文录本次序不同。而原二十四卷本外集诗歌，四卷合并成二卷，通行本《王文成公全书》三十八卷本得以正式定稿。其具体的操作程序如下：三卷语录，新增胡宗宪刻上中下三卷本《传习录》，置于全书之首；五卷正录，其中正录卷二篇目次序有所调整；十卷奏疏、公移，将胡宗宪二十四卷文录本置于书末的《别录》，提前至正录之后，凸显王阳明军功与外王；七卷外集，将七卷外集置于《别录》之后（原外集九卷合并成七卷）；六卷续编，原《文录续编》四卷，新增沈启原编辑公移二卷；七卷附录，四部分，年谱五卷（新增一卷），世德纪二卷《文录续编》原名《家乘》，三卷，合并为一卷）。全书是合并众多单刻本组合而成，包括三大卷本传习录、二十二卷本阳明文录，六卷本阳明文录续编、五卷本年谱、二卷辑佚公移五种书而成。

需要指出的是，全书除了对不少个别字句进行修订，且对文录正录卷二篇目次序有所调整，与诸本皆不一样。

表 12.1　全书对诸文录本正录卷二所收之文次序调整

	国图藏二十八卷本	甲库藏本	通 行 本
答路宾阳（癸未）	2.18①	2.17	5.18（文录 2.18）
与黄宗贤（癸未）	2.19	删除	删除
二（癸未）	2.20	2.18	5.24（文录 2.24）
寄薛尚谦（癸未）	2.21	删除	删除
二（乙酉）	2.22	2.19	5.25（文录 2.25）
答周道通（甲申）	2.23	2.20	2.1（语录 2.1）
答王亹庵中丞（甲申）	2.24	10.20（外集 5.20）	21.20（外集 3.20）
答方思道佥宪（甲申）	2.25	删除	删除
与黄勉之（甲申）	2.26	2.21	5.19（文录 2.19）
二（甲申）	2.27	2.22	5.20（文录 2.20）
三（乙酉）	2.28	10.25（外集 5.25）	21.25（外集 3.25）
答刘内重（乙酉）	2.29	2.23	5.21（文录 2.21）
与王公弼（乙酉）	2.30	2.24	5.22（文录 2.22）
二（乙酉）	2.31	删除	删除
三（乙酉）	2.32	删除	删除

① 2.18，表示全书卷数第 2 卷与其中某卷具体篇数第 18 篇，方便大家查找翻阅。下同。

续 表

	国图藏二十八卷本	甲库藏本	通 行 本
答顾东桥（乙酉）	2.33	2.25	2.1（语录 2.1）
答董澐萝石（乙酉）	2.34	2.26	5.23（文录 2.23）

由上表可以看出，通行本远溯甲库藏二十四卷本，事实上，在对多种嘉靖时期刊刻的阳明文录二十四卷本的互相比校中，我们发现，全书本的最后定稿经过一系列长期的不断完善过程，其中涉及所收之文次序的挪移、删减与替换。国图藏手写邹守益序本就是对云南图书馆藏甲库增刻本的一次精修，沿袭云图藏递修本外集卷九增加 2 篇与洪钟相关文章的合理性，这些细微的改变，如果不是系统的汇校，其实极不容易被发现。而随后胡宗宪刻本重刻国图藏手写邹守益序本。全书本是在胡宗宪刻本基础上对已经公开出版的各种单刻本的合并，且次序多有调整，章节有所合并。

最大的变化是，《传习录》三卷移至于全书卷首，且《传习录》自南大吉嘉靖三年收有阳明论学书信，该版本公开传播以后，阳明众多弟子纷纷对其中书信部分进行不少幅度的修改，已经不是南大吉原刻本书信篇目。而全书本语录部分收录阳明书信，势必要对原有国图二十八卷本、国图藏手写邹守益序本文录篇目进行改动。由于钱德洪、邹守益对阳明文集持精选的编辑方针，反对欧阳德、黄绾二十八卷本求全求真的编辑原则，故此在胡宗宪二十四卷本基础上，吸收《传习录》《年谱》《文录续编》《公移逸稿》等文献，属于精简版基础上搭构了全书，未能吸收黄绾存稿本大量的公移、书信文章，最终形成一个不是全书的“全书”，散佚大量史料，令人遗憾。

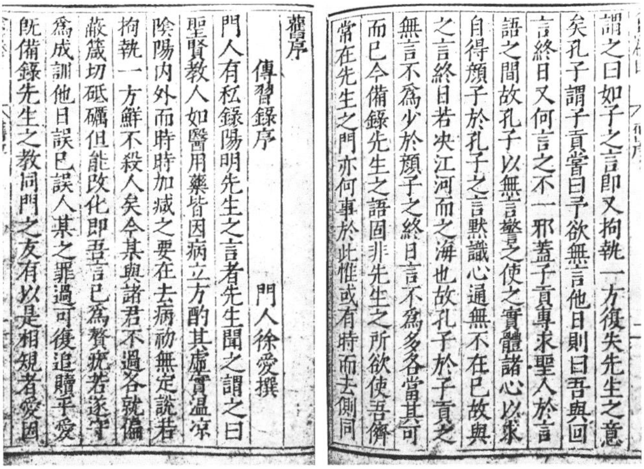

图 12.9　日本国立公文书馆藏郭朝宾版全书徐爱序书影

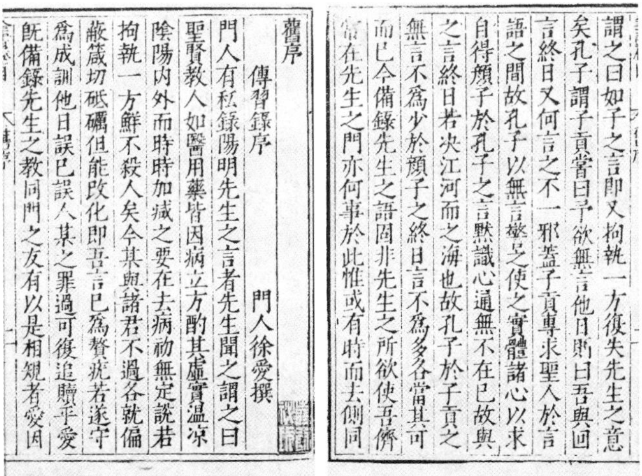

图 12.10　普林斯顿大学图书馆藏郭朝宾版全书徐爱序书影

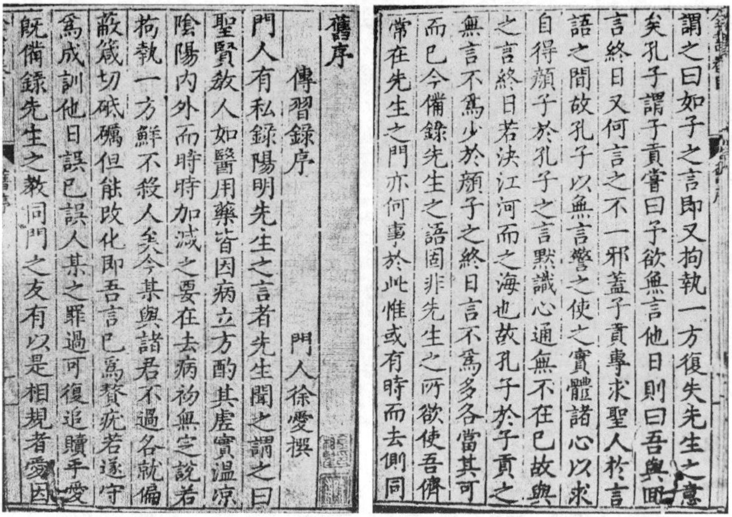

舊序

傳習録序　　門人徐愛撰

門人有私録陽明先生之言者先生聞之謂之曰聖賢教人如醫用藥皆因病立方酌其虚實温凉陰陽内外而時時加减之要在去病初無定説若拘執一方鮮不殺人矣今某與諸君不過各就偏蔽箴切砥礪但能改化即吾言已爲贅疣若遂守爲成訓他日誤己誤人某之罪過可復追贖乎愛既備録先生之教同門之友有以是相規者愛因

謂之曰如子之言即又拘執一方復失先生之意矣孔子謂子貢嘗曰予欲無言他日則曰吾與回言終日又何言之不一邪蓋子貢專求聖人於言語之間故孔子以無言警之使之實體諸心以求自得顏子於孔子之言默識心通無不在己故與之言終日若決江河而之海也故孔子於子貢之無言不爲少於顏子之終日言不爲多各當其可而已今備録先生之語固非先生之所欲使吾儕常在先生之門亦何事於此惟或有時而去側同

图 12.11　哈佛大学图书馆藏谢廷杰版全书徐爱序书影

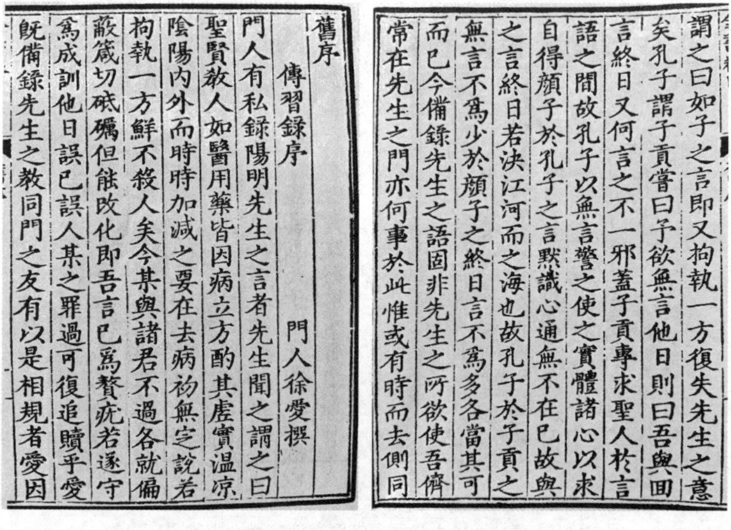

舊序

傳習録序　　門人徐愛撰

門人有私録陽明先生之言者先生聞之謂之曰聖賢教人如醫用藥皆因病立方酌其虚實温凉陰陽内外而時時加减之要在去病初無定説若拘執一方鮮不殺人矣今某與諸君不過各就偏蔽箴切砥礪但能改化即吾言已爲贅疣若遂守爲成訓他日誤己誤人某之罪過可復追贖乎愛既備録先生之教同門之友有以是相規者愛因

謂之曰如子之言即又拘執一方復失先生之意矣孔子謂子貢嘗曰予欲無言他日則曰吾與回言終日又何言之不一邪蓋子貢專求聖人於言語之間故孔子以無言警之使之實體諸心以求自得顏子於孔子之言默識心通無不在己故與之言終日若決江河而之海也故孔子於子貢之無言不爲少於顏子之終日言不爲多各當其可而已今備録先生之語固非先生之所欲使吾儕常在先生之門亦何事於此惟或有時而去側同

图 12.12　四部丛刊影印本全书徐爱序书影

表 12.2　《王文成公全书》诸版本卷首序言次序

	公文书馆本①	普林斯顿本②	哈佛本	国图本③	天图本④	通行本	早稻田本
徐阶全书序	①		②	①	③	①	②
制诰	②		①	②	①	②	①
新建候文成王公小像	③		⑦	③	②	③	
门人弟子像赞			⑧			④	
徐爱等旧序 6 篇	④	①	③	④	④	⑤	③
全书目录	⑤	③	⑨	⑧	⑧	⑨	⑥
郭朝宾等捐资人总目	⑥	②					
谢廷杰等督刻人姓氏			⑥	⑦	⑤	⑧	
各卷下注辑校人员名单	⑦	④					
统合编辑人员名单			④	⑤	⑥	⑥	④
统合校阅人员名单			⑤	⑥	⑦	⑦	⑤
卷三十一下增刻《山东乡试录》			⑩		⑨	⑩	

---

① 采薇阁书院策划影印其全本已公开出版。参阅郭朝宾本《王文成公全书》，广陵书社，2020 年。

② 我们看到的普林斯顿大学图书馆藏本卷首序言或为残本，字迹颇不清晰。采薇阁书院策划影印其全本已公开出版，参阅郭朝宾本《王文成公全书》，巴蜀书社，2021 年。

③ 题为谢廷杰明隆庆六年刻本。该书善本书号 13925，9 行 19 字，白口双边，全书 24 册。

④ 天津图书馆藏，国图网站中华古籍数据库收其彩色全文，题为明隆庆六年谢廷杰刻本。该书无善本书号，9 行 19 字，全 32 册，极为清晰。

通过分析隆庆期间《王文成公全书》序言先后次序、有无像赞与是否增刻《山东乡试录》等情况，我们可以发现，隆庆六年郭朝宾本尚保持以郭朝宾为代表的数十位捐资者与以孙应奎等为代表的一大批编辑者，比较真实反映众多学者和官员的实际劳作与付出程度。

遗憾的是，万历时期谢廷杰应天府重刻本删去上述人员具体名单，且后来大规模流通的版本是以谢廷杰刻本为底本的翻刻本或重刻本，导致隆庆六年初刻本慢慢被人遗忘，也让我们对隆庆二年至隆庆六年众多捐资者与编校者不知情。

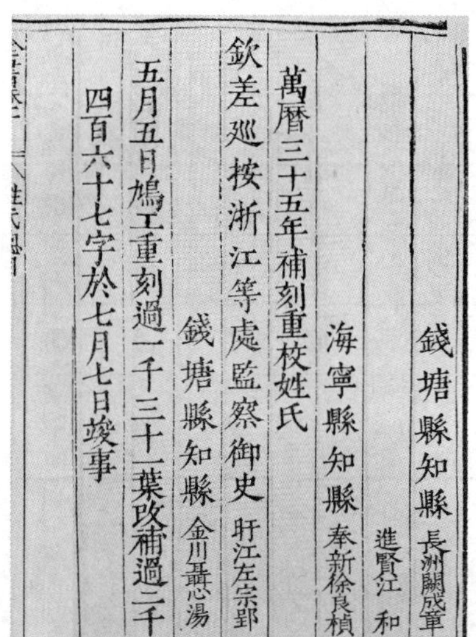
錢塘縣知縣 長洲關成章
進賢江 和
海寧縣知縣 奉新徐良楨
萬曆三十五年補刻重校姓氏
欽差巡按浙江等處監察御史 盱江左宗郢
錢塘縣知縣 金川聶心湯
五月五日鳩工重刻過一千三十一葉改補過二千
四百六十七字於七月七日竣事

图 12.13 武汉大学藏万历三十五年刻《王文成公全书·姓氏总目》末页

《全书》在隆庆六年杭州本、万历初年南京本刊刻之后，风行天下，重刻、补刻者颇多。今据《中国古籍总目》，有万历二十四年重刻本（广西壮族自治区图书馆藏）与万历三十五年重修本（山西师范大学图书馆、武汉大学图书馆藏）两种版本存世。① 今查阅武汉大学图书馆藏万历三十五年刻本，索书号 D/019，该本刊刻于浙江，为左宗郢捐资补修刊刻。全书对漫漶的木版进行重刻，

① 《中国古籍总目》集部第 2 册，《别集类·明代之属》，第 637 页。

左宗郢委托当时钱塘县知县金川聂心汤负责召集工人，字体不一，重刻过一千余页，改补过一千四百六十七字，起始于五月初五，终于七月初七，历时两个月，补刻速度很快。

由于左宗郢是在原谢廷杰本木板基础上的补刻修缮，字体形状与隆庆六年本还是体现不同年代的风格。

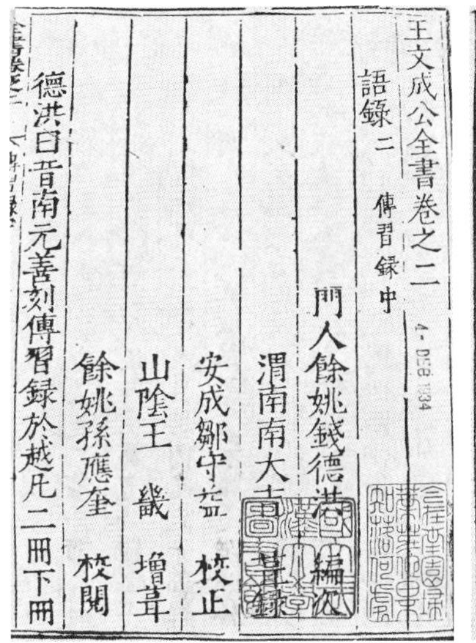
王文成公全書卷之二
語録二　傳習録中
門人餘姚錢德洪編次
渭南南大吉輯録
安成鄒守益　校正
山陰王畿　增葺
餘姚孫應奎　校閲
德洪曰昔南元善刻傳習録於越凡二冊下冊

知時工夫此説如何先生曰只是一箇工夫無
事時固是獨知有事時亦是獨知人若不知於
此獨知之地用力只在人所共知處用功便是
作僞便是見君子而後厭然此獨知處便是誠
的萌芽此處不論善念惡念更無虛假一是百
是一錯百錯正是王覇義利誠僞善惡界頭於
此一立立定便是端本澄源便是立誠古人許
多誠身的工夫精神命脉全體只在此處真是
莫見莫顯無時無處無終無始只是此箇工夫

图 12.14　武汉大学藏万历三十五年《王文成公全书》初刻页（左）与补刻页（右）书影

由于聘请的刻工不同，在补刻页面中，存在多种字体形态。总体而言，万历三十五年浙江补刻本，似乎字体更大更粗一些，更端正。隆庆六年本更美观一些，阅读起来更轻松；万历三十五年刻本字距空间小，阅读略吃力。

与隆庆六年本不同的是，左宗郢本第一册、第二册篇目次序有所变化，见下。

第一册目录

1. 徐阶序
2. 徐爱《传习录》序
3. 邹守益《阳明先生文录》序
4. 钱德洪《阳明先生文录》序
5. 王畿《重刻阳明先生文录》后语
6. 徐阶《阳明先生文录续编》序
7. 钱德洪刻《文录》叙说

第二册目录

1. 制诰
2. 像
3. 刻全书姓氏总目
4. 万历三十五年补刻重校姓氏

与隆庆六年本精准定位每一卷的具体编辑人员相同，左宗郢本保留这样的做法，有助于我们清晰看到每一卷的编辑进程。

隆庆六年全书本系列每卷编辑人员姓氏

《语录一·传习录上》，门人余姚徐爱传习，揭阳薛侃葺录，余姚钱德洪编次，山阴王畿增葺，南昌唐尧臣校阅。

《语录二·传习录中》，门人余姚钱德洪编次，渭南南大吉葺录，安成邹守益校正，山阴王畿增葺，余姚孙应奎校阅。

《语录三·传习录下》，门人余姚钱德洪编次，临川陈九川葺录，泰和欧阳德校正，山阴王畿增葺，余姚严中校阅。

《文录一·书》，门人余姚钱德洪编次，安成邹守益葺录，泰和欧阳德校正，山阴王畿增葺，南昌唐尧臣考订。

《文录三·书》，门人余姚钱德洪编次，安成邹守益葺录，泰和欧阳德校正，山阴王畿增葺，南昌唐尧臣考订。

《别录一·奏疏》，门人余姚钱德洪编次，安成邹守益葺录，泰和欧阳德校正，山阴王畿增葺，南昌唐尧臣考订。

《别录三·奏疏》，门人余姚钱德洪编次，安成邹守益葺录，泰和欧阳德校正，山阴王畿增葺，南昌唐尧臣考订。

《别录五·奏疏》，门人余姚钱德洪编次，安成邹守益葺录，泰和欧阳德校正，山阴王畿增葺，南昌唐尧臣考订。

《别录七·奏疏》，门人余姚钱德洪编次，安成邹守益葺录，泰和欧阳德校正，山阴王畿增葺，南昌唐尧臣考订。

《别录九·公移》，门人余姚钱德洪编次，安成邹守益葺录，泰和欧阳德校正，山阴王畿增葺，南昌唐尧臣考订。

《外集一·赋》，门人余姚钱德洪编次，安成邹守益葺录，泰和欧阳德校正，山阴王畿增葺，余姚严中考订。

《外集二·诗》，门人余姚钱德洪编次，安成邹守益葺录，泰和欧阳德校正，山阴王畿增葺，余姚严中考订。

《外集三·书》，门人余姚钱德洪编次，安成邹守益葺录，泰和欧阳德校正，山阴王畿增葺，南昌唐尧臣考订。

《外集五·记》，门人余姚钱德洪编次，安成邹守益葺录，泰和欧阳德校正，山阴王畿增葺，余姚严中考订。

《续编一》，门人余姚钱德洪编次，安成邹守益葺录，泰和欧阳德校正，山阴王畿增葺，余姚严中考订。

《续编三》，门人余姚钱德洪编次，安成邹守益葺录，泰和欧阳德校正，山阴王畿增葺，余姚严中考订

《续编五》，门人余姚钱德洪编次，安成邹守益葺录，泰和欧阳德校正，山阴王畿增葺，余姚严中考订。

《续编六》，门人余姚钱德洪编次，安成邹守益葺录，泰和欧阳德校正，山阴王畿增葺，余姚严中考订。

《附录》，门人余姚钱德洪编次，山阴王畿补葺，后学吉水罗洪先考订，滁上胡松校阅，新昌吕光洵增订。

《附录二》，门人余姚钱德洪编次，山阴王畿补葺，后学吉水罗洪先考订，滁上胡松校阅，新昌吕光洵增订。

《附录三·年谱三》，门人余姚钱德洪编次，山阴王畿补葺，后学吉水罗洪先考订，滁上胡松校阅，新昌吕光洵增订。

《附录四·年谱四》，门人余姚钱德洪编次，山阴王畿补葺，后学吉水罗洪先考订，滁上胡松校阅，秀水沈启原增订。

《附录五·年谱附录五》，后学秀水沈启原录。

《附录六·世德纪》，门人余姚钱德洪编次，山阴王畿校阅。

《附录七》，门人余姚钱德洪编次，山阴王畿缉录，后学诸暨郦琥校阅。

在上述名单中，钱德洪为了回报王阳明文献单刻本捐资人，采取一种宽泛的署名方式，实际上捐资人并不参与具体的编辑工作，这是我们在研究中需要指出的。但是，透过左宗郢本，我们可以通过名单，来推进对王阳明单刻本文献捐资人、编辑者成员的研究，这是左宗郢本的独特价值。

总体来说，钱德洪、王畿出力较多，但二人均政治仕途坎坷，钱德洪过于坚持法律的公正性得罪嘉靖而被下诏狱贬为民，王畿则由于过于积极推荐政府官员被嘉靖认为有干政之举而被罢官，在仕时间皆不长久，但二人协力主导，促成精选本的王阳明文集完成。

除了钱德洪和王畿，另外两位出色的王阳明文集出力者就是邹守益、欧阳德。邹守益也是早早离开政坛，有大量的时间修缮王阳明文集，主持其中一种王阳明文录的公开出版。而欧阳德不仅与钱德洪参与黄绾本的编辑，积极联系程文德捐资阳明文录，还亲自修订黄绾本的错刻，对于甲库本的定稿形成贡献巨大。

唐尧臣在嘉靖三十七年、三十八年先后协助胡宗宪在杭州天真书院捐资刊刻二十四卷本王阳明文录、三大卷十一小卷《传习录》，尽力甚多，被《王文成公全书》列名九次之多，殊为难得。

与此类似，嘉靖三十年湖南石鼓书院本《传习录》，是孙应奎、蔡汝楠共同捐资主持。据考，孙应奎字文卿，号蒙泉，余姚人。由进士授行人，历任礼科给事中、华亭县丞等。孙应奎比蔡汝楠年长，且官位更大，事实上的校对工作是由蔡汝楠主持的。孙应奎对于传承和传播南大吉嘉靖三年《传习录》初刻本做出重要贡献，而且孙应奎本作为石鼓书院阳明心学的核心教材，对于嘉靖中后期岳阳王门、邵阳王门、常德王门、辰州王门的发展推进功不可没。湖南地区阳明心学的风行，孙应奎本的公开刊刻意义巨大。故而，钱德洪把孙应奎的名字列在《传习录》卷中。但这样的做法，在隆庆六年，孙应奎的内心是非常抗拒的。其实，这与他对王阳明文集的编辑理解相关，他其实是偏向黄绾、欧阳德一派的编辑原则，不赞同钱德洪、王畿大规模精简王阳明全稿的做法。故而在孙、钱通信中，孙应奎曾表达自己意见。需要指出的是，孙应奎可能并没有承担具体的《传习录》校阅工作，只是挂名而已。

第三节　万历二十五年熊惟学在广西南宁对全书本的增刻

万历中期，阳明心学热心者熊惟学在广西南宁长期执政，于万历二十五年在广西南宁重刻《王文成公全书》，首次增刻《山东乡试录一卷》于卷三十一下，并获得广泛流通。

重锲王文成公全书序（熊惟学）

圣贤道脉相传，盖见之孔氏遗书云，启钥于格物、致知而推极于治国、平天下。此心圆神灵妙，贯动静，该体用，理欲是非，辨若苍素，不可欺也，故曰："知之为知之，不知为不知，是知也。"又曰："多闻，择其善者而从之；多见而识之，知之次也。"夫真知如此，见闻之知，如彼昭昭乎，为的于天下，以究学者之趣。是故，时习而说，朋来而乐，人不知不愠，知我者其天。则信之笃，而知之真也。

阳明先生王文成公，以真正英杰之才而励必为圣人之志，始研精于词章，继奋迅于气节，终遂超然直悟本体，□绎孔孟微言，于是揭“良知”二字，日与朋辈相□切。“良知”云者，德性所自有真知也。真知不假于袭取，自有奚待于外。求公平生学问，尽在是。得此，岂易易乎哉！自谓困于龙场三年，居夷蹈险，动心忍性，而后有悟也。镜必磨淬而精光焕发，士必挫抑而德性坚凝，斯岂非天乎？

公虽以儒起家，知勇尤长，胜于制虔台控豫章上游，且握二省兵符。当事者逆睹乱萌，而授公以□，会宁庶人仓卒告变，公卒应之，呼吸指顾，削平大难，父老至今能记忆其事。当其时，师旅倥偬，犹然进人士论学，如平时所谓谈笑而麾之者，竟以功高毁来，蜚语中之，危几叵测。公独神闲气定，屹不为动，镇如山岳，四维固而九鼎以奠也。盟功太常，宜与却莱夷、堕三都争烈矣。

往者不佞，校士郎宁，谒公祠，俨然垂绅正笏，因考勘究思、田始末，不烦一矢以相加遗，而事制曲防，卒令反侧安，粤右世世飨其利，真儒作用，岂寻常建竖可同年而语耶？

今其胪列彪分，具在《别录》暨《续编》，可批览而知也。《语录》《文录》载书札、序、记等篇，娓娓不下数十万余言，言必绍明正学，发挥心体，存天理而遏人欲，揆之格致本指，岂其异乎？公以文臣封伯爵，已乃赠侯，缵吉甫、文武之宪，恭遇圣明崇表儒效，是礼官议俎豆于泽宫，跻四科游赐之班，诚熙朝盛事，前此未有也。

侍御西蜀黄公按粤，敦尚风节，沉潜名理，广厉多士，兴起斯文为己任，念文成公经略此邦，已旧宜人宗其说、家有其书，而何其寥寥也。出全书，属少参新安黄君订正，锲以传，属学序之。

公功名问学较著于豫章，靡不脍炙而尸祝。学夙慕公，顾后其时，今手全书，遍读之，庶几因言以得其心焉。公之心，仁者之心也。仁者，不忍薄其身，务尽己以成之，尤不敢私其身，务尽人以公之，尽己而止于至善，尽人而同归于善，如斯而已。

迹公平生，自壮至老，孳孳讲明此学，穷通累更，毁誉递至，而不为之疑阻，呕心缓颊，夫岂好辨哉！凡与人为善，而不失乎天之所以与我者，仁者之用心固如此也。然则侍御公之心，无亦有同然也乎？

万历岁丙申六月既望吉，广西布政使司左布政使、前奉敕提督学校、按察司副使、后学豫章熊惟学撰。

重锲王文成公全书后序

仰惟我大明高皇帝，至圣至神，当天地晦冥之候，迅扫腥膻，芟除僭乱，复我中国五帝、三王所自立之土宇，召集群儒论学，常言："人心虚灵，乘气机出入，操而存之为难，朕罔敢自暇自逸。"实得尧舜授受心法，而"虚灵"二字已开良知之秘藏，此所谓大明之君也。

继以圣子神孙，皆太平有道之主。及康陵末年，致宁藩之变，岌岌乎怠矣。人但见新建侯王文成公起兵讨贼，天下遂定，咸谓其有佐命大功，而不知其致良知之学，实所以发高皇帝虚灵操存之精蕴。其扫除俗学支离与二氏玄虚之说，使明物察伦、三纲五常之道复于天下，此所谓大明之臣也。

文成公学术功业，炳焕乾坤，圣明表彰，从祠孔庙，海内人士翕然宗之，而其明道、应士之迹，具载全书中。所言不离人伦日用，明白易晓，而探之则愈广大，愈精微。凡有目者，得以与于日月之光，万象毕照，此书真可以羽翼六经、百世以俟圣人而不惑者也。

侍御西蜀黄公夙究心于是学而有得焉者。往按关中，按畿辅，皆本良知为政，而天下慕焉，德教溢焉。兹复奉命按广右，而谓此邦仍文成公所尝经略，而贻以百年之安者也。于是巡历三江、苍梧之间，遍观其用心、行事之实，宜抚则抚，宜剿则剿，倡礼教，兴学校，张弛文武，以时出之，操纵如神，妙用不测，益信致良知为有用之实学，非徒托诸空言焉者。于是复议新其祠宇，手出全书，属方伯豫章熊君、学宪温陵杨君，偕佥色订正其讹谬，重锲之以广其传。

侍御公之用情于文成公也，何若是其恳至哉！岂不以今之天下，固高皇帝之天下也，国号大明，卓越千古。使君天下者，而不明于高皇帝虚灵操存之学，则自暇自逸，见贤士大夫之时少，而朝纲日替矣。相天下者，而不明于文成公致知、格物之学，则自私自利，为子孙黎民之意微，而臣节日隳矣。甚或政事废弛，灾害洊至，南倭北虏，乘间窃发，人心摇惑，远迩震惊，文武大吏，犹然泄泄，思将何以救正之。当是时也，使文成公复作，庶其有济乎！此侍御公所为深长思也。

然则亟欲广是书之传，使自通都大邑，以至遐陬僻壤，人皆知有致良知之学，实根本于高皇帝虚灵操存之旨，直上接尧舜钦明浚哲之传。此知是是非非，行著习察，自然不容欺蔽，从此奋发鼓舞，恐惧修省，将见至诚，可以格天心，可以格民心，亦可以格禽兽、夷狄之心，反灾为祥，转祸为福，由本心之明共明于家国天下，永保大明之治于万世。此侍御公用情，非寻常所□窥测者也。

尝读《易》曰："日月得天而能久照，其象为恒。"以邵子皇极数推之，我大明正当恒之时，固久安长治之征也。又曰："明出地上，其象为晋，君子以之自昭明德。""明入地中，其象为明夷，君子以之用晦而明。"若今之天下，其晋之时乎？其明夷之时乎？侍御公重□是书于边徼，其自昭明德之心乎？其用晦而之心乎？金色愚昧，罔所知识，承侍御公之命，僭附言于末简，诚不自知其万罪焉尔。

万历岁丙申秋八月丙申朔，广西承宣布政使司右参议兼按察司佥事、彰郡黄金色谨序。

据史料记载，熊惟学，字习之、复吾，江西南昌人，隆庆五年进士。历任工部主事、郎中、广西提学副使、广西左布政、应天府尹。所至厘奸蠹，起凋瘵，政声大著。后告病归里，足不履公门。卒，赐祭葬，祀乡贤。①

黄金色，字炼之，别号新阳，安徽人。隆庆二年进士。历任晋江知县、德兴知县、南京户部主事、礼部郎中、广西参议。公天资

---

① 《乾隆南昌县志》，卷二十，《仕迹》，第3页。

超绝，学问高明，性简约，有古人风。①

万历二十四年，熊惟学于广西左布政任上，与黄金色等同仁捐资重刻《王文成公全书》。全书38卷，共22册，每半页9行，每行19字，共2 281页，中间缺9页。卷三十一下正文增刻《山东乡试录》，目录缺，标注为弘治甲子。无捐资、刊刻者姓名，盖重刻谢廷杰本。全书卷首依次为熊惟学序、徐阶序、小像、门人弟子像赞、隆庆二年十月十七日制诰之宝、旧序。全书末附黄金色跋。

需要指出的是，万历二十四年广西重刻本同时收录制诰、弟子像赞，但国图、天津图书馆藏本均未收录弟子像赞。上图也收录弟子像赞，上图本即后来四部丛刊本，被后世广泛影印，流通最大。广西图书馆、上图藏本版式与国图、天津图书馆藏本不一致，由制诰可见。比较中我们发现，万历二十四年本重刻本在像赞刊刻方面，比上图本更为美观，字体更大，而上图藏本较拥挤，字体形状歪歪斜斜。②

民国时期影印四部丛刊初编本《王文成公全书》，所取底本就是增刻《山东乡试录》的万历重刻本，既不是隆庆六年初刊本，也不是谢廷杰南京重刻本。正如香港著名学者朱鸿林先生所指出的，隆庆二年并没有刊刻全书，隆庆六年本应该就是郭朝宾刻本，而采薇阁书院策划影印的日本国立公文书馆藏全书本、普林斯顿大学藏全书本、哈佛大学藏全书本的公开出版，通过仔细比对，我们终于可以解决上述全书本流传的疑难问题。

---

① 《民国德兴县志》，卷六，《职官志·名宦》，民国八年刻本，第9页。

② 熊惟学重刻本对于汇校通行本意义重大，且在查阅中，笔者发现卷三十八内容与今通行本不一样，但因为无法全文复制，故而不敢贸然进一步论述，留待后学。

从所刻字体的形状来看，日本国立公文书馆藏全书本是现存最早的隆庆六年刊本，而普林斯顿大学藏本则是公文书馆藏本的重刻本，字体均体现出隆庆时期刀工特点。而无论是公文本还是普林斯顿本，均未收《山东乡试录》，双重证据指明二本所用底本为早期刻本，也就是郭朝宾本。第三种证据，则是万历以后通行诸本，均漏刻此 2 页颇为敏感的文字。

直之嗟夫逆天而從欲殺人以媚人苟猶有人
之心也而忍為之耶莆田方君壽卿以進士為
刑曹主事凡數年皆居廣東既又擢其司之員
外郎亦以久矣而未嘗外有動色之悔忤言之
謗豈亦偶免於斯耶然而人之論者又未嘗謂
有所屈撓則其間無乃别有一道以善處之歟
今年擢廣東按察司僉事僉事秩濵而位淹既
為員外郎則三四年之間上可以希京堂次亦
不失為副使僉事之於副使猶在數年之外

以屢下矜恤之 詔以求必得其實今強禦之
徒自東廠錦衣而來者歲不下數百彼其唯利
是射獲一人而蒙一級之賞則亦何所不至然
而數年之間未聞有一平反者豈其間盡皆心
伏其辜而無復可寃者耶無亦或有撓於理法
而求苟免於禍敗也蓋嘗以是而質之當事者
則往往歸過于上以為莫肯為民而任怨其爵
禄是固而毀謗是虞則其籠絡掩抑之術將必
至於甚而後已在下者雖有分寸之辨何從而

图 12.15　普林斯顿全书本书影，诸通行本卷二十九漏刻

讼之大者，莫过于人命；恶之极者，无甚于盗贼。朝廷不忍一民冒极恶之名，而无辜以死也，是【以屡下矜恤之诏以求必得其实。今强御之徒，自东厂锦衣而来者，岁不下数百，彼其唯利是射，获一人而蒙一级之赏，则亦何所不至？然而数年

之间，未闻有一平反者，岂其间尽皆心伏其辜而无复可宽者耶？无亦或有挠于理法而求苟免于祸败也。

盖尝以是而质之当事者，则往往归过于上，以为莫肯为民而任怨，其爵禄是固，而毁谤是虞，则其笼络掩抑之术，必至于甚而后已。在下者，虽有分寸之辩，何从而直之？嗟夫！逆天而从欲，杀人以媚人，苟犹有人之心也而忍为之耶？

莆田方君寿卿以进士为刑曹主事，凡数年，皆居广东。既有擢其司之员外郎，亦以久矣；而未尝外有动色之悔、逆言之谤，岂亦偶免于斯耶？然而，人之论者，未尝有其所屈挠，则其间无乃别有一道以善处之欤？

今年，擢广东按察司佥事，佥事禄薄而位淹。既为员外郎，则三四年之间，上可以希京堂，次亦不失为副使。佥事之于副使，犹在数年之外，时】俗之论皆然，而寿卿独以佥事为乐。①

王阳明早年在刑部为官，性格耿直，此是弘治时期为方良永（1454—1528，字寿卿，号松崖，莆田人）所作赠别序言。阳明此篇序言言辞过于激烈，如阳明说“今强御之徒，自东厂锦衣而来者，岁不下数百，彼其唯利是射，获一人而蒙一级之赏，则亦何所不至？然而数年之间，未闻有一平反者”，“其爵禄是固，而毁谤是虞，则其笼络掩抑之术，必至于甚而后已。在下者，虽有分寸之辩，

① 日本国立公文书馆、普林斯顿大学图书馆藏全书本卷二十九《续编四》，《送方寿卿广东佥宪序》。

何从而直之”，显然直指东厂锦衣卫之当局鱼肉百姓，有触忌之嫌，故而可能被后世相关者刻意毁版，而重刻者不得刻全。今日本国立公文书馆全网公开、采薇阁书院影印普林斯顿大学藏全书本出版，则相关文献得以重见，而相关问题可得到注意及研究。

第十三章　再论《王文成公全书》形成中几次大规模修订的特点

从正德十三年戊寅赣州《传习录》本公开出版以后，至万历二年甲戌全书本面世，历经五十五年左右。尤其是万历中后期增刻《山东乡试录》的全书本出版后，历经清朝多次反复重刻，到民国时期《四部丛刊》本影印版再次确认，成为流行至今的通行本，篇目未再次发生变动，保持稳定。

统计存世王阳明文献版本，尤其是内地所无的孤本，我们发现，国内的王阳明版本文献有一半以上被保留在日本、美国等地图书馆，可将这些珍本通过再造、复制、数据化等多种方式让他们在国内流通，保存王阳明学脉。我们团队，包括采薇阁书院捐资帮助，通过八年对国内外王阳明文献大调研，复制到了除万历二十三年全书本以外的几乎所有文献，除了少数几种签署不公开影印协议，其他全部公开影印出版，这是巨大的进步。

也正是在多种合作机制的多元运作下，我们获得足够多的善本，通过整理与多年研究，我们基本摸清王阳明单刻本文献的版本关系。无论是《传习录》《阳明先生文录》版本源流，还是《王阳明公移》《王阳明年谱》版本源流，抑或是《王阳明诗录》《王阳明文录续编》版本源流，得益于大量的文献复制，我们总体上获得了巨大的文献版本学的进步，需要总结和公开，为后世学术铺路，还原所有的王阳明单刻本文献的原始模样。王阳明文献版本获取越多，汇校越准确，我们对王阳明全书形成过程中几次大规模修订的基本特点更能全面、客观。

遗憾的是，由于不少收藏单位不让读者查阅，给我们的版本文献研究可能带来碎片化、片面性，这是需要特别说明的。

第一节　全、一之间:《传习录》形成中大规模修订的特点

后出转精，历来是版本文献学编辑与定稿的重要编撰原则。在王阳明看来，他对自己的著作提出“心术”的编辑方针，主要就是精益求精，以弘道为特点。有前辈认为，王阳明心学具有的简易特点，不利于全集的刊刻与传播。受制于全集对象自身的编辑原则，也导致王阳明全书不全的必然性。因此，我们首先必须认识到，阳明心学不利于全集的刊刻和流传，这是学术属性使然。

钱明先生数十年对王阳明语录的辑佚整理研究，整理数百条王阳明稀见语录，主要体现在《王阳明全集（新编本）》中，我们可以发现大量的王阳明讲学语录不见于所有的王阳明单刻本、全书本之中。王阳明学生和友人的书信交流中，保存大量的王阳明语录，王阳明原始语录单刻本以《遗言录》最为有名，但遗憾的是，我们目前仅仅在台湾图书馆发现存世的王阳明语录惟一一个明刻本，而受制于台湾方面复制的特殊规定，仅允许复制《遗

言录》一半，也是近期刚做好这一半的规模。日本存有一个抄本，已由日本学者整理。

钱德洪是精简本的坚持者，对王阳明语录的深度加工，存在“过度”编辑的问题，也导致《传习录》语录不全。据薛侃说，徐爱记载的王阳明语录卷数篇幅比赣州本《传习录》多出不少，这说明，在最早的王阳明语录的编辑过程中，就存在大量的语录被删除的情况。特别是后世专门研究王阳明思想的学者，都希望阅读到最全的《传习录》版本，但由于王阳明与其后学追求简易之路，存在王阳明语录的“失真”，这是一种“偏离”吧？

以南大吉嘉靖三年捐资刊刻新版《传习录》七卷本而言，钱德洪在嘉靖三十三年水西精舍本就删除原南大吉第二册下卷部分，而王畿在嘉靖二十九则直接篡改其中好几封书信的篇目，声援嘉靖二十三年德安府本的编辑方法，这都是对南大吉版的“偏离”，是两种全新版本对王阳明语录试图“复真”的重要尝试，都属于“中心圈”王阳明亲传弟子对《传习录》增录、增刻编辑的重大突破。而边缘化的王阳明亲传弟子，如管州则更加自由化，在中卷部分增刻《亲民说》《修道记》等多篇文献，但未能获得大规模传承，后世未见有此版本的重刻本；而孙应奎在湖南于嘉靖三十年则重刻南大吉本，明确反对对南大吉本的任何篇目改动，主张保存原貌，属于南大吉本的坚定保护者。王畿弟子沈宠在福建于嘉靖三十年年底重刻嘉靖二十九年本，似乎进一步加剧与《传习录》刊刻保守派孙应奎等人的分裂，使得《传习录》本“归一”之路越走越远。嘉靖三十五年以前，当时社会已经并行存在多种《传习录》和王阳明语录的本子，据我们所知，至少包括徐爱本、薛侃本（三卷本）、聂豹本（六卷本）、德安府本（八卷本）、范庆本（三卷本）、王畿本（八卷本，增刻一卷）、闾东本（三卷本）、孙应奎本（七卷本）、管州本（八卷本）、钱德洪本（五卷本）、周文规本（薛侃与王畿选编《阳明先生则言》，应良序）、曾才汉本（二卷本），至少有十二个不同的《传习录》、王阳明语录本子。

早在嘉靖十四年冬，钱德洪就曾编订了初版《传习续录》，但由于丁忧，且自己对这本短时期内编好的《传习续录》尚还需要再打磨，捐资人亦未确定，导致这本书并未公开出版。迟至嘉靖三十三年，在王畿、陈九川、黄直、王修易、黄省曾五位同门的直接帮助下，《传习续录》终于在安徽徽州区域多位学生、门人故旧的捐资下编定出版。应该来说，嘉靖三十三年本《传习录三卷　续录二卷》是当时徽州地区阳明心学繁荣的体现，为当时徽州区域阳明后学人物的成长奠定肥沃的学术背景。鉴于如此多的《传习录》本子，钱德洪深为忧虑，融合创新，在王畿与水西精舍五卷本合并的基础上，增录了《遗言录》的二十六条语录，其中上卷三卷、中卷五卷、下卷三卷，总计十一卷，终于在嘉靖三十五年由沈宠等人再次捐资，刊刻最全本《传习录》于湖北崇正书院。也就是说，嘉靖三十五年后，阳明心学通过三大卷十一卷本《传习录》在荆楚地区大规模流通，随后湖北地区的阳明心学发展异常迅猛，为以后泰州学派、明末公安学派等著名思想家的崛起和成长提供有力的思想土壤。

嘉靖三十八年，胡宗宪在浙江巡抚任上功勋卓著，同门、南昌籍唐尧臣亦在杭州担任同知职务，他们都虔诚地认同阳明心学，在杭州捐资精校重刻湖北崇正书院本。该书目前存世仅两套，复旦大学图书馆特藏部与日本国士馆大学图书馆收藏。日本所藏为全本，保存嘉靖三十八年刻本原貌。而复旦所藏本，因多处漫漶毁坏，为当时收藏者抄录，其底本源自余姚乡贤俞嶙刻全集本收录的《传习录》，而俞本为全书选本，非通行全书本。俞嶙本在重刻时更改原胡宗宪本，其刻本已非胡宗宪本原貌。这又是复旦本收藏者所不知《传习录》本的复杂性、差异性，故而在补抄时，造成补写错误。在阳明后学的文集中，存在不少抄本，与刻本异文很多，我们也需关注其中异同，还原真实的版本情况。但嘉靖三十五年崇正书院本就没有如此幸运了，成为与聂豹福建本一样的散佚命运。

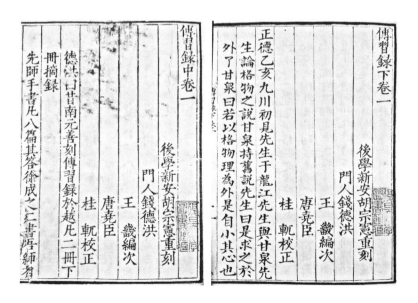

傳習録中卷一
後學新安胡宗憲重刻
門人錢德洪
王　畿編次
唐堯臣
桂　軏校正
德洪曰昔南元善刻傳習録於越凡二冊下
冊摘録
先師手書凡八篇其答徐成之二書吾師者

傳習録下卷一
後學新安胡宗憲重刻
門人錢德洪
王　畿編次
唐堯臣
桂　軏校正
正德乙亥九川初見先生于龍江先生與甘泉先
生論格物之說甘泉持舊說先生曰是求之於
外了甘泉曰若以格物理為外是自小其心也

九川甚喜舊說之是先生又論盡心一章九川一聞卻遂無疑後家居復以格物遺質先生荅云但能實地用功久當自釋山閒乃自錄大學舊本讀之覺朱子格物之說非是然亦疑先生以意之所在為物物字未明己卯歸自京師再見先生於洪都先生兵務倥傯乘隙講授首問近年用功何如九川曰近年體驗得明明德功夫只是誠意自明明德於天下步步推入根源到誠意上再去不得如何以前又有格致工夫

後又體驗覺得意之誠偽必先知覺乃可以
子有不善未嘗不知知之未嘗復行為證豁
若無疑卻又多了格物功夫又思來吾心之
何有不知意之善惡只是物欲蔽了須格去
欲始能如顏子未嘗不知耳又自疑功夫顛
與誠意不成片段後問希顏希顏曰先生謂
物致知是誠意功夫極好九川曰如何是誠
功夫希顏令再思體看九川終不悟請問先
曰惜哉此可一言而悟惟濬所舉顏子事便

存此心不失其德性而已豈有尊德性只空空去尊更不去問學問學只是空空去問學更與德性無關涉如此則不知今之所以講習討論者更學何事問致廣大二句曰盡精微即所以致廣大也道中庸即所以極高明也蓋心之本體自是廣大底人不能盡精微則便為私欲所蔽有不勝其小者矣故能細微曲折無所不盡則私意不足以蔽之自無許多障礙遮隔處如何廣大不致又問精微還是念慮之精微是事理之精微曰念慮之精微即事理之精微也

先生曰今之論性者紛紛異同皆自說性非見性也見性者無異同之可言矣

問聲色貨利恐良知亦不能無先生曰固然但初學用工卻須掃除蕩滌勿使留積則適然來遇始不為累自然順而應之良知只在聲色貨利上用功能致得良知精精明明毫髮無蔽則聲色貨利之交無非天則流行矣

先生曰吾與諸公講致知格物日日是此講一二

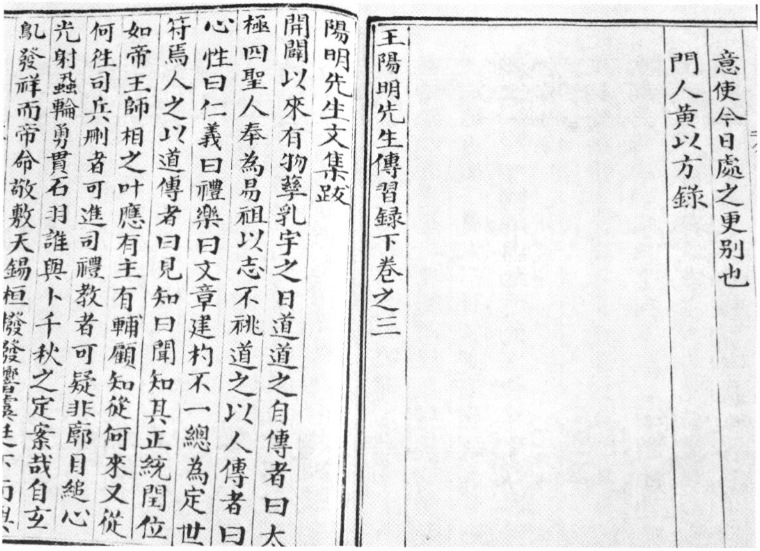

意使今日處之更别也
門人黄以方錄

王陽明先生傳習録下卷之三

陽明先生文集跋

開闢以來有物孳乳字之日道道之自傳者曰太極四聖人奉為易祖以志不祧道之以人傳者曰心性曰仁義曰禮樂曰文章建杓不一總為定世符焉人之以道傳者曰見知曰聞知其正統閏位如帝王師相之叶應有主有輔顧知從何來又從何往司兵刑者可進司禮教者可疑非廓目絶心光射蝨輪勇貫石羽誰與卜千秋之定案哉自玄亂發祥而帝命敬敷天錫

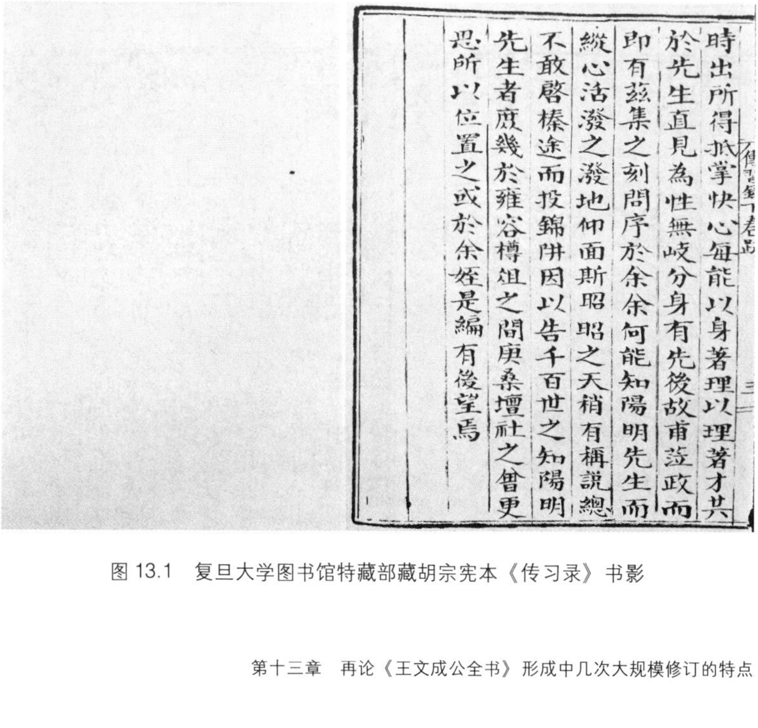

時出所得抵掌快心每能以身著理以理著才共於先生直見為性無岐分身有先後故甫蒞政而即有茲集之刻問序於余余何能知陽明先生而縱心活潑之潑地仰面斯昭昭之天稍有稱説總不敢啓榛途而投錦阱因以告千百世之知陽明先生者庶幾於雍容樽俎之間庚桑壇社之會更思所以位置之或於余姪是編有後望焉

图 13.1　复旦大学图书馆特藏部藏胡宗宪本《传习录》书影

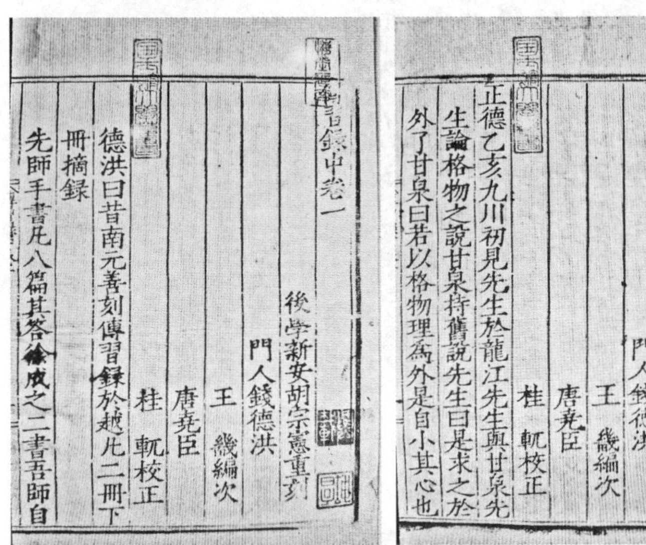

傳習録中卷一

後學新安胡宗憲重刻

門人錢德洪

王　畿編次

唐堯臣

桂　軏校正

德洪曰昔南元善刻傳習録於越凡二冊下冊摘録

先師手書凡八篇其答徐成之二書吾師自

傳習録下卷之一　續録

後學新安胡宗憲重刻

門人錢德洪

王　畿編次

唐堯臣

桂　軏校正

正德乙亥九川初見先生於龍江先生與甘泉先生論格物之説甘泉持舊説先生曰是求之於外了甘泉曰若以格物理為外是自小其心也

九川甚喜舊説之是先生又論盡心一章九川一聞却遂無疑後家居復以格物遺質先生答云但能實地用功久當自釋山間乃自録大學舊本讀之覺朱子格物之説非是然亦疑先生以意之所在為物物字未明己卯歸自京師再見先生於洪都先生兵務倥傯乘隙講授首問近年用功何如九川曰近年體驗得明明德功夫只是誠意自明明德於天下步步推入根源到誠意上再去不得如何以前又有格致功夫

後又體驗覺得意之誠偽必先知覺乃可以顔子有不善未嘗不知知之未嘗復行為證豁然若無疑却又多了格物功夫又思來吾心之靈何有不知意之善惡只是物欲蔽了須格去物欲始能如顔子未嘗不知耳又自疑功夫顛倒與誠意不成片段後問希顔希顔曰先生謂格物致知是誠意功夫極好九川曰如何是誠意功夫希顔令再思體看九川終不悟請問先生曰惜哉此可一言而悟惟濬所舉顔子事便是

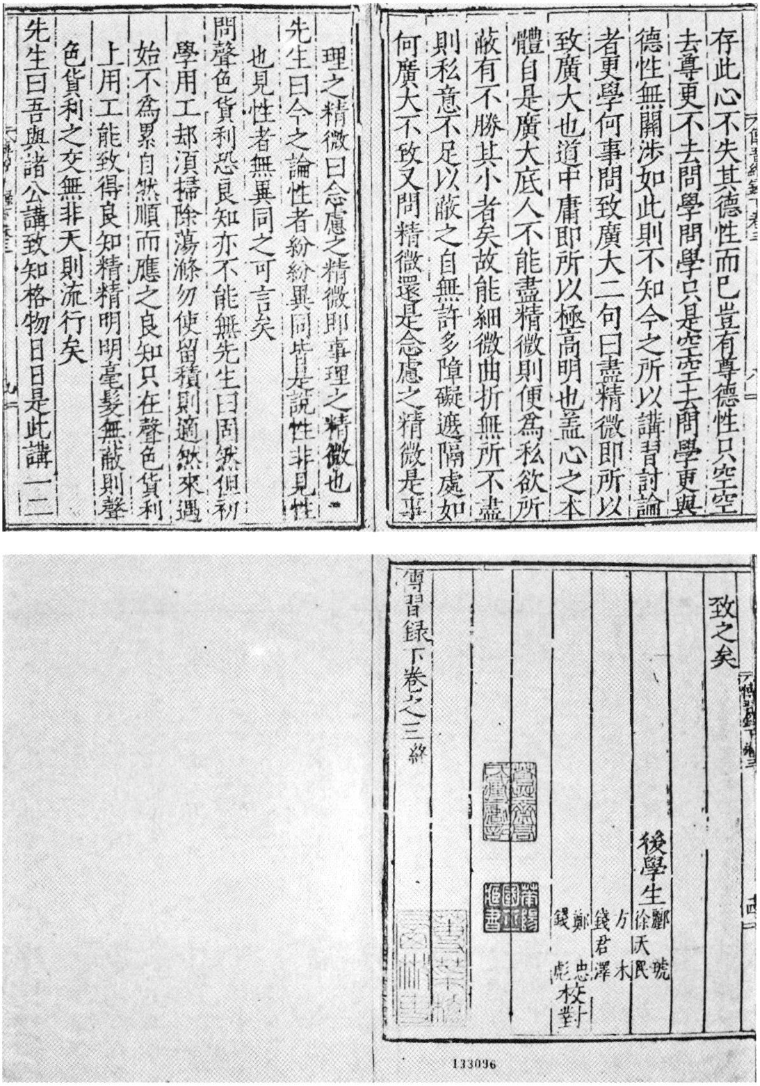

存此心不失其德性而已豈有尊德性只空空去尊更不去問學問學只是空空去問學更與德性無關涉如此則不知今之所以講習討論者更學何事問致廣大二句曰盡精微即所以致廣大也道中庸即所以極高明也蓋心之本體自是廣大底人不能盡精微則便為私欲所蔽有不勝其小者矣故能細微曲折無所不盡則私意不足以蔽之自無許多障礙遮隔處如何廣大不致又問精微還是念慮之精微是事理之精微曰念慮之精微即事理之精微也

先生曰今之論性者紛紛異同皆是說性非見性也見性者無異同之可言矣

問聲色貨利恐良知亦不能無先生曰固然但初學用工却須掃除蕩滌勿使留積則適然來遇始不為累自然順而應之良知只在聲色貨利上用工能致得良知精精明明毫髮無蔽則聲色貨利之交無非天則流行矣

先生曰吾與諸公講致知格物日日是此講一二……致之矣

後學生 鄒號 徐天民 方木 錢君澤 鄭忠 錢彪 校對

傳習錄下卷之三終

图 13.2 日本国士馆大学图书馆特藏部藏胡宗宪《传习录》刻本

如不仔细比校，我们很容易误以为国士馆藏本与复旦藏本全书文字一模一样。而我们在比较两个藏本时，意外发两个存世本最后几页完全不一样，呈现不一样语录情形。我们发现复旦藏本多出的王阳明语录，发现在清人俞嶙看来，与郜永春、张问达等编辑原则一样，或许优先补录王阳明散佚语录比保存胡宗宪原本更重要。

当然，另外一种解释，俞嶙用当时他能找到的《传习录》本子进行重刻《传习录》，或许他自己也不知道，其所刻本与通行本不一样。我们会问，俞嶙誊抄的文字，底本从何而来？他为何不愿意用通行本语录补录呢？俞嶙在重刻《阳明先生全集》时，在序言中说，其实并没有获得全书本，因为他当时没能找到全书本。如果这样的情形是真实的，那倒也是可以理解的。

不覺手舞足蹈學者聞之亦省却多少尋討工夫學問頭腦至此已是說得十分下落但恐學者不肯直下承當耳又曰某于良知之說從百死千難中得來非是容易見得到此此本是學者究竟話頭不得已與人一口說盡但恐學者得之容易只把做一種光景玩弄孤負此知耳

語友人曰近欲發揮此只覺有一言發不出津津然含諸口久乃曰近覺得此學更無有他只是這些子旁有羨不已者則又曰連這些子也亦無放處今經變後始有良知之說

一友侍眷間有憂思先生顧謂他友曰良知固徹天徹地近徹一身人一身不爽不須許大事第頭上一髮下垂渾身即是為不快此中那容得一物耶

先生初登第時上邊務八事世艷稱之晚年有以為問者先生曰此吾少時事有許多抗厲氣此氣不除欲以身任天下其何能濟或又問平寧藩先生曰當時只合如此做但覺來尚有揮霍

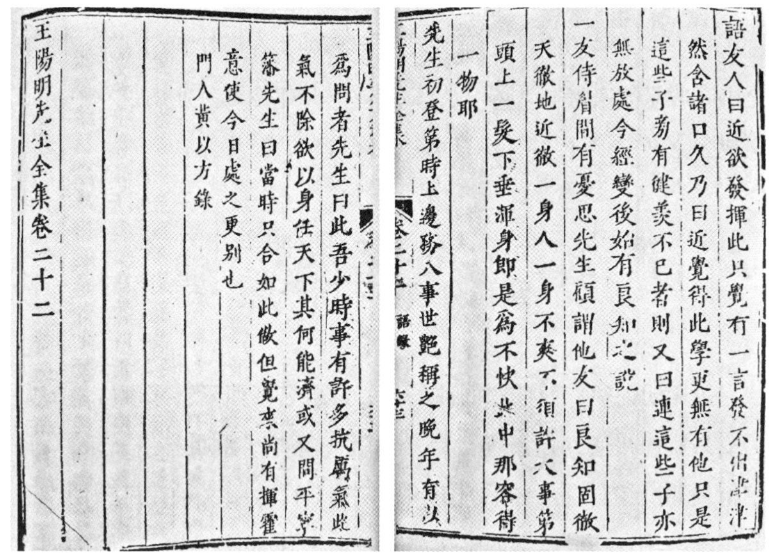

為問者先生曰此吾少時事有許多抗厲氣此
氣不除欲以身任天下其何能濟或又問平寧
藩先生曰當時只合如此做但覺來尚有揮霍
意使今日處之更別也
門人黃以方錄
王陽明先生全集卷二十二

語友人曰近欲發揮此只覺有一言發不出津
然含諸口久乃曰近覺得此學更無有他只是
這些子了此有健羨不已者則又曰連這些子亦
無放處今經變後始有良知之說
一友侍眉間有憂思先生顧謂他友曰良知固徹
天徹地近徹一身人一身不爽不須許大事第
頭上一髮下垂渾身即是為不快此中那容得
一物耶
先生初登第時上邊務八事世艷稱之晚年有以

图 13.3　复旦大学图书馆特藏部藏胡宗宪本写本页
（上）对应俞嶙本相应页（下）书影

我们也可以大胆假设，在清初康熙时期，胡宗宪本全本可能就很稀少了，一般人很难接触到胡本，而像俞嶙、张问达、王贻乐等学者未能一睹胡本真容，不得不刊刻节本。可见，即便是在清初，刚经历战火的洗礼，朝代更替，王阳明全书也是很难找到的。所以，俞嶙试图重刻全书本，尽量传承重刻王阳明文献，其实也是很难的。而这样的时代困境，也影响胡本收藏者的补写立场，造成两种胡本最后几页不一致的情形。

总结来说，就中心版本而言，钱德洪嘉靖十四年在苏州初步定稿《传习续录二卷》，嘉靖三十三年在安徽水西精舍编辑并公开出版五卷本《传习录　续录》，嘉靖三十五年在沈宠的建议下在湖北编辑并公开出版三大卷十一小卷本《传习录》，嘉靖三十八年胡宗宪在浙江重刻精校十一卷本《传习录》，隆庆六年郭朝宾在浙江新编《王文成公全书》收录胡宗宪本《传习录》，约万历二年谢廷杰在南京重刻《王文成公全书》，通行本《传习录》最终得以风行天下。

第二节　全、精之争：《阳明先生文录》编稿分歧与不断修缮

王阳明前往广西任职的前一年，其著名江西籍弟子邹守益时贬为安徽广德州通判，捐资刊刻三卷附一卷本《阳明先生文录》。该书由钱德洪编辑，亲自手标纪年，定稿。广德版文录在王阳明本意是三卷，无奈在钱德洪的多次央求下，增补附录一卷，实际为四卷本。此书在后世的传播中散佚了，但王阳明湖南籍著名弟子王世隆在贵州任职时于嘉靖十七年重刻广德本，虽然打乱了原广德版篇目次序，且增录了王阳明与自己的论学书 4 封。王世隆本今为中国人民大学图书馆所藏。另外一本广德版重刻本，亦打乱了广德版篇目次序，较为杂乱，且在书后增加诗歌约 42 题。该书具体刊刻时间难以确定，与另一本四卷本首个王阳明诗歌全本《阳明先生诗录》放在一起，藏于日本九州大学图书馆。

我们通过多种本子的比较研究，复原了邹守益广德本，一定程度上推进了学术界对广德版文录原貌的了解。同样，我们综合嘉靖三十年孙应奎本《传习录》、嘉兴图书馆藏残本《传习录》、台湾图书馆藏《传习录》下册三个嘉靖时期的王阳明《传习录》刻本，我们也复原了南大吉嘉靖三年初刻本《传习录》的具体篇目，这也是

我们在对王阳明单刻本文献大调研的最大收获。无论是复原嘉靖三年《传习录》，还是复原嘉靖六年《阳明先生文录》，通过相同文献篇目溯源、反推初刻本篇目，让消失的孤本一定程度上重现于我们面前，是通过掌握大量的孤本而得以实现。

由于孤本文献很难获取，深藏于全国各地图书馆，一度使不少学者怀疑黄绾嘉靖十二年刻《阳明先生存稿》的存在。但是，2016年，国图数字化取得进展，我们可以从中华古籍资源库全文阅读国图收藏的二十八卷本《阳明先生存稿》。经过反复研究，任文利先生自信地认定，黄绾独序本收录的文录本应该就是我们所说的“苏州本”。然而各大馆藏机构题录的“苏州本”应该为何本？黄绾在南京捐资刊刻的十四卷本文录到哪里去了呢？带着这样的疑问，笔者再次前往北大图书馆特藏部一探究竟。今年春夏，笔者四次前往北大，终于搞清楚这一阳明心学的重大学术问题，并提出自己的新见解。

事实上，在全国各地八年的调研（2020—2022年有三年的中断，实际调研为五年），我们发现闾东在天水于嘉靖二十九年重刻欧阳德所赠二十八卷本文录早已散佚，现已存世题录为闾东本的，其实都是孙昭在陕西监察御史任上于嘉靖三十二年重刻的闾东本，如北京师范大学图书馆所藏“闾东”本、日本早稻田大学所藏“闾东”本。之所以各地馆藏的题录者会发生如此重大的标注错误，皆由于他们只看到全书卷首闾东嘉靖二十九年天水本原刻本序言，想当然以为是嘉靖二十九年本，而忘记再去翻看全书最后一页即孙昭嘉靖三十二年重刻跋言。如果题录者细心地读完闾东序言，亦可以发现，闾东原刻本均应附录《传习录》《传习则言》的。其所附

《传习录》，应该为三卷，即薛侃赣州版、南大吉本《传习录》上册三卷，类似于苏州知府范庆于嘉靖二十六年重刻文录本附录《传习录》三卷。所附《传习则言》，应该为上、下两卷，而全国各地标注闾东本存世文录刻本，皆未附录《传习录》《传习则言》，故而，今存世标注闾东本的文录本，皆非闾东初刻本，而是三年后永嘉人、时任陕西监察御史的孙昭重刻本、翻刻本或坊间本。嘉靖二十九年闾东本的散佚，是令人可惜的事情；但是，我们可以通过孙昭本复原闾东初刻本的篇目，所谓“峰回路转”，也算是弥补闾东本散佚的无奈、缺失。

正是通过这样的认识，我们认为，在版本鉴定上，我们可以依靠全书卷首的序言来分析王阳明文献的刊刻时间和捐资人，但不应该过度依赖，还需要重视跋言，不同序言之间的关系，字体样式，全书篇目的具体变动，结合具体的刻工名单，当然最重要的则是需要与序言所言关联版本的内容比较。在版本确定中，仅仅依靠序言，是很容易做出错误判断的；而依据全书目录和每篇正文的异文细微的变化，能够准确地确定王阳明稀见珍本的刊刻时间、捐资人与编辑者。

由此，我们回到国图藏黄绾独序本文录。如果我们仅仅依靠黄绾的序言，我们会想当然以为国图藏本刊刻于嘉靖十二年癸亥，由此发现一个全新的孤本而欣喜若狂。但是，当我们阅读完全书后，我们会在《别录·公移》卷三末发现钱德洪嘉靖十四年乙未在苏州所作的跋言。

那这又是怎么回事？难道国图藏本不是嘉靖十二年癸亥本？那会不会是另外一种情况，即正录、外集刊刻于嘉靖十二年，别录刊刻于嘉靖十四年，是两本不同时期的书，但却被后人不小心合并一本书里面呢？王阳明存世文献中，合并不同时期刊刻的书，放置一种中方便携带，这样的例子也很多的。

> 昔者德洪事先生八年，在侍同门每有问兵事者，皆默而不答，以故南、赣、宁藩始末，俱不与闻。夫子殁后，搜录遗书七年，而奏疏、文移始集。及查对月日，而后五征始末具见。独于用间一事，昔尝概闻，奏疏、文移俱无所见。去年德洪主试广东，道经江西，访问龙光，始获间书、间牌诸稿，并所闻于诸同门者，归以附录云。时嘉靖乙未八月，书于姑苏之郡学。

通过对钱德洪《公移三》附文的研究，王阳明去世后七年，钱德洪方才收集到全部的奏疏、文集。王阳明于嘉靖七年十一月去世，七年后，也就是至嘉靖十四年八月作跋的时间，王阳明别录单刻本得以公开刊刻。而当年年底，钱德洪因为至亲去世，暂停工作，回到余姚，开始长达 27 个月的丁忧。

因此，笔者由任文利先生的研究再推进一步，再依据钱德洪《续编》自序，王阳明《别录》二十卷本单刻本在嘉靖十三年左右可能早已经公开出版了。而嘉靖十四年八月，钱德洪重新编定《别录》，合并为十四卷本，增录了《附录》，凸显王阳明反间事功，由此抬升“受打压”时期王阳明的光辉形象，与时代逆向而动。或许，此《别录》增订本，由于闻人诠积极踊跃承担捐资人，钱德洪可能顺便与国图藏本文录十四卷本一并印刷于苏州。但黄绾的序言应该是甲库本所收嘉靖十四年乙未的序言，而不是国图本嘉靖十二年癸亥序言。国图藏本应该为当时私人书商坊间本，且无目录，在刊刻时，为提高售价，故意将十二年序替换十四年序言，属于张冠李戴误导购买者、收藏者了。众所周知，私人书商为谋取暴利，所刻坊刻本李代桃僵，以次充好；或者以图安全，拿掉序言，销量多一些。或者书商不细心、没耐心，忘记拿掉文中隐藏的钱德洪跋语，而我们恰恰通过跋语，根据钱德洪自序所说，他曾刊刻过二十卷本《别录》的事实，则十四卷本《别录》当为后来合并的增订本，而非《别录》初刻本。

幸运的是，我们在北大图书馆又发现后世增刻黄绾独序十四卷本，但没有黄绾的序言，目录也没有，但对正文错刻进行修缮，且增加不少新发现的王阳明文章，如《大学问》这样的重要文章，是黄绾独序本的增订本。比对异同，此书或许刊刻于嘉靖十九年以前，或由黄宗明、闻人诠、王守俭、薛侃、钱德洪等人共同捐资刊刻亦未可知。

就在钱德洪于嘉靖十四年定稿王阳明《别录》的同一年，奉化人王杏①于嘉靖十四年在贵州捐资刊刻《新刊阳明先生文录续编》，由赵昌龄、阳明弟子叶梧、陈文学三人编辑。在嘉靖十四年，叶梧、陈文学均已致仕回家。与黄绾独序本、北大本比较，王杏本除增刻通行本缺少的十九题诗文，增刻《大学问》之外，亦增刻不少后来甲库本才收的文献，如与林富书信《送林布政升任湖广都御史序》1 封；还有不少迟至嘉靖四十五年才再次被刊刻进《文录续编》的文章篇目，

① 2023 年 2 月 24 日下午，笔者前往宁波市奉化区博物馆地方志古籍阅览室，在《西锦王氏族谱十卷首一卷》（民国三十七年本）找到王杏及其家族关系资料，在此，对天一阁博物馆、奉化博物馆热情与细心的工作人员表示感谢。详细的研究参阅方旭东《王杏及其所编〈新刊阳明先生文录续编〉的进一步研究》，《杭州师范大学学报》，2016 年第 6 期，第 17—26 页。

如《鸿泥集序》《澹然子叙》《书赵孟立卷》《书李白骑鲸》《书三酸》《书韩昌黎与大颠坐叙》《铭一首》《笺一首》《教条》《祭陈判官》《祭刘仁征主政》《试诸生有作》《再试诸生》《夏日登易氏万卷楼用唐韵》《再试诸生用唐韵》《次韵陆文顺佥宪》《太子桥》《与胡少参小集》《再用前韵赋鹦鹉》《送客过二桥》《复用杜韵一首》《先日与诸友有郊园之约是日因送客复期小诗写怀三首》《待诸友不至》《夏日游阳明小洞天喜诸生偕集偶用唐韵》《将归与诸生别于城南蔡氏楼》《诸门人送至龙里道中二首》《醉后歌用燕思亭韵》《题施总兵所翁龙》28 题，总计约 30 篇文章。王杏本所收这 29 篇文章，居然比徐必进本早约三十年，当具有重要的文献价值。

问题在于，远在偏僻的贵州山区，捐资人和编辑者又是如何获得如此大量的王阳明稀见珍本文献？王杏本的底本何自？这似乎是一个难解之谜。

王杏应该为王阳明亲传弟子，且与钱德洪、王畿等人关系密切。王杏在捐资刊刻《新刊阳明先生文录续编》时，贵州已经捐资刊刻《居夷集》《传习录》《阳明先生文录》三种版本，且贵州版《居夷集》不仅收录丘养浩嘉靖三年在余姚刊刻本诗文，也包括王阳明在贵州相关但丘养浩本失收的诗文，如《试诸生有作》《再试诸生》《夏日登易氏万卷楼用唐韵》《再试诸生用唐韵》《次韵陆文顺佥宪》《太子桥》《与胡少参小集》《再用前韵赋鹦鹉》《送客过二桥》《复用杜韵一首》《先日与诸友有郊园之约是日因送客复期小诗写怀三首》《待诸友不至》《夏日游阳明小洞天喜诸生偕集偶用唐韵》《将归与诸生别于城南蔡氏楼》《诸门人送至龙里道中二首》《醉后歌用燕思亭韵》《题施总兵所翁龙》等直接与贵州相关，而丘养浩本失收上述文献。

为何贵州本《居夷集》与余姚本《居夷集》所收诗文会呈现差异呢？我们猜测，这或许与在余姚的韩柱、徐珊、丘养浩三人限制于地域收集远在贵州的王阳明文献较为困难相关，也与王阳明自身的选稿原则有关。王阳明生前一直不支持《大学问》的公开出版，给聂豹、黄省曾二人的《大学古本序》苏州石刻本也是三易其稿，这体现晚年时期王阳明对出版文集较为审慎的态度。我们认为，余姚本为精简本，贵州本为全本，且贵州本刊刻时间可能在正德时期，早于余姚本。这就导致嘉靖十四年王杏新刊《文录续编》时，刊刻了大量的王阳明在贵州散佚的诗文，而这些诗文则是钱德洪收集不到的。无论是黄绾独序本、北大藏本，还是甲库本、邹守益手写序本，都未曾注意到贵州刊刻版本所公开出版的大量散佚诗文。

一方面，钱德洪在编辑王阳明文集时，以归一、讲学与弘道为原则，也就决定了钱德洪在编辑文集时，精选与精益求精的编纂原则。且认同“精选”王阳明文集的编辑原则，除了他自己之外，还有邹守益、王畿等人。而陈九川、陆澄嘉靖八年被罢官，薛侃嘉靖十年被免职，黄绾嘉靖十八年被罢官，黄省曾、黄宗明嘉靖十九年去世，邹守益嘉靖二十一年被免职，钱德洪失去很多与他关系密切的捐资人，而他自己也有三年的牢狱之灾，迟至嘉靖二十二年才出狱，这使得王阳明文录重刻、翻刻会遇到不少的困难。幸运的是，聂豹、程文德、欧阳德等同门还在从政，沈宠、徐阶、胡宗宪等阳明后学人物还在成长，重刻、翻刻并未终止。

从嘉靖十五年至嘉靖三十六年的二十二年的时间里，出现了甲库本、云图藏本、邹守益手写序本三种比较成熟的二十四卷本，是由钱德洪、邹守益主持的对黄绾本、北大藏本大规模编辑而形成的全新版本。从二十八卷本到二十四卷本，是大规模的变动，不仅涉及大量诗文的删减、增加、挪移，还涉及正文具体字词的大范围修缮。相比二十八卷本，甲库本、云图藏本、邹守益手写序本三种版本变动幅度较小，三种版本内部之间属于篇幅的微调。但是，也需要注意的是，邹守益手写序本比甲库本更精良，错字更少。

甲库本、云图藏本、邹守益手写序本三种精编本版本中，对其卷首序言的研究发现，存在随意性，序言时间与正文内容不相一致，我们认定，至今存世的多为坊刻本，多为书商为了私人利益而随意更改卷首原刻本序言以便图利，应该不是各自版本的初刻本。迟至嘉靖三十七年的胡宗宪刻本面世，这一局面得以改观。嘉靖三十七年，胡宗宪捐资刊刻二十四卷本文录于浙江，以邹守益手写序本为底本，刊刻级别高，且卷首放置了邹守益、黄绾、王畿、钱德洪等人多篇序言，可见，存世本刊刻比较正式，今日本内阁文库所藏本当为初刻本，制作精良。而甲库本、云图藏本、邹守益手写序本，或无序言，或无目录，或先后收黄绾、邹守益序言，或邹守益、黄绾序言，或邹守益、钱德洪序言，显得很随意、不正式。今存世数十种二十四卷本，册数亦多不一致，表现出多种刊刻形态，说明后世重刻、翻刻者颇为踊跃。

与二十四卷本迅猛发展同时进行但刊刻热度差一些的则是二十八卷本，主要有嘉靖二十六年范庆刻本，今存世三种；欧阳德与程文德校对优化本；嘉靖二十九年闾东重刻欧阳德赠本，附录《传习录》《则言》；嘉靖三十三年孙昭重刻闾东本；董聪嘉靖三十五年赣州重刻本，增刻王阳明与王琼书信 15 封，仅存世 2 种。其中，内地存世刻本最多的是孙昭嘉靖三十三年重刻本，但存世本题录者多署名为闾东本，题录明显错误。台湾地区图书馆藏有另外一种二十八卷本，附录《遗言录》《稽山承语》。每种存世二十八卷本正文彼此之间都存在具体篇目次序与正文字词的变动，变得最大的是重刻董聪本，其《江西诗》排列次序与其他二十八卷本变动很大，这与编辑者胡直、俞献可的刻意编辑相关。

第三节　增录《文录续编》《山东乡试录》与《王文成公全书》最终定型

2022年11月，首都师范大学图书馆藏《阳明先生文录续编》在广西师范大学出版社公开影印出版，该书由钱德洪、王畿、徐必进与阳明之子正亿共同编辑完成。该书增加以前多种文录所没有的大量散佚诗文，可谓嘉靖三十九年后大规模集结王阳明未收诗文的一次补刻。可是，钱德洪在隆庆六年郭朝宾本刊本中所作相关出版说明，却对嘉兴知府徐必进于嘉靖四十五年丙寅冬至日捐资校刻的八卷本《阳明先生文录续编》一事闭口不谈，而是转移话题，感谢地方名士唐尧臣、著名相国徐阶在出版时所做的努力。这是一件奇怪的事情。到底是出于何种原因，让王阳明著名弟子对一位积极踊跃捐资的人闭而不说呢？

隆庆改元，王阳明地位被重新确定，追封事宜得到重启并确认，而王阳明全书的刊刻工作得以启动。虽然其后经历过一些小波动，但万历十二年配享孔庙，又再次把王阳明推向无以复加的神座，天下读书人大受鼓舞。万历二十三年、万历三十五年刊刻的王阳明全书至今尚存。

而在卷一首篇文章，带有前后序言的《大学问》得以第一次面世。无论是在贵州王杏本《新刊阳明先生文录续编》，还是北大藏十八卷本文录中，我们都可以找到《大学问》初刻本的影子。事实上，隆庆六年郭朝宾本在重刻王阳明全书时，是以《阳明先生文录续编》原雕木板为基础，进行了补刻、增刻，痕迹明显，这说明，嘉靖四十五年的板子还是完好无损的。

《阳明先生文录续编》约刊于嘉靖去世前一月。隆庆改元，在徐阶的努力下，王阳明恢复伯爵。而隆庆二年，王阳明再次被追认为侯爵，当年十月，正亿终于正式继承爵位。以致不少目录学家想当然地认为，在隆庆二年，《王文成公全书》得以公开刊刻面世，这确实也是很有可能的。但我们翻阅郭朝宾本全书时，我们还发现钱德洪所作的序言、跋言，却赫然存在隆庆六年壬申的字样，这也就说明，存世全书本是在隆庆六年得以修缮的。我们可以放宽一些，可能存在隆庆二年、隆庆六年与万历二年三种全书本，其中，隆庆时期刻本是在胡宗宪刻本、徐必进刻本基础上整合补刻而成，而万历二年刻本为重刻本，是因为版式、字体形态完全不一样。

在甲库本中，钱德洪、邹守益对二十八卷本进行优化、精简，将原黄绾本、北大藏本二十八卷本删减增补为二十四卷本，其中诗录为四卷。而隆庆六年郭朝宾本，即钱德洪所说谢廷杰浙江刻本，将甲库本、云图藏本、邹守益手写序本基础上形成的嘉靖三十七年胡宗宪文录二十四卷本、嘉靖三十八年胡宗宪《传习录》三卷本、嘉靖四十五年徐必进《文录续编五卷　家乘三卷》本、隆庆四年沈启原《三征公移逸稿》四卷本、天真本与赣州本基础上隆庆期间增修的《阳明年谱》五卷本合并，原多种单刻本总计四十四卷，合并整合为三十八卷。

其中，原四卷本诗录整合为二卷，得以减少两卷目录。《文录续编五卷　家乘三卷》拆开，《三征公移逸稿》四卷本整合为二卷，《文录续编五卷》前四卷与新整合的《三征公移逸稿》二卷本合并为六卷，即续编一至续编六，置于全书卷二十六至三十一；而《文录续编》第五卷被挪移至《附录七·世德纪附录》，且增加隆庆时期与王阳明恢复与追认爵位相关的朝廷奏疏、公移，至于全书卷三十八。原《家乘》更名为《世德纪》，原三卷合并为一卷，置于全书卷三十七。原年谱三卷，扩增为五卷，增加了嘉靖九年至隆庆元年之间当时地方社会自发祭祀王阳明、建设书院与同门讲学史料，命名为《附录四·年谱附录一》，置于全书卷三十五；增加与王阳明年谱写作相关的同门交往书信，命名为《附录五·年谱附录二》，置于全书卷三十六。

在钱德洪看来，续编《文录》与散佚《公移》均为《续编》，总计六卷；《年谱》《世德纪》均为附录，总计七卷。无论是郭朝宾浙江本，还是谢廷杰南京本全书均为三十八卷本，三卷《语录》、二十二卷《文录》之后，即是《续编》六卷，附录七卷。但武汉大学藏万历三十五年左宗郢于杭州补刻郭朝宾本，未收《山东乡试录》；而今广西壮族自治区图书馆藏有熊惟学万历二十四丙申南宁重刻全书本，首次增录《山东乡试录》。今上海图书馆、天津图书馆均藏有精美的全书本，亦收录《山东乡试录》，虽二本目录均未标明，但正文卷三十一下均赫然收录《山东乡试录》，应该为后人于万历二十五年后增刻，具体时间未详。

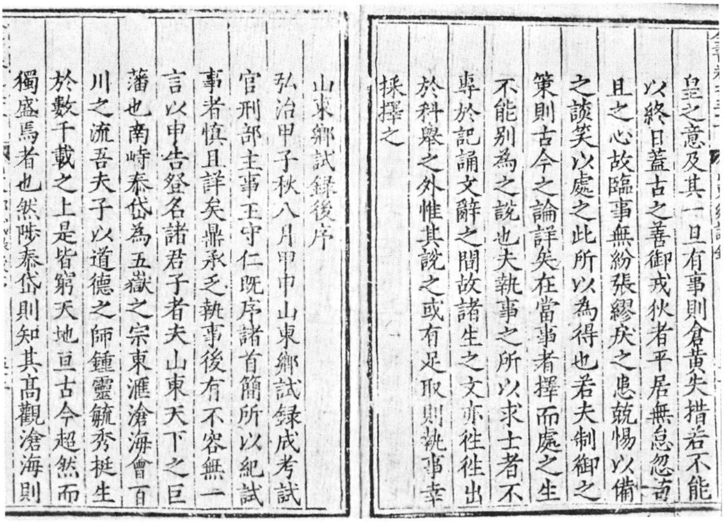

皇之意及其一旦有事則倉黄失措若不能以終日蓋古之善御戎狄者平居無怠忽苟且之心故臨事無紛張繆戾之患兢惕以備之談笑以處之此所以為得也若夫制御之策則古今之論詳矣在當事者擇而處之生不能別為之説也夫執事之所以求士者不專於記誦文辭之間故諸生之文亦往往出於科舉之外惟其説之或有足取則執事幸採擇之

山東鄉試録後序

弘治甲子秋八月甲申山東鄉試録成考試官刑部主事王守仁既序諸首簡所以紀試事者慎且詳矣鼎承乏執事後有不容無一言以申告登名諸君子者夫山東天下之巨藩也南峙泰岱為五嶽之宗東滙滄海會百川之流吾夫子以道德之師鍾靈毓秀挺生於數千載之上是皆窮天地亘古今超然而獨盛焉者也然陟泰岱則知其高觀滄海則

图 13.4　上图藏重刻全书《山东乡试录》后序书影

第四节　全书本出版后多种单刻本文献价值论

全书本出，王阳明单刻本渐渐散佚，是令人痛心的。当然，亦有很多学者不满意通行本，无论是《传习录》，还是《文录》，都有好多不同的刻本，他们试图让我们回到单刻本的原初状态，有助于我们去复原嘉靖时期散佚的孤本，丰富王阳明文献的“家底”。

在版本正文字体与刻工姓名的具体比对中，我们发现，上图藏题录“南大吉嘉靖三年本《传习录》”其实是徐秉正本，且国图藏本、东北师范大学图书馆万历重刻水西精舍本与《孔子文化大全》影印《传习录》本亦是徐秉正本。

无论是上海图书馆相关工作人员，还是学术界朋友，历来对上海图书馆藏题录为“南大吉嘉靖三年《传习录》”刊刻时间和地点难以知晓。但笔者经过比较《传习录》嘉靖与万历时期不同的字体形态（刀工），大胆提出上图藏本题录错误，并多次呼吁学术界重视。2023 年 6 月 27 日上午，笔者携带 2018 年 3 月在中科院图书馆拍摄的万历二十一年癸巳徐秉正刻《传习录　续录》，意外发现，上图藏本就是徐秉正刻本。比较中发现，上图藏、中科院图书馆藏《传习录》上卷三第十六页书影的版式风格、字体形状一模一样，更为重要的是，两个版本右下角都有一个“王”字，说明这一页均为“王”姓刀工所刻。由此证明，上图藏三卷《传习录》本其实就是万历二十一年徐秉正贵州刻本。

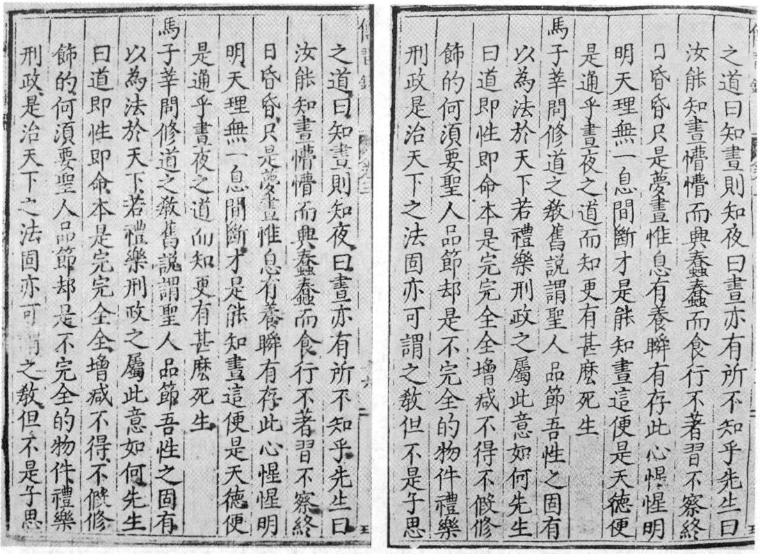
之道曰知晝則知夜曰晝亦有所不知乎先生曰
汝能知晝懵懵而興蠢蠢而食行不著習不察終
日昏昏只是夢晝惟息有養瞬有存此心惺惺明
明天理無一息間斷才是能知晝這便是天德便
是通乎晝夜之道而知更有甚麽死生
馬子莘問修道之教舊說謂聖人品節吾性之固有
以為法於天下若禮樂刑政之屬此意如何先生
曰道即性即命本是完完全全增減不得不假修
飾的何須要聖人品節却是不完全的物件禮樂
刑政是治天下之法固亦可謂之教但不是子思

之道曰知晝則知夜曰晝亦有所不知乎先生曰
汝能知晝懵懵而興蠢蠢而食行不著習不察終
日昏昏只是夢晝惟息有養瞬有存此心惺惺明
明天理無一息間斷才是能知晝這便是天德便
是通乎晝夜之道而知更有甚麽死生
馬子莘問修道之教舊說謂聖人品節吾性之固有
以為法於天下若禮樂刑政之屬此意如何先生
曰道即性即命本是完完全全增減不得不假修
飾的何須要聖人品節却是不完全的物件禮樂
刑政是治天下之法固亦可謂之教但不是子思

图 13.5　上图藏（左）、中科院（右）藏《传习录》上卷三第十六页书影比较

又如“崇一问”页，上图藏与中科院藏本左下角都有一个类似于“壬”字，鱼尾纹一致，版式一致，更加证明上图本、中科院藏本为同一本书。

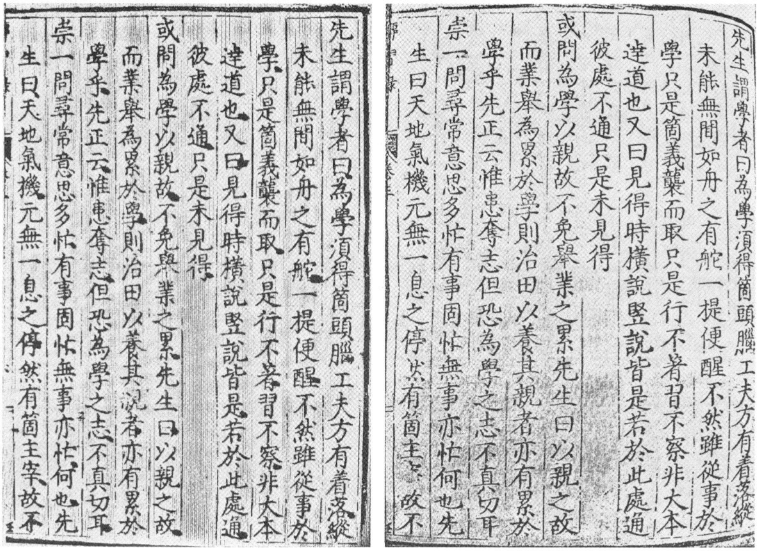
先生謂學者曰為學須得箇頭腦工夫方有着落縱
未能無間如舟之有舵一提便醒不然雖從事於
學只是箇義襲而取只是行不著習不察非大本
達道也又曰見得時橫說豎說皆是若於此處通
彼處不通只是未見得
或問為學以親故不免舉業之累先生曰以親之故
而業舉為累於學則治田以養其親者亦有累於
學乎先正云惟患奪志但恐為學之志不真切耳
崇一問尋常意思多忙有事固忙無事亦忙何也先
生曰天地氣機元無一息之停然有箇主宰故不

先生謂學者曰為學須得箇頭腦工夫方有着落縱
未能無間如舟之有舵一提便醒不然雖從事於
學只是箇義襲而取只是行不著習不察非大本
達道也又曰見得時橫說豎說皆是若於此處通
彼處不通只是未見得
或問為學以親故不免舉業之累先生曰以親之故
而業舉為累於學則治田以養其親者亦有累於
學乎先正云惟患奪志但恐為學之志不真切耳
崇一問尋常意思多忙有事固忙無事亦忙何也先
生曰天地氣機元無一息之停然有箇主宰故不

图 13.6　上图藏（左）、中科院藏（右）《传习录》上卷三“崇一问”页书影比较

《传习续录》下卷一“九川问条”所在页左下角的刻工姓曹，徐秉正本与《孔子文化大全》影印《传习录》均为“曹”字，且两本书的版式、字体形状一模一样。

《传习续录》下卷一增刻“本体即工夫”条所在页的左下角，徐秉正本与《孔子文化大全》影印《传习录》均为“李”字，且两本书所载此条，胡宗宪本、通行本均缺，两本书的版式、字体形状一模一样，再次确认，国图藏本其实就是徐秉正万历二十一年刊刻于贵州的本子。

於天理則良知之在此事者無蔽而得致矣此便
是誠意功夫九川乃釋然破數年之疑又問甘泉
近亦信用大學古本謂格物猶言造道又謂窮理
如窮其巢穴之窮以身至之也故格物亦只是隨
處體認天理以與先生之說漸同先生曰甘泉用
功所以轉得來當時與說親民字不須改他亦不
信今論格物亦近但不須換物字作理字只還他
一物字便是後有人問九川曰今何不疑物字曰
中庸曰不誠無物程子曰物來順應又如物各付
物胷中無物之類皆古人常用字也他日先生亦

云然
九川問近年因厭泛濫之學每要靜坐求屏息念慮
非惟不能愈覺擾擾如何先生曰念如何可息只
是要正曰當自有無念時否先生曰實無無念時
曰如此却如何言靜曰靜未嘗不動動未嘗不靜
戒謹恐懼即是念何分動靜曰周子何以言定之
以中正仁義而主靜曰無欲故靜是靜亦定動亦
定的定字主其本體也戒懼之念是活潑潑地此
是天機不息處所謂維天之命於穆不已一息便
是死非本體之念即是私念

於天理則良知之在此事者無蔽而得致矣此便
是誠意功夫九川乃釋然破數年之疑又問甘泉
近亦信用大學古本謂格物猶言造道又謂窮理
如窮其巢穴之窮以身至之也故格物亦只是隨
處體認天理以與先生之說漸同先生曰甘泉用
功所以轉得來當時與說親民字不須改他亦不
信今論格物亦近但不須換物字作理字只還他
一物字便是後有人問九川曰今何不疑物字曰
中庸曰不誠無物程子曰物來順應又如物各付
物胷中無物之類皆古人常用字也他日先生亦

296

云然
九川問近年因厭泛濫之學每要靜坐求屏息念慮
非惟不能愈覺擾擾如何先生曰念如何可息只
是要正曰當自有無念時否先生曰實無無念時
曰如此却如何言靜曰靜未嘗不動動未嘗不靜
戒謹恐懼即是念何分動靜曰周子何以言定之
以中正仁義而主靜曰無欲故靜是靜亦定動亦
定的定字主其本體也戒懼之念是活潑潑地此
是天機不息處所謂維天之命於穆不已一息便
是死非本體之念即是私念

297

图 13.7　徐秉正本（上）、《孔子文化大全》（下）影印
《传习录》下卷一“九川问”页书影比较

先生曰合着本體的是工夫做得工夫的方識本體
問生之謂性告子亦說得是孟子如何非之先生曰
固是性但告子認得一邊去了不曉得頭腦若曉
得頭腦如此說亦是孟子亦曰形色天性也這也
是指氣說又曰凡人信口說任意行皆說此是依
我心性出來此是所謂生之謂性然却要有過差
若曉得頭腦依吾良知上說出來行將去便自是
停當然良知亦只是這口說這身行豈能外得氣
別有箇去行去說故曰論性不論氣不備論氣不
論性不明氣亦性也性亦氣也但須認得頭腦是

先生曰合着本體的是工夫做得工夫的方識本體
問生之謂性告子亦說得是孟子如何非之先生曰
固是性但告子認得一邊去了不曉得頭腦若曉
得頭腦如此說亦是孟子亦曰形色天性也這也
是指氣說又曰凡人信口說任意行皆說此是依
我心性出來此是所謂生之謂性然却要有過差
若曉得頭腦依吾良知上說出來行將去便自是
停當然良知亦只是這口說這身行豈能外得氣
別有箇去行去說故曰論性不論氣不備論氣不
論性不明氣亦性也性亦氣也但須認得頭腦是

323

图 13.8　徐秉正本、《孔子文化大全》影印
《传习录》下卷一增刻条书影比较

东北师大藏《传习录》本下卷一“九川问”增刻条书影所在页的刻工姓氏均为“曹”“李”，同于国图藏本、徐秉正本，证明国图藏本、东北师大藏本与中科院藏万历二十一年贵州刻徐秉正本为同一本书。而为何万历二十一年贵州翻刻本传世最多呢？或许一个很重要的原因，就是历来贵州地处偏远，远离战略要地，未受到毁灭性战火的破坏，故而徐秉正本得以幸运传世，流传至今，版本较多。

由此可见，一本不起眼的贵州万历二十一年文录刻本附录的《传习录　续录》居然是目前我国存世数量最多、流行最广的《传习录三卷　续录二卷》的《传习录》版本之一，令人唏嘘万千。而

恰恰是在汇校万历《传习续录》的过程中，我们才可以精准地确定不同版本间的关系。

也正因为这样，存世的所有的王阳明版本都值得重视，尤其是明刻本，也必须早很长的时段内，获得全部的善本，我们才有可能更接近历史的原来。例如，我们可以通过全书出版前王阳明单刻本的信息，了解全书出版前嘉靖时期贵州地区刻工师傅的具体刀工，还可以了解全书出版前单刻本具体的编辑者，而这些都是全书本没法呈现的信息量。

上图藏王杏本《新刊阳明先生文录续编》正文书影可以让我们看到当时落后西部地区还保留弘治、正德时期刊刻字形。

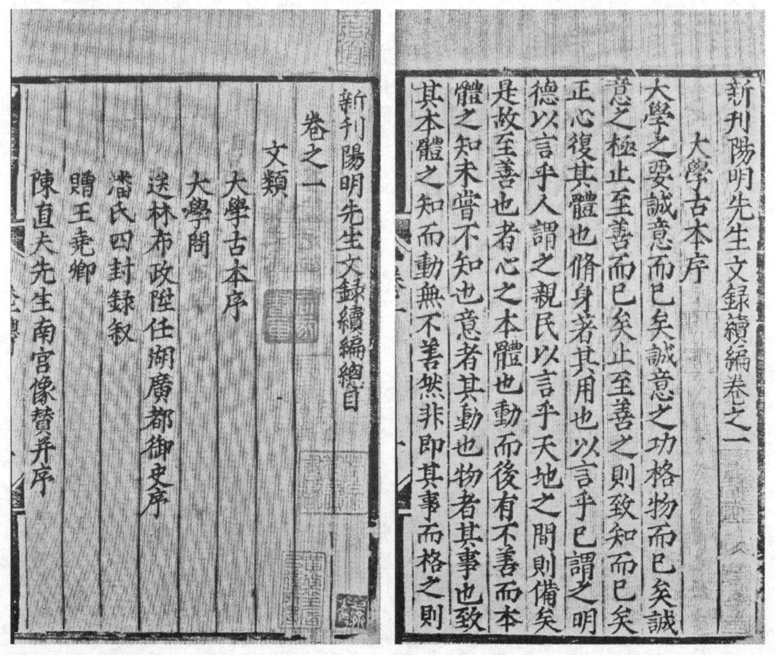
新刊陽明先生文録續編總目
卷之一
文類
大學古本序
大學問
送林布政陞任湖廣都御史序
潘氏四封録叙
贈王堯卿
陳直夫先生南宮像賛并序

新刊陽明先生文録續編卷之一
大學古本序
大學之要誠意而已矣誠意之功格物而已矣誠
意之極止至善而已矣止至善之則致知而已矣
正心復其體也脩身著其用也以言乎已謂之明
德以言乎人謂之親民以言乎天地之間則備矣
是故至善也者心之本體也動而後有不善而本
體之知未嘗不知也意者其動也物者其事也致
其本體之知而動無不善然非即其事而格之則

送林布政陞任湖廣都御史序
嘉靖丁亥冬守仁奉
命視師思田省吾林君以廣西右轄實與有事既
思田來諸所以緝綏之道咸以為非得寬厚仁恕
德威素為諸夷所信服者父臨而母撫之殆未可
以強力詭計刼制於一時而能久於無變者也則
莫有踰於省吾者矣遂以省吾之名上
請乞加憲職委重權以留撫於茲土蓋一年二年
而化洽心華

之心而求之者有其要噫乃若致知則存乎心悟
致知焉盡矣
大學問
大學者昔儒以為大人之學矣敢問大人之學何
以在於明明德乎陽明子曰大人者以天地萬物
為一體者也其視天下猶一家中國猶一人焉若
夫間形骸而分爾我者小人矣大人之能以天地
萬物為一體也非意之也其心之仁本若是其與
天地萬物而為一也豈惟大人雖小人之心亦莫

图 13.9　上图藏王杏本《新刊阳明先生文录续编》

从上图藏胡宗宪本《阳明先生文录》校对人员名单可知，钱德洪弟子多参与胡宗宪本的校对，这说明胡宗宪本是很正式的版本，可以确保胡宗宪本《文录》高质量，错别字很少。在嘉靖三十七年，杭州天真书院，诸生郦琥、徐天民、方木、钱君泽、郑忠、钱彪参与具体的校对工作，高质量完成王阳明文录的校对。

在胡宗宪本《文录》中，是我们最后一次看到黄绾嘉靖十四年乙未的序言。之后无论是郭朝宾本还是谢廷杰本，黄绾的这篇序言皆被删除了。而且，在全书本的作者名单中，我们也看不到黄绾的名字，好像他既不是捐资人，也不是编辑者。事实上，无论是黄绾独序本、北大藏本，还是甲库本、胡宗宪刻本，黄绾是非常重要的早期文录的主事者。但通行本删除黄绾序言，且在参与名单中也没

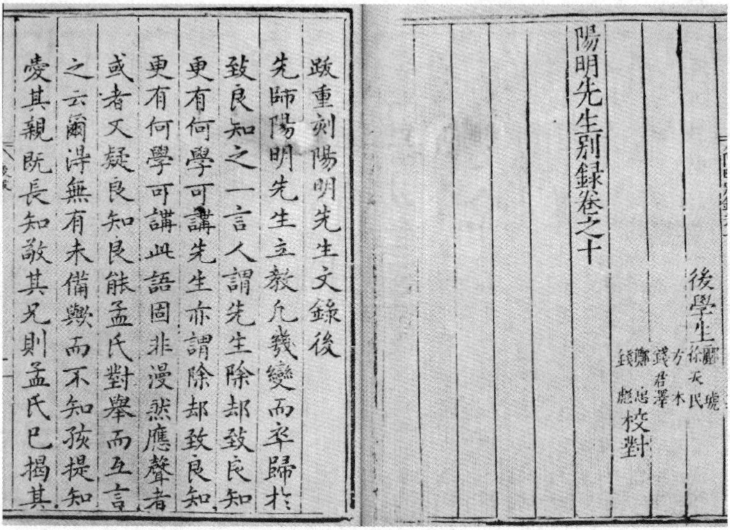

图 13.10　上图藏胡宗宪本《阳明先生文录》最后一页校对人员名单书影

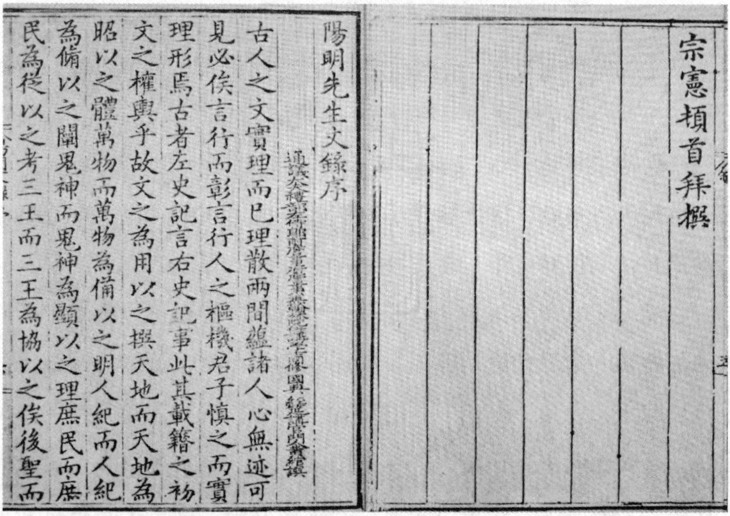

图 13.11　上图藏胡宗宪本《阳明先生文录》书前黄绾第二序言书影

有提及他，这说明，隆庆、万历的朝廷，黄绾可能被“污名化”了。作为嘉靖的宠臣，黄绾的名声已经不允许他出现在全书本中，这与谢廷杰对黄绾的政治认知高度相关，令人唏嘘万千。

第十四章　明末清初王阳明文献的刊刻

明末清初，全国各地纷纷踊跃捐资刊刻各种类型的《传习录》、语录、文录版本，王阳明文献得以全国各地流动，阳明心学风行天下有了踏实的文献基础，学者们的学术讨论也有了共同的文献基础。

这一时期的《传习录》刻本，有隆庆初年查铎湖南长沙刻《传习全录》本、万历二年杭州萧廪节选三卷本、万历武昌江汉书院本、万历二十一年朱文启与朱文教编陈九叙序刻四卷本、万历钱塘后学朱文启与张明昌杭州刻四卷两册本、万历三十年杨嘉猷（号荆山）河北刊焦竑序《传习录》三卷本、万历三十一年胡嘉栋与孙志元、周炳灵选编湖北武昌刻《阳明语录》三卷本节本、万历三十三年何应元刻八卷二册本、崇祯三年陈懋德本（江西白鹿洞书院本）、崇祯初年陆鏊广东肇庆府本、崇祯初年苟好善河南兰阳刻本、崇祯五年嘉兴后学陈龙正二卷本、崇祯八年施邦曜福建刻本、崇祯十二年王业洵（字士美）删刻刘宗周序五卷六册本、明末清初叶之盛序本等多达十五种地方性版本。《文录》节选版本，更是如雨后春笋般纷纷被刊刻。

第一节　明末清初的《传习录》刻本

随着王阳明在万历十二年配享孔庙，全国各地学者对王阳明思想的了解兴趣增强，而《传习录》是最能集中体现王阳明核心思想的文献，学者型地方官员对《传习录》刊刻的动力迅速增强，出现了万历武昌江汉书院本、万历二十一年钱塘本、万历重刻钱塘本、万历三十年杨嘉猷冀州本、万历三十三年何应元刻本、万历三十七年查铎长沙本、崇祯三年陈懋德白鹿洞本、崇祯初年陆鳌肇庆本、崇祯初年苟好善河南本、叶之盛序本等多种版本。

耐人寻味的是，即便是官方于万历初年重刻隆庆通行本《传习录》，但还是有不少学者型官员更改通行本所收语录和诗文的先后次序，增删诗文的规模。试图修补与完善《传习录》的本子纷纷面世，这是万历和崇祯时期学者们利用重刻的机会表达自己对《传习录》应收语录和诗文的全新理解，值得我们探究。地方官员对通行本《传习录》的“修正”，我们可以认为是“因地制宜”，体现出重刻者的新想法，算是一种创新；也可以说是“夹带私货”，背离钱德洪和谢廷杰的初衷。

（一）隆庆初年查铎湖南长沙刻本。

查铎（1516—1589），字子警，号毅斋，安徽泾县人。钱绪山、王龙溪亲传弟子，阳明心学名臣。嘉靖四十五年进士。隆庆时，为刑科左给事中。忤大学士高拱，出为山西参议。万历初，官广西副使，移疾归，与同里乡贤震川先生同缮水西书院。协助编辑整理王龙溪文集，与罗近溪、张阳和、邓定宇、萧良榦、徐榜等阳明后学人物交往，弟子有萧彦（官至巡抚）、萧雍（官至按察使）、赵士登（官少宰）、赵善政（官宪副）、张应泰（官布政使）、王廷楠、郑岱等人。《明史》《明儒学案》均有传。有《查铎毅斋语录》传世。

毅查铎在任职时，经过长沙，遇到以前的阳明心学道友曾衮，时曾衮任长沙府攸县知县，共同捐资刊刻《传习录》，查铎亲自作序。

刻传习全录序

昔阳明先生倡明绝学，单提致良知以立教，一时学者狃于旧说，且信且疑，自《传习录》一出，信从者始众。先生自谓无意中得此一助。今读其书，因病用药，虽人人殊，然简易平实，直指人心之同然。如布帛粟菽，不离日用，众人皆可以与能而求其至，虽圣人有不能尽者，直圣学正脉也。但世之学者多未知“知”字下落，又未知“致”字工夫，故以闻见求知者失则浅，以了悟求知者失则难，随事照管者失则离根，缶内寻求者失则厌动。至其学之而不得力，遂疑其说之为虚，而先生之传始失其真矣。

铎习闻师友之教有年矣，支离影响，竟无所得。仕楚以来，稍稍收敛精神，默识而体验之，始知所谓良知即此心之觉，所谓致知即此心之常觉也。随人各足，原无欠缺，有感即通，原无等待，虽当昏迷之时，此知自不能息，忽焉有觉，则本体洞然。故此一觉真如大梦之得醒也，如太阳一出魍魉潜消也，如出诸罟获陷阱而登之中庸之坦途也。此人心本然之良，天之所以与我者，本如是也。但不能常觉，则旋入于迷耳。迷觉之间虽微，而圣狂之分，生死之几，实系于此不可以不慎也。苟能自此一觉而继续之，时时见得有过可改，有善可迁，彻底扫荡以收廓清之功，不徒旋觉而旋迷，是谓缉熙□□，是谓致知之实功也。

间以是语诸同志，无不跃然而兴起者，以是益信良知之同然，而圣学之正脉在是也。醴陵曾学博，盖尝实致其知而有得者。余奉委过星沙，得与尽论，又见一时从者，皆知所向□，盖真处感人自不同也。因共议□赀刻传习全录于学，以为致知之一助。

刻即成，索余言以叙诸首。①

序言中所提及醴陵曾学博即时任醴陵县教谕的江西永丰籍曾衮。今查，曾衮（1502—1591），字时淙，号龙川，永丰县龙潭人，邹东廓与聂双江知名亲传弟子。廪贡生，先后任句曲训导、醴陵县教谕、攸县知县。在攸县，以讲道淑人为务，清而不扰，民被其泽。攸民为立生祠，著去思碑。② 但后来曾衮卷入曾子第六十一代承袭五经博士案，且因赃败官，罢官命回原籍。

恰恰是曾衮卷入腐败案与冒名顶替曾子后裔袭承五经博士案，名声尽毁，而其与查铎共同参与捐资的长沙本《传习录》便不愿被人提及，与胡宗宪因污名化，导致所刻《传习录》流传不广，俱淹

① 吴光、钱明、董平等编校：《王阳明全集（新编本）》第6册，查铎《刻传习全录序》，第2202—2203页。

② 《顺治吉安府永丰县志》卷五。

没于历史长河中，同样令人惋惜。万历元年，曾衮由攸县前往北京，袭翰林院五经博士。而查铎于隆庆元年至三年在北京官任行人，往长沙公干，得以遇到时在醴陵任教谕的曾衮，一起论学。故而笔者推测，查铎长沙本《传习全录》刊刻于隆庆元年至三年之间，而《民国醴陵县志》亦指出隆庆时期曾衮任醴陵学博，证明笔者推测属实。

因此，查铎重刻《传习录》底本应该不是通行本，而是通行本之前的底本。而今上海图书馆藏有一本“无主”重刻《传习录》本，前有沈宠的序言。笔者推测，今上图存沈宠序《传习录》本，即水西精舍本，可能会成为查铎长沙本的底本。

（二）万历武昌江汉书院《传习录》刻本。

笔者于2018年3月7日访问中国科学院古籍馆，在罗琳和薛惠媛老师的帮助下，查阅到武昌江汉书院刻《传习录》本三卷，一函六册，并蒙拍摄部分图片。该本至今未被公开影印，阅读者应该极少。且既无刻工姓名，也无序言或跋语，与嘉靖二十三年德安府刻《传习录》本类似，均属于“无主”版本，不知何人捐资刊刻，亦不知刊刻于何年。但总体上属于万历时期湖北地区刻本。

武昌江汉书院本整体上以通行本为底本，但章节次序却与通行本不同。该本将书信置于卷三，而将通行本语录置于卷二，试图将王阳明语录连在一起，与华东师范大学藏朱文启本章节次序相同，体现出万历时期地方学者官员对王阳明《传习录》编排的新理解，具有重要的文献版本价值。

在卷二《语录》部分，将通行本“此后黄以方录”更改为“右门人黄以方录”，且置于湖北崇正书院本原序后，不收通行本附录《朱子晚年定论》。

笔者推测，该本与湖北崇正书院嘉靖三十五年刻本具有密切关系。二本均刻于湖北，且前后相距时间不远。武昌江汉书院在重刻《传习录》时，又与今存嘉靖三十三年水西精舍刻本章节次序相同。前文已述，嘉靖三十七年胡宗宪在浙江天真书院精校重刻嘉靖三十五年湖北崇正书院本，将日本国士馆大学所藏胡宗宪本与通行本、武昌本比较，我们认为，在武昌任职的官员和地方学者注意到水西精舍本、胡宗宪本与通行本的异同，为教学方便，故而将王阳明讲学语录置于新刊本卷一、卷二，将论学书置于卷三，且将胡宗宪本原置于下卷三《续录》之首的嘉靖三十五年序言置于新刊本卷二末尾，后题为“右门人黄以方录”，保持与胡宗宪本相同的记录者称谓，试图体现出武昌新刊本对水西精舍本、崇正书院本、天真书院本一定程度的吸收和尊敬。①

（三）万历钱塘后学朱文启编校《传习录》本两种。

笔者曾于 2016 年 9 月 5 日前往上海华东师范大学闵行校区古籍馆特藏部，查阅到万历钱塘后学朱文启、张明昌二人校刻《传习录》本四卷，一函两册。该书卷一署名“钱塘后学朱文启、张明昌校”，为通行本卷上语录。卷二有钱德洪崇正书院序言，序言后有

---

① 武昌江汉书院新刻本中，与顾璘书信的称谓，武昌本延续通行本《答顾东桥书》，并未延续水西精舍本与天真书院本《答人论学书》。

“右门人黄以方录”，为通行本卷下语录。卷三为通行本卷中论学书信。卷四则为《示弟立志说》《大学问》《修道说》《教约》《朱子晚年定论》。

后来，笔者发现陈荣捷先生在《王阳明〈传习录〉详注集评》中提到朱文启、朱文教二人编刻的《传习录》，由在杭州任职的福建漳平籍官员陈九叙作序。据陈先生所说，此本亦为四卷：卷一为《传习录》卷上，卷二《传习录》卷下，卷三为《论学九书》，卷四为《示弟立志说》《大学问》《修道说》《训蒙大意》《朱子晚年定论》五篇。《训蒙大意》即通行本《训蒙大意示教读刘伯颂等》一文的简称。

可见笔者在华东师范大学闵行校区所发现的与陈先生所经眼的并非同一本刊本，但内容总体一致。与通行本比较而言，两个朱文启版本均保留了原胡宗宪本《示弟立志说》，而《示弟立志说》并不见于通行本。《〈大学〉问》见于嘉靖三十年沈宠在福州刊刻、时任福建按察使朱衡序《传习录》本，后附《朱子晚年定论》。附《大学问》于《传习录》，得益于江右王门学者、阳明心学名臣朱衡的建议。《大学问》首次公开收录于《文录》中，据笔者的研究，首见于今北大图书馆所藏重刻黄绾十四卷本《文录》卷三末。当时学术界首次增刻《大学问》，当在今国图藏黄绾序十四卷本《文录》刊刻之后。据任文利先生的研究，《大学问》在嘉靖十三年左右就面世了，当时是附录于单刻本《大学古本》中，阳明著名弟子邹守益作跋。① 《修道说》附录于《传习

① 任文利：《王阳明〈大学问〉来历考》，《湖南社会科学》2007 年第 3 期，第 4 页。

录》，据笔者研究，首见于嘉靖二十三年湖北德安府本，次见于嘉靖三十三年江苏江阴县本。

可见，陈九叙、朱文启等人吸收王龙溪弟子沈宠福州本的优势，且至少注意到德安府本、江阴本其中某一个版本的优势，从而恢复嘉靖时期刻本所收而通行本缺收的《示弟立志说》《大学问》《修道说》，为当时浙江地区读书人提供一个特殊的融合本，在王阳明文献版本学史上具有独特的历史地位。

那么，万历时期杭州出现的两个朱启文《传习录》刻本谁先谁后呢？笔者查约朱文启、张明昌、朱文教、陈九叙四人文献史料，将简介列于下。

陈九叙（1529—1611），字尔缵，号文溪，廓斋先生曾汝檀亲传弟子，曾任刑部主事、刑部员外、刑部郎中、浙江处州知州、两浙盐运运同，广西桂林府同知等官职。

朱文启，号澹修，钱塘人。万历二十五年中式举人，更名本吴。万历四十四年进士。任广东潮州府潮阳知县。官至陕西左布政使。

朱文教，钱塘人。万历二十二年中式举人，更名宗吴。万历二十二年举人。万历三十年任金华府教授，官至德安知县。

张明昌，字二寝，钱塘人。廪生，授徒里中，屡试不售。万历四十六年方举于乡，天启五年中余煌榜进士。官至江西建昌府知府。

重刻传习录引

传习有录附以《朱子晚年定论》，旧矣。重刻者何？广先生之教也。先生崛起于越，特揭“致良知”三字振铎于世，百年敝学再回，风先生之功，于是为巨。说者未谙先生之旨，乃谓“致知列于八目，良知载在七篇，道斯尽矣”，为用文之。讵知提宗负教，谊非一揆；千言万语，要于其当，舍吾性于自有之真觉，寻世间不必有之文辞，自掷玄珠，珍其敝帚。毋论律诸圣教，当坐操戈，即使证诸考亭，亦讥逐影。而举世贸贸，罔识所归，使非晓然建标，裨之就轨，中流胥溺，其孰为之一壶哉？良工之心所以独苦，亦在乎学者之自得之而已矣。

得其旨即颜氏子之终日言不为多；不得其所以立言之旨，即子贡之无言不为少。究而论之，天何言哉！四时行焉，百物生焉，天何言哉！先生患后世言语文字之敝，而诏之趋学者。复以言语文字求先生之书，而失先生之所以教，则前刻已赘，兹刻奚为？

故夫考衷于《传习》，以识其宗，参伍于《晚年定论》，以识其谬，而于是乎因考亭以得先生，因先生以得吾夫子一贯之旨也，亦在乎学者之自得之而已矣。论之定与不定，年之晚与不晚，未足深辨也。

万历癸巳阳月既望，漳平后学陈九叙撰。①

我们得知，万历二十一年陈九叙在杭州捐资刊刻《传习录》，当在杭州任两浙盐运运同官职，掌握的资源充足，加之其心学信仰，愿意捐资刊刻《传习录》。当时寓居杭州的朱文启、朱文教因未中举人，故署名为“朱文启、朱文教”，当时还均未改名为朱本吴、朱宗吴。而据方志，朱文启、朱文教另有兄弟朱文敬，于万历二十

① 吴光、钱明、董平等编校：《王阳明全集（新编本）》，第6册，第2122—2123页。

八年中举人后，亦更名为朱怀吴。朱氏家族流寓杭州，以学术在杭州立足，捐资刊刻《传习录》较为踊跃，故后再有重刻本之举。而朱文教于万历二十二年更名为朱宗吴，故陈荣捷先生所经眼朱文启、朱文教编本刻于万历二十一年，是符合历史实情的。

因朱文启于万历二十五年中顺天张完亮榜，且当年更名为张本吴。可见，朱文启与张明昌校本的刊刻时间下限，当不迟于万历二十五年。此后数十年间，朱文启先后历任潮阳知县、陕西左布政；而张明昌则先后任工部主事、重庆南川知县、江西建昌知府。而朱文教则仕图不顺，未能考中进士，仅任金华府教授。而朱文启、张明昌二人俨然为阳明心学名臣，书因人而增色，坊间重其人，故后世有重刻钱唐本《传习录》，两种万历本均得以保存至今。

（四）万历三十年杨嘉猷河北冀州刻本。

万历二十六年，安徽凤阳怀远籍阳明后学人物杨嘉猷（号荆山、荩斋）时年四十八，任河北冀州知州，大兴教化。万历三十年，杨嘉猷时年五十二，捐资刻河北冀州本《传习录》。在《传习录》即将刊刻完成时，有延安郡丞之擢，不得不前往陕西延安赴任。

万历三十年冀州本，据陈荣捷先生经眼，章节次序以通行本为基础，附录《咏学诗》《示徐曰仁应试》《论俗四条》《客座私祝》四篇王阳明诗文。[①] 该书原刻本早已散佚无存，却远播日本，成为

① 陈荣捷：《王阳明〈传习录〉详注集评》，《概说》，第 7 页。

在日本传播最广、时间最久的《传习录》版本，以至于有学者认为该书为日本地区的《传习录》祖本。但据日本学者三轮希贤在正德二年重刻冀州本所述，到他那个时代，冀州本已经残缺不堪，《咏学诗》已经散佚了。[①] 且目前学术界公开影印的三轮希贤标注本亦漫漶不清[②]，该书目录所载《示徐曰仁应试》《大学古本序》《大学问》《论俗四条》《客座私祝》五篇文章缺失，残缺不全。今存世本补足三轮希贤本的漫漶，则为其后学安井小太郎校注本。

2023 年 4 月 4 日，在北京师范大学图书馆古籍部杨健、胡沈秋两位老师的帮助下，笔者提取了三轮希贤于 1712 年序刻的《传习录三卷附录一卷》，该书附录《示徐曰仁应试》《大学古本序》《大学问》（丁卯）、《论俗四条》（丁丑）、《客座私祝》（丁亥）五篇文章，可补今广陵书社公开影印日本正德二年本残本的不足。事实上，陈荣捷先生在文中说其经眼本为“钱德洪原本”并不准确。前文所论及，钱德洪刻《传习录》先后有水西精舍本、崇正书院本、天真书院本《传习录》，以及隆庆本与万历本《王文成公全书》，且五个版本卷中所收诗文目录并不一致。今查三轮希贤标注原本、安井小太郎校本两种版本，两本卷中书信部分均收录《示弟立志说》《训蒙大意》《教约》，且《训蒙大意》《教约》两文的先后次序与钱德洪《传习录》诸本均相反。且此版本卷中书信部分收录《示弟立志说》《训蒙大意》《教约》三文，在日本弘治三十六年启新书院修正

① （日）三轮希贤标注，安井小太郎校注：《传习录三卷》，载黄振萍主编《王阳明文献集成》，第 6 册，《新刻〈传习录〉成告王先生文》，第 433—434 页。

② （日）三轮希贤标注：《传习录三卷》，载黄振萍主编《王阳明文献集成》，第 4 册。

三十年重刻本中得到了延续。①

2023年4月7日，笔者意外地发现孔夫子旧书网正在出售日本京都风月宗曾于1651年重刻杨嘉猷序跋一册三卷本，附录《阳明先生咏学诗》一卷，且载有“冀州学正彭天魁、杜邦泰、王化民、张元亨、郭磐石，选贡张可大”参与刊刻之事。为弄清万历三十年杨嘉猷原刻本面貌，今根据现存文献史料，试图给学术界一个更为清晰的冀州本捐资人、版本来源、编辑分工与刊刻源起研究。

刻传习录序

国朝理学开于阳明先生。当时法席盛行海内，谈学者无不禀为模楷，至今称有闻者，皆其支裔也。然先生既没，传者浸失其真，或以知解自多，而实际未诣；或以放旷自恣，而检柙不修；或以良知为未尽，而言寂言修，画蛇添足。

呜呼，未实致其力，而借为争名挟胜之资者，比比皆是。今《传习录》具在，学者试虚心读之，于今之学者为异为同，居可见矣。此不独征之庶民难于信从，而反于良知，必有不自安者。

杨侯为冀州守，修政之暇，思进厥士民于学，而刻是编以嘉惠之。语云：“君子学道则爱人，小人学道则易使也。”自是四方之观者，以爱人验侯，而又以易使验州人，令先生之道大光于信都，而一洗承学者之谬，余之愿也。乃不揆而

① （日）佐藤一斋评注：《传习录栏外书》，载黄振萍著主编《王阳明文献集成》，第5册。

序以贻之。①

重刻传习录小引

阳明先生《传习录》，门人徐子曰仁、南子元善辈皆尝刻于越中，有正，有续，最后绪山钱子复加删订重刻，海内传诵久矣。

猷自戊戌承乏信都，每朔望，与博士彭君辈，稍稍谈及《录》中语。彭，豫章人，盖讲之有素者，语更亲切有味，诸弟子员闻之，浸浸然若有得也。已而进曰：“惜是书燕、赵间未有传者，盍梓与多士共之。”

余从其请，遂发箧中，得绪山原本，付同志诸友校正缮写，又益以先生所尝《咏学诗》与诲语之切要者。

刻既成，复进诸生而告之曰：“是编也，其大旨在‘致良知’三字，先生之意，盖欲学者反观默识自得其所以为心，时时收摄，时时体验，即孔子所谓知及仁守，孟子所谓知皆扩而充之是已，初非弃伦常而事虚寂也。学者苟徒以知解口耳承当，而不实致其力，则是买椟还珠，只增一番理障耳，刻奚益也。”诸生曰：“唯唯。”爰书以相勖。

后学荆山杨嘉猷谨识。②

重刻传习录跋

《传习录》者，乃阳明夫子所传，而我郡侯荩斋杨公重刻

① 吴光、钱明、董平等编校：《王阳明全集（新编本）》，第 6 册，第 2124—2125 页。
② 吴光、钱明、董平等编校：《王阳明全集（新编本）》，第 6 册，第 2208 页。

以训诸生者也。

予学业非倚席者流，顾愈诵说愈支离，终日芒然无得力处。会公来牧冀，进予与长君为双，暇即用良知醒予，曰：“道无帮补，有实诣，自非用实践工夫，更于何处觅知觅致?”

一夕闻予咿唔声，辄前曰：“文字皆圣贤言乎?”予曰：“然。”曰：“书契以前无圣贤乎?假使世无文字，将遂无学乎?吾非欲废书，欲以我观书也。”

一夕复进予曰：“仲尼称时中，只不至掇不动，但灵明窍醒，便诸事都合，如仕止久速堕都却兵，细及较猎委吏，处处当然，却不在外面寻讨耳。”予闻之如梦方醒，旋以是说迹公治冀状，其大者在调徭马、修荒政、覆钱谷、省烦费、除寇翦奸，一意与民休息，唯未尝沾沾讲学如儒者状，而总之一张一弛，皆自心性中流出，有不得不然者，然后知公之学为实学，而彼求诸语言文字者，非也。

《传习录》刻成，予恐读是编者复以语言文字泥之，则公之心滋戚矣。故不自揣，而以平日所得于公者质诸同志云。

治下选贡张可大顿首跋。①

重刻传习录跋

阳明先生《传习录》，旧有刻本，冀人士耳其什之一而未悉也。会我师杨茋翁守冀，雅向文学，葺古井遗迹，群诸生为课，津津诲及《录》中语。深等倾心服绎，恳求梓之，以公

① 吴光、钱明、董平等编校:《王阳明全集（新编本）》，第6册，第2208—2209页。

燕、赵间。刻甫竣，而师有延安之陟矣。

考《传习》一录，要在致良知，而良知心也，心无所不有，孔之空空，颜之屡空，自尧舜以来，精一执中之传该是。第生人如梦，破梦以醒，故梦则天万覆地万载，醒则尽之乎不贰之一言；梦则应万出感万入，醒则尽之乎忠恕之一贯；梦则舜万圣跖万犴，醒又尽之乎鸡鸣时。利善之一间，而不贰也，忠恕也，利善之间也，一良知也。师得阳明嫡派，一切吏治，种种皆醒后作用，故时以醒训士。

深等今稍醒也，方蕲朝夕祗服师训，胡遽陟而西邪？将恐复梦矣。虽然，士梦矣，得师而醒。

师西矣，有兹录在，又将以师之刻而常醒。顾冀之士醒，宁忍延之士梦哉？

师之刻兹录也以为重，冀之捧兹刻也以为创，盖日月重明，光景常新，《传习录》之刻于冀，其日月也夫。

万历壬寅仲夏，门生白源深顿首谨跋。①

重刻传习录跋

阳明先生得圣学之渊源，一时名公亲承绪论，无不珍录家藏，而北方学者，犹未得其要领。荆山杨先生尝从复所杨公游，得其宗。

及领冀牧，莅政之暇，时与二三子，开明指示，遂出所藏《传习录》，重刻广其传，嘉惠后学，意至渥也。

① 吴光、钱明、董平等编校：《王阳明全集（新编本）》，第6册，第2209—2210页。

声自束发时，即知阳明氏，稍长知学，亦自谓知阳明氏。已及游先生之门，得其心印，则爽然若未知阳明者。既而质疑问难，渐次参合，于凡格致博约之旨、择善固执之说，殚精苦思，至忘寝食，一朝恍然，若天空，若海阔，若登泰、华绝顶见万有，若餐金饮玉飘飘羽化而登仙，然后知曩未知阳明，知阳明自今始也。学士得无自谓知阳明者乎？

愿且抛除己见，试取是录，虚心读之，一一参验，久当惘惘自失者矣。是非之心人皆有之，其于孔孟渊源必能得其解乎？如第耳食是录，而不深味，则传之不习也，非先生重刻传习意矣。

真定府儒学生员许有声谨跋。①

杨嘉猷，字原忠，号苊斋、荆山，原安徽凤阳府怀远县人。杨起元、冯少墟亲传弟子，南中王门著名学者。万历四年举人。万历二十四年，从复所杨先生讲学中都，获受致良知之学。万历二十六年任冀州知州。万历三十年刻《传习录》，焦竑为其作序。同年，擢延安郡丞。万历三十三年任靖边同知，亲往书院讲学，改进学风。官至镇远太守。

焦竑（1540—1620），字弱侯，号澹园，江苏南京人。耿天台、罗近溪亲传弟子，泰州学派王门代表性人物。万历十七年会试状元。历任翰林修撰、东宫讲读官、福宁州同知、太仆寺丞、南京司业等。

彭天魁，字星照，号在吾，江西新昌人。万历二十六年任冀州

① 吴光、钱明、董平等编校：《王阳明全集（新编本）》，第6册，第2210页。

学正。与杨荆山论阳明学，请刻《传习录》于燕、赵间，惠及冀州学子。万历三十一年，升任福建龙岩知县。万历三十六年，调广东乳源县。后升韶州知府。

郭磐石，亦作郭盘石，河北枣强人。晚明北方王门学者。举万历二十八年孝廉。万历四十二年任洋县知县。天启四年任清涧县知县。

白源深，河北人。杨嘉猷弟子，晚明北方王门学者。万历四十二年任固安县（今属河北省廊坊市）教谕。万历四十七年中进士。

许有声，河北枣强人。杨嘉猷弟子，晚明北方王门学者。天启贡士。崇祯三年任盱眙县训导。升安徽六安州英山（今属湖北黄冈市）知县。

可知陈荣捷先生说冀州本刊刻于“嘉靖三十年”为误，当为“万历三十年”。《大学古本序》《大学问》两文为冀州本缺，为日本学者重刻时增刻，遂流传于日本地区，并传播到我国内地。

据永富青地先生经眼的万历原刻本，全书参与编辑者较多，主要包括冀州儒学学正彭天魁、训导杜邦泰、王华民、张元亨、举人郭盘石、冀州选贡张可大、门生白源深、真定府儒学生员许有声、李初芳等人。① 笔者所阅版本，参与编辑人员“冀州学正彭天魁、杜邦泰、王化民、张元亨、郭磐石，选贡张可大”略有不同，或版本缺页所致。

笔者获得哈佛大学图书馆藏日本重刻冀州本，或为日本京都风月宗重刻冀州本。

---

① （日）永富青地：《王守仁著作の文献学的研究》，第 39—51 页。

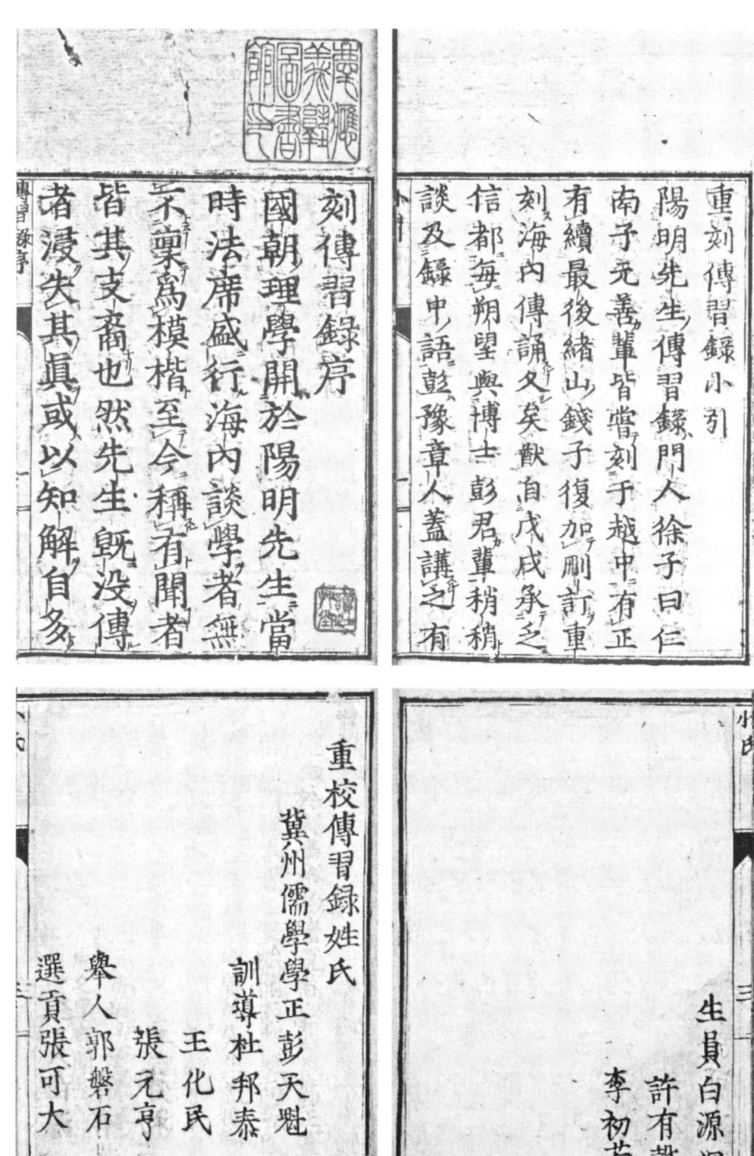
刻傳習錄序
國朝理學開於陽明先生當
時法席盛行海內談學者無
不稟為模楷至今稱有聞者
皆其支裔也然先生既沒傳
者浸失其眞或以知解自多

重刻傳習錄小引
陽明先生傳習錄門人徐子曰仁
南子元善輩皆嘗刻于越中有正
有續最後緒山錢子復加刪訂重
刻海內傳誦久矣歟自戊戌承乏
信都每朔望與博士彭君輩稍稍
談及錄中語藍豫章人蓋講之有

重校傳習錄姓氏
冀州儒學學正彭天魁
訓導杜邦泰
王化民
張元亨
舉人郭磐石
選貢張可大

生員白源深
許有聲
李初芳

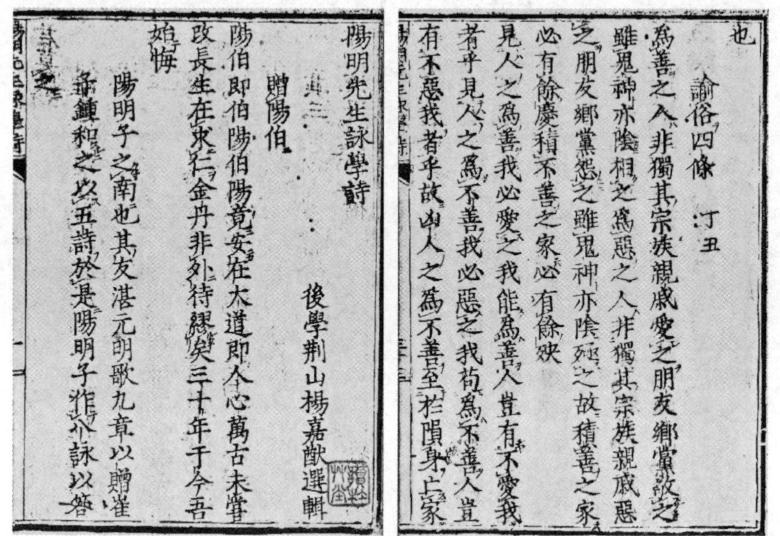

也

諭俗四條　丁丑

爲善之人非獨其宗族親戚愛之朋友鄉黨敬之雖鬼神亦陰相之爲惡之人非獨其宗族親戚惡之朋友鄉黨怨之雖鬼神亦陰殛之故積善之家必有餘慶積不善之家必有餘殃

見人之爲善我必愛之我能爲善人豈有不愛我者乎見人之爲不善我必惡之我苟爲不善人豈有不惡我者乎故凶人之爲不善至於隕身亡家

陽明先生詠學詩

後學荊山楊嘉猷選輯

贈陽伯

陽伯即伯陽伯陽竟安在太道即人心萬古未嘗改長生在求仁金丹非外待繆矣三十年于今吾始悔

陽明子之南也其友湛元明歌九章以贈崔子鍾和之以五詩於是陽明子作八詠以答

图 14.1　哈佛大学图书馆藏重刻杨嘉猷冀州本书影

杨嘉猷增刻“阳明先生咏学诗”数量较多，约七十六题，选编贵州时期所作诗歌比较集中。其中不少诗歌也不是论学诗，既有抒怀诗，也有风景诗，还有应酬诗，杨嘉猷选编诗歌原则令人生疑。

哈佛大学藏重刻杨嘉猷冀州本与通行本《传习录》一致，并未收入《大学古本序》《大学问》。十八世纪后的日本重刻本增刻此两文。至此，有关万历冀州本问题，我们均可以从哈佛大学藏本解决。

从焦竑序、杨嘉猷自序、张可大后跋、白源深后跋、许有声后跋五篇序跋来看，杨嘉猷是一位真正传播王阳明心学的实行者，不仅团结江右王门彭天魁，每月讲学两次，提拔后学，还踊跃捐资刊刻《传习录》，并参考钱德洪所刻版本，结合自己的证道感悟。冀州本《传习录》篇幅比通行本增色不少，不仅在卷中恢复《示弟立志说》，还在卷三增刻《咏学诗》《示徐曰仁应试》《论俗四条》《客座私祝》四篇文章，为万历时期《传习录》版本提供新的理解，为王阳明文献版本世界增添活力，值得肯定。

且参与冀州本《传习录》的阳明心学爱好者，均有不错的仕途，为冀州与河北地区阳明心学的发展起到推波助澜的效果。如江右王门彭天魁随后在福建龙岩、广东乳源等地为官，且官至韶州知府，将冀州本带到华南地区，推进粤闽阳明学的发展。郭磐石先后在汉中、榆林为地方官，知行合一，用德化振兴乡邦。许有声则在江苏、湖北等地任职，传播阳明学。

更应该值得嘉许的是，冀州本远播日本，出为日本《传习录》的通行本、祖本，历时几百年，美名远扬，架起中日文化友好交流的桥梁，对东亚阳明学的发展起着关键性的作用。

（五）崇祯三年陈懋德江西白鹿洞本。

今存世崇祯三年白鹿洞书院刻本为重刻台州籍阳明心学名臣王宗沐嘉靖时期在江西的刻本，藏日本九州大学图书馆，每半页十行，每行二十字，今存 161 拍。王宗沐所刻本散佚，今存世白鹿洞本亦为残本，故而只能从白鹿洞本大概推测王宗沐刻本的内容和规模。

通行本诸序言外，全书前依次有陈懋德序、熊德阳序、王宗沐原序。

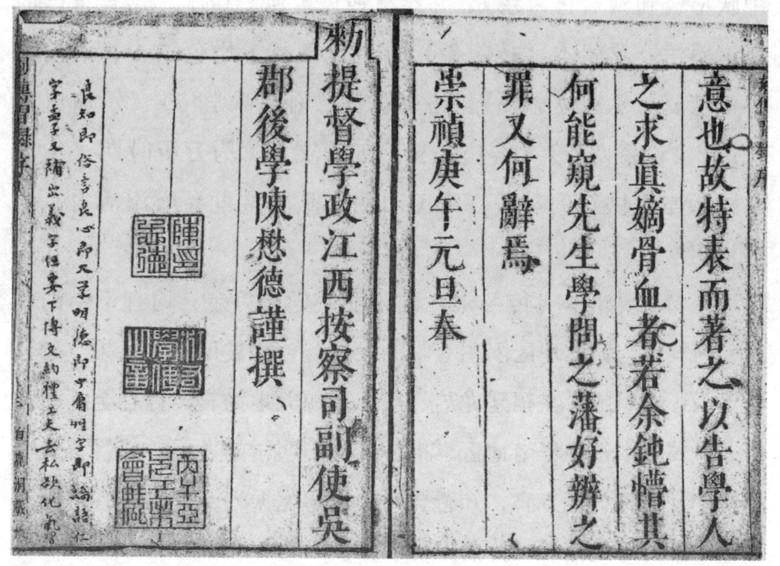
意也故特表而著之以告學人之求眞嫡骨血者若余鈍憒其何能窺先生學問之藩好辨之罪又何辭焉

崇禎庚午元旦奉

敕提督學政江西按察司副使吳郡後學陳懋德謹撰

图 14.2　日本九州大学图书馆藏崇祯三年陈懋德重刻王宗沐《传习录》本书影

刻传习录序

学问一事求其是而已矣。若夫中无所是而随声吠影，与自以为是而操戈翻案，其人心术皆已得罪圣贤，又何从知学问之真嫡骨血哉？所谓求其是者，非如后儒疑似牵合，依傍凑泊，以前人言句为模而我型之也。一笑一嚬，一指一抝，叩之内心而洞然晶莹，验之人伦世故而若然中窾。印之千百世以前，千百世以后，四海以外，四海以内，上至天帝，下至乞儿而廓然符合，不差毫厘，如此而已矣。我朝高皇帝，涤荡胡氛，手整日月，治统琼绝万古。尝曰："心为身之主帅，所以常自点简。此身与心若两敌然，时时自相争战。凡诸事为，必求至当。"

盖心学渊源于兹辟矣。又颛崇六经、四书，而以经义取士，直摄天下士子精神。饮餐寤寐于圣贤之阈，更从风檐寸晷，迫取其箭，脱锋注之心灵，相遇于拟议不及之天，而后历试之兵刑农赋之际，以大竟其安民致主之用。高皇帝之心，岂不期人人以圣贤为的哉？而其流也，剽饰之为辞章，株泥之为训诂，贽借之为功利，适燕而南其辕，渐迷渐远。惟我阳明先生，负不出世之资，历生平未经之患难，旁印于二氏，对勘于诸儒，万死一生，千锤百炼，一旦憬然提出良知两字，如获衣珠，直扶洙、泗、濂、洛之嫡血，尽涤辞章、训诂、功利之积氛，至其勋业节义，只立古今，尤令人获睹真儒大用，而一洗学道迂腐之疑。斯不可谓高皇帝之忠臣乎？

或曰："阳明良知之学近于禅，而卒流为玄虚，笃行君子多不满焉。"余姑应之曰："良知两字非始自先生，固子舆氏之言也。夫子舆氏禅乎？否耶。良知之第一逗现，为孩提爱亲，稍长敬兄。夫爱亲敬兄玄虚乎？否耶。且以吾侪凡夫证之，才一堕地，便能乞乳，未几见他人而嗄，见父母而笑，此婴儿之嗄笑与历山之号慕有二良知乎？此可谓玄虚乎？江次翁奉母避乱，遇贼辄泣，告有老母在，贼不忍犯。荀巨伯看友人病，贼至，愿以身代。贼相顾叹曰：'我辈无义之人，而入有义之国。'遂班军去。此盗贼之知孝知义与陶唐四岳之明扬交让有二良知乎？此可谓玄虚乎？设使酣古传闻之儒，日习问安视膳之仪，卒然遇利则攘臂，遇害则掉头，绝非婴儿嗄笑面目，此可谓切实乎？又使角巾衿带之儒，日讲仁义道德之训，一值生死之交，锋刃之际，迷匿本心，置盗贼之不若，此可谓切实乎？

乃以婴儿不假学识，盗贼不能澌灭，人人具足，刻刻逗现之良知，而推之于阳明，又推之于禅，冤阳明乎！抑冤自己也！”

或又曰：“晦翁传注尊为功令，而阳明间有异同，不无可议。”余又应之曰：“阳明之间有异同，此所以为晦翁之知己也。盖晦翁志愿大，魄力宏，首以继往开来为己任，故汲汲表章六经、四书，词句之间，岂无千虑一失？且其入手稍未易简，当时鹅湖辨证，已有异同，而白鹿一会，则晦翁引象山为知己。又其晚年，自悔有云：‘近日方是见得向日支离之病，自家一个身心不知安顿去处，将经世事别作商量讲究，不亦误乎？’可见晦翁勇于闻道，何尝自护其过？而今人必代为护之。人之相知，贵相知心。孔子生民以来，未有一人，老聃诲之曰：‘去子之骄气与多欲，态色与淫志。’而孔子顾叹老聃为‘犹龙’，未闻孔子以老聃非知己也。以雷同附和为知己者，此在末俗人情则然，岂可以例圣贤心事哉？且晦翁悟后谓：‘因良心发见之微，猛省提撕，使人不昧，则是做工夫的本领。若不察良心发见处，即渺渺茫茫，恐无下手处也。’此与阳明有何异同？后人自看不到耳。然则良知之学，迄今寖失其传者，又何也？其故有二：一则聪明浮慧，掠前人光影，而误以任性为良知，如假汞作银，经火辄败。一则义路胶滞，喜翻前人公案，而谬以执见救良知，又如蒸沙作饭，不中疗饥。”

嗟乎！天下之适燕南辕，渐迷渐远者多矣，岂独先生之学为然，而乃以归祸先生哉！

今但愿学先生之学者，先扫陈见，且平心和气读其书，知其人，力究其宗旨之所存，以及下手格致之窍要，而又回勘于梦醒清明，就正于真师良友，忽开心眼，确见其果玄虚与否，是禅非禅，而后去取从违，一听其人之自判自决，此吾友金正希、钱沃心刻《传习录》意也。

故特表而著之，以告学人之求真嫡骨血者。若余钝懵，其何能窥先生学问之藩？好辨之罪又何辞焉？

崇祯庚午元旦，奉敕提督学政、江西按察司副使、吴郡后学陈懋德谨撰。①

重刻王文成公传习录序

王阳明先生以良知之说开人心眼，与有宋诸儒羽翼圣经以正人心之义何异？而后学滋疑。乃曰："孔以仁，孟以义，宋以礼，我明以知，今宜救之以信。"此言似之而非也。夫人心随用而异名，心岂有五哉？学问之道在求放心，旦昼反覆，愈放愈远而愈失。孟氏犹于不屑不受其颡有泚处，指其萌芽，所谓复其见天地之心乎？

顷年来富贵利达之徒，厉禁讲学，以致人心漫漫，究也无父无君，召禽兽夷狄之祸。即今圣明在上，极力振刷，犹不能挽其积习，何也？盖人心惟危，道心惟微，危微之间，身心治乱之间，世运之治乱系焉。故学之一途，君子反经之术也。拨乱而反之治，非倡明此学不可。

钱侯以名进士初第时，慨然请复书院。嗣授我郡司理，欣然就道，曰："是周、朱、陆、王诸先生之遗业，在白鹿可按

① 吴光、钱明、董平等编校：《王阳明全集（新编本）》，第6册，第2204—2206页。

也。”甫下车即清刑疏滞，明禁敕法，不月而令下水流，风行草偃，真儒之作用有如此。暇乃集诸英，携较执，因梓金太史公所批点传习录，以广其传，甚盛心也。

愿有志君子实实体认，无昧其良知，将见微著，危安真如，阳光一照，魑魅自消；元气初回，顽石自润；良知之致，又何疑焉？慎无以此录作言语文字观，以负惓惓引诱来学之意，则治象征于人心，行超嘉、隆、万而上之，此举之关于世运，顾不大哉？

崇祯已巳岁嘉平月，吉之后学熊德阳书于惕庵。①

传习录序

《传习录》，录阳明先生语也。四方之刻颇多，而江右实先生提戈讲道处，独缺焉。沐乃请于两台，合续本凡十一卷，刻置学宫。

诸生集而请曰：“愿有以序之。”

余愀然曰：“来！二三子是尚有待于余言乎？夫言非先生得已也。自先生之殁，则学稍稍失其旨，繁言朋兴，门户峙张，规为儒名，而实衰焉。非不能言也，是用与二三子剪裁浮华，反归本实，以独得先生之意于旷世之下，而尚有待于言乎？孔子曰：‘予欲无言。’而又曰：‘无隐学而必待于言也。’则二者实背而驰。如其不待于言也，则所谓无隐者盖有在矣。且尔亦知先生始得之勤也，而其后之不能无忧乎？”

① 吴光、钱明、董平等编校：《王阳明全集（新编本）》，第6册，第2206—2207页。

诸生曰："未之闻也。虽然，愿卒言之。"

曰："天命流行，物与无妄，在天为不已之命，而在人为不息之体。孔门之所谓仁者，先生之所谓知也。自程纯公之殁，而圣人之学不传，沉酣传注，留心名物，从其求于外者，以为领略贯解，而一实万分、主静立极之义微矣。夫天下莫大于心，心无对者也，博厚高明，配于天地，而弥纶参赞，际于六合，虽尧、舜之治与夫汤、武之烈，皆心之照也。从事于心者，愈敛而愈不足；从事于言者，愈赘而愈有余。不足者日益，而有余者日损。圣愚上下之歧，端在于是。此先生所以冒忌负谤，不恤其身而争之于几绝之余，而当时之士，亦遂投其本有，皆能脱骖解絷，翕然从先生于骤闻之日者也。争之不明而有言，言之稍聚而为录。今不据其录而求其所以为学也，乃复事于言，是其不得已者，反以误后人而贻之争耶？且先生之得，是亦不易矣。先生顾其始，亦尝词章而博物矣。展转抵触，多方讨究，妆缀于平时者，辨艺华藻，似复可恃。至于变故当前，流离生死，无复出路，旁视莫倚，而向之有余者，茫然不可得力。于是知不息之体炯然在中，悟则实，谈则虚，譬之孤舟，颠沛于冲风骇浪之中，帆橹莫施，碇缆无庸，然后视柁力之强弱，以为存亡。叶尽根呈，水落石出，而始强立不返矣。故余尝谓：先生仅悟于百死一生之日，然后能咽余甘而臻实际，取而用之，已本不贰，而物亦莫能违，事功文词，固有照中之隙光也。先生之所以得者，岂尽于是耶？嗣后一传百讹，师心即圣，为虚无漭荡之论，不可穷诘。内以驰其玄莫之见，而外以逃其践履之失，于先生所道切近之处，未尝加功，则于先生所指精微之地，终无实见，投之事则窒，施之用则败。盖先生得而言之，言先生之心尔。而今袭先生之语以求人，即句句不爽，犹之无当于心，而况不能无失乎？心不息，则万古如一日；心不息，则万人如一人。先生能用是倡之于几绝，吾人不能缘是承之于已明，而方且较同异雌黄以为长。犹昔人所谓神尧能以一旅取天下，而子孙不能以天下取河北者。此予之所以谓先生始得之勤，而今之不能无忧也。夫从事于心，敏而犹有不及，则于言有所不暇；从事于心，精而后知所失，则于言有所不敢。默识深思，承担负荷，此余与二三子今日之所承先生之后者也。"

诸生曰："然则兹刻可废乎？"

曰："若是泥哉！书之存不存，未害也。书不传，则先生之心不著。其颖者固无待乎是矣，而闻而兴者，犹之欲渡而弃航也。求之于心而得，则先生之言庸以相印；求之于心而不得，则由先生之言而思焉，而力焉，而本体固可见矣。昔者赵简子有二子，而莫知适立也，乃书戒教之词于简而授之，三年而问之，长伯鲁不能举其辞，求其简，已失之矣；次无恤育其辞甚习，求其简，出诸袖中，遂立之。夫志各有适，非简之罪也，二三子其识之矣。"①

陈懋德（1586—1644），亦作蔡懋德，字维立、公虞，号云怡，昆山人。少慕阳明夫子为人，著《管见》，宗良知之说。万历四十七年进士。历任杭州推官、祠祭员外郎、江西提学副使、山西巡抚

① 吴光、钱明、董平等编校：《王阳明全集（新编本）》，第6册，第2105—2107页。

等。李自成破太原，自缢而绝，谥忠襄，史称蔡忠襄公。在任地方官时，多以阳明《拔本塞源论》教诸生，撰《圣门律令》，学主儒佛合流。崇祯三年元旦，协助钱沃心捐资刊印金正希批注标点的《传习录》于江西。崇祯五年夏，再次捐资刻《罗明德先生遗集》，亲自作序，赞扬近溪之学为现成良知学的宗师。

熊德阳，字日乾、六龙、龙光，号青屿，江西建昌人。万历三十五进士。历任广东高明知县、浙江德清知县、刑科给事中、兵科给事中等官职。崇祯二年，其弟熊德明主持白鹿洞书院，应弟之请，故有此序言之作。

因笔者所见本为残本，故缺少崇祯三年上元日钱启忠后叙，今据钱明先生辑佚成果，抄录如下。

重刻传习录后叙

阳明先生良知之学，一时诸贤相与唱和，而天泉证悟，直指人生未发以前本旨，随揭四语作宗门口诀，先生因言此最上一路。到此天机漏泄，千百年即颜、思未曾道及，固知先生非从万死一生中不能到，我辈非从万死一生中亦不能悟也，而议者浸生异同。夫同此之谓同德，异此之谓异端，毫发千里。

昔朱晦翁与陆象山先生讲学，反覆数千言，亦似格格不相入，晚而象山读晦翁“中流自在”及“万紫千红”诗，喜见眉宇，曰：“晦翁悟矣！悟矣！”两人卒成莫逆，迄无异同，造主鹿洞，剖析义利。时晦翁于义利关头岂尚未透？“独通身汗下，至冷月挥扇。”嘻！此孔门真滴血，又是格物物格良知透体真面目也。吾夫子不云无知乎？正谓良知上加不得些子，此意却为子舆氏觑着，故特举此二字示人，后来亦只就寻常语言读过，先生又拓出作提唱，且欲自渡渡人，而大旨载在《传习录》。

大凡学者传则有习，至于习倏而惘然自疑，既而划然自解，旋而确然始信安身立命有下落处。我辈惟不能习，故不能疑，不能疑，故不能信。传有之，信。信也疑，疑亦信也，而先儒亦言此道要信得及。

余不敏，窃谓即信不及，幸且习而安之。诚时时提念，时时猛省，时时觉热汗淋漓，令无声无臭独知时，乾坤万有总摄，光明藏中，一旦贫儿暴富，当不学沿门持钵，向他人吃残羹剩饭也。

因以金正希所手订者，请之学宪云怡陈公付诸梓，以公同志，而赞数语于末简。

崇祯三年上元日，明山后学钱启忠识于问天阁。①

据查，钱启忠（1594—1643），字沃心，号清溪，浙江鄞县人。崇祯元年进士。观政兵部。在京，与同年金声等十余人结社谈道论学。外任江西南康府推官。在南康历时五年，主教白鹿洞书院，崇祯三年邀请居家讲学的好友金声一起点校王阳明《传习录》。

金声（1598—1645），字子骏、正希，号赤壁、嘉鱼，休宁人，寄寓湖北嘉鱼县。崇祯元年进士，历任庶吉士、山东道御史、翰林

① 吴光、钱明、董平等编校：《王阳明全集（新编本）》，第6册，第2132—2133页。

院修撰等职。崇祯三年，居家，讲学于还古书院。

可见，白鹿洞本由当时按察副使陈懋德、南康府推官钱启忠等人捐资，金声评点，钱启忠校对，邀请南康府建昌乡贤熊德阳作后序，是当时白鹿洞书院与江西地方任职官员与地方乡贤集体智慧的成果。

从白鹿洞本可窥王宗沐本，由此上溯，可推探崇正书院本的内容和规模。将嘉靖三十三年序言置于卷三语录前，这样的次序安排，据笔者所经眼，目前仅见于水西精舍本；而水西精舍本刊刻后四年的天真书院本将此序言提前至全书卷首。由此可知，王宗沐在江西重刻传习录本，的确参考了崇正书院本，或许底本就是崇正书院本，而不是胡宗宪刻本。

（六）崇祯初年陆鏊广东肇庆本。

崇祯初年，嘉兴平湖后学、时任肇庆知府的陆鏊在广东肇庆捐资刊刻六卷本《传习录》。据考，陆鏊，字味道，浙江平湖人。天启五年进士。崇祯二年任肇庆知府。在肇庆大兴教育，修府志十七卷，出资捐刻《传习录》六卷。崇祯九年升任广东右布政使。著有《宝纶堂集》，未刊刻。

重刻传习录序

韩昌黎谓孟子功不在禹下，程伊川亦称其伯，子孟子之后一人。盖言厘邪诐，振斯文，非若雕镂风月、藻绘溪山者可相伦匹也。

自濂洛失传，人不为痪吠，则骛羶趋，世道谁砥？然良知一脉，隐伏芭莽，如珠在胎，如玉在璞，未常一日不留人间。固不事盘盂几牖，遍置箴铭也。则文成先生《传习录》，不几赘乎？

虽然，先生生当叔季，人禽势危，不有针砭，竟谁发覆？于是，特揭良知诏来学，将使傀儡场中严提线索、比丘衣底同出宝珠。宋元以还，指当首屈，固宜生膺高爵，殁祀庙庭也哉！

予童子时，即闻先生弟子王龙溪讲学吾乡天心书院，先祖参军公实分片席，称私淑焉。己酉，领乡荐，得从先生从孙、今少司马峩云公谱末复聆绪论。

兹守端郡，适先生旧日抚棠，峩云公又能世其节钺，则端自太守以下，孰非先生所陶铸哉！固当与家忠宣、郡孝肃两奏议鼎镌于崧台石室间也。爰捐俸，登诸梨枣。

然予又记，相传有一少年问文成先生良知为黑为白，众皆哂之，其人面发赤，盖误知为猪也。先生因曰："良知非黑非白，其色乃赤。"先生随事指点，固不在笔墨糟粕间也。请与转而问之良知。①

据陆鏊自序，陆鏊在童子时，在天心书院得闻王龙溪讲学，其先祖陆光祚则为王龙溪著名私淑弟子。万历三十七年己酉陆鏊中举，相识王阳明从孙峩云先生，对于阳明之学的认识更深一层。故而在其担任肇庆知府时，有捐资刊刻六卷本《传习录》的行动。

---

① 《崇祯肇庆府志》，卷十五《艺文》。

（七）崇祯初年荀好善河南兰考本。

2023年春，笔者在北京国家图书馆老馆查阅王阳明稀见版本，意外发现一种《传习录》残本，存上册三卷，为关中后学荀好善与门人李益大在河南兰阳（今属兰考县）捐资刊刻。今查，荀好善(1585—1639)，字若诚，号海来，陕西醴泉人。天启五年进士。任长治知县。崇祯元年丁父忧去任。服阕，改令兰阳。崇祯七年擢侍御史。后出为山东济南府知府。崇祯十二年正月殉难，年仅五十五，赠太仆寺卿。

约崇祯四年至六年间，荀好善在任兰阳知县，重订《传习录》，其兰阳门人、庠生李益大督刻。

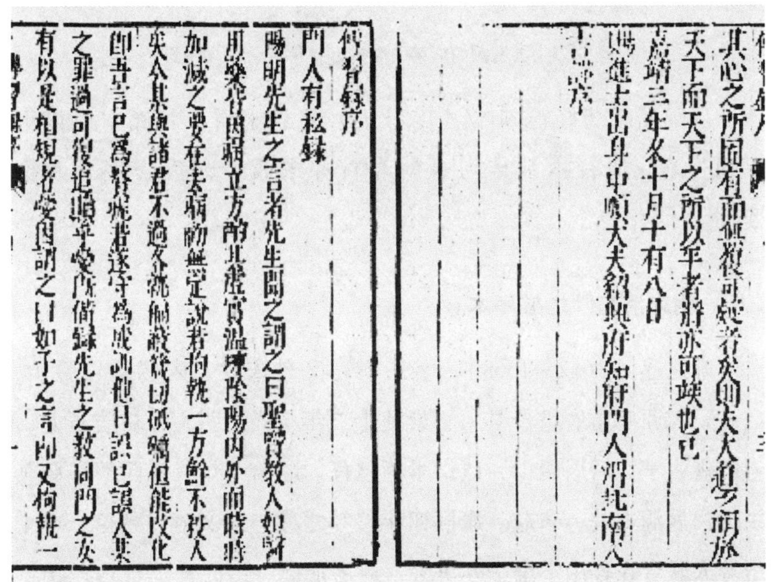

傳習錄序

其心之所固有而無假於外者也則夫大道之明於

天下而天下之所以平者將亦可以俟也已

嘉靖三年冬十月十有八日

賜進士出身中順大夫紹興府知府門人渭南南大

吉序

傳習錄序

門人有私錄

陽明先生之言者先生聞之謂之曰聖賢教人如醫

用藥皆因病立方酌其虛實溫涼陰陽內外而時時

加減之要在去病初無定說若拘執一方鮮不殺人

矣今與諸君不過各就偏蔽箴切砥礪但能改化

即吾言已為贅疣若遂守為成訓他日誤己誤人某

之罪過可復追贖乎愛既備錄先生之教同門之友

有以是相規者愛因謂之曰如子之言即又拘執一

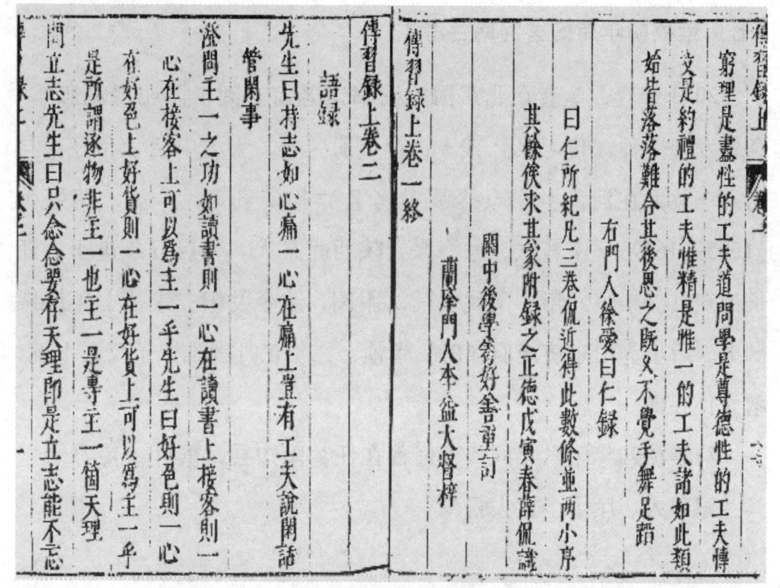

窮理是盡性的工夫道問學是尊德性的工夫博
文是約禮的工夫惟精是惟一的工夫諸如此類
始皆落落難合其後思之既久不覺手舞足蹈
右門人徐愛曰仁録
曰仁所紀凡三卷侃近得此數條並两小序
其餘俟求其家附録之正德戊寅春薛侃識
閩中後學苟好善重訂
蘭谿門人本盆大督梓
傳習録上卷一終

傳習録上卷二
語録
先生曰持志如心痛一心在痛上豈有工夫説閑話
管閑事
澄問主一之功如讀書則一心在讀書上接客則一
心在接客上可以爲主一乎先生曰好色則一心
在好色上好貨則一心在好貨上可以爲主一乎
是所謂逐物非主一也主一是專主一箇天理
問立志先生曰只念念要存天理即是立志能不忘

图 14.3　国图藏苟好善兰阳重订《传习录》本书影

从国图藏苟好善刻本《传习录》残卷来看，其底本应该不是通行本。通行本《传习录》卷首并未收录南大吉序言和徐爱序。

（八）明末清初叶之盛序本。

叶之盛（1612—1668），字未有，又名宋佚、宋惕，号髻山、白石，江西南康府星子县人。崇祯十二年举人。明亡，初居黄龙山青霞观讲学，后居髻山，以讲学为己任。顺治七年，江西巡抚聘其主持白鹿洞书院，未赴。康熙四年，叶之盛与谢文洊、魏禧、彭士望等人联合在程山学舍举办讲会，声名鹊起，由此开“江西三山学派”。著有《求仁篇》《乙巳岁余录》《丙午山间语录》《程山问辨》《匡南所见录》《丧礼订误》《太极归心图说》《大学咏》《髻山语录》等。叶之盛作了一篇较长的序言，坚决反对阳明学为禅学的世俗观点，积极为王阳明辩护。

传习录序

王文成良知之学疑于禅觉，时啧有烦言。或辨曰：“说本孟子。”郑盐官氏作《吾学篇》，复奋然论定，曰：“公功名昭揭，不可盖覆，惟学术邪正，未易诠测。以是指斥，则谗说易行。《传习录》诸书具在，学者虚心平气，反覆融玩，久当见之矣。证文成学之是者无如孟子，是证文成学之是孟子非禅者，无如《传习录》矣。”

“道家言虚，吾儒于虚上加不得一毫实。佛家言无，吾儒于无上加不得一毫有。”此阳明语，盐官氏岂未尝反覆融玩而故作是辨？盐官氏当亦有见而言之也。

释氏以理为障，而《录》中于“去人欲存天理”六字叮咛谆复，不下百数十言。据此，犹比例而同之禅觉，岂非周内？然而天理之似是而非，固有不容不辨者。

夫天则诚而已矣。元亨，诚之通；利贞，诚之复。其命于人则为仁义礼智之性，此理粹然至善者也。择此谓之择善，好此谓之好善，乐此谓之乐善。闻《中庸》言明善矣，未闻言明即是善；闻孟子言知性矣，未闻言知即是性。言明即是善，言知即是性，此文成良知之说也。知觉特心分事，而《传习录》曰心即理也。夫心而即理，孟子不应曰“理义之悦我心”，又不应曰“仁义礼智根于心”，又不应曰“君子以仁存心，以礼存心”，岂谓心之悦心、心根于心、以心存心乎？又孟子道性善，《录》曰“性无善无恶”，又于告子之言有取焉。曰：“只无善无不善一语已了，不应复分别仁内义外。”又于大鉴之言有取焉，曰：“莫思善，莫思恶。”为不识本来面目者说。

试反覆融玩其言，本孟子乎？本告子乎？抑本大鉴禅师耶？文成惟认良知为天理，故告萧惠有曰：“所谓汝心，却是那能视听言动的，这个便是性，便是天理。”与在耳曰闻、在眼曰视、在手握持、在足运奔之类，识者知是佛性，何铢黍爽？又曰何思虑是工夫，即思善亦非；又以一心读书应宾接物，比之好色货及酒，又教好善恶恶不得伤其无善无恶之体也。如是，则文成所谓天理概可知矣，所谓存天理亦概可知矣。

《传习录》具在，盐官氏更能下转语否？虽然，禅学固未易言也，非龙场动忍，朝思夕究，不轻许以禅参。非一夕呼跃，从者警惕，不轻许以禅悟。非英敏天纵，权变莫测，不轻许以禅机禅用。而先生人品光霁远过商霖，勋业烂如，即张无垢孙弗及也。先生固豪杰之士哉！

夫谤人者自谤也，诬人者自诬也。先生既杨墨疑紫阳，而余小子复以大鉴疑先生，事类反唇。又当佛法盛振之日，不惟度绵弱，哓哓然呵诋禅宗，兼辟吾儒之似禅者，又举前喆所定论非禅旧案而掀翻之，行将见其受排挤于众癫阱而莫之救也。然中有弗获已者，不遑恤也，亦曰《孟子》具在，《传习录》

具在，期共告之天下后世云尔。①

第二节 《传习录》节本暨王阳明语录选本

《传习录》节本最早见于嘉靖十六年阳明弟子薛侃与王畿选编的《阳明先生则言》。其实，《阳明先生则言》是编者根据己意选取《传习录》《文录》中具有某种价值取向的特殊语录、论学书信与文录编辑而成。由于这样的选编带有编者的个人主观目的与特殊的教学偏好，并没有大量的新鲜的王阳明语录和论学书信，故而，此类阳明文献往往流传不广，远不如钱德洪编辑的五种《传习录》版本。事实上，《阳明先生则言》在后世的传播，虽再经阳明心学名臣谷中虚的捐资重刻，也总共仅三刻而终。

但是，由于编者当时为了教学需要，选取《传习录》《文录》部分语句，形成编者独特的编辑原则。如杨嘉猷选取数十首王阳明论学诗歌，编成《咏学诗》，在日本传承数百年，至今我们得以一睹其全貌，分析杨嘉猷的编辑原则，有助于认识当时学者是如何传播与发展阳明学的。另一方面，编者选取当时刊刻的《传习录》《文录》版本，有些可能在传播过程中散佚了。

① 《同治星子县志》，卷二《艺文上》。

（一）万历二年浙江巡按萧廪杭州编刻《阳明先生要语》三卷。

萧廪任职浙江，采取当时著名阳明心学家耿天台之意，将王阳明文献分类摘抄成书，形成《阳明先生语要》三卷，授推官萧彦。萧廪于万历二年夏至日，令吴自新刊刻《陆王二先生要语类抄》，并亲自作序。该本现藏于上海图书馆、浙江省图书馆，目前学术界未见有公开影印本。

萧廪，字可发，号兑嵎，江西万安人。欧阳德、邹守益亲传弟子。嘉靖二十八年举人。嘉靖四十四年进士。隆庆三年擢御史。万历元年巡按浙江。万历五年升太仆寺少卿。万历六年升为太常寺少卿，十一月升为南京太仆寺卿。万历八年十月由南京太仆寺卿改为光禄寺卿。万历九年任陕西巡抚。万历十一年为右副都御史，巡抚浙江。万历十二年由南京工部右侍郎改为刑部右侍郎。万历十三年八月，由刑部右侍郎改为兵部左侍郎。其为人淳正，为官谨慎。万历十五年四月二十四日卒，七月追赠为尚书。《明史》有传。著有《兑嵎先生集》。

应《陆王二先生要语类抄》选取的王阳明语类三卷选抄，来源于杭州隆庆本《王文成公全书》，即今普林斯顿大学图书馆藏，端正的宋体字印刷，主要以嘉靖三十七年《文录》《传习录》为底本印刷的。

（二）万历初年曾省吾编刻《文成先生教言》二卷。

阳明后学人物曾省吾辑《薛王二先生教言》，其中《文成先生教言》二卷，万历时期刊刻。《中国古籍总目》有载。

曾省吾，字三甫，号确庵，亦号恪庵，湖北钟祥人。嘉靖三十五年进士。隆庆六年四月由太仆寺少卿升为都察院右佥都御史，巡抚四川；万历三年六月升为兵部右侍郎；万历五年十二月升为左侍郎；万历六年十二月任南京都察院右都御史；万历十年十二月定为张居正党人，被迫致仕，时年五十一；万历十二年十月发回原籍为民。著有《校秦翰牍》一卷、《抚蜀翰牍》一卷、《平蛮余录》四卷。

（三）万历三十一年胡嘉栋武昌编刻《阳明先生语录》三卷。

万历三十一年癸卯春，时任武昌府推官的胡嘉栋在门人孙志元、周炳灵的帮助下，捐资刻印《阳明先生语录》。书前有胡嘉栋刊刻序言，书末有校对者周炳灵的《阳明先生语录编次跋》，为万历时期湖北地区重要的《阳明先生语录》版本文献。今藏吉林省图书馆。

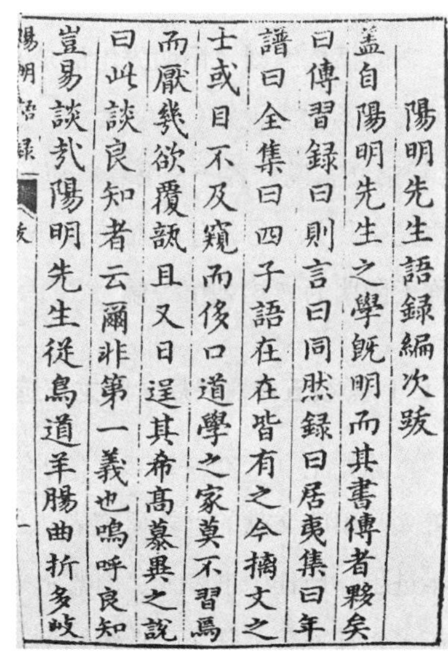

陽明先生語録編次跋

蓋自陽明先生之學既明而其書傳者夥矣曰傳習録曰則言曰同肰録曰居夷集曰年譜曰全集曰四子語在在皆有之今摘文之士或目不及窺而後口道學之家莫不習焉而厭幾欲覆瓿且又日逞其希高慕異之說曰此談良知者云爾非第一義也嗚呼良知豈易談哉陽明先生從鳥道羊腸曲折多岐

陽明語録 一 跋

图 14.4　吉林省图书馆藏万历三十一年胡嘉栋编刻《阳明先生语录》书影

胡嘉栋，字隆宇，河南西华人。万历二十三年进士。历任武昌司理、南京吏部主事、兵科给事中、辽阳监军道等官职。据其编刻的《阳明先生语录》序跋里面提到，他发现两个阳明学的好苗子：孙志元和周炳灵，邀请他们参与校对书稿，确保王阳明语录选编的高质量。

孙志元，字善长，江夏人。胡嘉栋亲传弟子，楚中王门学者，王阳明文献的重要传播者。万历二十八年举人。万历四十三年任河南中牟县知县。天启二年任河南永宁县知县。著有《青文馆集》。

周炳灵，字公含，江夏人。胡嘉栋亲传弟子，楚中王门学者，王阳明文献的重要传播者。泰昌元年选贡第一。天启元年中北闱副榜。先后历任光化县（今属湖北襄阳）训导、兴县（今属山西吕梁）知县。卒于官。所撰诗文多毁于兵，今存《洪山赋》。

胡嘉栋编刻《阳明先生语录》以通行本《传习录》为底本，选编《示弟立志说》《训蒙大意》《教约》等胡宗宪刻本内容，并以《示弟立志说》置于全书卷首以示敬意。在该书卷三后附录《王阳明先生传》，文末有胡嘉栋按语，对王阳明事功、人品均有赞誉，称王阳明为“国朝第一儒”。

（四）崇祯五年嘉兴后学陈龙正选编《阳明先生要书》。

陈龙正（1585—1645），初名龙致，字惕龙，号几亭，浙江嘉善人。阳明文献的重要研究者、保护者，阳明年谱撰写人。崇祯七年进士。历任中书舍人、南监丞等。南明弘光元年六月，绝药而卒。

崇祯五年，陈龙正选编刊刻《阳明先生要书》八卷，并为之作序。其中《传习录》分上下两卷，上卷选 121 条，下卷选 129 条，总选《传习录》250 条。中国科学院图书馆有藏。

阳明先生要书序

余沉潜紬绎于文成之书者累年，恍乎登其堂而聆其謦欬也。惜其书乱而少次，繁而反晦，剖类多而滋混，欲使人人读而取益焉，乃纂为《要书》。

既成，为之言曰："孟子而后，圣贤负大经济者少矣，惟濂溪、明道有致太平之才。诸葛孔明而后，豪杰之识大本原者少矣，惟阳明先生终身在事功中，终身以修德讲学为事。奏成功者，学助之也；居成功者，学为之也。观圣贤者观其用，曾谓用如先生，而尚非豁然闻道者耶？致良知之宗，其言本于不虑，其旨本于诲由，非直以不虑为良，以不虑而有别为良，至矣！莫可訾矣！贻訾者独在无善无恶，然先生实有所见而云，盖曰善本无善也，犹元公曰太极本无极也，欲人不倚善也，岂顾令不为善哉？承无极者，以体贴天理，以主敬，故百世而弥光；承无善者，以玩光景，轻行谊，资文过，则不再传而裂尔。因其徒之失真，使后人致憾于提宗之未慎，先生之灵其恫已夫！夫先生大悟者也，存诚者也，后人疑其教而因疑其学，疑其学而终慕其猷略与文章，至于慕其猷略文章而先生微矣！天下无不悟而能诚，无不诚而能神，观先生之身也，口也，手也，耳目也，兵革钱谷也，潜鱼栖鸟也，画堂貂冠也，炎风毒雾也，无不神也，皆心所为也，则驱策指引之间，先生亦恶乎往而不彰？儒者致用，无逾先生。然先生正君心者，念念苍生者，体仁也者，致天下之太平也者，非任智也者，非定方隅之祸乱也者，则犹是精才而粗用，大才而小用，全才而偏用，畴谓讲学封侯，遂惊为儒生不世之遭矣乎！故天下艳先生之才与功，而识者更致惜其遇；天下传先生之悟，而善学者以为不如法其身也。先生口谈无善，身则无须臾不为善，夫惟孳孳为善，庶可以谈无善矣。呜呼！三代而下，圣贤而奇才，豪杰而好学，微斯人吾谁与归？假以数年，未之或知也。彼且云，尧舜以上善无尽。”

崇祯壬申五月丁巳，后学嘉善陈龙正序。

传习录小序

自徐曰仁有传习录，而陆澄、薛侃继之，今之上卷是也。其后陈九川辈，又各有记；钱绪山又为之补遗，总名《传习续录》，今之下卷是也。中卷则答顾东桥等七书，其末附以训蒙条教。

愚谓上、下二卷，皆其弟子自记请政与所闻答问之词，大都切于明道，故宜冠之集首。若书劄虽以论学，然论学者，非止此七书也，何义而独入《传习》乎？今以七书移入二卷书劄中，《训蒙大意》移入五卷文移中，各从其类。

于《传习录》原本所载，有漫无关系者，有彼此并记，意同事同而词微别者，间删一二条，其论学答问纯否概存，仍为上、下二卷。

其“沉潜细绎于文成之书者累年，恍乎登其堂而聆其謦欬也。惜其书乱而少次，繁而反晦，剖类多而滋混，欲使人人读而取益焉，乃纂为《要书》”，可见陈龙正对于《阳明先生要书》并非如一般学者型官员“随意”而编，而是一个浙江乡贤致敬王阳明的心学之作，是下过苦功夫的。该书选编体现编者较高的学术造诣，《四库全书存目丛书》列为集部第49册。

（五）崇祯八年施邦曜福建刻本。

在嘉善后学陈龙正选编刊刻《阳明先生要书》三年后，余姚后学施邦曜不甘落后，在福建捐资刻本《阳明先生集要》十五卷，分理学、经济、文章三大编，乾隆四十九年再刊于杭州，光绪四年三刊于贵阳，光绪三十二年四刊于上海，今学术界多种标点整理本出版。

施邦曜（1585—1644），字尔韬，号四明，余姚人。万历四十一年进士。历任顺天武学教授、国子监博士、工部营缮主事、工部员外郎、屯田郎中、漳州知府、福建副使、福建左参政、四川按察使、福建左布政使、南京光禄寺正卿、北京光禄寺正卿、北京光禄寺通政使、南京通政使、左副都御史。崇祯十六年三月十九日李自成攻占北京，分派镇守东安门，途中服药而卒。

阳明先生集要序

自古称不朽之业有三，曰立德、立功、立言。然果如是之画为三等，如玄黄黑白之殊类乎？非也。盖人未尝生而有功，生而有言，惟此德命于天，率于性，明此者谓之精，诚此者谓之一。惟明故诚，惟精故一，是谓圣贤之学。学至于诚，则有以立天下之本；一则有以尽天下之变。德也者，功从此托根，言从此受响者也。惟学之入德未至，即身奏一匡之绩，只成杂霸之勋名；即文起八代之衰，终属词章之小乘。故上下古今，伊、周之后无功，六经之外无言。非无功与言也，德之未至，即功与言不足称也。

先生从学绝道丧之日，独悟良知之妙蕴，上接“精一”之心传，就不睹不闻之中，裕经纶参赞之用，举世所谓殊猷伟烈，微言奥论，不必分役其心而已。实有其理，将见富有日新，自然应时而发。戡乱定变，人所视为非常之原者，先生唾手立办，使世食其功，而绝不见抢攘之迹，斯名世之大业也。创义竖词，人所称独擅制作之林者，先生未尝过而问焉，不外日用之雅言，而备悉夫继往开来之绪，斯羽翼之真传也。德立而功与言一以贯之，此先生之独成其不朽哉！

世于先生之学，未能窥其蕴奥，故慕先生之功，若赫然可喜；诵先生之言，若澹然无奇。譬适沧茫者，不望斗杓为准，与波上下，东西南北，揣摩向往，无一或是，而先生之为先生自若。人惟学先生之学，试升其堂焉，入其室焉，而后知先生之不可及也。后知不可及者，之其则不远也。性命之中，人人具有一先生焉。人人具有一先生，而竟无一人能为先生，先生于是乎独成其不朽矣！

余以蚵蛾之质，仰羡蟾蜍之宫，每读先生之书，不啻饥以当食，渴以当饮，出王与俱。然行役不常，苦其帙之繁而难携也，因纂其切要者，分为三帙。首理学，次经济，又次文章。便储之行笈，时佩服不离，亦以见先生不朽之业有所独重云。

同邑后学施邦曜顿首撰。①

---

① 吴光、钱明、董平等编校：《王阳明全集（新编本）》，第6册，第2178—2179页。

从施邦曜自述，亦可见其刊刻之缘起，“世于先生之学，未能窥其蕴奥”，“每读先生之书，不啻饥以当食，渴以当饮，出王与俱。然行役不常，苦其帙之繁而难携也，因纂其切要者”，故其选编之书实为缩编版王阳明全书，对于王阳明学术具有概括和指南意义。且因其用生命验证阳明学，书因其人高贵气节而增重，因此后世流传最广。

（六）崇祯十二年王业洵删刻《传习录》五卷本，刘宗周选编《传信录》三卷。

王业洵，字士美，余姚人。阳明裔孙。删《传习录》中记之失实者，重刻之，并邀请刘宗周作序。

重刻王阳明先生传习录序

良知之教，如日中天。昔人谓：“天不生仲尼，万古如长夜。”然使三千年而后，不复生先生，又谁与取日虞渊，洗光咸池乎？

盖人皆有是心也，天之所以与我者本如是。其虚灵不昧，以具众理而应万事，而不能不蔽于物欲之私，学则所以去蔽而已矣。故大学首揭“明明德”为复性之本，而其功要之“知止”。又曰：“致知在格物。”致知之知，不离本明；格物之至，只是知止。即本体即工夫。故孟子遂言“良知”云。

孔、孟既殁，心学不传，浸淫而为佛、老、荀、杨之说；虽经程、朱诸大儒讲明教正，不遗余力，而其后复束于训诂，转入支离，往往析心与理而二之；求道愈难，而去道愈远，圣学遂为绝德。于是先生特本程、朱之说，而求之以直接孔、孟之传，曰“致良知”，可谓良工苦心。自此人皆知吾之心即圣人之心，吾心之知则圣人之无不知，而作圣之功初非有加于此心、此知之毫末也。则先生恢复本心之功，岂在孟子道性善后欤？

《传习录》一书，得于门人之所睹记语。语三字，符也。学者亦既家传而户诵之。以迄于今，百有余年，宗风渐替。宗周妄不自揣，窃尝掇拾绪言，日与乡之学先生之道者，群居而讲求之，亦既有年所矣。

裔孙士美，锐志绳武，爰取旧本，稍为订正，而以亲经先生裁定者四卷为正录。先生没后，钱洪甫增入一卷为附录，重梓之，以惠吾党，且以请于余曰：“良知之说，以救宋人之训诂，亦因病立方耳。及其弊也，往往看良知太见成，用良知太活变；高者玄虚，卑者诞妄。其病反甚于训诂，则前辈已开此逗漏。附录一卷，僭有删削，如苏、张得良知妙用等语，讵可重令后人见乎？总之，不执方而善用药，期于中病而止，惟吾子有赐言。”余闻其说而韪之，果若所云，即请药之以先生之教。

盖先生所病于宋人者，以其求理于心之外也。故先生言理曰天理，一则曰天理，再则曰存天理而遏人欲，且累言之而不足，实为此篇真骨脉。而后之言良知者，或指理为障，几欲求心于理之外矣。夫既求心于理之外，则见成活变之弊，亦将何所不至乎！夫良知本是见成，而先生自谓“从万死中得来”，何也？亦本是变动不居，而先生云“能戒慎恐惧者”，是又何也？先生盖曰“吾学以存天理而遏人欲”云尔，故又曰“良知即天理”。其于学者直下顶门处，可为深切著明。程伯子曰：“吾学虽有所受，然天理二字却是自家体认出来。”至朱子解“至善”，亦云“尽乎天理之极，而无一毫人欲之私者”。先生于此亟首肯。则先生之言，固孔、孟之言，程、朱之言也。而一时株守旧闻者，骤诋之曰“禅”。后人因其禅也，而禅之转借先生立帜。自此大道中分门别户，反成燕、越。而至于人禽之几，辄喜混作一团，不容分疏，以为良知中本无一切对待。由其说，将不率天下而禽兽食人不已？甚矣！先生之不幸也！

斯编出，而吾党之学先生者，当不难晓然自得其心，以求进于圣人之道。果非异端曲学之可几，则道术亦终归于一，而先生之教所谓亘万古而尝新也。遂书之简末，并以告之同志。愧斤斤不脱训诂之见，有负先生苦心，姑借手为就正有道地云。①

恰恰是在王业洵删订《传习录》五卷本基础上，刘宗周觉得有必要选取《阳明先生集》可以“传信”的语录，编为三卷。

阳明传信录小引

暇日读《阳明先生集》，摘其要语，得三卷。首《语录》，录先生与门弟子论学诸书，存学则也；次《文录》，录先生赠遗杂著，存教法也；又次《传习录》，录诸门弟子所口授于先

① 吴光、钱明、董平等编校：《王阳明全集（新编本）》，第6册，第2126—2128页。

生之为言学、言教者，存宗旨也。

先生之学，始出词章，继逃佛、老，终乃求之六经，而一变至道。世未有善学如先生者也，是谓学则。先生教人吃紧在去人欲而存天理，进之以知行合一之说，其要归于致良知，虽累千百言，不出此三言为转注，凡以使学者截去之，绕寻向上去而已。世未有善教如先生者也，是谓教法。而先生之言良知也，近本之孔、孟之说，远溯之精一之传，盖自程、朱一线中绝，而后补偏救弊，契圣归宗，未有若先生之深切著明者也，是谓宗旨。则后之学先生者，从可知已。不学其所悟而学其所悔，舍天理而求良知，阴以叛孔、孟之道而不顾，又其弊也。说知说行，先后两截，言悟言参，转增学虑，吾不知于先生之道为何如！间尝求其故而不得，意者先生因病立方，时时权实互用，后人不得其解，未免转增离歧乎？

宗周因于手抄之余，有可以发明先生之蕴者，僭存一二管窥，以质所疑，冀得藉手以就正于有道，庶几有善学先生者出，而先生之道传之久而无弊也，因题之曰“传信”云。

时崇祯岁在己卯秋七月望后二日，后学刘宗周书于朱氏山房之解吟轩。①

刘宗周将《传习录》与其节选的王阳明论学书信、奏疏、公移一起编入《传信录》，这与陈龙正、施邦曜的编选原则一致，这也说明崇祯时期学术界渴求方便携带的缩编本王阳明文选，客观上刺

① 吴光、钱明、董平等编校：《王阳明全集（新编本）》，第6册，第2129—2130页。

激了明代末期王阳明文集选编本的繁荣。

第三节　王阳明文录选本

（一）嘉靖四十五年查铎编《新刊精选阳明先生文粹》六卷本。

2018年3月5日，笔者前往天一阁图书馆，意外地发现查铎编、查芬校《新刊精选阳明先生文粹》六卷本，并拍得序言、目录十余张。该本为嘉靖四十五年刊刻于南京，乃当时著名书商唐龙泉所刻。《中国古籍善本书目》另载有泾川查氏里仁堂刻本，藏于安徽博物馆。

嘉靖四十五年丙寅七月，查铎在任德安府推官，大兴教化，编成《新刊精选阳明先生文粹》。查铎邀请族中亲戚、竹塘查芬校正，时查芬为庠生。查芬先后做了文录序、文录诗稿序两篇，此两文尚未见有学者提到。书前书牌名为“金陵戴氏新刊”，书末书牌名为“金陵唐氏龙泉绣梓”，与《中国古籍善本书目》所载“唐龙泉刻本”一致，盖《中国古籍善本书目》编此条者与笔者所看到的书为同一本。至于泾川查氏里仁堂本与金陵唐龙泉本刊刻时间孰先孰后，颇难判断。

查铎编《新刊精选阳明先生文粹》总计六卷，卷一书信15篇，卷二书信13篇，卷三奏疏、公移16篇，卷四记、序36篇，卷五文32篇，卷六诗歌分上、下卷。未收录《大学问》《朱子晚年定论》两篇文章。卷一首增署“金陵龙泉唐氏梓行”，卷二至卷六均署名“赐进士毅斋查铎精选、庠生竹塘查芬校正”。

（二）万历十三年孔学易刻《王阳明先生文集》二卷本。

万历十三年，孔学易刻《王阳明先生文集》二卷。据《中国古籍总目》，该书今藏湖南省图书馆。

孔学易，山西安邑人。贡士。万历元年任顺德府巨鹿县知县。令宽明仁恕，有雅量。在巨鹿增修文庙，并建乡贤、名宦、启圣等祠。好作兴士类，课艺谈经，始终不倦。在任五年，民怀吏治，政简刑清。两朝京师，皆注上考。官至周府长吏。① 万历十五年任镇江通判。

万历六年至十四年，孔学易为官记载阙如，万历十三年孔学易编刻《王阳明先生文集》时，或正官任周府长吏。

（三）万历三十一年陆典江西刻《文成先生文要》四卷本。

万历三十一年，嘉兴阳明后学人物陆典应上级官员吴达可之命编刻《文成先生文要》四卷本。该书前有三篇序言，分别为万历三十一年癸卯孟夏王时槐序、万历三十一年癸卯季冬宜兴后学吴达可序、浙中后学陆典序。此书国图、上图均有收藏。

吴达可（1541—1621），字安节、叔行，江苏宜兴人。万历五年进士。历官会稽、上高、丰城知县，选授御史。视长芦盐，按江西。后掌河南道事，擢太仆少卿，再迁南京太仆卿。召改光禄，进通政使。弱冠即究心理学，受业万文恭、周讷溪，有必为圣贤之志。其学端本程朱，更宗阳明。所著有《诸儒语要》《日省编》《奏疏遗稿》《荆南漫稿》《三忠文选》诸书行世。编有《周恭节公年谱一卷》，今传世。②

---

① 《乾隆顺德府志》，卷八《职官下》。

② 《嘉庆增修宜兴县旧志》，卷八《忠义》。

陆典，字以建，号仰峰，原嘉兴府崇德县人。与同郡朱用光往武林同拜学于阳明学家见罗先生李材。精于理学，事必以前哲为师。万历二十九年进士。万历三十年任江西赣县知县，在赣县剖决如流，政刑清肃。万历三十二年调任丰城。[①] 万历三十六年改山东定陶县知县。在定陶以讲学为事，多善政，建奎阁，改钟楼。[②] 后任刑部主事。出守潮州。升广东按察副使。卒祀乡贤祠。[③]

陆典正是在担任赣县知县时，应巡按江西的吴达可之命，选编王阳明文录，于万历三十一年捐资刊刻《文成先生文要》四卷，前有王时槐、吴达可之序。

（四）万历年间李贽选编《阳明先生道学抄》八卷本。

晚明著名学者李贽于万历二十八年庚子在山东济宁定稿完成《阳明先生道学抄》八卷本，取材于《王文成公全书》，时年已七十四矣。

李贽（1527—1602），福建泉州人。初姓林，名载贽，后改姓李，名贽，字宏甫，号卓吾、温陵居士、百泉居士等。嘉靖三十一年举人。历任河南辉县教谕、国子监博士、礼部司务、南京刑部员外郎、云南姚安知府。后弃官，寄寓湖北。被逮，自杀于狱中。

目前笔者查阅到的较早刊本是万历三十七年己酉春武林继锦堂刻本，今国图、美国普林斯顿大学东亚图书馆、哈佛大学燕京图书馆、北大图书馆、四川省图书馆等地均有收藏。盖捐资刊刻

① 《康熙赣县志》，卷八《秩官》。
② 《顺治定陶县志》，卷四《官师》。
③ 《康熙嘉兴府志》，卷十七《人物四》。

者商溶（字昱哲，会稽人）为安全起见，删除“温陵李贽曰”，亦未署名。

阳明先生道学钞序

温陵李贽曰：余旧录有先生《年谱》，以先生书多不便携持，故取谱之繁者删之，而录其节要，庶可挟之以行游也。虽知其未妥，要以见先生之书而已。

今岁庚子元日，余约方时化、汪本钶、马逢旸及山西刘用相，暂辍《易》，过吴明贡，拟定此日共适吾适，决不开口言《易》。而明贡书屋有王先生《全书》，既已开卷，如何释手？况彼已均一旅人，主者爱我，焚香煮茶，寂无人声，余不起于坐，遂尽读之。于是乃敢断以先生之书为足继夫子之后，盖逆知其从读《易》来也。故余于《易因》之稿甫就，即令汪本钶校录先生《全书》，而余专一手钞《年谱》。以谱先生者，须得长康点睛手，他人不能代也。

钞未三十叶，工部尚书晋川刘公以漕务巡河，直抵江际，遣使迎余。余暂搁笔，起随使者冒雨登舟，促膝未谈，顺风扬帆，已到金山之下矣。嗟嗟！余久不见公，见公固甚喜，然使余辍案上之纸墨，废欲竟之全钞，亦终不欢耳！于是遣人为我取书。

今书与谱抵济上，亦遂成矣。大参公黄与参、念东公于尚宝见其书与其谱，喜曰：“阳明先生真足继夫子之后，大有功来学也。况是钞仅八卷百十余篇，余可以朝夕不离，行坐与参矣。参究是钞者，事可立办，心无不竭，于艰难祸患也何有？

是处上、处下、处常、处变之寂，上乘好手，宜其序而梓行之，以嘉惠后世之君子乃可。”

晋川公曰：“然。余于江陵首内阁日，承乏督两浙学政，特存其书院祠宇，不敢毁矣。”①

该书流传较广，影印本与标点整理本皆已出版。该书前七卷选取《文录》，其中卷四至卷七为奏疏、公移，占全书篇幅的一半；卷八为李贽所编《年谱》。该书或为地方政府官员之邀而编，彰显王阳明的事功，冀有助于晚明公共事务治理。

此书亦名《王阳明遗书》（七卷本），今藏国图，《王阳明珍本文献集成》第7—8册公开影印出版。盖此版刊刻者为安全起见，删除李贽序言，且未署名，致使后世不少学者不知此书即为李贽所编著的八卷本阳明文录文抄。

（五）万历三十八年周汝登选编《王门宗旨》本。

万历三十七年己酉，时年六十三的晚明浙中王门领袖周汝登居家讲学，闲暇之余选编定稿十四卷本《王门宗旨》，比较早地对姚江学脉的一次总结。其中，前七卷为阳明语抄，占全书篇幅的一半；后七卷是对王阳明著名弟子王艮、徐爱、钱德洪、王畿等四人语抄，而王畿语抄为四卷，占全书篇幅超过四分之一。晚明清初的思想界，对阳明心学的整体性研究以《王门宗旨》《理学宗传》《明儒学案》为最，而《王门宗旨》开其先声。但该书突出王阳明、王畿融禅入

① 吴光、钱明、董平等编校：《王阳明全集（新编本）》，第6册，第2118页。

良知学的明显痕迹，对姚江学脉的思想把握有点偏激，禅学化倾向明显，其流传远不如《明儒学案》广久。

该书卷首署名分工依次为古剡周汝登继元选、会稽陶望龄周望订、昌江陈大绶长卿阅、新安余懋孳校梓，卷末署名分工则为山阴后学王应遴参校。全书序跋，除万历三十七年冬周汝登自序外，尚有时年六十的著名政治家、江右王门领袖邹元标万历三十八年庚戌秋序、江右王门后学陈大绶叙，总计三篇。故而，笔者推断该书于万历三十八年公开面世。其中，周汝登、陶望龄、陈大绶、余懋孳、王应遴五人，均为晚明阳明心学名臣，五人团结互助，集体合作，形成传世至今的重要的阳明心学名著。周汝登、邹元标、陶望龄为学术界熟知，不再赘述，简介陈大绶、余懋孳、王应遴三人经历，明刊刻缘起与学术师承关系。

陈大绶，字长卿，号赤石，江西浮梁人。万历二十三年进士。历任泾县知县、兵部郎中、浙江提学副使、湖广按察使兼右参议、福建布政使司参议、四川布政使司右参议、尚宝司少卿、太仆寺少卿等官职。天启二年去世。

余懋孳（1565—1617），亦名翔，字舜仲，号瑶圃，江西婺源人。万历三十一年举人，万历三十二年进士。历任山阴知县、礼科给事中等官职。万历四十五年卒，年仅五十三。著有《荑言》六卷。

王应遴，字堇父，号云来，绍兴山阴人。万历四十六年贡士。历任大理寺评事、礼部员外郎等官职。甲申明亡，自杀。晚明著名戏曲家，著有《王应遴杂剧集》《乾象图说》《慈无量集》等。

《王门宗旨》卷帙浩繁，但如学者所言，对徐爱所记语录阙如，不重视王阳明早期思想，偏爱王阳明晚年思想，尤其是王阳明至王龙溪一脉“无善无恶”语句更是摘抄颇多。①

（六）万历末期涿鹿后学赵友琴编刻《阳明先生文选》四卷本。

赵友琴选编《阳明先生文选》四卷，约选取阳明文录 122 篇，今藏国图。《王阳明珍本文献集成》《阳明文献汇刊二编》《王阳明文献集成》皆有影印收录，遂广为流传。

赵友琴，河北涿州人。万历十三年举人。万历四十一年任彰德府临漳县（今属河南）知县。《光绪临漳县志》称其在知县任上平恕廉静，以诚待民，有争讼者，导以礼让，人咸感悔。政刑清简，修缮县东城，修八蜡庙，修教场，修旧常平仓。万历四十二年创办建才书院，刊刻《阳明先生文选》四卷。

（七）万历包鸿逵湘潭刻李腾芳批注《阳明先生集抄》十六卷本。

万历三十九至四十五年间，湖南湘潭知县李腾芳包鸿逵捐资刊刻批注《阳明先生集抄》十六卷。《中国古籍总目》标注为“明崇祯间汪孟□等刻本”，藏华东师范大学图书馆。当为汪氏于崇祯时期重刻万历本，尚未见影印出版。《王阳明全集（新编本）》收录其序言，今转载如下（标点有所修正）。

阳明先生集抄序（李腾芳）

予观先生之始学也，尝有志于辞章矣，与何景明、徐昌国

① 王格：《周汝登对“心学之史”的编撰》，《杭州师范大学学报（社会科学版）》2016 年第 2 期。

辈相先驰骤；尝有志于事功矣，因石英、王勇之乱间出居庸关逐蕃人骑射，又每于宾宴布果核列阵势为戏；尝有志于养生矣，在洪都入铁柱宫与道士趺坐，又游九华山参蔡蓬头及筑室阳明洞中行导引术；尝有志于节义矣，抗疏救戴诜等忤逆瑾，几杖杀之。夫是数者，在他人有其一已足以名于天下、列于后世，况兼之乎？不知此正道之障，而先生结习之累也。

天启先生，居龙场万山中，忧患内煎，瘴毒外攻，从者尽死，先生亦自分必死，叹曰："吾他念已空，独生死未忘耳。"镵石椰以自誓而俟命焉。当是时，平生之所谈思竭能，以为贤于人而足以垂于世，若文章、事功、节义者，都如画水印空，无一有用。而日前先生迫切烧眉剐心，不足为喻，以是逼拶之极，不觉中夜划然开悟，洞见此心，如暗室得烛，一切藏物皆可探数，又如贫者得珠，此珠原在衣里。

乃唱格致之说，唱知行合一之说，最后指出良知二字，益简益明。其言有曰："此理沉埋数百年，只为宋儒从知解上入，认识神为性体，故闻见日侈，翳道益深，辟之有人冒别姓坟墓为祖墓者，何以为辨？只得开圹，将子孙滴血，真伪无可逃矣。我此良知二字，实千古圣贤相传一点滴骨血也。"又尝语人曰："此学更无有他，只是这些子。"又曰："连这些子亦无放处，今经变后，始有良知之说。"又曰："这些子看得彻，随他千言万语，是非真假，到此便明。合得的便是，合不得的便非，如佛家说心印相似，真是试金石、指南针。"观此，则先生之悟可知矣。而俗儒不识，哄然诋以为禅。

夫先生所谓良知者，谓自心光明本体。此心之光明，是知；

此知之湛寂，是心。心体湛寂，非知非不知，知不足以言之也，故谓之良知。若有知，则有不知矣。非善非不善，善不足以言之也，故谓之至善。若有善，则有不善矣。非静非动，静不足以言之也，故谓静亦定动亦定。若有静，则有动矣。无体无用，体即是用，用即是体。无终无始，终既不灭，始亦不生。无凡无圣，吾儒圣贤诸佛菩萨皆同此心，皆同此知，凡夫盗贼禽兽亦同此心，亦同此知。其有凡有圣，有知有不知，有善有不善，以至于起灭动静者，皆意也，非心也。

三代以下，儒者多错认意以为心，自意以上一层思量忖度所不及，则以为空虚寂灭，不复研究，一语及之，则斥以为外道。故先生曰："辟之厅堂，三间共为一室，儒者见佛氏则割左边一间与之，见老氏则割右边一间与之，而已则自处中间。"究竟所谓中间者，亦非真正圣人之中间也。呜呼！岂不可悲也哉！

然先生在当时，未常讳言二氏。有曰："二氏与吾儒毫厘之差。"又曰："二氏自私自利，推其意，盖亦有所不得已耳。"以今观先生与人讲格物一条，其说甚详，抑亦多就中下人说，盖恐人锢于旧见，说愈高则愈不解。故王汝中云："心无善无恶，意亦无善无恶，知亦无善无恶，物亦无善无恶。"先生以为此但可接上根人，我之宗旨，毕竟是无善无恶心之体，有善有恶意之用，知善知恶是良知，为善去恶是格物。杨慈湖曰："诚正格物，孔子无此语，颜曾孟子亦无此语。孟子曰'仁，人心也'，未尝于心之外起故作意也。孟子曰而勿正心，岂于心之外又欲诚意，诚意之外又欲致知，致知之外又欲格物哉？"

先生曰："慈湖不为无见，但只在无声无臭上见也。"先生之意盖如此，所以只言心外无理，将物理归到心上。比时学者尚信不及，以至于今日，亦不过腾口说耳。

夫千古圣学，只是一心，先生良知之说，只是说此一心。但先生能与人说，不能剖此心以与人。而人各有心，即先生剖其心以与之，于人何与？故人必自见其心，然后可以见先生之心与吾无二，见先生之心与吾无二，而后知先生之说质诸圣人而不惑。不然，则一部四书，如《大学》之心之身，《中庸》之性之中，《论语》之仁，《孟子》之义，何者不可拈出以为讲说之题目？而先生良知之语，亦只讲家门面招牌而已矣。就使一一依先生说得吻合，发得精彩，又何益哉？若果能自见其心，自证自信，自说自行，则亦真无借于先生之残膏剩馥矣。

予抄先生之书，既以分为内、外二篇，而其实先生之学，则一以贯之。故自南赣以后，日在兵间料敌制变，仿佛古之名将。然于人，则兵为诡道，而于先生，则良知自然之用也。故郡邑簿书之吏皆可假以逮麾先驱；而脱鍪陷阵，即舆儓厮隶之肩肩者焉。韩信所谓驱市人□战，惟先生有之。先生常言用兵胜负，不必卜之，临阵只在此心动与不动耳。有人自谓能制心不动者，先生笑曰："此心当对敌时且要制动，又谁与发谋出虑？"其与宁王战于湖上，前军失利，先生正讲学，时出见谍者，退而就坐，神色自若，徐谕诸军以火攻之具。申告三四，听者皆如不闻。彼其人皆有大名于时者，而皆忙失乃尔，因是盖有以见先生之学同于孟子，而神明化裁，百虑一致，直接夫孔子一贯之传。且可以验此心之妙，只一真，无内外二三，只一常，无造次颠沛。虽寂然不动，然感而遂通，虽感而遂通，然寂然不动耳。若曰："人之材智实有不同，有此心不能不动，亦可以临事当难者，则孟子所谓北宫黝、孟施舍之不如耳，岂可以语于圣贤？"若又曰："虽能不动心，亦未必可以临事当难，则柳子所谓捧土揭木，坐之堂上，蒙以绂冕，翼以徒隶，岂有补于万民之劳苦者哉？"

包仪甫大夫捐俸锓先生书，命题其端。予实蔑然无知，弟以此本抄自予，故不得辞。①

由李腾芳自序可知，他是应捐资人包鸿逵邀请而作序，并在序中详述了他对阳明学的理解认知，将阳明思想历历证诸于阳明自身的实践。

李腾芳（1573—1633），字子实，号湘州，湖南湘潭人。万历十六年举于乡，万历二十年进士。授翰林院庶吉士、翰林院编修等职，官至礼部尚书，协理詹事府事。崇祯四年五月致仕。崇祯六年卒。著有《李湘州集十卷补遗一卷》。

包鸿逵，字振瑞、仪甫，浙江嘉兴秀水人。万历三十七年举人。万历三十八年进士。万历三十九年任湘潭县知县。万历四十五年，拟任兵科给事中，未及考选而卒。

根据包鸿逵、李腾芳二人史料，"包仪甫大夫捐俸锓先生书"约在万历三十九至四十五年间，包鸿逵时任湖南湘潭知县，正好是李腾芳故里。方有可能捐资刊刻李腾芳批注《王阳明文录集抄》。

① 吴光、钱明、董平等编校：《王阳明全集（新编本）》，第6册，第2163—2166页。

学者吴兆丰先生《明末李腾芳〈宦寺考〉编刊时间考》，李腾芳私淑王阳明之学，推崇李贽学行，且与阳明后学人物湖北公安派“三袁”、绍兴陶望龄交往密切，耳濡目染，深得阳明学精髓。故李腾芳选刻《阳明先生集抄》，主要就是申说与发明致良知之旨的。

（八）崇祯六年陶珽刻钟惺评点王畿编《王文成公文选》八卷本。

今国图藏有王阳明曾孙王川重刻王畿选编的八卷批注本文录，善本书号 19132，每半页九行，每行十九字，白口，四周单边，十六册。《王阳明珍本文献集成》第 5—6 册公开影印出版。

王川重刻本前依次有竟陵后学钟惺《王文成公文选序》、崇祯癸酉春二月黄岩陶珽《钟伯敬评王文成公文选叙》、门人王畿《重刻阳明先生文选序》、王阳明裔孙王川跋。

钟惺批注的王畿选编本，首先得到官场失意的好友陶珽的注意，遂有捐资刊刻之举，时在崇祯六年。刊刻后，颇受社会欢迎，故而王阳明曾孙王川重刻之。

钟惺（1574—1625），字伯敬，号退谷，湖北竟陵人。万历三十八年进士，与黄岩陶珽同年。历任行人、工部主事、南京礼部祭祀司主事、南京礼部祭祀司郎中、福建按察司佥事等官职。

王文成公文选序

经云：“敷奏以言。”盖谓人之所性所学，无以自见，故托言而敷奏焉。然有言之则是，而考其行事则非者，岂其言不足以尽其人耶？非然也，殆听言者之观察未审耳。夫人之立言，莫不假辞仁义，抗声道德，以窃附于君子之高，而苟非所有，则虽同一理，同一解，而精神词气，已流为其人之所至。何也？

盖言者，性命之流露，而学问之精华也。学问杂则议论不纯，性命乖则言词多戾，有非袭取者之能相掩也。古之立言者不一家，相如之词赋，班、史之著述，固文人也，而文人之无论，即如申、韩之刑名，管、晏之经国，以及老、庄之寓言，岂不以圣人贤者自视，而或流为惨刻，推王佐得乎？等而上之，子舆氏愿学孔子者也，亦步亦趋，直承道统，而一间之未达，终属圭角之不融，宁可强哉？子舆氏犹不可强，况其下焉者乎？

近之立言者，稍陟韩、欧之境，辄号才人，略窥朱、程之绪，便称儒者，而试求其言之合道否也，不矫为气节之偏，则溺于闻见之陋，不遁入玄虚之域，则陷于邪僻之私，曾得以浮词改听哉？独阳明先生之为言也，学继千秋之大，识开自性之真，辞旨蔼粹，气象光昭，出之简易而具足精微，博极才华而不离本体，自奏议而序、记、诗、赋，以及公移、批答，无精粗大小，皆有一段圣贤义理于其中，使人读之而想见其忠孝焉，仁恕焉，才能与道德焉，此岂有他术而侥倖致此哉？盖学问真，性命正，故发之言为真文章，见之用为真经济，垂之训为真名理，可以维风，可以持世，而无愧乎君子之言焉耳。使实有未至，而徒以盗袭为工，亦安能不矫不溺，不遁不陷，而醇正精详，有如是哉？

李温陵平生崛强，至此亦帖然服膺，良有以也。世之论文者，动则曰某宋文也何如，某汉文也何如，某战国之文也又何如，不知文何时代之可争，亦惟所性所学者何如耳。

予僭评此文，非谓先生之言待予言而明，盖欲使听言者读先生之言，而知立言者之言可饰，而所性所学不可饰也。一人之所性所学可饰，而千圣之所性所学不可饰也，斯不失圣经"敷奏"意矣。

竟陵后学钟惺书。①

陶珽（约1575—1647），字稚圭，号不退、紫阆，自称天台居士，浙江黄岩人，云南姚安府官籍。万历十九年举人，万历三十八年进士。历任安徽歙县教谕、刑部四川司主事、刑部福建司员外郎、刑部山西司郎中、直隶大名府知府、陇右道副使、辽东兵备道、武昌兵备道等官职。为人正直端方，为官历政有声，与公安派三袁兄弟、陶望龄、董其昌、陈继儒等阳明后学与文人雅士讲学论文，士类重之。著名刻书家，曾刻陶宗仪《书史会要》《说郛》等书。

钟伯敬评王文成公文选叙

古文人之宦游其地也，风波所不免，而往往留一段风雅之事，令人思慕焉。予官武昌九阅月而劳人被逐，宜矣。

第念君臣政事之外，无一风雅事可述，几为黄鹤白云所笑，独于竟陵得吾友钟伯敬所评《公》《穀》《国策》《国语》《前后汉》《三国史》暨《通鉴纂》《衍义纂》《昌黎选》《东坡选》《宋名家选》《明文选》与夫《王文成选》诸遗书一十八种，归途展玩，差为快耳。古今之书不知凡几，而古今之评又不知凡几，独沾沾于是，无乃陋乎？不知天下之事岂容拣择而尽取

① 吴光、钱明、董平等编校：《王阳明全集（新编本）》，第6册，第2110—2111页。

之，亦随所遇、随所感，而偶托之以为名可耳！不然，则古今之白云黄鹤亦不知凡几矣！

因谋之梓，聊以见予斯役也，虽不得于君，未始不得于友，虽不得于政事，未始不得于文章，或亦可解嘲于古文人也已！兹阳明之刻成，故述其意于首。

崇祯癸酉春二月，黄岩陶珽稚圭父题。①

① 吴光、钱明、董平等编校:《王阳明全集（新编本）》，第2112页。

参考文献

岑庄、岑初、徐学校刊，《阳明先生文录四卷》，日本九州大学图书馆藏。

王世隆贵州刻，叶梧、陈文学校，《阳明先生文录三卷》，中国人民大学图书馆藏。

嘉靖十四年王杏贵州刻，叶梧、陈文学、赵昌龄校，《新刊阳明先生文录续编三卷》，上海图书馆藏，孔学堂书局2020年影印。

嘉靖九年薛宗铠刻，钱德洪编校，《阳明先生诗录四卷》，日本九州大学图书馆藏。

嘉靖十二年黄绾序刻本《阳明先生文录二十八卷》，国家图书馆藏，陆永胜主编《王阳明珍本文献丛刊》影印。

嘉靖二十六年范庆刻《阳明先生文录二十卷》，浙江省图书馆、国家图书馆藏。

《阳明先生存稿》十四卷附《传习录》，北京大学图书馆藏，沈乃文主编《明别集丛刊》第一辑影印。

嘉靖重刻水西精舍本《传习录二卷　续录二卷》，缺薛侃录，卷首有沈宠嘉靖三十年、王畿嘉靖二十九年序，上海图书馆藏。

嘉靖四十四年吴百朋增刻嘉靖三十四年董聪刻本《阳明先生正录五卷外录九卷别录十四卷》，首都图书馆、浙江省图书馆藏。

嘉靖三十四年孙昭重刻闾东本《阳明先生文录二十八卷》，闾东、黄绾序、邹守益序，日本早稻田大学、中国科学院图书馆藏。

“苏州本”《阳明先生文录二十四卷》，黄绾序、邹守益序，国家图书馆藏。

《阳明先生文录二十四卷》，云南省图书馆藏，国家图书馆中华古籍资源库可全文阅读。

《阳明先生文录二十四卷》，邹守益、钱德洪序，国家图书馆藏。

《阳明先生文录二十四卷》，黄绾、邹守益、钱德洪序，清华大学图书馆藏。

嘉靖三十七年胡宗宪刻于天真书院，钱德洪编校，《阳明先生文录二十四卷》，日本国立公文书馆、南京图书馆、上海图书馆藏。

嘉靖四十五年徐必进刊刻《阳明先生文录续编》，首都师范大学图书馆藏，孤本，广西师范大学出版社 2022 年影印。

隆庆六年郭朝宾刊刻《王文成公全书三十八卷》，无《山东乡试录》，普林斯顿大学图书馆藏，巴蜀书社 2021 年影印；日本国立公文书馆藏，广陵书社 2020 年影印。

万历二十三年熊惟学南宁刻《王文成公全书三十八卷》，22 册，黄金色跋，增刻《山东乡试录》，广西壮族自治区图书馆藏。

万历三十五年左宗郢杭州刻《王文成公全书三十八卷》，无《山东乡试录》，武汉大学图书馆藏。

《王文成公全书三十八卷》，有《山东乡试录》，天津图书馆藏。

《王文成公全书三十八卷》，有《山东乡试录》，上海图书馆藏。

《王文成公全书三十八卷》，有《山东乡试录》，《四部丛刊》

影印。

黄振萍主编《王阳明文献集成》，北京燕山出版社，2019。

《明实录》，台湾“中研院”史语所影印。

钱明等编《阳明后学文献丛书》，凤凰出版社，2007；上海古籍出版社，2014—2017。

束景南《王阳明佚文辑考编年》（增订本），上海古籍出版社，2015。

束景南《王阳明年谱长编》，上海古籍出版社，2017。

吴光、钱明、董平等编《王阳明全集（新编本）》，第5—6册，浙江古籍出版社，2010。

邹建锋主编《王阳明稀见版本辑存》，北京燕山出版社，2021。

邹建锋、王学伟主编《阳明心学书院文献丛刊》，巴蜀书社，2022。

邹建锋、刘丹主编《阳明心学文献丛刊》，广陵书社，2022。

后　记

欣闻宁波大学欲提升学校文科科研水平，推出精品专著，余检点旧稿，利用2023年寒假时间，得三十余万字矣。余在湖州师范学院从事教学和科研时，尤其是2006年攻读苏州大学中国哲学博士，开始对湖州地区的阳明心学人物的研究，包括人物类型及其学术思想。其中，花去近五年时间，对湖州王门宗师唐一庵、顾箬溪、许敬庵反复阅读。2010年，我调入浙江社会科学院哲学研究所，有幸遇到钱明先生，荣幸加入其课题组。

2015年底，我调入宁波大学，开始对阳明重要版本文献进行全国大调研。2019年底，我校历史系龚缨晏老师、外语学院辛红娟老师联合召开浙学论坛，我将王阳明《传习录》《阳明先生文录》调研成果草写成篇，荣幸入选为优秀论文，并得以在我省重要刊物《浙江社会科学》公开发表，特别感谢。

2020—2022年间，我国知名的出版策划采薇阁书院院长王强先生无偿赠送多种王阳明版本文献予我，很多版本都是他们花费不菲的资金从日本、美国等海外地区图书馆购买的重要版本。其中，包括嘉靖三十年阳明浙江籍弟子孙应奎、蔡汝楠捐资刊刻的《传习录》，为南大吉嘉靖三年刊本《传习录》书信部分的目录提供一手证据，解决学术界争辩不已的“八书”问题。而王强先生赠送的胡宗宪捐资刊刻《阳明先生文录》《传习录》，都是我多年想从国内图书馆试图复制而未得的重要刻本，为我国阳明学版本源流的研究，提供了重要的版本资料。近三年，笔者又对阳明文献版本源流进行再次考探，对原有版本认识的疏忽进行改进。

抚稿沉思，回望过去，感谢恩师同济大学朱义禄先生，浙江大学束景南先生，南京大学李承贵先生，宁波大学钱茂伟教授、张如安教授、张伟教授，中国青年政治学院任文利研究员，深圳大学黎业明教授，广西师范大学王学伟副教授，台湾“中研院”林月惠研究员，中山大学深川真树先生，感谢余姚乡贤华建新先生、王巨明先生，感谢贵阳阳明文化保护者杨德俊先生。王迪、王志鹏、黄巍魏等同学协助工作，谨致谢意。感谢《哲学与文化》《浙江社会科学》《贵阳学报》《湖州师范学院学报》《教育文化论坛》，感谢绍兴、宁波、衢州等市委市政府和浙江工商大学、江夏学院等高校举办的学术论坛。感谢我校校院诸多领导、学术界同仁，一起畅谈论学，不一一举例。

由于吉林大学图书馆、湖北省图书馆、广东中山图书馆等藏馆相关王阳明单刻本与全书本文献尚未得以全文阅读，可能会有很多结论存在武断或过度推测，不当之处，欢迎来函批评指正！

阳明文献整理和人物史料的研究，因相关史料较多，而个人精力有限，难免有不少错误、疏漏，书中文责自负，请读者朋友们来函来信指导、批评，一起学习成长！任何心平气和、同情地了解有建设性的学术批评，我们都热烈欢迎！

疫情三年高校封闭，笔者的全国王阳明版本大调研陷于停滞。2023 年春夏，我前往上海图书馆、国家图书馆、北京大学、清华大学、中国人民大学、北京师范大学与武汉大学图书馆。在上图，再次发现嘉靖时期重刻的《传习录　续录》善本，意外的惊喜。在清华，确认以前未能定性的藏本为胡宗宪嘉靖三十七年《文录》刻本。北京大学图书馆古籍特藏部，我先后前往四次，在甘祥满、千春松、李泽栋等前辈和师友的帮助预约下，意外发现黄绾《阳明先生存稿》重刻本。此次半年之久的全国王阳明文献大调研，得到很多师友的热情帮助，内心充满感激、感恩，麻烦了很多人，只能化作学术前行的动力。新发现的北大藏重刻黄绾文录本、《传习续录》，武汉大学藏左宗郢万历三十五年补刻《王文成公全书》，广西壮族自治区图书馆藏熊惟学万历二十四年重刻《王文成公全书》，均为稀见善本，这得益于好友刘丹、同事郑善庆先生、福建中医药大学陈鸿儒院长等朋友们的大力帮助，几番周折，实属不易，终于一见，解决以前很多未曾注意到的王阳明版本流传问题，迫切与学术界共享，一起推进王阳明文献版本的研究。

最后，特别感谢北京大学、武汉大学与广西壮族自治区图书馆古籍部的热情接待。

邹建锋于宁波市江北区孔浦

图书在版编目(CIP)数据

王阳明文献的刊刻研究 / 邹建锋著. —上海 : 上海古籍出版社, 2024. 11. -- ISBN 978-7-5732-1372-3

Ⅰ. B248.25

中国国家版本馆 CIP 数据核字第 20243T9X95 号

王阳明文献的刊刻研究

邹建锋　著

上海古籍出版社出版发行

(上海市闵行区号景路 159 弄 1-5 号 A 座 5F　邮政编码 201101)

(1) 网址：www.guji.com.cn

(2) E-mail：guji1@guji.com.cn

(3) 易文网网址：www.ewen.co

上海惠敦印务科技有限公司印刷

开本 890×1240　1/32　印张 17　插页 2　字数 379,000

2024 年 11 月第 1 版　2024 年 11 月第 1 次印刷

印数：1—1,100

ISBN 978-7-5732-1372-3

B · 1429　定价：78.00 元